人新世とは何か

〈地球と人類の時代〉の思想史

クリストフ・ボヌイユ＋
ジャン＝バティスト・フレソズ 著
野坂しおり 訳

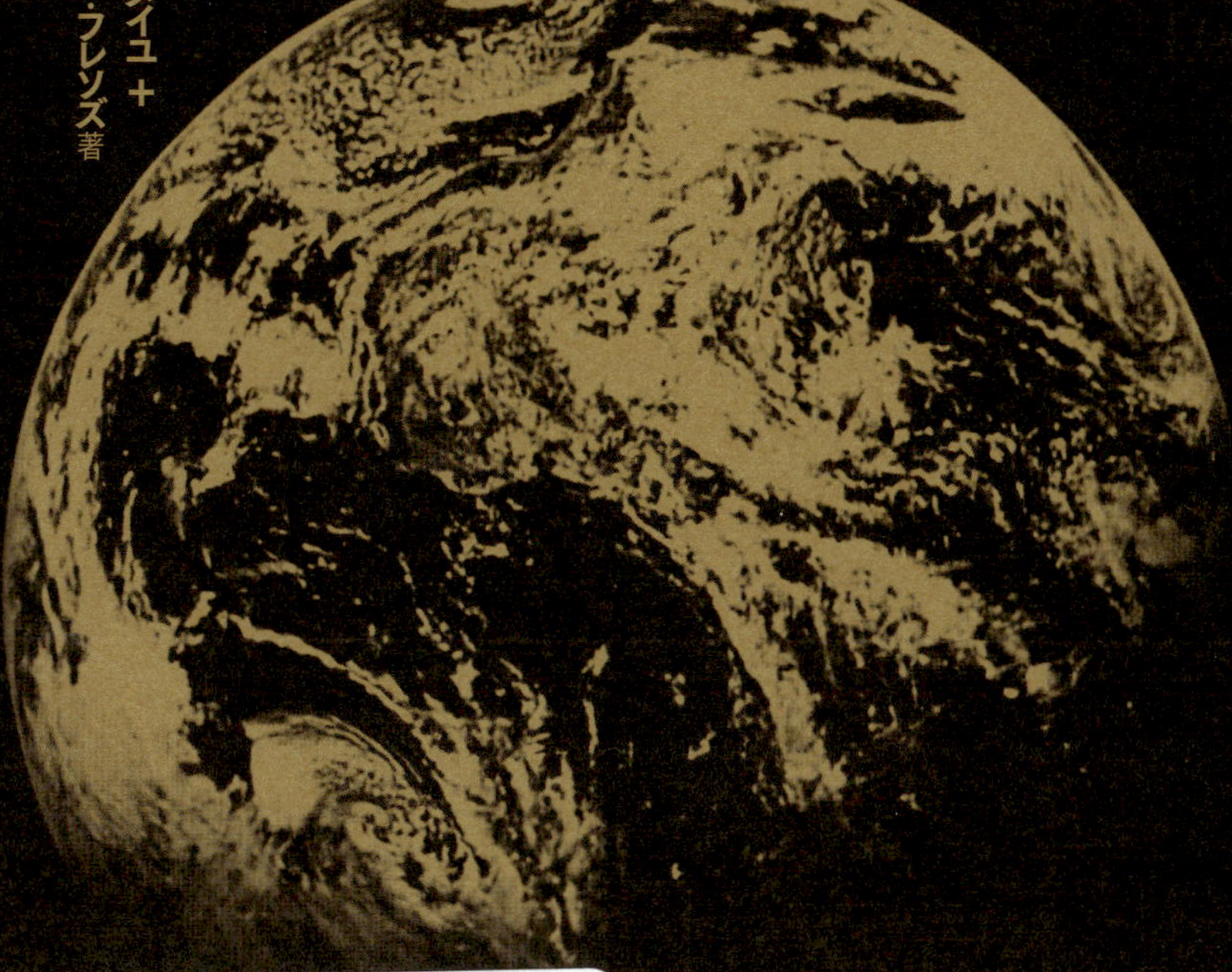

青土社

人新世とは何か

目次

結論

凡例

＊本書の底本は、Jean-Baptiste Fressoz & Christophe Bonneuil, L'Événement Anthropocène: La Terre, l'histoire et nous, Seuil, 2016である。翻訳に際して、同書の英語版 The Shock of the Anthropocene: The Earth, History and Us, Verso, 2016を参照した。

＊［ ］は訳者による補足や、原語の挿入を示す。

＊（ ）は著者による補足を示す。

＊〈 〉は原文における大文字の語を示す。

人新世とは何か——〈地球と人類の時代〉の思想史

レオノール、マイア、セシリア、エシュテバン、ピエール、そしてほかの斑点模様のイモリたちに

はしがき

二〇一六年、本書の英語版と文庫版が刊行される折に、私たち筆者は根本的に原稿を改訂することを望んだ。人新世に関する議論が近年盛んになり、グローバル・ヒストリーや環境史、地球システム科学の研究が活発になってきたことが改訂を余儀なくさせていた。とりわけ本書の初版の刊行以降に交わされた議論や出会いを経て、私たちは新たな二章を付け加えなければならないことを確信した。一つめの章は「無知新世」であり、環境に関する警告を周縁化し生態学的な限界を否定する効果を持ち、結果として人新世の時代に人間活動を「脱抑制」してきた知識生産の歴史を辿る。二つめは「資本新世」であり、過去二五〇年間に生じた地球の生態学的な利用に関する極めて不平等な資本蓄積を分析し、資本主義と地球システムの変容が連携におけるダイナミズムを検証する。

本書の議論を豊かなものにするため熱意ある発言や批判を与えてくれたすべての同僚に感謝したい。特にフランソワ・ジャリッジ、トマ・ル・ルー、ファビアン・ロシエー、エミリー・アッシュ、グレゴリー・クネ、マーク・エリー、フレドリック・アルブリトン・ジョンソン、サイモン・シェイファー、デイヴィッド・エドガートン、クライヴ・ハミルトン、ブルーノ・ラトゥール、マーク・ロベール、ドミニク・ペストル、アミー・ダーン、ラズミッグ・クシェヤーン、セドリック・デュラン、ピエール・シャルボニエ、キャトリーヌ・ラレール、セバスチャン・グレヴスミュール、フレデリック・ネイラ、エドゥアルド・ヴィヴェイロス・デ・カストロ、アレッサンドロ・スタンジアーニに深く感謝する。またセヴリヌ・ニケル、クララ・ブルトー、アリス・ルロワ、ジョゼット・フレソズ、セシリア・ベルトー、レベッカ・ベルトーにも、二〇一三年の原稿のすべて、あるいは一部を熱心に下読みしてくれたことに感謝する。そして社会科学高等研究院のセミナー「人新世の歴史」に過去四年のあいだに参加した学生たちにも、私たちの著作を検証し、議論してくれたことに感謝を述べたい。

序言

この二五〇年間、地球にいったい何が起きたんだ？

アントロポセーン、人新世だよ。

アントロ……何だって？

アントロポセーン、人新世だ。我々はすでにそこにいるのだから、この野蛮な言葉と、その名を持つものをいっそのこと手なずけるのがいい。これは我々の時代だ。我々の生存の条件だ。この地質時代は我々の二世紀余りの歴史が生み出してきたものだ。人新世とは我々の力のしるしであるが、同時に我々の無力さのしるしでもある。人新世は一兆五〇〇〇億トンの二酸化炭素によって変質させられた大気を持つ地球であり、この大量の二酸化炭素は、我々が石炭と石油を燃やし吐き散らした結果生じたものだ。人新世の地球は生体組織が衰え人工化されたものであり、我々の子孫の身体まで変質させてしまう大量の新たな合成化合物で満ちている。それはさらなるリスクと大災害という重荷を背負う温暖化した世界であり、氷床の減少、海面の上昇、異常な気候がみられる世界である。

二〇〇〇年代に地球システム科学の研究者たちによって提唱された人新世は、我々の身に起きていることを理解するために不可欠な意識の目覚めとなった。なぜなら我々の身に起きていることは環境危機などではなく、人為的な地質学的革命だからだ。

地球を変化させてきた事実に突然気づいたと言わんばかりの無垢な人間を演じるのはやめにしよう。我々を人新世に引き入れた産業革命時代の企業家たちは、確信を持ってこの新たな時代を積極的に作り上げてきたのだから。サン＝シモンは「工業主義［Industrialisme］」と呼ばれていたものを支持し、すでに一八二〇年代に次のように断言していた。

工業の目的とは地球の活用、すなわち人間の需要に応えるように地球の生産物を所有することであり、工業はこの任務を遂行することで地球を変容し、変質させ、その存在条件を次第に変化させるため、人間は工業を媒介として、ある意味で自身の外側で、神聖なものの連続的な表出に参加し、世界の創造という作品を継続する。この観点から言えば、〈工業〉は礼拝に値するものと化したのである。(1)

ウジェーヌ・ユザールは一八五七年の悲観的な記述の中で次のように予言した。

一〇〇年、あるいは二〇〇年のうちに、地球は鉄道や蒸気船に縦横無尽に横切られ、工場で覆われ、数百兆立方メートルもの炭酸化合物や炭素酸化物を放つようになるだろう。そしてその頃には森林は破壊されつくされているため、これらの炭酸化合物や炭素酸化物は確実に、地球の調和をいささかばかり乱すことになるだろう。(2)

新たな時代について考えることを提唱したこの著作から、我々はいくつかの語り（ナラティヴ）を導き出すことができる。ユザールは、我々の世界の見方、そして共に地球に居住するための方法を刷新する、新たな環境学的人文学が必要であることを示唆した。科学者たちが蓄積するデータやモデルは、我々が地質時代の年表において、完新世に引き返すことのできない点の向こう側にいることを示している。科学者たちは、人類が主要な地質学的な力であることを示すデータやグラフを提示している。このデータやグラフが示す劇的な曲線について、どのような語り（ナラティヴ）なら意味を与えることができるのだろうか。

問題は理論のための理論を問うているのではないということだ。なぜなら「どのようにして我々はここに辿り着いたのだろうか」という疑問に答える語り（ナラティヴ）のそれぞれが、「何をすべきだろうか」について検討するための枠組を提供しているからだ。

人新世に関しては公式の語り（ナラティヴ）がすでに存在している。それが語るのは、「我々」ヒト種は過去から無意識のうちに地球システムを変質させるに至るほど自然を破壊してきた。だが二〇世紀の末にかけて、一握りの地球システムの科学者（気候学者、生態学者）たちがついに我々を目醒めさせた。今、我々は問題を認識しており、人間活動が地球に与える影響についての意識を持っているということだ。

このような覚醒の語り（ナラティヴ）は寓話である。盲目的な過去を聡明な現在に対立させることは歴史的に誤りであるだけでなく、人新世の長い歴史を脱政治化してしまう。このような対立構造はとりわけ我々自身の素晴らしさを際立たせ、高く評価するためだけに使われており、我々に平静さを取り戻させる効果をもたらしている。このような考え方が頻繁に用いられるようになった二〇年前から、我々は自らを盛大に祝福してきたが、反面で地球はますます生態学的異常へと引き込まれていった。

公式の語り（ナラティヴ）は、我々がこの問題を管理するためには、地球システム科学の工学者たちに「宇宙船地球号」の鍵を渡してしまうことの必要性を訴えている。そして倫理的・思想的な革命の必要性を訴え、そうすることでのみ人間と非人間の間の戦争が終結し、地球とすべてが和解できるとしている。

人新世を「もの」ではなく「出来事（イヴェント）」として捉えることは、歴史を真剣に扱い、自然科学と共に作業することを学ぶことであり、単にヒト種と地球システムの相互作用の自然史を記述することではない。それは同時に、問題を理解するには計測をするだけでは不十分であり、必要な革命や撤退［les révolutions/involutions nécessaires］に積極的に関与するためには科学的データの蓄積だけに頼ることはできないと認めることである。それは公式の語り（ナラティヴ）の持つ経営的・非闘争的な解決策を解体し、人新世の新たな語り（ナラティヴ）、すなわち新たな想像力（イマジナリー）を作り上げることだ。未来を切り開くためには過去を再考しなくてはならない。

人新世とは、人間の時代なのだろうか。確かにそうかもしれない。だが、我々人間にとって、ひとつの惑星の運命が自身の手中にあるということは何を意味するのだろうか。我々は諸手を挙げて科学者や哲学者の研究を受け入れるとともに、歴史学者として人新世を思考することに力を尽くそう。なぜなら生態学的な異常がこれまでに類をみないほどの局面に達しているにせよ、人間が地球に対して行なっていることについて我々が疑問を抱いたのはこれが初めてのことではないからだ。過去の人間の思考や知識、闘争や敗北、幻想や過ちを忘れ去ることは、現在の課題にとって極めて貴重な経験を失うことになるだろう。

人新世を「出来事」として捉えることは、我々が完新世の出口の扉を通り過ぎたという事実を認め、行動することだ。我々は限界に達してしまった。行動することで、化石エネルギーに依拠した世界の見方に革命を起こすことができるに違いない。我々は過去二五〇年間の歴史的語り（ナラティヴ）をどのように提示し、我々の世界の見方を変え、より賢明に、敬意をもって、公正に人新世に暮らすよう互いを促すことができるだろうか。それについて考えることが、本書の目的である。

本書の第一部では、人新世の科学的な側面（第一章）と、それが我々の世界の見方、そして人文社会科学にもたらした衝撃的な影響（第二章）を提示する。第二部では、現在人新世において支配的な存在である「地球官僚（ジオクラート）」的な語り（ナラティヴ）の問題点を指摘する。このような語り（ナラティヴ）は空中から眺めたイメージによって地球を描き出し（第三章）、ひとくくりにされたヒト種と地球の闘争という歴史を語り、そして社会を無知で消極的な大衆として描き、彼らが知識人やグリーンな技術によってしか導かれず、救われない存在だとみなしている（第四章）。このような大きな語り（ビッグ・ナラティヴ）は我々の地球史の理解と説明を妨げるだけでなく、これを自然なものとみなし脱政治化してしまう。第三部では、一七八〇年から今日に至る様々な歴史の道筋を検討する。エネルギーと二酸化炭素が政治化された歴史（第五章）、人新世において軍事が決定的な役割を果たした歴史（第六章）、消費社会が形成された歴史（第七章）、環境学的な文法、知識、そして警鐘に関する歴史（第八章）、これらの警鐘を周縁化し地球の限界を否定することを可能にした知識生産の歴史（第九章）、資本主義と人新世が連携した歴史の試論（第一〇章）、そして社会－生態学的な闘争と工業主義の被害に対する抗議の歴史（第一一章）を順に見ていきたい。

第一部　その名は人新世とする

第一章　人為起源の地質革命

二〇〇〇年二月、メキシコのクエルナバカにおける地球圏・生物圏国際共同研究計画（ＩＧＢＰ）の会議の最中、地球に対する人間の影響の歴史とその衝撃についての激しい議論が起こった。オゾン層研究でノーベル賞を受賞した大気化学者パウル・クルッツェンが立ち上がりこう叫んだ。「違う！　我々は完新世ではなく、既に人新世の中にいるのだ！」。このようにして、新たな地質時代のための新たな用語が誕生したのである。その二年後、科学雑誌『ネイチャー』に投稿した論文の中で、クルッツェンは生物種としての人類が地質学的に影響を及ぼすことを示すために、我々の層位学体系に新たな時代区分を付け加えねばならないことを強調した。これは二五〇〇万年前に第四紀の幕を開けた更新世、また一万一五〇〇年前に始まった完新世を経た後、「多くの面で人間活動が支配的となった現在に至る地質時代に『人新世』という用法を与えることが適当である」という提案であった(1)。クルッツェンは一七八四年を新たな時代の開始とすることを提起している。この年はジェームズ・ワットが蒸気機関の発明特許を取得した年であり、産業革命の始まりと、岩石圏から採取された石炭の燃焼による大気の「炭素化」の両方を象徴しているからだ。

古代ギリシャ語においてアントロポス［anthoropos］は「人間存在」を意味し、カイノス［kainos］は「最新の、新たな」を意味する事から［この kainos というギリシャ語が、地質年代を表す際に用いられる現代フランス語の -cène（あるいは英語の -cene）という接尾語の語源である］、アントロポセーン［Anthropocène］、すなわち人新世は人間の新たな時代、人類の時代を意味する。人新世は、「地球環境における人間の痕跡が今や広範で激しくなったことで地球システムの機能に衝撃を与え、自然の他の巨大な力に匹敵するようになった(2)」という事実に特徴づけられる時代である。だが科学者たちが地球の命運における人間の影響力を確証、あるいは予言したのは、それが賞賛であったにせよ憂慮であったにせよ、初めてのことではない。ビュフォンは自らの『一般と個別の博物誌』シリーズのうち一七七八年に刊行した『自然の諸時期』のなかで、「こんにち地球のすべての表面は人間の力の痕跡をとどめている」[3]と述べた。ビュフォンによると、人類は環境を賢明に緩和させながら「自分が居住する気候帯の諸条件を修正し、その地の温度をいわば自分に適したものに固定」[4]しているため、そのような影響は気候にも顕著に現れているという。ビュフォンに続き、イタリアの地質学者アントニオ・ストッパーニは一八七三年に人類を「新たな地質学的な力」と定義し、さらに一九二〇年代には「生物圏」概念の提唱者であるウラジミール・I・ヴェルナツキイが、人間活動の影響が地球の生物地球化学的(ビオ・ジオ・ケミカル)な循環のなかに増加していることを強調した[5]。

また、科学者たちが人類を地質学的指標の創造者とみなすような人間中心主義を受け入れるのも初めての事ではない。第四紀の始まりは二〇五〇万年前のアフリカ大陸におけるヒト属(ホモ・ハビリス)の出現と同時期だと決定されており、完新世は地質学者チャールズ・ライエルによって「最新の時代」という意味で提唱されたものである。ライエルは最終氷期の終焉だけでなく、当時は同時期の出来事だと推定されていた人類の出現に完新世の根拠を置いた。しかし完新世を地質時代に加えるという考えはライエルによって一八三三年に提唱されたものの、それが認められたのは実に一八八五年のことであった。このことから示唆されるように、四五億年単位での地球史の研究に慣れきった地質学者にとって、人新世へ突入したということの承認を急ぐ理由はない。もし地球の歴史を一日つまり二四時間に喩えるなら、ホモ・ハビリスの出現は最後の一分でしかなく、完新世はさらに最後の一秒の四分の一にしか値しない。

産業革命に至ってはその一秒の一〇〇〇分の二である。更新世の期間が一〇〇万年単位であり、完新世は一〇〇〇年単位であるのに対し、人新世が僅か数世紀の期間でしかないことを考えると、クルッツェンの提案が地質学的に大胆なものであったことが理解できるはずだ。恐らくこの提案は、これからまだしばらくの間、議論され続けることだろう。二〇一二年にブリスベンで開催された第三四回国際地質学連合の定期総会の際に人新世について報告書を作成する作業部会の結成が決定され、二〇一六年に報告がなされることとなっている。

しかし、層位学者（ストラティグラファー）たちが合意を出すのを待つ間にも、人新世の概念は既に地質学者、生態学者、気候と地球システムの専門家、歴史学者、哲学者、社会科学者、市民そしてエコロジスト運動家の間で論点となり、人類が主要な地質学的な力となったということを確信させるひとつの共通概念となったのである。

地球上で人間は何をしているのか

それでは、現段階ではどのようなことが議論されているのだろうか。人間はどのような痕跡を、後で述べるように多岐に渡るやり方で、地球上に刻んでいるのだろうか。クルッツェンのような大気化学者、もしくはオーストラリア人のウィル・ステファンやフランス人のクロード・ロリウスのような気候学者によれば、完新世の息の根を止めた凶器は大気の中に見いだすことができるという。「氷の中に閉じ込められた空気の分析結果が容赦なく示すのは、蒸気機関を発明したことによって、人間の手がこの世界という機構を狂わせていることだ[6]」。同様に、人間によって発せられた温室効果ガスも人間の痕跡を測る指標となっている。一七五〇年頃に比べ、大気は人間が排出する物質のせいで一五〇パーセント増加したメタン（CH_4）、六三パーセント増加した亜酸化窒素（N_2O）、四三パーセント増加した二酸化炭素（CO_2）の分だけ「濃く」なった。二酸化炭素の濃度については、産業革命前には二八〇ｐｐｍだったのが、二〇一三年には四〇〇ｐｐｍに増加した。これは過去三〇〇万年の間には見られなかったレベルに達している。さらに一九四五年以降、別の新たなガスが地球の大気構成に加わった。フロン（ＣＦＣやＨＣＦＣ）が冷蔵庫やエアコンなどから放出されているのだ。

これらは太陽光により暖まった地球が宇宙へ放出すべき熱を地上に留めることから、地球に「温室効果」をもたらすガスと呼ばれている。大気中におけるこれらのガスの蓄積は地球の気温を恒常的に増加させる。一九世紀半ばに比べ平均気温の温度計は既に〇・八度の上昇を示し、国連の気候変動に関する政府間パネル（ＩＰＣＣ）は二一世紀末の時点で一〜二から六度（この度数の幅は政治的意図によってＩＰＣＣのシナリオが変わることから生じる）のさらなる気温上昇があることを予測している。大多数の気候学者によって危険なしきい値とみなされている、産業革命以前からの温度上昇を二度未満に抑える「二度目標」というものがあるが、国際的な政治的意志が欠如している現状を鑑みると、これを実現するのは非常に困難だろう。その上、もしこの傾向を大幅に改善できないならば、二一世紀後半には四度か五度〔英語版では二一〇〇年までに三・七〜四・五度〕上昇するシナリオが現実となるだろう。ＩＰＣＣの最新の報告書では、何も手が打たれない場合、二三〇〇年の時点で八〜一二度の上昇が推定されている。これが現実となれば、そこには異常気象と人間の貧困問題がもちろん付随することになる。過去二五年の間にペルーのアンデス地方に存在した氷河（氷帽）は姿を消し、南極の氷はここ数年のうちに専門家がかつて予想したよりも速い速度で溶けるようになっている。一九八〇年代から九〇年代の気候学者が温室効果ガスと気候変動の関係を包括的かつ直線的に結びつけたのに対して、近年の研究の進展は体系的アプローチとモデル化によって、平均気温の小さな変化すらも、地球環境に急激かつ無秩序な変動をもたらしうる事を明らかにしている。

人新世への移行を証明する二つ目の要素は、地球上の生態系（生物圏）が全般的に破壊されたことである。生物多様性の崩壊は（農業や都市化に由来する人間化による）自然環境の全体的な単純化と、地球の生態系の分断と破壊に伴うものであると同時に、気候変動によっても促進されている。二〇一二年六月に『ネイチャー』誌に投稿された論文によると、気候変動の将来に関して可能な限り楽観的なシナリオを描いたとしても、二一世紀末には一二〜三九パーセントの地表が、「現存する生物が未だ直面したことのない気候条件」に覆われることになるという。[7] さらに温暖化によって直接引き起こされる種の絶滅に加え、海洋は我々が排出する二酸化炭素の四分の一を吸収しているのだから、海洋の酸化（工業化以前に比べ二六パーセントの増加）による海中生物への被害も考慮しなくてはならない。[8] 過去数十年間に消滅した生物種の割合は、地質学的に通常な値の一〇〇〜一〇〇〇倍にも上る。生物学者たちはこれを地球上の生命の登場以来「六回目の大絶滅期」だとしている。[9] 一九九二年には生物多様性に関する協定が結ばれたのだが、絶滅の主要な要因に対する対策がとられていないためにペースはまったく衰えておらず、世界中に存在する一〇万の保護区域は、よく見積もっても五パーセントの種しか救うことにならないと推定されている。漁業が可能な水域の四分の三は既に最大限に漁獲されているか、過度の乱獲状態にある。地上の脊椎動物由来の総バイオマス［生物資源量］の中で人間由来のものは三二パーセント、家畜・農場由来のものは六五パーセント、合計で九七パーセントを占めており、約三万の地上に生きる全ての野生の脊椎動物種が地球上のバイオマスに占める割合はわずか三パーセントにすぎない[10]。この数字は生物圏に対する人間の影響力を象徴的に示している。もし現在のペースで絶滅が進行し、二〇三〇年には二〇パーセントの生物種が地球上から消え去るのだと仮定すれば[11]、花粉の授受、炭素の吸収、浸食作用に対する保護、水の量と質の調節など、人類が生物圏から供給されているいくつかの必要不可欠な「サービス」が、今この瞬間から比べても極端に減少していくことになるだろう。

科学者たちはさらに、気候変動と生物多様性の崩壊に加え人新世への突入を示す、他の主要な変動も挙げている。それは水、窒素、リン酸塩それぞれの生物地球化学的循環における変動であり、炭素の生物地球化学的循環における変動と同じ程度に重要である。これらもまた過去二世紀の間に人間の支配下におかれた物質である。大規模な陸水の循環については、地球上の湿地帯の半分が干上がる一方で、一五メートル以上の高さを持つ四万五〇〇〇のダムの建設により今や地球の河川の流量の一五パーセントに値する六五〇〇立方キロメートルの水が溜められている[12]。しかし、こうした変化は大部分の人類を水をめぐる危機から解放することなく、逆に大地の侵食と堆積のプロセスを実質的に変容させてしまった。

窒素の循環は、化石燃料の燃焼が窒素酸化物を空中に放出されるきっかけとなった工業化の到来と、大気中の窒素を肥料として利用できるように変換するハーバー・ボッシュ法（一九一三年）の出現とともに急激な変貌を遂げた。これらふたつの現象は、空中窒素固定細菌による生物学的固定のみに依拠してきた生物圏での「自然的」流動に比べ、二倍の量の窒素流動を引き起こした[13]。肥料から放出される窒素酸化物は温暖化現象を促進し、過剰となった尿素［窒素は哺乳類などに摂取されることで、その代謝最終生成物である尿素として自然界に排出される］と硝酸塩は地下水面や地下水流そして河川河口への浸出や流入を招き、富栄養化と酸素欠乏を発生させている。

同様に、自然流動に比べ八倍に増加した人間活動由来のリンの地球規模での循環も、人間による地球支配の明確な刻印となっている。リン鉱山では主に肥料生産のため毎年約二〇〇〇万トンのリンが産出され、このうち九〇〇万トンは結果として海洋に流れ込んでいる[14]。これに関して科学者たちが示しているのは、地質学的過去においては、リン酸塩の量が元の自然流動に比べ二〇パーセントだけ増加しただけで海洋中の酸素含有量が激減した要因のひとつとなり、海洋生物の大規模な絶滅を招いたということだ。

科学者と地理学者は、地上の生態系の人工化、すなわち牧場、耕地、都市の建設の影響を評価することも試みた。ひとつの種でしかない人間は一八〇〇年の九億人から二〇一二年の七〇億人に至るまで数を増やし、地上のほぼ三分の一のバイオマス生産を（衣食住、不可欠とは限らない多くの用途のために）[15]占有し、地球が耐久可能［durable：文中に登場するdurableは「耐久可能」、soutenable（英語ではsustainable）は「維持可能」と訳出した。なお、soutenableは「持続可能」と訳されることもあるが、ここでは宮本憲一『日本社会の可能性：維持可能な社会へ』（岩波書店、二〇〇〇年）を参照し、「維持可能」の訳語を採用した］な形で供給できるものの一・五倍の量を年間に消費している。これは「我々」が、といっても地球上で豊かに暮らす五億の人間のみが、腰を下ろしている木の枝の果実を消費するのみならず、みずからその枝をノコギリで挽いていることを意味している[16]。

人新世は、人間によるこれまでにないほどの飛躍的なエネルギー利用の増大によっても特徴づけられる。石炭をはじめ、石油や天然ガス、そしてウラニウムといった新たな資源が一八〇〇年から二〇〇〇年の間にエネルギー消費量を四〇倍に増加させた[17]。人新世におけるこのようなエネルギー使用の爆発的増大は、これまでの一〇倍もの力で地球を変容させ、生態系を開墾し、都市化し、手なずけてきた。一七五〇年に地上の五パーセントに相当していた牧場、耕地そして都市は、一九〇〇年には一二パーセントとなり、今日では地表のほぼ三分の一を覆っている。部分的に人間活動に依拠しているバイオーム(生物群系)を含め、地球の氷に覆われていない表面部分の八三パーセントは人間の直接的影響のもとにあり[18]、地上の光合成のうち九〇パーセントは「人類由来のバイオーム」、すなわち人間により整備された生態圏のなかで行われている。地理学者アール・エリスは「『人間が掻き乱した自然の生態系』という世界観に取って代わるのは生物圏についての新たな観点、すなわち『自身の懐に自然の生態系を取り込んだ人間系』という世界観である[19]」と結論づけている。

図1は、一七五〇年以降の地球システムにおける二四のパラメータから人新世の概観を表したものである。ストックホルム・レジリエンス・センター(SRC)の科学者グループはそのうち九つのパラメーターに、生物多様性(花粉の授受など自然が我々に与えるいくつかの「サービス」の崩壊リスクとなる)、空気・大気の汚染、生物地球化学的循環の悪化、そして大地の人間による利用の促進(人間化)などに関する臨界値[Tipping point]があるとして、越えてはならない限界を設定した。しかしそのうち四つのパラメータ、つまり窒素循環、温室効果ガスの排出、生物多様性の消滅、リン酸塩の循環については、す

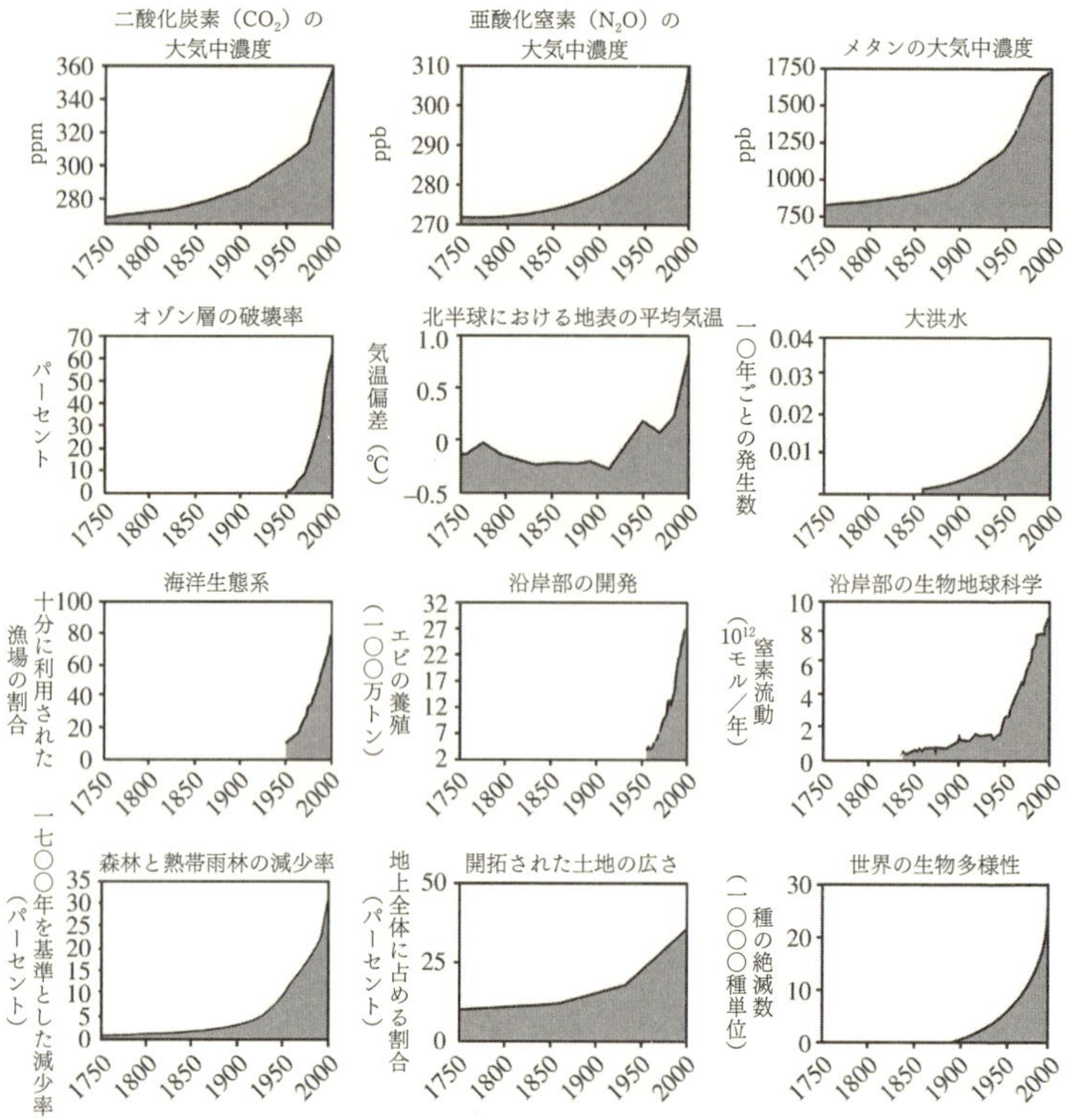
二酸化炭素（CO_2）の大気中濃度
ppm
亜酸化窒素（N_2O）の大気中濃度
ppb
メタンの大気中濃度
ppb
オゾン層の破壊率
パーセント
北半球における地表の平均気温
気温偏差（℃）
大洪水
一〇年ごとの発生数
海洋生態系
十分に利用された漁場の割合
沿岸部の開発
エビの養殖（一〇〇万トン）
沿岸部の生物地球科学
窒素流動（10^{12}モル／年）
森林と熱帯雨林の減少率
一七〇〇年を基準とした減少率（パーセント）
開拓された土地の広さ
地上全体に占める割合（パーセント）
世界の生物多様性
種の絶滅数（一〇〇〇種単位）

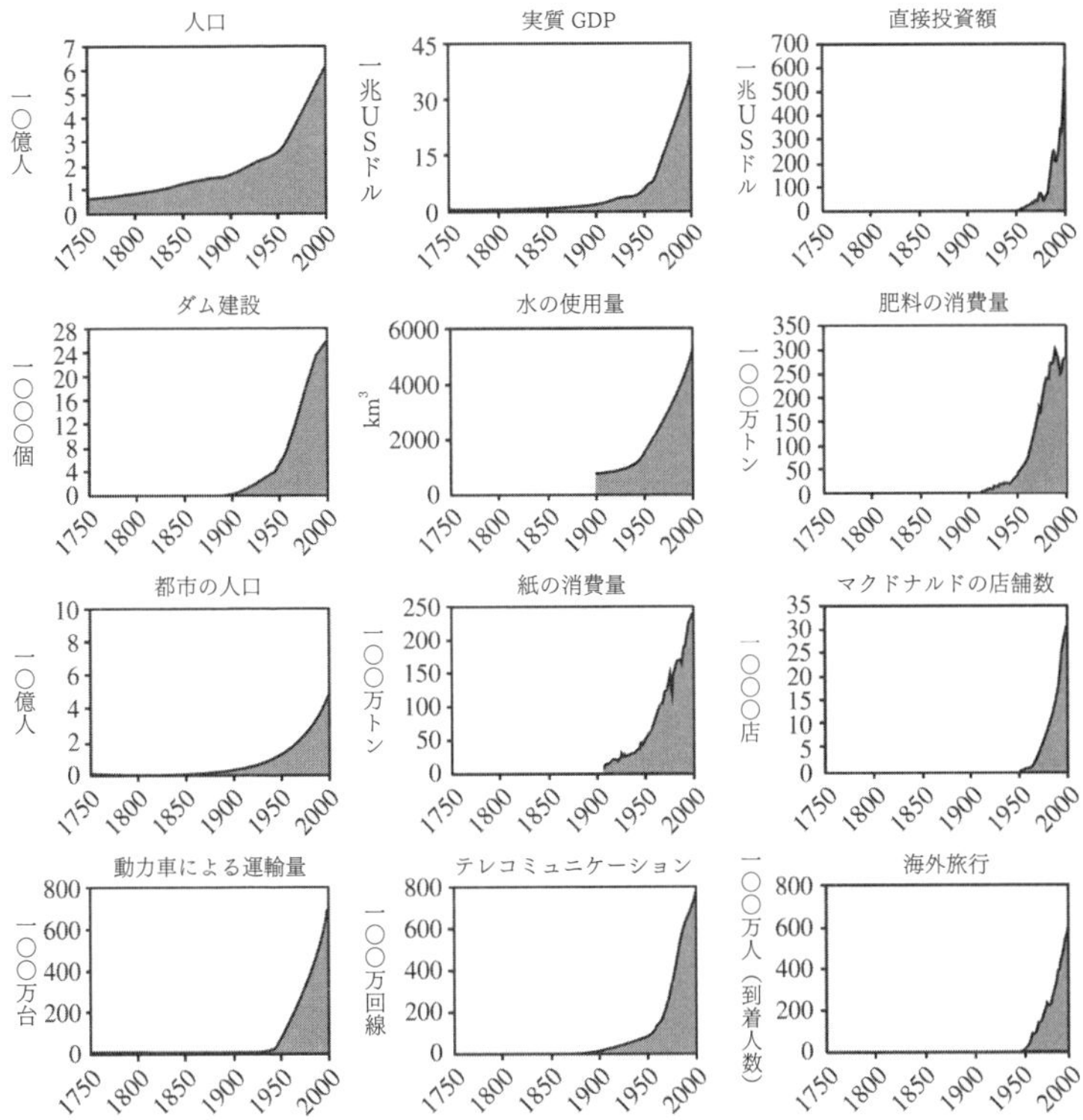

図１　人新世の外観図

これら24の地球システムパラメータにおいて、人新世の開始を1800年あたりに、「大加速」を1945年以降に確認できる。

出　典：(　左　)igbp.net; Will Steffen, ed., *Global Chenge and the Earth System: A Planet Under Pressure*, New York: Springer, 2005, 132-3. (右)Will Steffen, Wendy Broadgate, Lisa Deutch, Owen Graffney and Cornelia Ludwig, 'The Trajectory of the Antropocene: The Great Acceler ation', *The Anthropocene Review*, January 2015, 1-18.

でにその限界（地球システムの破滅的状態へ向かう急激な変動を発生させるしきい値）に迫っているか、越えた状態であることが明らかになった[20]。

人新世を地質時代区分のひとつに組み入れることに同意するために、層位学者はモデルや予測の提示のみでは満足しない。彼らの基準では、地質時代を定義するには何か確実なものが必要で、例えば固体や堆積、層序区分などが、現存する岩石の中に確認できなくてはならない。これについて、我々は人新世の存在を擁護する議論を三つ挙げることができる。

第一に、大気中の二酸化炭素は過去四〇〇万年の間（鮮新世終了以来）、現在と同等のレベルになったことはなかった。これから起こる温暖化は、地球を過去一五〇〇万年の間で経験したことのないような状態へ招き入れることになる。生物多様性の消滅は四五億年の地球の歴史のうち五回しか経験がないほどの激しさをもって進行している。恐竜をはじめとする種の絶滅が起こった前回の経験は六五〇〇万年前に遡るものだが、その時の層序的刻印は今も非常に鮮明に残されている。すなわち、現在進行中の現象は人間により引き起こされ、かつ地球史上めったに見られなかった規模であるという二重の特徴を持っているのだ。

第二に、人間活動による大気の構成の変化は南極大陸の氷床コアの中にまでその痕跡を残している。種の消滅と分布の変動（過去数世紀にわたる爆発的な生物学的侵入、気候変動もしくはバイオームの人間支配による植生や生態系の移動）は将来の堆積物の中に化石化したかたちで形跡を残すだろう。人間活動による過剰なまでの窒素とリンの循環の増加から引き起こされる湖水沿岸部および海岸の動物相、植物相の変化もまた、特定の痕跡を残すだろう。地上の脊椎動物の全てのバイオマスのほとんどの比率を占める、七〇億の人間とその家畜動物由来のバイオマスに関しては、未来の古生物学者たちの目にも顕著な痕跡として現れることだろう。[21] さらに、都市化、ダム、工業生産物（世界にストックされた自動車の総量は一兆トンに上る）[22]、鉱業や農業活動が残す層序的徴候は地球史においても顕著で独特なものとなるだろう。温暖化が氷体を変容させることで、火山活動や地殻活動にも影響を及ぼしていることさえ、すでに明らかになっているのだ。[23]

さらに過去一五〇年の間に生態系の中にばらまかれた完全に新たな物質（さまざまな種類の有機合成化合物、炭化水素、プラスチックとそれらのうち新種の岩石を形成するもの[24]、内分泌撹乱物質、殺虫剤、原子力実験によりまき散らされた放射性同位体やガス状のフッ素化合物）は、形成中の堆積物や化石の中に人新世特有の刻印を作りだしている最中なのである。

したがって、もし数百万年後にその時代の地質学者（もしこのような人新世の典型ともいえる職業が存在し続けていればだが）が我々の時代が残す岩石化した堆積物を調査することがあれば、彼らはそこに顕著で急激な転換を見いだすだろう。それは我々の時代の地質学者が地球の数十億年の歴史の中に生じた急激な変動に見いだした転換、例えばよく知られた白亜紀から第三紀への推移、すなわち六五〇〇万年前に隕石が現在の中央アメリカに衝突し、地球上の生物種の四分の三の消滅へ導いたときに形成された転換と同じくらい顕著で急激なものとなるだろう。このような考え方があるにもかかわらず、地質学者は彼らが探しているような確実に岩石に刻み込まれた証拠を今日の段階では有していないという。だが、層位学者が公式な地質時代へ新しい時代を組み込むことの認可を後回しにしている間に、人新世という概念はもはや層位学にとどまることなく、地球システム科学においても、確実に存在するものとして扱われるようになっていくだろう。この学際研究分野は地球を複雑なシステムとみなしている。このシステムは地球の核から上空の大気にまで及ぶが、その下位システム（大気圏、生物圏、水圏、土壌圏など）はそれぞれが互いに浸透し繋がり合っており、それらは絶え間ない物質とエネルギーの流動、またいくつもの巨大なフィードバック作用により成り立っている。この観点に立てば、岩石は他の指標の上にある認識論的に特権的な存在ではなく、地球に存在する諸機構の変容を全て収斂したものでもない。国際層序委員会（ICS）の人新世作業部会会長ヤン・ザラシェヴィチが述べるように、「人新世とは層序的地層のなかに人的影響を見つけられるようにすることではない。人新世とは地球システム内の変化を反映しているのである」(25)。

人新世はいつ始まったのか

これらのすべての証拠は、世界の終わりを示しているのではないにしても、明らかにひとつの時代の終わりを示している。我々がその中で一万一五〇〇年のあいだ生きてきた完新世の終わりである。だが、地質学的な時計を想像するなら、完新世を終わらせた犯罪はいったい何時に行なわれたのだろうか。今から二〇万年前にアフリカ大陸に出現し、ユーラシア大陸、アメリカ大陸そして太平洋諸島の植民者となったホモ・サピエンスをまず告訴するべきなのだろうか。彼らは定住した地域のあちこちで火の利用と狩猟により巨大動物相（爬虫類、鳥類、巨大有袋類、サーベルタイガー、アメリカライオン、ヨーロピアン

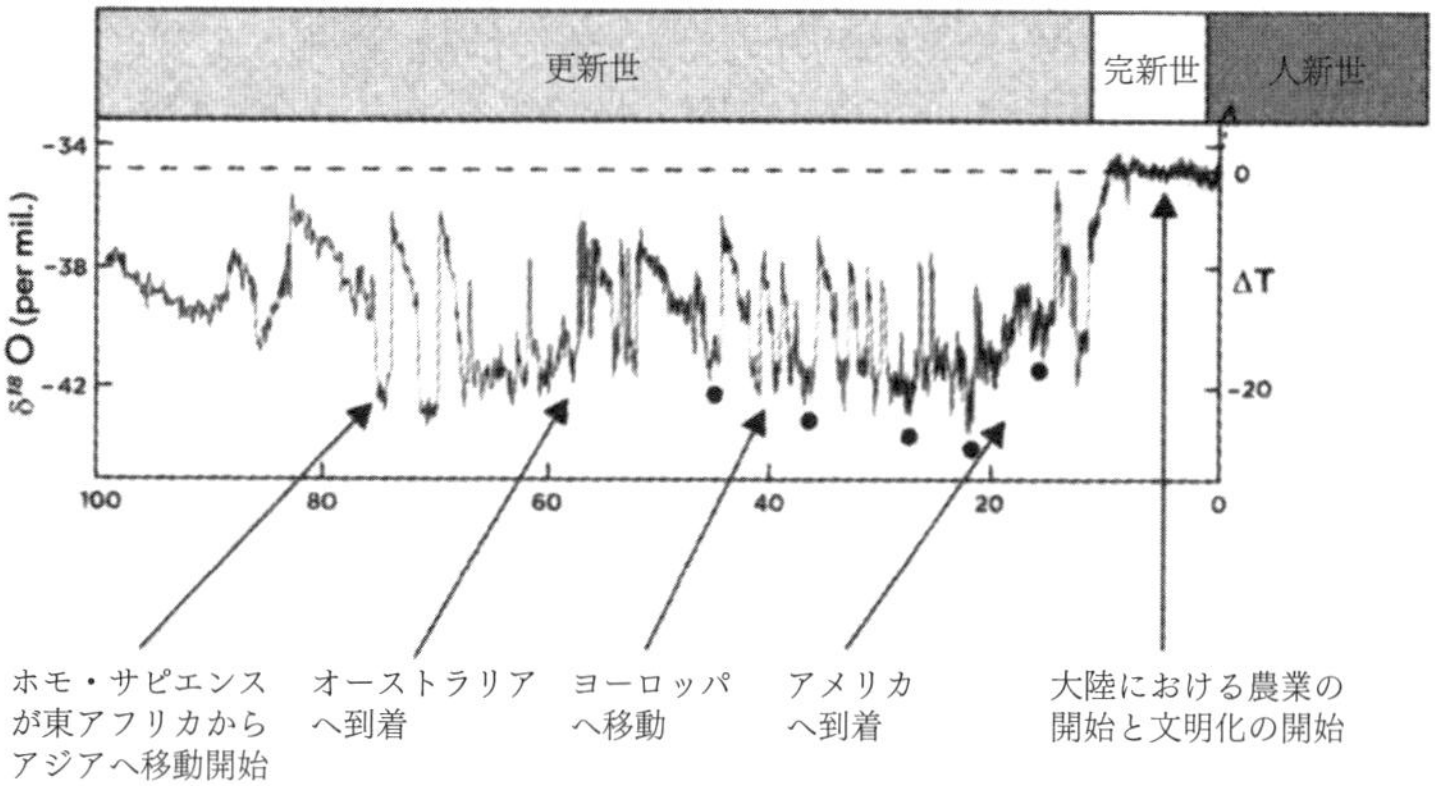

図2　10万年単位の気温と人類史
完新世の間、気候が顕著に安定しているのがわかる。
データ出典：(気象)GRIP Ice Core Data, Greenland; (考古学)Tim Appenzeller, ‘Human Migrations: Eastern Odyssay’, *Nature*, 485:3, May 2012: 24-6

マンモス）の絶滅を引き起こしたのではなかったか。この生態系における変化はいくらかの形跡を残しており、後に地質学者と考古学者らにより見つけだされている。あるいはヴァージニア大学の古気候学者ウィリアム・ラディマンが提案するように、人新世の始まりを完新世の開始時点のわずか数千年後に位置づけるべきなのだろうか。ラディマンは五〇〇〇年前にすでに人間は森林破壊、稲作、牧畜によって地球の気候の進路を変更させるのに十分な量の温室効果ガスを排出していた可能性があると指摘している。このようなガス排出とそれがもたらす温暖化が、新たな氷河期へ入り込む時期を遅らせていたかもしれないというのだ。論争の的となっているこの仮説によれば、（ビュフォンがこのことを一七七八年に豪語していたように）完新世を四〇万年続く最も長い気候安定期とするのに、人間活動は新石器時代から貢献してきたと考えられる（図2）。この新石器時代の人間活動［*agir humain*］による気候の安定こそが文明の展開をも可能にしたというのである。

ラディマン説の問題点は、新石器時代における二酸化炭素排出とメタン排出の（緩やかな）増加や森林破壊と農業実践に焦点を当てた一方で、産業革命以後に急激に生じた規模の変化を考慮していないことにある。地理学者アール・エリスはこの説に一度同意を示しその後距離を置いた人物だが、彼によると人間が地球のバイオームの大部分を変化させたのは、やっと一九世紀以降になってのことだという[26]。ただ、ラディマンが示している点は産業革命とともに始まる人新世説と矛盾するものではない。なぜなら人類が新石器時代から完新世の気候を安定させていたという前述の仮定が正しいとすれば、人類はこのように気候を安定させた後、一九世紀以降になって完新世から地球を脱却させ、急激な変動を起こして地球を人新世に突入させたと考えることもできるからだ。

イギリスの地質学者シモン・ルイスとマーク・マスリンは近年、ヨーロッパによるアメリカ大陸の征服をもって人新世の始まりとすることを提唱した。アメリカ原住民にとって悲劇的な結果をもたらし、資本主義的な世界経済（グローバル・エコノミー）の嚆矢をなしたこの歴史的出来事は、地質の中にもその刻印を残している。旧世界と新世界の動植物相の再統合は地球の農学的、植物学的そして動物学的地図に混乱を招き、二億年前にパンゲア大陸の解体と大西洋の形成をもって分断された生命の様相を、生物学的グローバル化の中で再び混ぜ合わせたのである。アメリカインディアンの人口崩壊（一四九二年に五四〇〇万〜六一〇〇万人いたのが一六五〇年には六〇〇〇万人にまで減少したのは、複数回に渡る征服戦争、ヨーロッパ人によって持ち込まれた伝染病、そして強制労働を経てのことだ）は、アメリカ大陸のうち六〇〇〇万ヘクタール以上の土地を都市や農地利用から解放し、森林を再生させるという影響をもたらした。これらの森林は二酸化炭素を吸収し、一六世紀初頭から一六一〇年の間に大気中の二酸化炭素濃度を二七九ｐｐｍから約二七二ｐｐｍまで低下させた。[27]しかし、人間の歴史の中で最も悲惨な出来事の結果として大気中の二酸化炭素濃度が低いレベルになったことは、このように不吉な指標として地層の中に残っているのだが、それでも完新世の持つ変動幅（二六〇ｐｐｍ～二八四ｐｐｍ）を超えることはなかったのである。

石炭利用の増加により生じた二酸化炭素の排出の影響によって二酸化炭素濃度が完新世の最大値（二八四ｐｐｍ）に達するのは一八〇九年のことであり、この数値を超えて二九〇ｐｐｍに達するのは一九世紀半ばのことだ。この時に生じた断絶は単に歴史的なだけではなく、まさに地質学的なものだった。地上の大気は一九世紀初頭に完新世から脱却し、人間活動は化石エネルギーの威力をもって根底から地球システムの生物学と地質学を変容させていった。このような見方は人新世が産業革命をもって始まったとするクルッツェンの提起を支持するものである。

ザラシェヴィチをはじめとする研究者たちは、二〇世紀半ばにおける地質時代の変化の形跡を調査している。ネヴァダ砂漠で初の原子爆弾が爆発した日である一九四五年七月一六日以来大気中にまき散らされた新たな放射性同位体や、石油化学による新たな製品、また合成窒素肥料の急激な使用拡大などは、すべて鮮明な層位的刻印をもたらした。人間による影響力の第二次世界大戦後の指数関数的な増加が、この仮定をより確実なものにしている。第二次世界大戦終了を人新世の開始の時期とすることの利点は、層位学者が探すような種類の証拠（例えば自然の中にはそれまで存在しなかった放射性同位体が北極や南極にま

で存在していること）をすでに提供できることにある。(28)

地球システム科学や人文社会科学のコミュニティに属する他の研究者たちは、一八世紀末が人新世の開始だというクルッツェンの最初の提言を支持している。なぜなら一九四五年という年が適切な層序的刻印を提供し、人新世の破壊的なまでの特徴を表しているのだとしても、このように開始年を遅く設定することはより深い要因とプロセスを覆い隠し、環境的で文明的な断絶、すなわち化石エネルギーを利用する熱工業社会への突入という主要な断絶の存在を隠蔽してしまうことになるからである。本書ではアメリカ大陸の征服（第一〇章）や一九四五年以降の「大加速（グレート・アクセラレーション）［Grande Accélération］」といったターニングポイントの重要性についても議論をしつつ、一七五〇年からの時期に焦点を当てていく。

要約しよう。完新世、すなわち希有な気候の安定性（人間の歴史の規模でしか重要でない「小氷期」を除く）に特徴づけられる一万一五〇〇年の期間、つまり農業、都市、文明の開花を経験した期間に続いて到来した人新世は、地球の新たな地質時代を示している。パウル・クルッツェンとウィル・ステファンが強調したように、人間活動の支配下で「地球は現在それまでにない状態で動いている」(29)。この章で紹介したような地球システム科学は、自然科学と人文科学の交差する点にこれまでとまったく異なる基礎的な研究分野を切り開き、そして人間活動の短い時間と地球の長い時間についての展望を提示したのだ。

人新世は、白亜紀の末期やラース・フォン・トリアーの映画『メランコリア』とは異なり、外部からやって来た隕石が地球に衝突し地質学的軌道を逸脱させたために起きたわけではない。地球の限界から自らを自由にすることを求めた我々の発展モデル、我々の工業的近代性そのものが、ブーメランのように舞い戻り、地球に激突しているのだ。

第二章　ガイアと共に考える

環境学的人文学へ向けて

人新世は地球、生命、そして人間の歴史のなかで分岐点となる出来事である。人新世は我々の世界の表象を一変させる。哲学者であるブルーノ・ラトゥールによると、「人新世は近代や「近代性」という概念に替わるものとして生み出されたもののなかでも哲学的、宗教的、人類学的、そして私たちが見てきたように政治的な概念として、これまでにないほど決定的なものである」[1]。人新世の思想は、人間活動を生態系と生物圏の機能の分析の中に組み込んだ、四〇年前に登場した学問領域であるシステム生態学をさらに展開し、自然と文化、そして人間の歴史と生命・地球の歴史の間に想定されていた断絶を消し去ったのだ。

ビュフォンからライエル、ダーウィンに至るまで、生物学者と地質学者は地誌的時間スケールを数億年の単位にまで引き延ばし、一見したところ人間の活動にとっては外的であり、ほぼ不動で無関係な枠組みを作りだした。これと並行して、ブルジョワ的な思想を持ち産業活動を支持した啓蒙主義者は、近代的主体としての人間の価値を自立した行為者であることに見出し、またそのような人間は意識的に自らの歴史に働きかけ、自然を支配することで社会的対立を解決できると考えた。我々はこの章で、この「自然」と「社会」の断絶が一九世紀にどのように構築され、当時出現したばかりの人文科学と社会科学がその中でどのような位置を占めたのかを見ていく。そして、この暴力的ですらある地球の歴史を再び世界史のなかへと戻すことが、いかに人間の新たな条件を作りだすのか、あるいは歴史への理解、自由についての観念、民主主義の実践の核心部分において、我々に自然と地球システムとの再統合をどのように要求することになるのかを見ていくことになる。

「環境危機」の再考と「維持可能な発展」への帰着

人新世の概念は、我々の発展モデルが生み出す生態学的な衝撃を二世紀半に渡る地球規模のものとして解釈することを提唱し、これまで「環境危機」として描かれてきたものに対する我々の理解を根本的に刷新している。

今から数十年前、「環境」はまだ我々を取り囲むもの、資源を採掘しに行く、あるいは廃棄物を捨てに行く場所、またはある程度未開拓な状態で残されている場所として理解されていた。経済学者たちは環境破壊を外部的なもの［*externalité*］として議論していた。自然は自然公園、「生態系」、「環境」、そして「維持可能な発展」という姿のもと、必要不可欠だが我々からは切り離されたものとして、ごく最近まで認識されていた。環境や自然は、「発展」という企業経営者や正統派の経済学者、政策立案者たちが口を揃えて唱和する合言葉と組み合わされるものであり、そして「発展」には深刻な限界がほとんど課されないかのように、我々は思わせられてきた。

人新世の概念は、このように分断された自然と社会を否定する。そして、わずかな修正を加えるだけで経済システムは永遠に発展を続けるという期待に疑いを投げかける。環境に代わり、今や地球システムがそこにある。工業的近代性は、果てしない進歩の世界へと我々を導き、自然の循環や限界から解放すると約束していたにもかかわらず、地球とその限界は今日我々のもとに回帰している。我々はイザベル・スタンジェールが提唱した「ガイアの干渉」、すなわちギリシャ神話の大地の女神の干渉に直面している。[2] 我々が深刻なレベルにまで混乱させてきた地球の生物地球化学的プロセスが、突如として政治の場面、そして日常生活のまっただなかへ割り込んできたのである。我々は「自然の主であり師」である代わりに、毎日少しずつ地球システムの巨大なフィードバック・ループに巻き込まれている。したがって我々は線形的で冷酷な進歩という概念を捨て去るべきなのだ。リベラルで産業的、消費主義的な世界に異議を唱える人びとに非難を浴びせるために存在しているような「進歩」という概念からは、今や本格的に脱出するべきである。これからは地球とそれが生みだした全ての生物が議論の的になるだろう。不確実かつ多くの転換を余儀なくされるであろう未来は、リベラリズム、社会民主主義、マルクス主義といった過去二世紀に登場した進歩主義的イデオロギーが約束したはずの輝かしいものとは、もはや似ても似つかないものになってしまった。

「危機」という言葉に関して言えば、この言葉を使うことは、欺瞞に満ちた楽観主義を保持することにならないだろうか。この言葉は事実、我々が単に近代の危険な転換点、出口がすぐに見つかるような束の間の試練に直面しているだけのように思い込ませてしまう。危機という用語は過渡的な状態を意味するが、人新世は引き返しのできない地点なのである。人新世は地質学的な分岐点を意味しており、それは完新世の「通常状態」に、予知の可能な状態には戻れないことを意味する。

したがって人新世の概念と地球システム科学の最新研究が鳴らす警鐘は、「環境危機」を高らかに警告してきた人間中心主義的な視点をはるかに超えたところにある。問題は「ただ単に」我々の「環境」が荒廃し、「資源」(このような範疇概念もまた地球の本質に外部的で静的な特徴を想定してきた)が枯渇し、それらが社会的不平等を拡大し、また大きな地政学的紛争によって地球がおびやかされるということではないのだ。

人新世は我々に二重の現実を突きつける。一方では、地球はその誕生から四五億年にわたって様々な地質学的な変動を経験してきたのだから、生命は人間の有無に関わらず続いていくという現実だ。我々が作りだした地球の新たな状態は人間に異常、欠乏、暴力をもたらし、居住には一層困難な状態にしているというだけだ。だが他方では、たとえ人類がその生態学的痕跡を劇的に減少させ、質素な文明を発明するに至ったとしても、ガイアを前にしてはそれだけでは済まされないだろう。地球は数世紀、いや数十万年をかけてようやく完新世に類似した（だが同一ではない）気候的・地球生物的レジームを取り戻すだろう。そして我々の都市的・工業的・消費主義的・化学的そして原子力的時代の形跡は、数千年どころか数百万年の間、地球の地質学的記録の中に残るだろう。

新たな地球システム科学はまた、地球の過去と未来に関する非線形的な視座をもたらしてくれる。我々は安心できるモデル、すなわち畑と化したxヘクタールの森がnパーセントの生物種を絶滅させ、yパーセントの温室効果ガスを放出し、さらにそれがz度の温暖化をもたらすというようなモデルの中にはもはやいない。地誌学や未来のモデリングにおいて、科学者たちは気候の急激な転換点や生態系の突然の崩壊をもたらす臨界点を見いだしてきた。彼らは地球が過去四〇万年の間、寒い氷期と暖かい間氷期の間を揺れ動いていることを示し、二～三度程度の気温上昇は一定の振り幅としてその中に収まるだろうと推定している。だが彼らによると、地球システムがこの振り幅を超えると状況は一変し、今より確実に温暖な（それが五度の増加なのか一〇度の増加になるのかは、いかなる気候学者も予測できない）新たな安定状態へと向かうのだという。このような状態は人類出現のずいぶん前、今から数千万年前には存在し、数百万年にわたって持続していた。IPCCの最初の報告が提示していた線形的な予測とはずいぶん異なるこのような変化は、まさしく未知への跳躍ということになるだろう。人新世の中で生きるということは、非線形的であり、我々が撹乱をもたらしたことに対する地球システム（あるいは地球－歴史）の反応について、ほとんど予測が不可能な世界に住むことである。なぜならイザベル・スタンジェールが述べたように、ギリシャの大地の女神・ガイアは「恐らく母ではあるが、イライラしていて」、また「神経質」なのだから[3]。

したがって、人新世は「維持可能な発展」という平和で安心する計画を取り消させる。この概念は「維持しうる最大の生産性［rendement soutenu maximal : soutenable を「維持可能」と訳出することについては二四頁を参照］」という一九五〇年代に海洋資源学者が立案した概念に由来しているが、それ自体が、そもそも一八世紀のドイツ森林科学の「維持可能な［Nachhaltig］管理」という概念の遺産であった（第九章）。そして今日でもなお、人新世の到来が誤りだと示唆する類の幻想を我々にもたらしている。

第一に、「維持可能な発展」概念は、もう少しの「保全」をすれば、引き換えに経済成長が永続するだろうという可能性を我々に信じこませてしまう。一九七〇年代初頭、限りある地球の中では無限の発展は不可能であると主張した研究報告書（一九七二年のローマクラブの「成長の限界」についての報告書、経済を熱力学内部に再び位置づけたジョージェスク＝レーゲンの主張など）は、「維持可能な発展」パラダイムの到来とともに巧妙に覆い隠されてしまった。これらの研究が社会のための経済、また地球の生物物理学的な限界の内部における経済ということを提起していたのに対し、一九八〇年代より頭角を現した「維持可能な発展」の言説は経済、社会、環境というはっきりと識別された三つの軸を交渉させるべきだと強く主張した。社会の中に経済があり、さらに社会も幾千のフィードバック・ループによって生物圏と地球システムに埋め込まれているという同心円的なイメージの代わりに、我々は環境を単なる経済のパートナーとみなし、新たな「維持可能な発展方針」を経営戦略の一部に組み込んだ大企業の収支の一部門にしたのだ。近年、国際的に形成されている「グリーン・エコノミー」は、このような展開を強調するものであり、この中で「生態系サービス」は市場として立ち上げられ生物圏、水圏、大気圏は財政圏、商業圏の単なる下位システムに仕立て上げられている（第九章）。そして、我々がこのような「経済」（資本主義）と「環境」の魔法のような互恵的関係に達するには、生態学の専門家と経済学者が「自然資本」の維持と「搾取」の間で揺れ動くカーソルを、最適な位置で指し示せばよいだけであるかのようにみなされている。

第二に、「維持可能な開発」の概念は、自然を線形的で還元的なものとする見方に立っており、自然と開発の相互最適化が可能な静的機構が存在しているという想定に依拠している。しかし、「維持可能な最大の生産性」という機械的な理論は、一九七三年にすでに生態学者のクロウフォード・S・ホーリングにより反駁されている。ホーリングは、この機械的な見方を還元主義的で直線的なものだと考え、水産資源などの一定の生態系に急激な崩壊をもたらす要因となると考えた。ホーリングによれば、「我々が均衡やそれに近似した条件に着目して、世界のよきあり方を探ろうとしたところで、十分な理解は得ることはでき」ず、「ある種の魚群の総量から持続可能な漁獲総量の最大値を得るための努力は［……］、逆説的にも魚群の絶滅の可能性を増大させうる」[4]という。ホーリングは一九九九年にレジリエンス・アライアンス［社会的・生態学的なシステムのダイナミクスを分析することを目的に設立された学際的な国際研究組織。気候変動や生態系に関する指針の提言なども行なっている］を共同設立する以前、一九七三年にはすでに「生態学的レジリエンス」という概念を提唱していた。それは急激な状態変化があったとしても、一定の状態を維持するような能力が生態系にはあるという考えである。

このような地球についての体系的で複雑な見方は、確実性という概念に固執し、環境要因を標準化することが可能だと考える科学者や工学者が持つ、自然はコントロールが可能であるという立場とは袂を大きく分かつものである。我々が限界ある世界に足を踏み入れるなら、そこには科学的知識の限界があることもまた明らかである。地球の行方の深刻な予知不可能性を前にすれば、開発と保全の間を動く単純なカーソルという考え方は断念しなくてはならない。人新世に集団で生き残ることを可能にするものは、ホーリングが言ったように十分な知識だとかつては想定されていたが、実のところは「我々の無知の認識」[5]である。人新世は輝かしい「人間の時代」の到来からはほど遠く、むしろ我々の圧倒的な無力さを証明している。[6]

地質学的な出来事（イヴェント）、政治的な出来事（イヴェント）

人新世は地質学的な出来事（イヴェント）であると同時に、政治的な出来事（イヴェント）でもある。ＩＰＣＣの仮説のひとつに、二一〇〇年には気温が三・七度増加しているというもの（但しこれは最も悲観的な仮説ではない）がある。この仮説によれば、地球は過去一五〇〇万年の間に経験しなかったほど温暖な状態となる。生物多様性の消滅についても六五〇〇万年の間で最大の規模と速度で進行している。したがって、人間社会はこれからの数十年のうちに地球システムの劇的な状態の変化に直面しなくてはならないということになる。このような状態は、たった二五〇万年前に出現したホモ属にとってこれまでに対峙したことのない、すなわち生物学的に適応しておらず文化的にも準備ができていない状態である。人新世は人類にとっての新たな状況であり、新たな人間の条件を切り開くものなのだ。

完新世以来一万年続いた安定した気候が五大陸の文化的・文明的跳躍を可能にしたのだとすれば、この時代の終焉と人新世への突入は、人間社会にとって順調で安定した移行とはならないだろう。気候変動とともに人々は死に、国家は消滅する。食糧の供給もすでに不安定になることが予測されている。この数十年の気候変動は麦とトウモロコシの世界生産において、一九八〇年に比べて四〜五パーセントの減産を引き起こしている。[7] 現在、毎年二〇〇〇万から三〇〇〇万の人々が自然災害のせいで移民しているが、国連は異常気象が生む変化により、二〇三〇年頃には毎年五〇〇〇万人の環境移民が現れると予測している。つまり「人新世の犠牲者」[8]は今日すでに存在しているし、今後も存在し続けるだろうということだ。ハラルド・ヴェルツァーが指摘するように、人新世は資源と気候の拘束の下で、暴力的なものになると予測される。今世紀の地政学は、より闘争的で狡猾かつ野蛮なものとなり、それは二〇世紀の世界大戦や全体主義が生み出した地政学よりも残忍なものとなるだろう。その過激で暗澹たる要素を減らし、連帯して地球に生きていくことが、人新世の中心的な課題となる。[9]

我々はいったいどの程度の気候温暖化と海面上昇なら許容できるのだろうか。いくつかの太平洋の島なら消滅させても構わないのだろうか。どれくらいの生物種を生き残らせたいと望んでいるのだろうか。海洋の酸化もしくは有害物質の放出は、どのしきい値を超えた段階で許容不可能とされるべきなのだろうか。科学者がこれらの疑問を解明したとしても、その答えは必然的に政治的決定に属するものとなる。人新世の時代において、地球の機能は人間による政治的な選択に関する事柄なのだ。例えば過去数十年の温暖化が、亜硫酸ガス（太陽光線を反射するエアロゾル）の都市的・産業的な排出によって特にアジアで抑制されていたことは知られているが[10]、これに関して国際社会は次のようなジレンマに直面している。汚染に対する対策をとり亜硫酸ガスの排出量を削減することで温暖化促進のリスクを負うか、あるいはこれらの対策を制限し、地球工学の一環として大気中に亜硫酸ガスを噴射することで温暖化を抑制するかというジレンマだ。後者の選択には、深刻な健康被害が伴う。亜硫酸ガスは呼吸器系疾患を引き起こすため、数百万人の死をもたらしてしまうのだ。

二〇一二年の「リオ プラス20」［国連持続可能な開発会議］のスローガンは「我々の望む未来」であった。このスローガンはプロメテウス的かつ楽観主義的な両義性を持たないわけではない。地球は多かれ少なかれ人間の意図的あるいは民主主義的な行ないの結果なのだ、という。したがって、人新世は地球システム科学の対象であると同時に、政治的な課題でもある。人口増加（一九五〇年から二〇〇〇年の間に二・四倍）や世界規模のGDP増加（同期間に七倍）は、地球に対する人間の痕跡が増大したことの説明としては十分ではない。それどころか、これらの包括的な平均値は、地球上の様々な人間集団の間に存在するいくつもの格差がますます深刻化していることを覆い隠してしまう（第四章）。一キログラムの二酸化炭素やメタンを排出するという行為は、全ての人間にとって同じ機能を果たすわけではない。ある人々にとって、それは自らの生き残りに関わる問題であり、受け取る穀物の分け前のすべてに相当するものであるが、別の人々にとっては、肉の消費を加減するという話でしかない。しかも後者に関しては、肉の消費量は医学的に見てすでに過剰であり、家畜の飼育が地球上の穀物栽培面積の半分を独占し、家畜の生産そのものが温室効果ガス総排出量の一八パーセントにのぼる量を排出しており、公共交通機関より多くの温室効果ガスを生み出しているという事実を考慮しなくてはならない[11]。

すなわち、我々は人間と自然の和解という、政治の下位にある平和主義的な問題系の中にいるのではない。人新世は政治的であり、相違する利害関係の間、地球上で拮抗する様々な人間の圧力の間、異なる人間集団（階級や国家）の間、そして様々な技術的選択や産業的選択、生活様式また消費様式から生まれた人間の痕跡の間の調停を必要とする。だとすれば、重要なのは政治的な問題として人新世に真剣に取り組むことであり、過去二世紀の間に普及した近代モデルの矛盾と限界を乗り越え、すばやく、そして平等に分配された形で生態学的痕跡（エコロジカル・フットプリント）を削減するための道を探ることである。

自然と社会の時間的・存在論的な大きな分断

聖書は人間の歴史を地球の歴史と固く結びついたものとしていたし、ビュフォンも『自然の諸時期』のなかで地球と人間が不可分の運命を辿るような歴史描写を提唱していた。それにもかかわらず、地球と歴史というふたつの領域は、西洋文化の中で一九世紀の間に次第に峻別されるようになっていった。

一八三〇年代における主要な二冊の著作の著者であるイギリスの地質学者チャールズ・ライエルとフランスの歴史学者ジュール・ミシュレは、この大きな不一致をそれぞれに証明している。ミシュレは『世界史入門』〔原題は『普遍史［l'histoire universelle］』〕の中で、次のように述べた。

世界とともに一つの戦いが始まった。それは世界が続くかぎり終わらない戦いである。つまり人間の自然に対する、精神の物質に対する、自由の運命に対する戦いである。歴史とは果てしないこの闘争を物語る以外の何者でもない。［……］歴史は［……］自由の漸進的な勝利として、姿を現してくるだろう。［……］この終わりなき闘争においてわれわれを勇気づけてくれるに違いないのは、とどのつまり、勝利はわれわれに有利だという点だ。二つの敵対者のうち、一方は変化せず、他方は変化してますます強くなる。自然は同じものとして留まっている。いっぽう人間は日々〔少しずつ〕自然に対していくらかでも優位に立つ。アルプスは成長しなかった。われわれはシンプロン峠に道をつけた〔ナポレオンによる〕。波も風も相も変わらず気まぐれある。だが蒸気船は風や海の気まぐれを意に介せず、波を切って進んでゆく。太陽の道筋と地球の磁気の流れに沿って、東から西へと人類の移動のあとをたどってみたまえ。アジアからヨーロッパへの、インドからフランスへのこの長い旅において人類を観察してみたまえ。各逗留地ごとに自然のもつ運命力が弱まり、人種や風土の影響力がより圧政的でなくなってゆくのがみられるだろう。[12]

ルネサンス史を専門とする偉大な歴史学者ブルクハルトは、文明化の度合いを自然決定論からの脱却にもとづいて決定するミシュレの観点をさらに展開し、歴史における近代を「意識の覚醒による自然からの分離[13]」として概念化した。

このような「自然に対する歴史」とは対照的に、自然を不動なものと固定したライエルは著書『地質学原理』の中で、地球の地質学的歴史を人間の営為に無関係なものとする観点を提唱した。ライエルによると、ある知的な観察者が地球上に降り立ち人間の行動を評価するならば、彼は

世界の固定的・恒常的な法則が有機体か非有機体かを問わずすべてに当てはまるものであり、これが人間の仲介により覆されるものではないこと、そしてそこに始めて施された変化は物質的ではなく道徳的な性質をもつものであり、それが新しく特異な状況に伴うものであることをすぐにでも理解するだろう。そしてこの人間の道徳的な働きかけが一瞬でも無くなった途端、事物は以前にあった状態へと回帰するのである[14]。

人間の行動に無関係な地球の長大な歴史と、自然決定論からの解放された人間の歴史の間にある大きな分断は、地球の推定年齢の漸進的延長によって両者の時間スケールが分離したことで成り立っている。ビュフォンが聖書の枠組みから抜け出して推定した地球の年齢は、七万七〇〇〇年であった。ビュフォンは、当初高温であったと推定される地球が冷却するための時間を計測すれば地球の年齢を知ることができると考え、溶鉱炉の中で測定された金属球の冷却時間を地球の冷却期間に当てはめて推定した。さらにライエルによって地球の年齢は数千万年という単位に延長された。ライエルは一定時間に作用する

地質学的な諸要因は斉一的であるという仮定をもとに、非常に緩やかな諸現象が重大な結果をもたらすほどの長い時間を、地球の年齢として導きだしたのである。これはキュビエなどの科学者が支持した「天変地異説［catastrophistes］」とは対立するものだった。なぜなら天変地異説は地球の時間を重視していなかったために、地質学的な諸形成は遠い過去に存在した荒々しい自然現象がその主な要因であるが、このような現象は人間が出現した途端に現れなくなったのだと主張せざるを得なかったからである。[15] ライエルが提唱した地球の歴史は、「人間がその一部となっている系は、普段考えられている「地球の現象には法則があり、自然の秩序は一定であるという」推測からそれほど離れたものでない[16]」と論じられたように、人間がまったく影響をもたらさない、ゆっくりとした規則的な力の歴史である。一八六二年、後にケルヴィン卿となる物理学者ウィリアム・トムソンは、ライエルの発想を引き継いで四億年という時間を地球の年齢として提案した（現在の推定は四五億年である）。

他方、ラマルクやダーウィンの進化論は生命の歴史の時間を引き延ばす役割を担った。このような歴史の潮流の中で、人間の先祖である類人猿からホモ属が出現するのは、生命の歴史の中でも晩期の出来事だとみなされた。

一九世紀、自然科学が生命と地球からテロス（目的）を抜き去った一方で、人文社会科学は目的論に従う進歩主義者となった。自然科学が生命と地球から人間活動に対する感応性を排除する一方で、人文社会学は人間や社会現象の説明を念入りに自然の因果性から切り離し、その自立性を主張した。歴史学は「人間に関する出来事」を研究するために、自然科学の方法論を応用した。例えば古文書に何かしらの形跡があれば、化石の検証に倣ってそれを証拠とみなし、「時系列」に沿った集積と照合がなされた。

そして、二〇世紀に入ると人間集団の構造的、経済的そして社会的な進化の「定常性」についての歴史研究や漸進主義が現れた。このような段階的で普遍史的なパラダイムの内部で、一九世紀の産業の文化的基盤が形成され、分野ごとの権威の分断が起こった。地球の歴史は地質学者に、生命の歴史は生物学者に、「人間の進歩」(17)の歴史は歴史学者にというように。近代のさまよえる羊、すなわち人間たちはこうして守られる、とでもいうように分断されたのである。後ほど確認するように、この大きな分断は、一八世紀末に支配的であった気候、環境、社会の繋がりという概念を切り捨てた(第八章)。この分断こそが、人新世へと向かう大転換を引き起こした文化的な条件のひとつであり、外的で緩慢かつ巨大で恐れを知らない大いなる自然という概念を構築し、地球の限界を不可視化した(第九章)。そして誕生したばかりの化石燃料資本主義の不平等な社会‐生態系的関係性もまた不可視化した(第一〇章)。

ジャン゠バティスト・セイなどの一九世紀初頭の自由主義の経済学者たちは、このような自然の時間と人間の時間の間に大きく開かれた亀裂を利用し、自然資源の枯渇は経済的合理性が届かない遠く彼方にあると考え、マルサスや前世紀の学者と袂を分かって、自然は経済的思考の外にある無償の贈与であると宣言した。

自然の富に関する研究は自然の事象を扱う知識人に任せよう。(18)
自然の富は無尽蔵である［……］。自然は増やすことも減らすこともできないのだから、これは経済科学の対象物ではない。(19)

社会学も政治経済学と同様に、研究対象を気候や自然から分離する動きの中で構築された。オーギュスト・コントは『実証哲学講義』のなかで、社会学は「社会発展の真なる科学」であると定義し、それは環境の影響ではなく「人類の全体的な進歩」に特有の法則に従うものだと考えた。[20] コントによれば、モンテスキューは『法の精神』の中で気候や「局地的な物質的要因」が社会的・政治的組織へもたらす影響を誇張しすぎたという。なぜなら、

何を元に社会発展が構築され、何により本質的な法則が成り立つのかを証明しない限り、気候から生じうる二次的妨害についての考えを少しも抱くことができないのは明白である。［……］この多様な妨害が何であれ、進展の速度にしか作用を及ぼし得ず、進展のいかなる重要な概念も削除されず、凌駕されない。［……］局地的な物質的要因は文明化の初期段階ではとても強力だが、次第にその支配力を失って行く。人間発展の自然な推移がより一層物質的要因の作用を無力化するからだ。[21]

自然科学と人文社会科学の分断は一八五〇年から一九六〇年の間に加速した。気候学は包括的で外的な気候の科学となり、広範な規模で観測された温度データなどを平均化するものとしてみなされ、ローカルな地域やその地勢（トポグラフィー）についての科学、すなわち人間による気候の形成や気候による社会の形成を思考するものではなくなった。[22] 同じように、社会衛生学は社会要因に、パストゥールやコッホにより確立された細菌学は微生物に医学的な眼差しを向け、それ以前に存在していたネオ・ヒポクラテス医学のパラダイムを周縁化した。元来医学とは光や気温、気候、風、匂い、そして「瘴気」といったより多くの

環境要因により形成されるものとして身体を理解し、概念化していたのだ。[23] 一九〇〇年以降、新たな遺伝学［science génétique］が「近代的な遺伝の概念」[24]を提唱した。これは身体内で独立して存在する遺伝子という存在に重点を置き、環境の影響とともに獲得される遺伝［hérédité］という考えを否定した。地理学は別として、ほぼ全ての社会科学が自身から自然を丹念に切り離すことで、その研究対象を明確化した。社会文化人類学は形質人類学と離別し、エミール・デュルケームは当時誕生したばかりの社会学の理論的枠組みを作るために、環境に相対するものとして社会とその境界を厳密に明確化し、気候という要因は自殺行為の正当な因果関係に含まれないと主張した。[25]

帝国主義時代、こうした「環境オリエンタリズム」の思想は、人間の歴史において環境による「外的」影響を受けるのを「進歩度」の低い社会のみに限定し、これを進歩の「内的」論理により駆動される産業社会とは対照的なものであるとみなした。[26] その後、フロイトは「環境世界ともっと親密に結びついていた」広大な感情を大人の自我感情から切り離し、ロマン・ロランの「大洋的な」感情は乳児期にみられる融合的幻覚にすぎないものだと強調した。[27] フロイトは精神分析を通じて、（広大な生態学的な文脈から）抽象化しうる精神的内部性を切り取ったのである。[28]

要約すると、物理的な自然科学がその研究対象となるものの性質と客観性の概念を踏まえ、自身を非人間的なものだと主張する一方で、人間社会科学は自身を非自然的なもの[29]とみなし、自然決定論から自らを切り離すことが人間の成り立ちに固有のものであると考え、「社会」に完全なる自己充足性を与えた。人間とその他の実体の間には物質的な連続性があるという公準が与えられたことは、諸科学のプロジェクトを活性化させたが、一方で人間とそれ以外のものの間には形而上的な非連続性が想定され、それが人文諸科学の領域を確立させていった。このような構造が、ペーター・スローターダイクが「舞台裏の存在論」と呼んだ、社会的なものが自然に関与していることを隠蔽する仕組みとなったのである。

大いなる分断［grande séparation］を超えて

人新世は人間の時間と地球の時間、そして人間の活動と非人間の活動の再統合する場であり、自然と社会の時間的・存在論的・認識論的そして制度的な分断を否定する。新たな地球史の時代区分は、自然の制約から自らを解放することで歴史や経済、社会になることを望んだものの内部に、地球（その時間性、限界、体系的ダイナミクス）が乱入してきたことを我々に告げている。またそれは、西洋の工業的近代性が地殻という土台の上空に無重力状態で浮かぶものとして描いてきた世界の中に地球が回帰したことを示している。もし我々の未来が地球の地質学的な大変動と関わるものならば、自身の歴史を自らだけで作り上げ満足するような人類はもはや信用できないだろう。ミシュレが観察していたような自然、つまり我々人間の開発活動のそばにある静的な装飾としてみなされていた自然は、明らかにこれまでで最も強力で活力のあるものとなって立ち現れたのである。

人新世は工業的近代性の「地上を離れた［hors-sol］」人文学に代わり、「環境」と「社会」の大きな分断を超えた場を検討する新たな環境学的人文学を要求している。[30] 環境史、自然人類学、環境法学と環境倫理学、人間生態学、環境社会学、ポリティカル・エコロジー、緑の政治理論、エコロジー経済学など、近年数多くの研究分野が人文社会科学を刷新し、自然科学との対話を始めた。これらの諸分野は「二つの文化」の分断を超える新たな環境学的人文学を概観し、互いの分野について嫉妬し合うような領域の分割に終わりを告げる。人新世においては、「社会」関係が生物物理的なプロセスに満ちていること、そして様々な規模で地球システムを行き交う多様な物質とエネルギーが、社会的に構築された人間活動により局在化されてきたことを隠蔽するのはもはや不可能なのだ。

自然によって構築された社会と、社会的なものによって構築された自然を同時に思考するためにはどうすればよいだろうか。生態学者のフィクレット・バークスとカール・フォルクは一九九八年に「社会生態システム」[31]という概念を提唱した。それ以来、ひとつの研究領域が（ジョージェスク＝レーゲンやハワード・T・オデュムの研究を援用することで）社会科学のなかに成立した。そこでは物質・エネルギー流動の分析や「社会－生態学的な物質代謝」の分析が行われてきた。[32]これらのアプローチは、社会と地球システムの諸区分を、物質・エネルギー交換により結ばれたふたつのシステムだとみなしている。図3は「社会生態系」を研究する主な学際プロジェクトに利用された理論的枠組みを表している。

最初の図式（3a）では「人間活動」がただの均質的なブラック・ボックスとして表されている一方で、地球システムの「自然」区分が実に多様であることに目が留まるだろう。「社会生態系アプローチ」により繰り返し使われる二つめの図式（3b）には、二本の道筋によって結ばれるふたつの区分が存在する。人間管理の生態系に対する影響と、生態系からの「フィードバック」というふたつの働きだ。三つめの図式（3c）では、この二本の道筋に加え、ふたつの区分の間に生態系サービスとその用法を示す相互作用が足されている。

この種の表象は、まずは社会的なものについての記述をあまりにも単純化し、機能主義的になってしまうという誤りを犯している。第一に、人間社会の歴史的、物質的そして文化的ダイナミクス、支配関係やその非対称性がひとつのブラック・ボックスに隠されている。さらに、社会−自然の物質代謝が圧力とそれに対する応答というゲームに還元されてしまっている。本来であれば、地球システム内の生物地球化学的流動の分析と同様の精密さをもって、社会システム内で（もしくは社会システムにより）操作されるエネルギーと物質の物質代謝を理解すべきであるのだが、そのような考慮はなされていない。人新世を「人間活動」の「箱」として表象し、それが大気や生物圏の箱と相互作用するようなイメージを持っていては、実際に何が起きているのかを把握するのは困難である。我々が想起すべきイメージはむしろ、「社会的」で「自然的」な構成がそれぞれ相互に強化しあう、複雑化したネットワークである。そのネットワークでは、ヨーロッパの消費動向とインドネシアのオランウータン、世界とエネルギー流動の表象などがそれぞれ的不平等と内分泌撹乱物質、国家権力と大気の化学構成、世界とエネルギー流動の表象などがそれぞれ複雑に絡み合っている。このように不確実な近未来を持つ「社会生物地球圏」は、複数の研究分野の対話からしか理解できない。環境が我々の遺伝におよぼす影響といった分子レベルから、世界貿易機関（WTO）により組織された物質と資本の流動といったグローバル・レベルまで分析の規模を広げると同時に、それを産業用地や社会−環境的な動員などについてのローカルな状況から見つめ直すことが必要である。

この三つの図式を用いた研究アプローチの中心には、自然と社会の二元論がしっかりと固定されている。両者は連繫されているとはいえ、そこには外在的な関係性が残ってしまう。このような状態は乗り

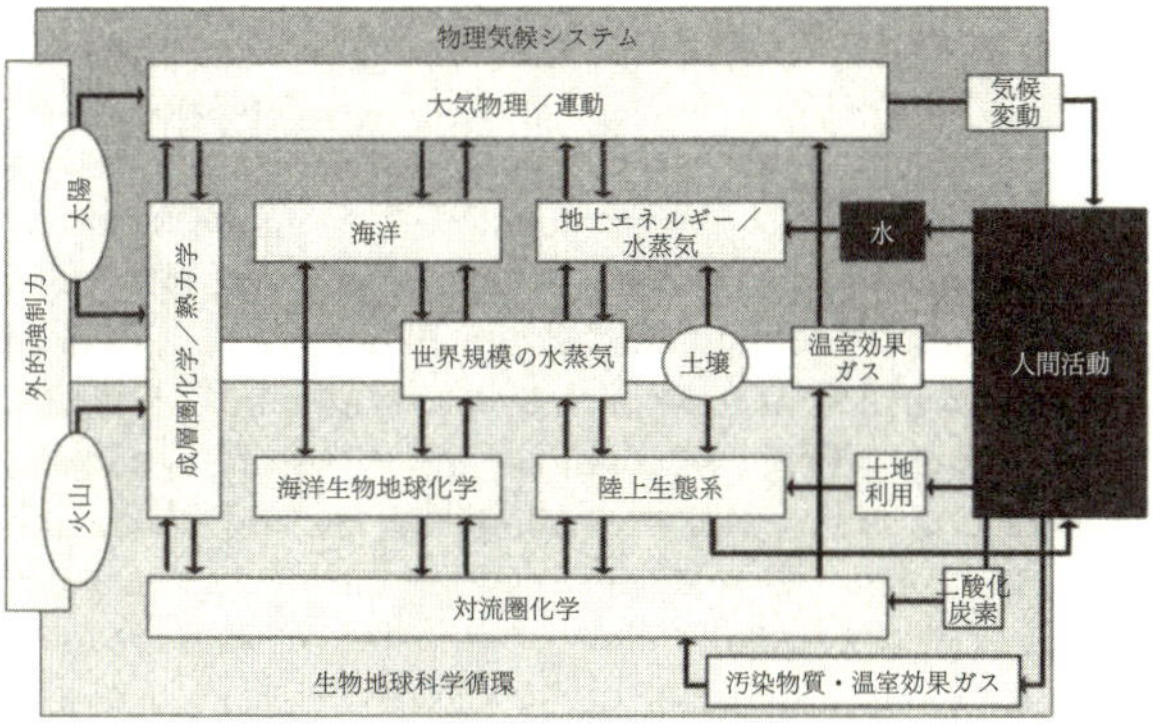

3a

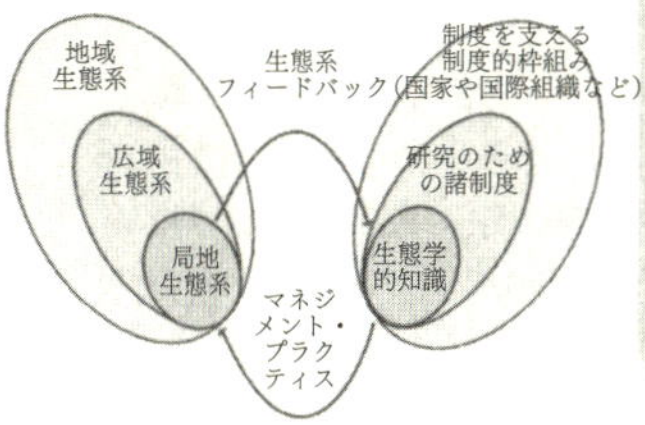

3b

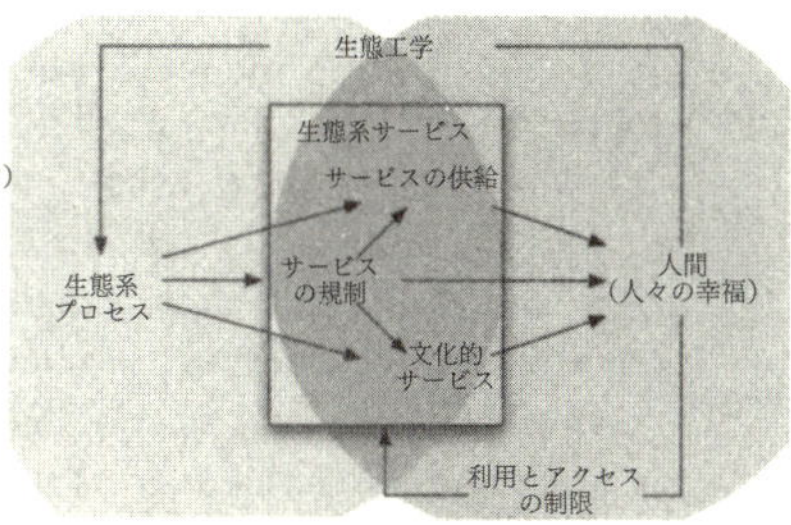

3c

図３　地球システムに対する人間活動のスタンダード・モデル

出典：3a: Earth System Science Overview: *A Program for Global Change* (NASA science advisory committee, 1986, 19). 3b: After Berles, Folke and Colding (2003). 3c: After Benett, Peterson and Gordon (2009)

越えられるだろうか。まずはポリティカル・エコロジーという学際研究領域が提唱するように、生態学と諸権力関係を同時に思考し、人間間の不平等の形成を、現在我々が直面している環境の恩恵と悪影響の中で理解しなければならない[33]。続いて、以下の二重の内在的な関係性を検討しなければならない[34]。

・**社会が入り込んだ自然**［des natures traversée de social］：これは、必ずしも人間により構築されていない自然のあり方を否定するものではないが、数多くの社会技術的な介入により歴史的に位置づけられ、構成されてきた自然を示している。このような自然のあり方は、「圧力と応答」の果てしないカップリングにより結ばれた区分形成というイメージからは薄弱な理解しか得られない。人新世の自然は何よりまず「二次的自然［seconde nature］」なのであり、強力な組織（資本主義の巨大なネットワーク、技術システムや軍事装置など）によって醸成されたものである。

・**自然が入り込んだ社会**［des sociétés traversées de nature］：これは社会的関係や文化的規範が物質やエネルギーの物質代謝を組織する仕組みにより構築・強化されていると同時に、自然の社会的用法を決定していることを示すものである。環境は社会を取り巻いているのではなく、社会に組み込まれている。社会・文化・政治機構の歴史はこれらの人的組織を形成する物質、エネルギーそして情報の流れを無視できない。

このように相互に作用し合う二重の内在性という見方に沿うと、過去に想定されたふたつの「区分」はいわゆる社会科学的アプローチと自然科学的アプローチを組み合わせて再検討されなければならない。

各研究分野が自身の区分のみを管轄することで、最終的には学際性を担保するようなやり方は取ることはできないのだ。地球と社会が結びついた歴史は、物質・エネルギー代謝の仕組みと社会的な秩序の共時的な展開として示される。それぞれの時代において、世界認識と社会関係を合わせたものが、社会と世界システムを共に物質代謝させていく社会技術装置を支え、地球システムの機能を変容させていく。また逆に、このようにして配置された物質代謝は政治的な道具でもある。なぜならこれらの物質代謝は、特定の社会的秩序、国同士のヒエラルキー、特定の生活様式や世界認識の成立を可能にし、それらを強化して「自然」なものにするからだ。

自然を歴史の内部へ再統合する

ミシュレとブルクハルト以来、歴史は何よりもまず「人間のこと」に関するものであり、歴史を作る人間たちのものだった。人間の歴史が自然の歴史と相互に作用するのはほぼ不可能であった。両者は同じ時間性に属していなかったのである。第二次世界大戦以降、歴史学者たちはフェルナン・ブローデルにならい(35)、三つの時間性を区別した。自然と気候のほぼ不動で人間に作用されない時間性、経済と社会の出来事に関する緩慢な時間性、そして戦争や外交や政治のペースに合わせて変動する出来事の急速な時間性である。このように自然と社会の間の領域と時間を分離する手法は工業的近代性の遺産であり、歴史の記述において深刻な影響を残した。多くの歴史学者が自然の科学的、技術的支配の歴史を征服と進歩という調子で語ってきた。一九六〇年代後半のアメリカ合衆国における環境史の出現を見るまで、アルド・レオポルドの言葉を借りるならば「山のように思考する」歴史学者は稀であった。換言すれば、動物、生態系、人間ではない他のものの視点から歴史を語る歴史学者、あるいはより単純に人間由来の環境破壊や、それが翻って社会にもたらす影響に関心を持つ歴史学者はほとんどいなかったのである。

フランスでは、一九六〇年代からアメリカで発達した環境史とは異なる分野が出現し、アナール学派によって新たな研究対象が開拓された。歴史気候学の知見を用いた科学性の探求、また社会の外部として自然を認識することが、エマニュエル・ル・ロワ・ラデュリの関心を「人間なしの歴史」としての気候史研究へと導いた。フランスで環境史が発達したのはこのような文脈においてであった。そして、その主唱者たちはアメリカの研究者たちとは異なり、一九七〇年代のエコロジスト運動に対し「予防線」を張っていた[36]。

他方で、このような客観主義的な「人間なし」の環境の歴史とは対照的な形で、フランスの歴史学者たちは環境の表象と感受性の間の関係をめぐる文化史を作りあげていった。自然への感情や風景の美学に関する研究が多く登場する中、一九八二年に刊行されたアラン・コルバンの『瘴気と水仙』〔訳注：邦題は『においの歴史』だが、ここでは原題の直訳を採用〕は文化史研究における代表的な作品である。しかし、コルバンは感覚とその歴史性という視点から自然を読み取ることで、産業活動が労働者や地域住民の身体、または生態系へ及ぼす物質的な影響に関する議論を二次的なものにしてしまった。

このように人間活動に無感覚な環境の歴史という客観主義的な観点と、環境の表象の文化史という構築主義的な観点が二極性を持ったことは、ライエルとミシュレの議論に存在した分断を再生産することになった。しかし、歴史学者として人新世を真剣に捉えるならば、このような二元論は満足のいくものではなく、ブローデルの提唱した時間性の不一致ももはや価値を持たなくなるだろう。(37)

　気候の歴史に関する例を挙げよう。小氷期、すなわち一四五〇年から一八〇〇年の間に生じた（一六四〇年から一七三〇年に特に厳しくなった）気候は、人間社会に影響を与えた自然の変遷というだけに収まるものではなかったということが、今日では証明されている。太陽の活動が不活溌期に入っていたことと並んで、人間活動もまたその要因として考えられている。一四九二年以降のアメリカ大陸における人口崩壊（五〇〇〇万人のアメリカインディアンの減少）は、森林の拡大と大気中の二酸化炭素濃度の低下、したがって人口減少による気温の低下を招いた。(38) 人新世をめぐる地球システム科学は、人間活動に対する気候の外在性について、産業革命以前の事例に関しても疑問を投げかけているのだ。自然と社会が分断されていた時代を経て、現在では両者が共同した歴史のみが人新世の現実に正当性を与えるものとなっている。

　数多くの環境史研究が、「堅い」科学に支持された物質的な解釈（クロスビーやマクニール）に政治的で文化的な解釈を交差させようと、また社会‐自然的な物質代謝とその変容を歴史学者の叙述に組み込もうと試みている。ウィリアム・クロノンが代表作『自然のメトロポリス』で用いた、資本主義の運動によって形成された二次的自然という概念、エドムント・リュッセルが分析する、人間の活動と他の生物の活動（他の生物が受動的であることは滅多にない）の相互作用に関する「進化的歴史［evolutionary history］」、そしてティモシー・ミッチェルが提唱する、エネルギー・プリズムの視点から再検討された西洋民主主義の歴史がそれに当たる。これらは本書の第三部の議論を導く環境史という研究分野のなかでも、特に躍動的な三つの例である。[39]

結合[attachements]の時代における自由の再構成

人新世が強調するのは、西洋近代において根本的だとみなされていたいくつかの区別を哲学的に問題視することだ。問題視すべき対象は人間例外主義[40]であり、人間の主体性と自然の客体性の存在論的な断絶である。環境倫理学は人間と非人間の関係を組織するさまざまな道徳規則の基礎をくまなく再検討しようとしている。一般的に、この動きは三つの大きな倫理的主張に分けられる。人間中心主義的なもの（人間の為に地球を維持可能なように管理する）、生物中心主義的なもの（地球上の全ての生き物の存在の本質的な権利を尊重する）、そして生態系中心主義的なもの（例えば環境倫理学者のJ・ベアード・キャリコットはアルド・レオポルドの見解を発展させ、「ガイアのように思考する」ことを追求している）である。哲学、法、政治学の各分野が今や環境権利の問題、さらには自然の権利（実はすでにエクアドルの憲法でその概略が示されている）と地球の権利の問題、自然と主権の関係について研究している。[41]

同じように、人新世は長らく自然の対極とみなされてきた自由の定義も問題視している。ジョン・スチュアート・ミルは個々人の自由と自立を結びつけ、それを「自然との戦いの中で好適な段階[42]」に達した状態だとみなした。自由はこのように理解されたため、人間の解放を自然そして地球のすべてに対立させる要因となった。だがこの近代概念は資源の有限性、そして地球が我々の影響を吸収しうる許容範囲の有限性という問題に突き当たっている。バンジャマン・コンスタンは一八一九年の『近代人の自由と比較された古代人の自由について』の中で、国家の巨大な政治空間に生きる彼の時代の市民の状況は、古代の都市国家における自由の概念と同じではないと論じた。人為の生態系異常が地球規模で起きている今日、近代人のそれとは異なる自由の概念と解放の理想を考案する為に、ドミニク・ブールとケリー・ホワイトサイドはこのコンスティンの推論からある着想を得た[43]。コンスティンにとって自由とは、自らの権力行使を個人の所有権の保証のみに限定することは、政府が可能にする「私的財産を享受することの安全保障」と同義でしかなかった。この自由主義者にとって、個人の生産、交換、消費性向を制限するようなことは問題外であった。これに対し、初期の社会主義者たちは、万人の万人に対する闘争やシャルル・フーリエが述べるような「地球の物質的退廃」(第一一章)を抑制するために、平等主義的かつ協調主義的な解放の理想を提唱した。だが、現実においては二〇世紀の社会主義が、環境への配慮という面で、地球上でくまなく支配的となったコンスタンの個人主義的な自由の概念に比べて優れていたわけではないことは認めざるを得ないだろう。

人新生がその歩みを進めるにつれ、数多くの非-人間的な要因、あるいは地球史におけるフィードバック効果の逆襲に加えて、我々はこうした有限性とも向き合うことになった。ベーコン、デカルト、ミシュレあるいはサルトルにならい、自由を自然からの分離として考えてきたことは何かの為になっただろうか。リュック・フェリーは、人間が「反自然の存在」であると繰り返し主張し、自由と分離、そして「地球から根を抜くこと(déracinement)、あるいは技術革新を賞賛する[44]」と公言しているが、彼の言うことを今さら信じたところで何か利益があるだろうか。自然というものから目を逸らすことがもはや不可能となった現在、重要なのはガイアと共に思考することだ。現代哲学の主要な課題は間違いなく、自然決定論からの断絶とは別の形で自由について再び思考することだ。すなわち、際限なく豊かで解放的でありうるものを、我々を有限な地球の他の存在と結びつける、そのような結合の中で探索することが重要なのだ。無限なもののうち、いったい何が有限な世界の中で生きる我々に残されているだろうか。

有限な世界の中で民主主義を再考する

自由は社会的な構成と制度的機構の枠組みの中でしか考えられない。しかし歴史学者のディペッシュ・チャクラバルティが指摘するように、これらの政治的機構もまた、現在の人新世の異常現象によって疑問視されている。「近代的自由の宮殿は化石燃料利用の恒常的な増加という礎の上に建造された[45]」のだが、それが今日、気候に異常をもたらしているのだ。物質的に豊かであるという夢が消え去るとき、民主主義の理想はどのように再構築できるだろうか。つまり我々は人新世の時代において、どのように政治を考えればいいのだろうか。

エコロジスト運動の高まりに直面した政治学者が取った行動は、彼らを分析対象として認識し、その「申し出」を他の政治的パラダイムと比較した結果、新しいと思われる点について一定の距離を保ちながら検討することだった。他の研究者はそれに乗じ、環境や健康のリスクが明らかにした「近代性」、あるいは少なくとも再帰的な反省能力をもたない「単純な近代性」の終焉を宣言した[46]。例えば、ブルーノ・

ラトゥールが生態学にまつわる議論を利用したのは、一方通行の時間概念をさらに鋭敏化させ、自然が社会から分離されず科学が信仰やイデオロギーから脱却できていなかった過去を作り上げる近代化論者に反駁するためであった。ラトゥールは近代化ではなく「エコロジー化」することを提案し、ミシェル・セールの『自然契約』に同調することで、諸機構の集合（「モノの議会」）を通じて自然を政治の舞台に上げることを提唱している。それは我々の共通した世界の内部でマルチチュードをなす諸存在の位置（この概念はどうにも不明瞭で議論の的となっているが）を評価し、いかなる存在も他者に資するためだけの単なる「媒介物」とさせないためであるという[47]。

このような「ポストモダン」の後、科学者や人新世概念の出現により明らかになった環境異常のさらなる悪化は、民主主義の基礎に関するより物質主義的な研究をするために集まった一群の学者たち（サード・ウェーブと呼ばれる）の活動の発展を促した。哲学者、政治研究者、歴史学者は過去の政治理論において、明示的に（ホッブズとグロチウスによると、国家は資源の希少性により正当化された）、あるいは暗示的に（第三世界との不平等交換に基づいたフォード式折衷案において）、特定の生態‐生物‐地球化学的な物質代謝が条件づけてきたものに興味を示している。いま存在する民主主義は、前述の「自由」と同じように、過去において不平等な形で確保され、未来においてはもはや耐久不可能となる物質的土台から切り離せるものではない。このことを考慮すれば、代表性、国家、安全保障、市民権、主権、司法などが依拠している、物質・エネルギーの物質代謝を視野に組み込む新たな政治理論がいかに重要であるかが分かるだろう。この問題に取り組む新たな分野であるグリーン・ポリティカル・セオリー（アンドリュー・ドブソン、ロビン・エッケースリー、リュック・シーマルなど）は、契約主義的で人間主義的な、地球の限界には目をつぶるような政治理論にようやく疑問を投げかけている。[48]我々の民主主義の枠組みの中で、我々の社会に必要な脱炭素化や統合的なエネルギー削減が変化させうるものは何であるかは、これらの研究成果によって確認できるだろう。最新の研究は、ポスト成長主義を掲げるアクティヴィズムの高まりや、エネルギーの抑制を手始めに土地についての政治的主導権を主張する声の高まりを研究の対象にしている。これらは全体主義やテクノクラシーの後退を予想するものというより、このような(トランジション・タウンによる)「天変地異説」型のイニシアティヴが、社会連帯の市民的な力や創造源となるような参加型民主主義、すなわち共同的な未来のシナリオ構想の機会を切り開くものだといえよう。[49]

環境にまつわる公平性の問題もまた、社会科学にとって新しく魅力的な研究分野を切り開いている。富裕国の環境負債は果たして問題化できるのだろうか。富裕国の環境規制やグローバリゼーションは、どのように汚染源となる諸活動を貧困地域に移転させているのだろうか。このような取引は貧困地域の様々な社会集団にどのような異なる影響を及ぼすのだろうか。公害や環境災害に他者を晒すことは、暴力として分析されないのだろうか。[50]

人新世とともに我々が経験する出来事を理解するためには、あらゆる知識を総動員しなくてはならない。地球と人間を複雑化するダイナミズムの理解に科学が不可欠であるように、人新世を考えることはまた、新たな環境学的人文学を必要とすることに他ならない。なぜなら異様な生物種であり、地球を人新世の不確かな未来のなかに放り込んだ「裸のサル」は、単なる生物学的な実体として存在するのではないからだ。人間は社会・思想システム、体制、そして想像の産物でもある。その上、ガイアの恩恵と災いの不平等分配を支配するパワーバランス、そして地球に**ついて**、また地球の**ために**話をする正当性、また技術的・経済的な選択肢に影響を与える可能性といったものが、この生物種には内在しているのだ。

ここからは、人新世やその歴史を語ることのできる権力について議論を進めていこう。

第二部　地球のために語り、人類を導く

人新世の地球官僚（ジオクラート）的な大きな語り（ビッグ・ナラティヴ）を阻止する

第三章　クリオ、地球、そして人新世学者

人新世という用語を発明した科学者たちは、地球の状態についての主要なデータを提示しただけではなく、地球の不確実な未来についてこれまでの体系的かつ生産的な見地を単に発展させただけでもない。彼らは「どのようにして我々はここに辿り着いたのだろうか」という疑問に答えようと試み、ひとつの歴史を示していたのである。彼らはこの試みを通じて、地球が人類と共有する過去と未来に関する語り（ナラティヴ）、すなわち「地球システム」の管理を知とガバナンスの新たな対象として再検討する語り（ナラティヴ）を作り上げた。

そのような試みにおいて、人新世の概念はグローバルな自然環境や地球の適切な取り扱い方について語る、歴史の中で数多く生み出されてきた語り（ナラティヴ）の延長線上に位置づけられる。以前から、世界を統治することの「中心」には、地球であるもの、あるいは地球の均衡を保ち、また乱すものが示され、語られる空間が存在してきた。そしてこのような「中心」には、地球の調整、改善、気候調節の適切な方法が展示される場が設置されてきた。例えばビュフォンが『自然の諸時期』を執筆したパリ王立植物園の温室、パウル・クルッツェンが推進する地球工学的な計画、世界が商業的に組織化されたことを象徴する一八五一年ロンドン万国博覧会のクリスタル・パレスは、そのような場として挙げられる[1]。さらに「宇宙船地球号」という比喩を提唱したバックミンスター・フラーが、一九六七年のモントリオール万国博覧会でアメリカ合衆国パビリオンのために着想したジオデシック・ドームで月から観測された「地球の出」［訳注：日の出のもじり］の初の映像を上映したことも、そのような「中心」の例として挙げられるだろう[2]。

ピエール・ポワーヴルのような一八世紀フランス植民帝国のエリート、経済学者のスタンレー・ジェヴォンズ、林学者のディートリヒ・ブランディスのような一九世紀イギリス帝国のエリート、あるいはギフォード・ピンショーのようなアメリカ西部の征服者、フェアフィールド・オズボーンのような一九五〇年代にアメリカの覇権を握ったエリートたちは、各々の時代でグローバルな自然環境に関する知識や警鐘を展開し、それらの論点をわずかに逸らすことで自然を世界支配の体系の内部へ組み込んできた（第八章と第一一章）。換言すれば、グローバルな自然環境に関わる知は非常に長い間、帝国主義的なコスモグラフィに立脚してきたのだ。

それゆえ人新世の支配的な知や言説についても、同様に、おそらく気づかぬうちに、世界を統治すべき全体として表象する覇権的な体系に立脚していると疑わなくてはならないだろう。この新たなコスモグラフィを分析するために、人新世の概念を国際的な舞台へと導入し議論してきた科学者や歴史学者、そして哲学者の書いた文章の中でも特によく引用されるものを検討してみることにしたい(3)。ここでは我々の時代を名付けるという大胆な行為をなした、一般に高く評価されている科学者グループを便宜上「人新世学者」と呼ぶことにしよう。

このような語り方に批判を加えることは、我々が生きる時代を人新世として提唱してきた科学者、哲学者、歴史学者の研究を否定することではない。我々が作り上げている世界の表象についてさらに再帰的、省察的になるために、公式なものとみなされている人新世の語り（ナラティヴ）に議論をもたらすことが重要なのだ。現在権力を持つグループとは異なる文化や社会的グループから発された地球について
の、地球のための意見にも同じように耳を傾け、「どのようにして我々はここに辿り着いたのだろうか」という疑問に対する様々な説明や「何をすべきだろうか」という問題提起に対する多くの提案も尊重しなくてはならない。そして人新世という魅惑的な概念が、商業的で技術官僚的（テクノクラート）な新しい地‐権力［géopouvoir］の正統

哲学と化さないためにも、人新世についてのより活発な議論が必要なのである。
人新世概念の知的貢献を柔軟かつ生産的に受け入れるためには、この概念につきまとう大きな語り（ビッグ・ナラティヴ）に警戒して、それらを批判のふるいにかける必要がある。これは科学、歴史、そして民主主義についても同様である。

「段階」化された歴史

人新世学者の最初の特徴は、彼らが歴史的な語り口の虜になっているということだ。人間が地球を新たな状態へダイナミックに一変させたこと以上に自明なことがあるだろうか。人新世が新たな時代であるだけに、我々がどのようにここまで辿り着いたのかという疑問は自然と浮かび上がり、そこで科学は「狩人・採集者から地球物理学的な力になるまでの［……］人間の進化」[4]という語り（ナラティヴ）を獲得する。ミシェル・セールの言葉を借りるなら、一九世紀に「弱々しくたわむ葦」のように「先祖代々の耕地に死ぬまで足をふんば[5]」っていた人間が、今日に至り「外的世界と対等の存在に変貌した[6]」成功譚を語るために、人新世学者は歴史の語り方を組み立て、発端となる出来事や因果関係を探し、諸時代の境界を設定しているのだ。

二〇〇〇年には、すでにクルッツェンとストウールマーが蒸気機関の発明、すなわち一七八四年を人新世の開始の時とみなしていた[7]。彼らは一九世紀のストッパーニやマーシュ、ヴェルナツキーといった人新世概念の先駆者に言及することも忘れなかった。[8] それ以来、人新世の歴史的語り(ナラティヴ)を提示する学術論文や、科学者と歴史学者の連携による学際プロジェクト（例えばＩＨＯＰＥ：Integrated History and Future of People on Earth）[9] の数は増加の一途をたどってきた。同様に、ジョン・マクニールやリビー・ロビンといった環境史を専門とする歴史学者も、一八世紀末以降の人類と地球システムの相互作用の歴史的ナラティヴを作り上げるため科学者の研究に加わった。[10]

人新世学者の語り(ナラティヴ)は三つの段階で構成される。第一段階は産業革命のはじまりから第二次世界大戦までの期間で、人新世へと向かう激動の時代に一致する。この期間に熱－産業革命を経て、大気中の二酸化炭素濃度は一八世紀の二七七〜二八〇ｐｐｍから二〇世紀半ばの三一一ｐｐｍに上昇した。すなわち、一万一五〇〇年にわたる完新世の二酸化炭素濃度の変動幅であった二六〇ｐｐｍ〜二八五ｐｐｍという幅を超えたのだ。数億年前に形成された石炭の利用は一一世紀にはすでに中国とヨーロッパで始まっていたが、これが大量に活用されるのは一七五〇年以降、すなわち世界中に蒸気機関が約五〇〇機存在していた一八〇〇年時点から、数十万機にまで増加する一九〇〇年に至る時代においてであった。この化石エネルギーは再生可能エネルギーを脇へ追いやり、鉄道や世界的な貿易の発展を加速させ、水道利用を促進し、農業生産高を二〇世紀初頭に大幅に増加させる窒素肥料の化学合成を可能にした。このように「簡易な」エネルギーが利用可能になったことから、人新世の公式な語り(ナラティヴ)は一八〇〇年から二〇〇〇年の間にエネルギー消費量は跳躍的に増加し、四〇倍に上ったと推定している。これが同時期に経済成長を五〇倍に増加させ、人口を六倍に増やし、人為利用される土地を二・五〜三倍になるよう導いたと論じているのである。[11]

人新世の第二段階は一九四五年以降に始まる。人新世学者はこの時代を「大加速（グレート・アクセラレーション）」と呼んでいる[12]。彼らはこの時代が始まったいくつかの要因を非常に簡潔に提示している。産業化以前のヨーロッパ体制の崩壊、新たな自由貿易主義の国際経済システム、民間に技術が再利用されることで経済成長を生んだ第二次世界大戦、「中心的な社会的価値[13]」としての市場と経済成長のシステムなどである。しかし、「大加速」という新たな歴史的な段階が提示されたのは、何よりもまず量的表現を介してであった。「大加速」は二四のグラフからなる概観図により例証されている。これは第一章の図1で確認したように、二酸化炭素やメタンの大気中濃度やダムやマクドナルドの数、また窒素とリンの循環や生物多様性の測定など、一連の「人間活動の指標」を表したものだ。これら全てのグラフが一九五〇年以降に人間が与えた衝撃的な影響が指数関数的に増加していることを示している。

人新世の第三段階はおそらく二〇〇〇年あたりに始まったと考えられており、複数の転機がこれを特徴付けている。第一段階の開始と同じように、この時代区分を決定するのもまた炭素である。というのも人新世学者が述べるには「大加速の間、環境問題はあまり関心を引かなかった［……］出現しつつあった深刻な環境問題はほぼ無視されていた[14]」からであり、二〇〇一年になってようやく国際的に活躍する科学者集団がＩＰＣＣの第三報告書を通じて、進行中の気候変動が主に人間由来のものであることを初めて確証を持って指摘したからである。したがって人新世の第三段階とは、ＩＰＣＣの報告書や一九九二年のリオ地球サミット開催による新たな「グローバルな自然環境に対する人間の衝撃についての意識の向上」、そして「人類と地球システムの関係を管理するためのグローバルな統治体系を作り上げる初の試み[15]」の時代だという。また、地球の自然環境についての収支計算もまた、学者たちに第三段階の到来をはっきりと認識させた。炭化水素資源の枯渇という見通し（在来型石油の生産量は二〇〇六年にピークを迎えたとＩＥＡが報じた）、目前に迫ったリン生産のピークとそれによる農業生産の危機、生物多様性における絶滅種の増加なども、それに並んで挙げられている。そして、自然環境に対する人間の衝撃の大きさ以外に、第三段階においては、人的な分布の構造も大きく変動した。二〇〇〇年代には中国がアメリカ合衆国を追い抜き第一位の二酸化炭素排出国となった一方で、インドがロシアから三位の座を奪い、韓国がイギリスのすぐ後につき、インドネシア、そしてもうすぐブラジルがフランスを追い抜くことになる。一九七一年には二酸化炭素の総排出量のうち六七パーセントを占めていたＯＥＣＤ諸国も、二〇〇九年には四二パーセント以上を占めることはなくなった。[16] 西洋で誕生した発展と消費のモデルのグローバル化により、今や〈南〉の国々の社会上層部が地上における人間活動の主要なアクターとなったのである。

人新世学者により三段階に分けられた歴史とは、長大な時間規模における人類と地球システムの共進化についてのグローバルな語り（ナラティヴ）である。ここには革新的で刺激的な研究の余地がある。環境史が長い間、土地やもの（火、都市汚染、森林、殺虫剤）に焦点を当ててきた[17]のに対し、人新世の新たな視座は、グローバルな歴史研究が生命科学や地球システム学と学際的な提携を図って活発化していることと共鳴しているのだ。

ここまで過去二五〇年間における社会‐生態的な物質代謝についてグローバルな視座を持つことのメリットを確認した。次に、この視座が動員する、数字とグラフ化による歴史解釈に特徴的な諸様式に疑問を投げかけておくことにしよう。

曲線化された歴史

二〇世紀半ばの歴史学が経済学から取り入れた計量的な時系列分析を用いて研究の実践を試みたように、人新世学者は自然環境を研究する諸科学を歴史学へ導入する手法において真価を示す。一九六〇年に出版された古典『経済成長の諸段階』の著者ウォルト・W・ロストウのような経済学者の影響下で、「伝統的社会、［続いて］先行条件期、［続いて］離陸期（テイク・オフ）、［続いて］成熟期、［続いて］大量消費の時期」[18]といった線形的かつ普遍的な道筋に沿った段階的な歴史記述が一般的になった。このような段階化されたイメージは、ものの質ではなく量を歴史学的な語りの根幹とみなす、社会経済史の華々しい手法が発揮されたものである。この手法は歴史学にも応用可能となったのだ。

前述した歴史の第二段階、すなわち大加速に話を戻そう。ある学者たちは人新世の概観図（第一章、図1）上の曲線が急激に上昇することになる最初の点を指摘し、この時点を人新世の開始点とすべきだと主張している。すなわち地球に対する人間影響が様々な指数関数的な増加曲線で表される一九五〇年以降の大加速があるというのだ[19]。定義上、指数曲線は増加傾向（速度および初期条件）により特徴付けられるが、同時に恒常的な増加の度合によっても特徴づけられる。すなわち、この増加曲線の末尾に折れ目は存在しない。化石エネルギー、石炭、天然ガス、そして石油による二酸化炭素排出量の曲線（実質的には指数曲線）を図4に例として挙げよう。一七五〇年から二〇〇六年の排出量を示す上の図では、確かに一九五〇年以降に急激な上昇が見て取れる。だが下の図を見てみよう。こちらは同じものを表す一九一四年までのデータであるが、これも急激な上昇を示している。それも一八八〇年の後に、である。だとすれば、一八七〇年から一九一四年の期間にもまた別の大加速が存在したと結論づけ、その要因をこの時代に起きていた第二次産業革命、ヨーロッパ帝国主義の拡大、著しい商業・金融グローバル化に結びつけるべきなのだろうか（第一〇章）。結論として言えるのは、一九四五年以後の地球システムに対

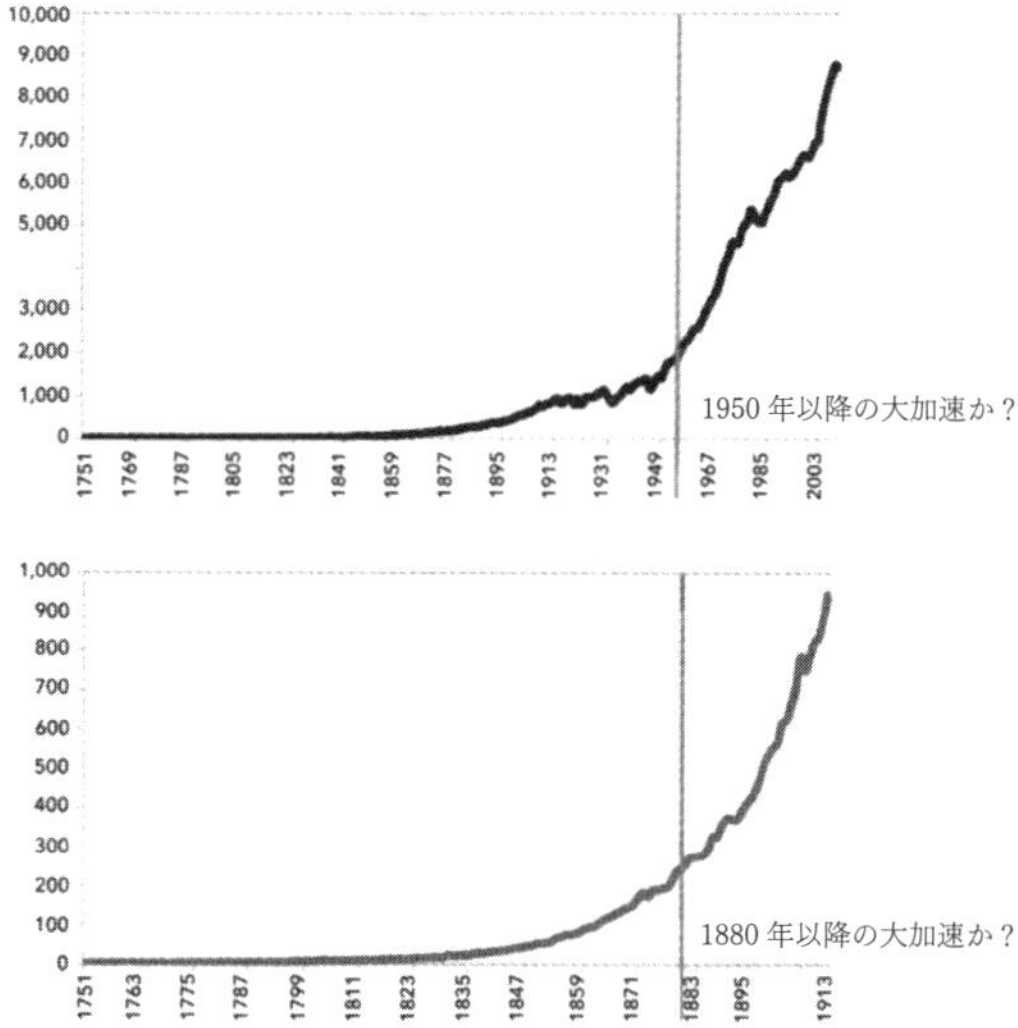

図４　1751 年以降の化石燃料消費による世界の炭素排出量（単位：100 万トン）
データ出典：二酸化炭素情報分析センター（CDIAC : Carbon Dioxide Information Analysis Center, cdiac.ornl.gov）

する人間影響の深刻さと規模の変化が明白なものであるとしても、曲線の傾斜は歴史的時代や地質時代の始まりを決定づけるには事足りず、ましてや歴史的な因果関係の説明に取って代わることができるほどに十分な要素だとは言えないということである。

今日、「段階」の概念はもはや時代遅れで、過度に目的論的なものであると多くの歴史学者の目には映ることだろう。しかしこの陳腐化した概念が、まさに人新世学者の大きな語り（ビッグ・ナラティヴ）とともに、ロストウ派の経済史のレプリカのように再び姿を現しているのではないだろうか。半世紀前の計量歴史学が技術と経済の運動に魅了され、それらを政治的事柄に対し優位に分析したために生産主義的なイデオロギーを帯びてしまったように、[20]人新世の公式の語り（ナラティヴ）もまた、現代のエコロジカルな近代化イデオロギーや、自然からもたらされる「サービス」の価値を市場や政治に内部化する「グリーン・エコノミー」のイデオロギーに加担しかねない。

第二次世界大戦後に経済を計量化することが大事業であったように、いまや自然を計量化することが今日の大事業となった。だから人新世学者の大きな語り（ビッグ・ナラティヴ）が、自然の流動量とストックの収支計算を熱心に追い求めていても驚くに値しない。そしてこのような人間中心主義によるＩＨＯＰＥプロジェクト運営陣の中に、生態系生態学の創始者であるホワード・Ｔ・オデュムの弟子、生態学者ロバート・コスタンザがいるのも偶然ではない。コスタンザは自然環境を収支計算することに関しては卓越した人物である。彼は一九九七年、『ネイチャー』に一本の論文を投稿している。これは生物圏がもたらすサービスの年間の価値がおよそ三三兆ドル、すなわち世界中のＧＤＰの二倍に値することを算出したもので、当時大きな反響を起こした。[21]「生態系サービス」を貨幣価値に換算するという考えは二〇〇五年、国連が提出したミレニアム・エコシステム・アセスメントに引き継がれた。自然のあらゆる全ての価値、すなわち人間による生産活動が介入するより極めて前の段階にある価値や、著しく精神的な価値（「文化サービス」と再度命名された）もが計算可能のロジックのなかに入り込んだ。今や国際自然保護連合（ＩＵＣＮ）は、自然を「地球の最大規模の事業」(22)だとさえしている。

　したがって人新世学者にとっての歴史学は、社会経済史が戦後の生産主義的なケインズ経済学に対して持っていたような関係性を、現代のグリーン・エコノミーに対して持ちうるということになる。社会経済史がそうであったように、人新世学者の歴史学は量に支配された歴史を、ただしここでは生物地球化学的かつ生態学的な規模での量に支配された歴史を、我々に示している。人新世を三段階に分ける主な指標となるのは、「ｐｐｍ（一〇〇万分率）」で表される二酸化炭素の大気中濃度である。気温の世界平均（これは抽象化されたものなのでいかなる特定の場所の気温にも一致しない）や、人間に利用される土地、漁獲量、ダムで囲われた河川、絶滅した生物種などのパーセンテージ、自然の循環に入り込んだ数百万トンにおよぶ化学反応に関係する窒素やカリウムなども、脇役としてその指標となる。これらの数量は工業化以前の数値を引き合いにしつつ、人新世への突入と、超えると危険な限界（臨界点）の証拠として呈示される。

　このようなスタイルによる人新世の歴史の語り（ナラティヴ）は、地球の環境収支計算という大きな書物の中に話者自身の主張も刻み込んでいる。つまり自然のストックは「資本」、流動は「影響力」あるいは「サービス」というように計量すべきものなのだ。アメリカの歴史学者ジョン・マクニールが二〇世紀の環境史について書いた浩瀚な著作『二〇世紀環境史』〔原題を直訳すると『太陽の下、この世で新しい何か』〕は、地球システムの各圏域（大気圏、生物圏、水圏、岩石圏）に基づいて章立てされている。[23] しかしながらこの五〇〇ページに及ぶ大著は、消費と巨大市場の出現にたった一ページ、国際経済貿易に五ページ、そして政治の諸過程には二〇ページ余しか文面を割いていない。この著作から浮かび上がる環境危機の歴史は、人口と経済、技術が未分化な状態における成長物語であり、そこに各アクターの戦略や、実際には選ばれなかったが現実のものとなり得た他の選択肢、またこのような選択肢をめぐる論争や対立を読み取ることは不可能だ。したがってこのような歴史の語り（ナラティヴ）は、歴史の動力であり地球に対する危険な存在として、グローバルでダイナミックな成長というものが存在するかのような印象を与えるものとなっている。

システム化する：地球は巨大なサイバネティック・マシンか

このような新たな歴史的な語り（ナラティヴ）はまた、「地球システムにおける人間の影響力の評価」あるいは「人間－自然の相互作用」という名のもと、「非線形的なシステム」、「マルチエージェントモデル」、「モデル化」、「適応可能キャパシティ」、「レジリエンス」あるいは「社会－生態系」といった、歴史学者にこれまであまりなじみのなかった概念や方法論で満たされている。[24] 人新世の標準的な語り（ナラティヴ）は、「複雑系」、あるいは自己統制された巨大な（ただし人間の圧力によりその軌道を大幅に逸らされうる）サイバネティック・マシンとして地球をみなすような、一連のシステム化の中に埋め込まれてしまっているようだ。したがってここでは、このような視座の歴史的起源、貢献そして限界を同時に捉えることが重要となる。

地球をひとつの「システム」としてみなす視座は、近代地質学の誕生にその起源を持つ。この用語はライエルの思想に見いだせるのと同様に、斉一説の定式化という面からみれば、ライエルの先駆者にあたるジェームズ・ハットンの思想にも見いだすことができる。一七八八年の『地球の理論』のなかで、ハットンは地球の諸要素や主要な力学、そしてその機能を鑑み「地球は機械とみなしうる」と考えた。だがハットンはその後すぐ、地球が同時に「有機体としてみなし」うるものだと付け加え、その有機体の内部で「生産的な力の作用により機械の衰弱は自然に修正される」[25]と述べている。機械と有機体の間のこういった対立は生物学の思想に留まらず、地球をめぐる思想にも根付いていることが分かるだろう。

第二次世界大戦以降、諸科学はこの対立を克服し、工学と管理への欲望を保持しながらもデカルト的な還元主義を乗り越えようと試みてきた。そのようにして生まれたのが生態系概念、サイバネティック・マシン概念、ゲーム理論、また複雑系理論（あるいは生物学者であり数学者であったルートヴィヒ・フォン・ベルタランフィによって一九六八年に発表された代表作から一般システム理論とも呼ばれる）といった用語で括られた一連の分析アプローチであった。

他方、ジェームズ・ラブロックは一九七四年、有名な「ガイア仮説」において、この機械‐有機体の両義性に改めて言及した。ラブロックは一九六〇年代、他の惑星における生命の存在を探知するNASAの計画に参与した際、生物がこれほど長い間地球に住み続けているのはなぜかと考え始めた。そこで彼はこの事実が生物自身の活動の産物であり、生物は生命に適した条件を維持するよう地球に働きかけているのだという仮定を立てた[26]。実際に三〇億年以上前に現れたシアノバクテリアは地球のあり方を変化させた。光合成を行なう最初の生物であるこれらの藻類は、大気中の二酸化炭素から炭素を固定し堆積させ、大気中に酸素を解き放った。そしてこの酸素がオゾン層を形成し、生物の突然変異を高確率で誘発させる紫外線から地球を守り、その後の生物の誕生を可能にしたのである。藻類や植物界の働きがなければ、様々に異なる生命形態の維持を可能にする生物地球化学的循環は現在あるものにはならなかっただろう。以上のことから、生命が様々な生物地球化学的循環に作用することで地球システムの状態を安定させ、その地球システムが地球上における生命のために継続的な居住可能性を保証するというラブロックとマーギュリスの理論が誕生した。近年、地球システム科学の専門家たちは、生物界と地球システムの物質化学的なパラメータのあいだに根源的なフィードバック・ループが存在することを確認し、ラブロックの考えが正しいものであったと述べている。

ラブロックにはニュー・エイジ時代の賢者というイメージがしばしば持たれ、その理論の目的論的な印象とともに取り上げられることが多いが、実のところ彼は冷戦期の産軍学複合体の生粋の産物である。ラブロックはNASAに協力した後、ベトナム戦争に際し森林における人間の探知という課題を与えられ、CIAで働いていた。ラブロックの地球統治に関するポスト民主主義的な考え方や原子力の正当化、地球を自己調節可能な機械とみなすシステム的な視点は、第二次世界大戦と冷戦から生まれた世界観を引き継いでいる。

事実これらのグローバルな戦争は、あらゆる研究分野に汎用可能だといわれるサイバネティックや一般システム理論といった新たな知識系の登場を促した。それらは生体から機械、都市から生態系に至るまで、研究対象をすべて個々の要素に解体し、その相互作用や運動を分析するものだった。サイバネティクス、ゲーム理論それにオペレーションズ・リサーチは朝鮮戦争における諸状況の分析や複雑系の管理、戦闘の合理化に加え、平時においても都市計画、健康管理そして地球の管理を行なうための唯一無二の特権的な手段となった[27]。シミュレーション(コンピュータ・モデル、戦争ゲームあるいは資源管理戦略)は地球を「システム」とみなす、地球との新たな関係の出現において決定的な役割を果たした。第二次世界大戦後、冷戦下の両ブロックのエリートたちは地球が「閉じられた世界[28]」であり、様々な作用とフィードバックのシステムを介してふたつの超大国の戦闘が繰り広げられる統一された戦場であるとみなしていた。それ以外にも、相手の陣営よりすばやく拡大するために莫大な戦略的資源が置かれている「補給貯蓄庫」、運河の掘削など「平和的」利用も含む核の研究や環境と健康の両面における影響の研究のため幾千もの原子力実験[29]が行なわれる「巨大な実験室[30]」、そして地球の有限性や脆弱性を想起させるような、月からの視点による「宇宙船地球号[31]」としても地球はみなされていた。そしてこれらの概念は、両ブロックのエリートに、地球官僚(ジオクラート)的な権力という新たな感覚や、すべてのシステムを操作しているという歓喜をもたらしていたのであった。

「地上を離れた」ヴィジョン

人新世は冷戦の副次的な要素も受け継いでいる。それは「地上を離れて[32]」地球を眺める行為だ。事実歴史学者は、地上の環境に関する諸科学の飛躍的な発展はすべて軍事的なものに起源を持ち、特に空中戦に対する執着と、それらに関する技術開発から生まれたのだということを示してきた。アメリカ軍が一九四六年に上空で太陽光線を計測し、オゾン層に地球を保護する役割があることを証明できたのは、ナチスから接収したV2ロケットのおかげである。[33] 冷戦が地球規模で繰り広げられ、地球全体が研究すべき戦略展開地域となったため、弾道ミサイルを誘導するには大気と地磁気について熟知せねばならず、海を縦横に往来し支配するには深海についての海洋学を発展させる必要があり、敵陣の潜水艦の動きを監視し、いつどこにそれらが現れるのか割り出すためには、地球両極の氷塊とその融解などを人工衛星により観察しなくてはならなくなった。[34] 一九六一年、アメリカ軍は「陸軍、海軍、空軍、アメリカ海兵隊が活動する環境は地球の全体を覆い、海の底からはるか遠くの宇宙空間にまで広がっている」[35]と言い放った。

人新世の科学的な想像力(イマジナリー)はこうした冷戦のイデオロギー・知識・技術を受け継いでいる。マーシャル・マクルーハンは有名になった一九七四年の論文の中で、自然としての地球の終焉と、作られた地球の出現を宣言していた。

> スプートニクは地球において新たな環境を創造した。自然界は初めて、人類により作られた容器に包まれた。この新たな人造物のなかに地球が参入したことにより、自然の終焉と生態学の誕生がもたらされた。「生態学的」思考は、地球が製造物としての地位を得た瞬間から、避けられないものとなった。[36]

ハンナ・アーレントは一九五八年、『人間の条件』の中で、すでにマクルーハンのこの解釈をもとにスプートニクがもたらした変化を洞察していた。アーレントは、スプートニクの哲学的意義は人間の発祥の地である「万物の母である地球」から人間を引き離したことにあり、それはそのような地球と距離を置き、突出したところから人間を眺めるためであったという考察とともに『人間の条件』の序文を書きはじめている。(37) アーレントによると、スプートニクは人間の条件に対する近代主義的な挑戦であり、科学技術を賞讃する人間が「世俗的な意味で、どこからか只で貰った贈物のような、[……] この与えられたままの人間存在にたいする反抗に取りつかれており、いわば、それを自分が造ったものと交換しようと望んでいる(38)」ことを表象しているという。

アーレントのこれらの指摘は人新世にも同様に当てはまるだろう。人類が、地球が持つ自然の別の形態を消滅させたのは、地球に完全なる投資を施し技術的な自然に変容させ、人間の活動が隅々まで行き渡るよう変化させるためであった。地球はあたかもホモ・ファーベルが作るもののみが価値を持つように変化させられたのである。アーレントはすでに、「地球一般とすべての自然力」の手段化が、「すべての物が手段に堕ち、それに固有の独立した価値を失うことを意味する(39)」ことを暴いていたのだ。

スプートニク以来、数千もの人工衛星が九〇分の周期で地球の周りを回っている。そして、これら人工衛星の電波が、第二の大気すなわち技術圏として地球を覆っている。衛星観察による密度の高いデータのネットワークと、それらを処理する重厚な情報インフラは、地球システムに対する人間の影響を示しているという意味で我々を救うものであると同時に、地球の絶対的な支配に関与しているという意味で我々を破滅させるものでもある。アポロ計画はこの両義性を実によく示している。一方で、アポロ計画は世界的な環境運動の象徴的なイメージとなる、黒い宇宙を背景にひとつの青い球が浮かぶ「地球の出」を生み出したが、他方で、（ナチスのV２ミサイル発明者であり、アメリカ宇宙計画の父でもある）ヴェルナー・フォン・ブラウンが「月の征服」から間もない一九六九年七月に記者団に告げたように、「この素晴らしい観察プラットフォームにより、我々は未知の油井や銅・鉛の鉱山など、地球のすべての資源を調査することができる」[40]ようになった。アポロ調査団は月にプルトニウム２３８を残し汚染しただけでなく、宇宙計画の活動拠点に定められたフロリダの地帯に生息していた絶滅危惧種のハマヒメドリ（Ammodramus maritimus nigrescens）をＤＤＴの散布によって絶滅させる結果を招いた。[41]

宇宙から見た地球のイメージは、とりわけ世界を過度に単純化するような解釈をもたらした[42]（図５）。さらに、我々が地球に対して控えめに抱いていたような帰属意識に代わって、我々に、その全体を視界に入れ、グローバルで支配的かつ外部的に把握し、陶酔させるような感覚をもたらすものだった。これはフィリップ・デスコーラが「自然主義」と呼んだもの、すなわち人類自身が一部をなす地球システムを管理し操縦する戦略的外在性を持つことによって、我々人類を自然の上位に位置づけるものだった。またこれは地上の他の存在は我々と同じ「物質性」を共有しながらも、その内面性は我々とまったく異なるものであると認識する、[43]西洋で誕生した思想を完璧に仕上げるものでもあった。外部から地球上の我々の位置を把握することで生まれる視界は、一九世紀半ばに登場した「どこからでもない眺め」としての科学的客観性のヴィジョンと共通している。これに従えば、良い知識とは観察対象の体系から自身を引き離すことで得られるものであり、この視座は自然をありのまま知覚するために不可欠なのだということになる。[44]したがって数ある地球の問題を適切に認知し、適切に対処するには、「地上を離れた」視界により地球を宇宙から観察しなければならなくなる。このような上位の視点は「我々にはひとつの地球しかない」（一九七二年のストックホルム会議の有名なスローガンである）ことだけでなく、地球の問題についてある上位の知識が存在することもまた前提としてしまうだろう。上位の知識は自然主義的な想像力（イマジナリー）（フィリップ・デスコーラの人類学的分析によると、西洋自然主義的な自然の捉え方はこの世に存在する自然と人間との四つの主要な関係性のうちのひとつでしかない）だけでなく、さらには、我々を人新世へと突き落としたダイナミズムと共に発達した、科学技術的な文化から生まれた「地球を離れた」という想像力（イマジナリー）も受け継いでいる。人新世は、ヴェーバーの「脱呪術化」、アドルノとホルクハイマーの「道具的理性」、アーレントの所与の他性としての世界の否定といった概念による長大なプロセスを体現している。さらにこのプロセスはダノウスキーとヴィヴェイロス・デ・カストロが論じているように、近代人を「世界なき人間」に仕立て上げたプロセスでもある。(45) そして、このような「世界なき人間」の想像力（イマジナリー）は決して中立的なものではなく、先住民コミュニティや民衆の社会環境運動が地球との関係についてのオルタナティブ

図５　月へ向かう途中で撮られた地球の姿。アポロ 17 号、1972 年 12 月 7 日。

〈別のあり方〉を有していることや、それが環境破壊に対峙し、適切な見通しや解決策をもたらしうるという想像力(イマジナリー)を支配し抑圧しているのである。

第四章

知識人とアントロポス

人新世、あるいは寡頭政治新世

人新世の公式の語り（ナラティヴ）は、宇宙から見れば誰もが同じイメージを持つはずだと想定される唯一の地球だけでなく、生物学的な存在であり地質学的なエージェントとして取り扱われる人類はひとつの集合的なものだという想定も作り上げる。すなわち一方に人類、他方に地球システムという二つの重要なアクターが直面し合った構図があり、人新世の歴史は互いの活動と反応を通じた相互作用によって形成されたということになる。したがって人新世の大きな語り（ビッグ・ナラティヴ）は「狩猟、採集者からグローバルな地質物理的な影響力になるまでの［……］人間の進化[1]」の物語となる。そして人新世学者に残されたことは、知識が欠如した「人類」を導き、「生物圏と再び繋がる[2]」のを推奨することだと考えられているようだ。この章では、人新世の専門家が持つアントロポスについての見解とその争点を読み解こう。

ヒト種の成功譚

「人類という固有の種は、地球システムの機能に大きな影響もたらすという点で、自然の大きな力と今や肩を並べるほどに豊かで活動的になった[3]」。

これは人新世の主張の核心であり、異論を挟む余地はない。だがこの主張はさまざまな人間の動きの総体をひとつの「人間活動」として合算し、地球をひとつの「人間の痕跡」を生み出すものだとする考えを支持している。この考えを議論しないわけにはいかない。イギリス・ロイヤルソサエティ発行の『フィロゾフィカル・トランザクション』誌に掲載された人新世とその歴史についての重要な論文には、

「人間の」という前置詞や「人類」という名詞が少なくとも九九回登場する。[4] 人新世学者の支配的な語り（ナラティヴ）は人類を抽象的で、皆が一様に関与しており、さらに暗には一様に責任をとるべきものだと想定している。

しかし、地球の新たな地質学的秩序を生み出した要因として、個体差のないアントロポスを考察するのは少しばかり短絡的だろう。厳密に言うなら、この説明は、シロクマやオランウータンが自身の生息環境を掻き乱した生物種は何であるのかを知りたがったときの答えとしては十分である。[5] だが、これは「ヒト学」を研究するシロクマやオランウータンのなかでも、とりわけ分析力の低い者の見解だと考えられる。この見解は、彼らの生息地の減退と人間活動を結びつける複雑で因果的な連鎖のなかに、「支配的なオス」や不均衡な力関係の存在を識別できていないレベルにとどまっている。だが、人類の地質学的な活動は、文化的、社会的、歴史的プロセスの産物なのだ。

我々はここで、地球が危機的状態にあるとして生態学や環境学が示す緊急性や、「社会生態系」という新たな到達点を強調するあまりに、人文諸科学が明らかにしてきたことを忘れ去ってはならない。マルクス主義の階級概念、クロード・レヴィ＝ストロースの文化人類学、フェミニスト理論やポスト・コロニアル理論といった思想はそれまでの古い「人間」の普遍主義を非難し、平等な尊厳や文化、社会、社会階級、性的アイデンティティの多様性が重要であること強調してきた。これらの人文諸科学は多様な集団に属する人間が不平等な社会関係において他者を滅ぼし、搾取し、服従させてきた支配のメカニズムをすでに明るみにしてきたのである。

人新世の一連の出来事は人文社会科学に衝撃を与え、そのパラダイムや範疇を揺るがせた。[6] 我々の生きる時代に名を付けるのはもはや歴史学者ではなく、地球システム科学者なのだろうか。地質学的な規模に等しい万単位の年数で人間活動を考察しなくてはならないのだとすれば、それは環境学的人文学に混乱や喪失をもたらすのだろうか。

このような混乱は人文社会科学の重要な思想家を無力化するものでもあった。人新世の公式の語り(ナラティヴ)に貢献しようと望んだ一部の思想家は、人口・経済成長・化石エネルギー利用といった社会的区別のない大きな因果的ファクターを、人間の痕跡が地球上で未知のレベルにまで増大した原因として考え、人類についての包括的な見方を背負い込んだため、最終的に貧弱な議論しか提供できなくなったのだ。元マルクス主義派の歴史学者で、サバルタン・スタディーズの支持者でもあったディペッシュ・チャクラバルティは、著しく物議を醸した二〇〇九年の論文のなかで、彼がそれまで歴史を理解するために用いてきた批判的範疇は人新世の時代において陳腐化したと述べている。チャクラバルティは、この理論的な大転換を「気候変動の危機は今ここにあり、それが資本主義が消滅するか多様な歴史的推移を経験した後にも存続し続けることを認めるならば、資本主義批判は人間の歴史を理解するのに十分ではない[7]」と正当化したのである。要するに、資本主義は資本主義そのものよりさらに広大な地質学的な現象を引き起こし、資本主義の潰えた後も生き延びるだろうから、資本主義の批判はもはや十分な議論ではないということだ。チャクラバルティは歴史的な語り(ナラティヴ)において「生物種」という範疇に重要性を与えた一方で(この用語は五一回登場する)、「人間はその人口、化石エネルギーの燃焼そしてそれに関わる他の活動のために地球の地質学的なエージェントとなった[8]」と述べ、人新世学者の支配的な議論を受け入れたのだ。人類を区別なく危機の責任者であり、普遍的なエージェントとして語り(ナラティヴ)のなかに組み込んでその因果関係を考察するやり方は、人類という概念が無差別に使われることでマルクス主義的、ポストコロニアル的な世界の解釈が放棄されたことを示している。

このように、人新世という概念に対峙した時、人類の混乱や社会的に区別された歴史的現象を地球の未来に（そして共通だが人間の間では差異が表れる結果に）結びつけることの難しさは、環境危機の壮大な語り（ナラティヴ）のなかにも表れている。著名な思想家たちが明示的であれ暗示的であれ示しているのは、我々にふりかかる生態学的害悪は近代性そのものの内部に根を張っているということだ。彼らの著作を読めば、西洋思想史に偉大な功績を残したお決まりの容疑者を全て洗い出すことができる。まずギリシャの諸科学が自然を人間意志から自立した法則に従う外在性として認識したことに始まり、次にキリスト教が人間の特異性は支配すべき創造物のもとにいることだと考えた。そして科学革命が、自然を有機論的なものとして解釈するという見解に代わって、理性的に変化させることのできる静的で機械的なものであるとする見解を示した[9]。環境危機の終末論的な議論はこれらの登場人物を動員し、広大で威厳のある語り（ナラティヴ）、つまり「大きな分断」という推論を重視し人間とそれ以外の存在のあいだの大きな分岐を示す語り（ナラティヴ）を提唱している。

ガイアの嵐に巻き込まれた著名な社会学者や哲学者たちは、人文社会科学の分析概念、説明手法、批判的思想のすべてを「宇宙船地球号」の甲板の上に投げ込んだ。例えばミシェル・セールはある重要な著作のなかで「人工衛星」から観察できる「プレート」という地質学的な比喩を用いた。「これから先、惑星－地球の上に介入するのはむしろ、膨大で高密度かつ重々しい人間プレートであって、［……］古くさい社会科学が好んで分析する議会とか政党とか国家とか軍隊とか村落とかいった集団でもない[10]」。生態学的危機や自然の政治、人新世やガイアの状況についての著作を書くことが、資本主義や戦争、アメリカについて話さずとも、あるいは巨大企業の名をひとつも挙げなくとも可能になったということである。しかしながら、ここで重要な数字をひとつ挙げておこう。一八五〇年から今日までに排出された二酸化炭素とメタンの総量の六三パーセントは、たった九〇社の私企業により排出されたものなのである。[11]

地球システム科学と環境学的人文学の実り多き協力は、社会的な不均衡と不平等について問い続けるだろう。それどころか、これらの不平等がグローバルな規模で、どのように経済的、政治的、技術的装置による物質、エネルギー流動の分配と共に構築されてきているのかを探索するものとなるだろう。ちなみにこのような協力は、イマニュエル・ウォーラーステインの著作の流れを汲む世界システム論のグローバル・ヒストリーと、それに関連するグローバルな生態学的変化分析の対話のなかで（第一〇章）[12]、あるいはポリティカル・エコロジーの研究分野においてすでに行なわれている。[13]

人新世が地球システム科学から登場した概念であることを考えれば、地球システム科学の関心に沿って歴史的な問題を検討していくのは自然なことだ。人新世学者にすれば、歴史学の役割とは地球システムにおける人間活動の影響を計量することであり、これらの影響をモデル化のなかに組み込み、できあがったモデルを過去の出来事へ適用し試すものでしかない。IHOPEプロジェクトはとりわけこのような視点を持っている。[14] 彼らのキーワードは生物地球化学的循環、（データ、システム、ディシプリンの）統合、複雑性、非線形的なシステムなどである。歴史学はこのような図式に予測不可能性という観点を寄与しうるが（アステカ帝国を征服したエルナン・コルテスをどうモデル化するかという問題など）、その結末は結局のところ十分に予想可能だ。すなわち、人新世は、人口、農業、産業、森林破壊、鉱山採掘、G

DPが全体的に増加したために生み出されたものだ、という結末にしかならない。

少し大げさに言うなら、人新世学者の歴史学とは結局のところ指数曲線の集積に要約されるということだ。そこでは、説明的な語り(ナラティヴ)を組み立てようとする歴史学に特徴的な論理構造は、こうした記述的で量的な見方の影に隠されてしまう。増加傾向にある様々な曲線の一致が実際に年代的な指標であるにせよ、それは説明的な秩序のなかでは副次的なものでしかない。環境に関する統計は、危機の要因である歴史的現象の「結果」を計量することしかできない。我々が本書で提唱するような、差異をより際立たせそれを説明しようという人新世の歴史は、環境への影響や撹乱された生物地球化学的循環の研究を出発点にして、これらの被害と混乱を生み出したアクター、制度、そして政治的決定は何であったのかを解明する研究へと焦点を移すことになるだろう。

生物としての「ヒト種」が歴史のなかへ凱旋するにあたり最も奇妙なことは、生態学的な観点からみれば、ひとつの総体として把握されるような人類などは存在しないことを人新世が証明してしまっていることだ。人新世の言説を担うアントロポス、総称的な人間とはいったい誰のことなのだろうか。グローバルな生態学的異常に対して負うべき責任が極めて異なるのだから、この総称的な人間は実に多様なのではないのだろうか。ひとりの標準的なアメリカ人は標準的なケニア人に比べて三二倍の資源とエネルギーを消費している。この世に誕生する新たな人間が富裕国の豊かな家庭に生まれたとしたら、貧しい国の貧しい家庭に生まれていた場合より一〇〇〇倍も多い炭素の痕跡を残す。[15]アマゾンの森で狩猟し、魚を釣り、庭を造るヤノマミ族は、化石エネルギーをまったく使わずに一日に三時間の仕事をして暮らしているが（彼らの庭はフランスのボース地方の農家の土地の九倍のエネルギー効率を有している）[16]、ヤノマミ族も気候変動と人新世に対し負い目を感じねばならないのだろうか。最新の報告書によると、地球上の一パーセントの富裕層が世界中の資源の四八パーセントを占有しているのに対し、人類の半数、貧しい側の人間は一パーセントの資源しか有していない[17]。世界の最富裕層にいる八〇人の人間は、最貧困層から数えて四一億六〇〇〇万人分の収入を合わせた総額よりも高額の収入を得ている。すなわち、これらの人間はひとりでその同胞五〇〇〇万人を合わせたよりも多く稼いでいるのだ[18]。このような不平等の拡大はグローバルな生態学的異常の主要因のひとつである。なぜならソースティン・ヴェブレンがすでに一八九九年に分析したように、模倣の連鎖によって最富裕層はその下位の社会階層が追いつこうと望むような消費水準を定着させ、さらにその下位の層にも同様の動機を生むからだ[19]。したがって経済学者たちが近年述べているように、最富裕層に課税するよう決める政治が環境には有益だという結論になる[20]。

我々はエリック・スウィングダウに倣い、人新世について話すよりむしろ人類のほんの一部分により引き起こされる地質時代としての「寡頭政治新世」について話すべきだろう。人新世という用語とそれに帰属する大きな語り（ビッグ・ナラティヴ）を選択することは、「ヒト種」という抽象的な範疇概念を後ろ盾に、階級、性別など、ガイアに暮らす民の間で大きな差が生まれつつあることや、その間にある責任と影響の違いを覆い隠してしまう。このように特定の集団に偏った見方は、人新世学者の語り（ナラティヴ）の中で正当化されるにせよされないにせよ、生態学的な問題に対する「解決策」に影響を及ぼさないわけではない。『フィロゾフィカル・トランザクション』誌の重要な論文は「公平性についての問題は人新世においてしばしば拡大された［Equity issues are often magnified in the Anthropocene］」[21]という、ニュースピーク［ジョージ・オーウェルの『一九八四年』に登場するオセアニア国の公式言語］を話す者の口からしか聞けないような小綺麗で婉曲的な台詞を発することで、そこに非均衡性が隠蔽されていることを自ら証明している。

したがって、ヒト種と地球システムの相互作用の物語という人新世の語り(ナラティヴ)は疑わなければならない。このような語り(ナラティヴ)は貧弱で誤った歴史的説明を導きだし、地球上のマイノリティがこうむっている被害を所与のものとして強固に支えてしまう。そうではなく、人新世に必要とされている試練は、人類を差異化する視座を持つことだ。これは歴史的な真実を尊重し過去における責任の所在を審判するためだけではなく、効果的で公平な政治を将来にわたって実行するためでもある。それはまた、環境破壊の犯人である大企業を野放しにしたまま普通の人びとに罪責感を持たせないため、気候変動により危機にさらされた島の住人が、少数であっても統計的、政治的に無意味な存在とみなされることなく、そこに生きる権利を認めるための政治を実行するため、狩猟、採集生活を送る三万人の人びと、すなわち二〇三〇年までに消滅する危機に瀕している人びとが存在し続けられるような共通の世界を作りあげるためでもある。人類の豊かさとその未来への適応能力は人類の文化の多様性からもたらされる。このような文化は、同時に地球に尊厳を持って居住するあり方の実験でもあるのだ。

「彼らは自分が何をしていたのか分かっていなかった」
∴自然環境に関する意識の覚醒という語り(ナラティヴ)

「父よ、彼らをお許しあれ、彼らは自分が何をしているか分からないのだ」。これはルカの福音書のなかに登場する台詞だ。十字架にはり付けられたキリストの言葉である。確かに人間は救世主の死刑執行をなすがままにさせてしまったが、人類は旧約聖書に書かれたようにエデンの園を追放された咎で為す術もなく罪を背負い続けなければならないというわけではない。救済は改心と信仰によって可能なのだ。今から二世紀前、シャルル・フーリエがすでに「地球の物質的破壊」を預言するにあたり啓示と贖罪のレトリックを用いていた。

この真実は古代人よりも近代人にとってより明白である。すなわち、古代人は社会的な来歴という点でまったく未熟であったため、幻想を抱くことが許されていた。［……］しかし歴史が三千年に渡り我々に示してきたあらゆる情況を経た後、［……］我々は文明化の悪影響のもとあり余る経験を得た。文明が人類の災いではないとか、地球の現在の秩序は物質的・社会的な地獄というほどではないとか、理性はすべてを差し置いて解決策を探すことに専念する必要もないとか、このような否定をすることは誠実な人間にはもはや許されることではない。(22)

フーリエの時代から二世紀たった今、人新世の語り（ナラティヴ）も似たような調子で語られている。すなわち、「近代人」は地球を撹乱するという誤りを犯したが、彼らも自身が何をしていたのか分かっていなかったのだから許されるべきだというのだ。近代人は、彼らの行動が広域的で地質学的な痕跡を残しうるという科学知識や意識を有していなかった。近代人はなんと人新世的な福音を得たことだろう。そのうちに罪の赦しと救済さえも、おそらく手に入れるのだろう。

すなわち、人新世の大きな語り（ビッグ・ナラティヴ）は覚醒の物語である。一七五〇年から二〇世紀末まで長い無意識の時間が続き、その後、突如意識的になったというストーリーだ。「我々は自身の活動が地球システムに影響を及ぼす様相について幅広い知識を持つ最初の世代である(23)」と人新世学者は断言する。「環境問題は［原註：一九四五年以降の］大加速時代にはほぼ注意を払われてこなかった上、当時出現しつつあったグローバルな環境問題もまたほぼ無視されている状態であった」と彼らは続けている(24)。ジェームズ・ラブロックはこれに賛同し、「環境を変えることで、人間は知らず識らずのうちに地球システムに宣戦布告していたのだ(25)」と主張する。

メディアはこのような不注意による環境破壊とようやくの目覚めという固定観念を吹聴し、科学者たちが人類の目を醒ましたのだと言い募り、さらに英雄化している。『リベラシオン』誌は次のような言葉を並べ立てて氷河学者のクロード・ロリウスを描写している。

> 人生の晩年に達したクロード・ロリウスは、自分が人間に人間自身がなしていることを理解させた科学者のひとりであることを認識している。肝心なことは人間がこれまで知らぬ間に行動してきたことを許すかどうかではなく、新たな言葉に属する新たな知識とともに行動することである。この新たな言葉、人新世という造語は［……］(26)。

『エコノミスト』誌もこれに続き、二〇〇〇年代初頭の人新世概念の創成は「コペルニクスが地球は太陽の周りを回ることを理解した時のような、科学的発見が我々のものの見方を大きく変えていく瞬間のひとつ」[27]なのだと言及している。

数人の著名な哲学者も同じように、自然について、かつてはそのグローバルな側面に気づかず、社会から切り離し、人間活動の外部的な装飾として縮小していたと繰り返す崇高な痛悔の大合唱に加わっている。ミシェル・セールによると、二〇世紀末に現れた異常気象によって初めて「局地的で漠然とした装飾的な自然概念しか形成しなかった我々の文化のなかに、自然的世界が突如として闖入する。かつては局部的——あの川とかこの湿地とか——であったものが、今では全体的な——地球という惑星全体の——規模となったのだ[28]」という。

セールは自身の著書『自然契約』を、一八二〇年のゴヤの絵画についての記述で始め、この絵画が描かれた当時、「世界は脆いとはみなされていなかった[29]」と主張している。ブルーノ・ラトゥールは、人間が地質学的エージェントになったのは彼らの「望んだことではない」と述べる[30]。

つまり、人新世学者は科学者であれ哲学者であれ、知らなかった「我々」あるいは「彼ら」を登場させる。かつての「我々」は盲目的で、今の「我々」は知っている、というのだ。根本的な亀裂がこのように強調されているのは、何かの到来という考え方に加担しようとする預言めいた言説の修辞的な表現に他ならない。人新世の語り(ナラティヴ)もここに与している。

だがこのような二分法による叙述は、近代性が非再帰的であったと想定されている時期（一八世紀から二〇世紀）を、二〇世紀末に登場した健康リスク、深刻な事故や環境危機といった近代化の副作用に伴う再帰性の出現と対比させる、よく知られた社会学的・哲学的な理論化の産物でもある。アンソニー・ギデンズの「再帰的近代」の到来についての説、進歩の副次的産物に対し無垢でいられることの終焉を告げるウルリッヒ・ベックの「リスク社会」説、さらに開放的で再帰的な知識生産の様式である「モード2」についてのギボンズたちの説などがこれに当てはまる。[31] そしてこのような見方は、エコロジカルな近代化の理論を支持する者たちの見方でもある。[32]

また、このような二分化に基づく語り（ナラティヴ）には、近代性が自然と社会の間に大きな分断を設けたために、我々の意識が生態学的な問題に向かうのを妨げ、これが問題視されるようになったのはごく最近のことだと主張する、極めて単純な学説も加えることができる。それより遥か以前の古代の思想家たちは、自然と社会の分断を推進するためにせよ、その価値や限界を懸念するためにせよ、分断など設けたことがなかったかのように主張しているのである。[33] ルネサンス期以来の「近代性」そのものすら、人間を自然の包括的な秩序に帰属するものとみなす知識を中心にして作り上げられてきたにもかかわらず、近代性が自然と社会の分断のもとに形成されたと信じてやまない学説は、そのようなことなど無かったとさえ考えているのだ。

ブルーノ・ラトゥールの巧みな論述においてさえ、この大きな分断の語り（ナラティヴ）をわずかに違った形で見いだすことができる。ラトゥールによると、近代性は自らに嘘をつくことで自然との関係を絶ったと信じている。それは科学者たちが近代性のるつぼである実験室の内部において人間と継ぎ合わせるために非人間存在を持ち出し、密かにハイブリッドな集合体を作りあげているにもかかわらず、相変わらず自然と社会、科学と政治が分離されたと主張しているのだという。したがってラトゥールによれば、自然－社会の断絶が存在しないという点で我々は近代であったことがなかった。そして彼が行なった科学的実践についての社会学のおかげで我々はようやくこの分断の虚構性に気づき、三世紀にわたる近代という見当はずれの挿話を終えてそろそろ本題に戻ることができるというわけだが、これもまた新たな再帰性の語り（ナラティヴ）に陥っているということはないだろうか。[34]

覚醒、目覚め、そして意識化にまつわるすべての語り（ナラティヴ）が問題なのは、これらが歴史的に誤っているからに他ならない。これらの語り（ナラティヴ）に反して、一七七〇年から一八三〇年の間は自然と社会の相互作用に関して非常に鋭敏な意識が持たれていた時代として特徴付けられる（第八章）。例えば森林伐採は、樹木と人間社会、そして地球的な環境のあいだの有機的な繋がりの断絶とみなされていた。ネオ・ヒポクラテス派の医学は有機体、社会体そして環境という身体の相互の循環について研究していた。有機論派の科学思想は、一九世紀半ばまで地球を生き物として認識していた。このように、近代の重要な思想潮流のまっただ中においても、身体と環境、社会の混淆性や、政治秩序と自然秩序の間の対話が維持されていることが見てとれるのだ。シャルル・フーリエは一八二一年に「巻き添えになっているのはいくつかの地域だけにとどまらない、地球全体である」と言ったが、これは同時代に数多く存在した科学的警鐘をならす研究と共鳴していたのだ。[35]

しかしながら、西ヨーロッパが世界を人新世へと突き進ませたのはまさにこの時期だったのである。すなわち、検討すべきは我々の時代にようやく覚醒が起きたと語る盲目的な語り（ナラティヴ）などではなく、ある種の知識と警鐘が周縁化されてきた歴史であり、「近代的脱抑制［désinhibition moderne］」[36]の歴史ということになる（第九章と第一一章）。我々の惑星が人新世へ突入したことは、環境に対する盲目的かつ熱狂的な近代主義に続いて生じた出来事ではなく、むしろ、地球の人工的変化に対する長年の熟考と懸念を経たうえでの出来事なのだ。

同じように、一九四五年以降の人新世の大加速が当時の科学者や思想家に感知されていなかったということもまったくもってあり得ない（第八章と第一一章）。月からみた地球の映像が登場するよりもっと以前に、人間の条件と地球とを融合する事柄として、原子爆弾が出現していた。数百万部の売り上げを記録したウィリアム・ヴォークトの『生存への道のり』やフェアフィールド・オズボーンの『我々の奪われた地球』といった著作[37]は、それぞれ、「惑星」「地球」という包括的な概念をめぐるものであり、世界規模の環境の未来に警鐘を鳴らし、これに対する人間の影響が多大なものであることに言及していた。著者たちはすでに人間を「地質学的な力[38]」として捉えていたのだ。人間活動と自然の循環はシステムを形成する「全体の環境」のなかで相互に決定されると論じられた[39]。一九世紀末に温暖化現象を説明したアレニウスに続き、アメリカの知識人であるロジャー・レヴェルとハンス・スースは以下のように述べていた。

人間は大規模な地球物理学的な実験を行なっている［……］。我々は数百万年を経て形成された堆積物に蓄積された炭素をたった数世紀で大気や海洋へと再び解き放っている。この実験をしっかりと追跡することができれば、気象学的・気候学的プロセスについての広大な知識が得られるだろう[40]。

したがって、「我々」が地球規模の環境異変に関する何の知識や意識もなく一九世紀初頭に人新世へ、あるいは二〇世紀なかばに大加速へと足を踏み入れたと主張するのは歴史的な誤りであり、咎めるべき無知なのだ。

だが、このような大きな語り（ビッグ・ナラティヴ）を語る人新世学者や科学者、そして哲学者をなぜ非難する必要があるのか、それよりもまず反対陣営の、すなわち近代人や進歩の大きな語り（ビッグ・ナラティヴ）を突き崩すべきではないのか、という疑問が浮上するかもしれない。ラトゥールによると、毒をもって毒を征するように、抽象的な大きな語り（ビッグ・ナラティヴ）に対してはそれに類似した抽象的な語り（ナラティヴ）をもって対処せねばならないという[41]。つまり人類に環境異変を十分に意識させるという目的が達せられるのなら、その手段はどうであれ正当化されるとラトゥールは示唆している。だが、我々筆者たちはそうは考えていない。

まず、このような寓話は近代人の世界観の終焉を公言しているつもりでも、結局は自らが断罪する世界観を再生産してしまうことになる。一九世紀と二〇世紀の一部を支配していた歴史性の体系に従えば、過去は背景として、あるいは未来へ向けた教訓として、また一方向のみに向かって加速するものとしての時間という表象のなかだけで評価されるものだった大きな語り（ビッグ・ナラティヴ）という寓話もこれと同じ歴史性の体系から生みだされる[42]。この寓話は盲目的な過去から抜け出し、我々の知がグローバルで確実なものとなっていくとされる未来へ向かってゆく「近代化の前線[43]」を演出する。さらにそうした知を政治の場でも考慮するよう我々に強制するが、以前とは異なり「大きな分断」、外的で権威的な自然、盲目的な確信について検討することは知の範疇から取り消される。つまり、我々の社会は生態学的な未来に向かうという目的論が、進歩の目的論に取って代わるだけなのだ。我々が立ち会っているのは、近代化の終焉を告げながら近代化を進める寓話に他ならない。

次に、この語り（ナラティヴ）は近代社会の環境に関する省察を「忘れ去る」ことで、過去の生態環境的な争点を脱政治化する傾向にあるため、現在の争点を理解し難く、また受け入れ難いものにしている。人新世は真剣に顧みられるようになったが、社会についてのポストモダン的な省察は葬り去られてしまった。だが個人や社会、国家、企業が生態学的に維持可能なやり方で行動をしないのは、それらを納得させるだけの科学的知識がまだ不足しているからだという説明を、この期に及んで誰が信じるだろうか。人文社会科学は、ロビー活動、ストーリテーリング［storytelling］、リバウンド現象、技術力の衝撃、グリーンウォッシング、批判の回収、複雑化、思考の陳腐化や見せかけといった社会経済的・文化的プロセスが科学的な情報よりもいかに決定的であるかを示摘してきた[44]。こういったプロセスのすべてが警鐘や抵抗運動を避けて進むことを可能にしているのであり、過去にもこうした操作が働いていたことを見出すべきである。今や、意識の目覚めを提唱する大きな語り（ビッグ・ナラティヴ）ほど政治的にナイーブではない、ダイナミックな歴史解釈を提唱することが重要なのである（第一一章）。

過去に存在した自然環境に関する省察を消し去るより、どのように我々が内実ある警鐘や知、反対意見に反して人新世へ立ち入ったのかを理解し、実際何が起きたのかについて、より信頼できる新たな語り（ナラティヴ）を確立しなくてはならないのだ。

科学者が英雄となる大きな語り（ビッグ・ナラティヴ）

さらに言えば、過去の環境に関する懸念や知識を、控えめで不完全な「先駆者」とみなす行為は、今日の科学的知識を過度に称賛することに繋がりかねない。人新世の大きな語り（ビッグ・ナラティヴ）はアントロポス、もしくは人類をふたつのカテゴリーに分類する。一方には気づかぬうちに地質学的なエージェントとなった世界の大半を占める大衆が、もう一方にはドラマチックで不確かな地球の将来を予測する少数の知識人エリートが分類される。換言すれば、一方には人口学的、生物学的そして経済学的に対象化される非省察的な集団があり、もう一方には知的な繋がりを持った、環境問題にこだわりの強い先駆者や抵抗勢力からなる理想主義的な歴史がある。

一六世紀、我々はアメリカ大陸を発見した。二一世紀、我々は空間の拡大という意味で別の大陸を見つけたのではないが、地球と我々の関係が強化されるという点で新たな土地を見つけたようなものだ。［……］人新世とガイア理論は理数系科学を研究する科学者が生み出したふたつの概念であり、我々の時代について人間存在の歴史にしか興味をもたない大勢の知識人、政治家、芸術家よりも卓越して進んだ概念である。(45)

地球システム科学の専門家を一六世紀の探検家から続く輝かしい系譜（ここでは二万五〇〇〇万年以上前にベーリング海峡を横断した人間やクリストファー・コロンブスより一〇世紀も前にポリネシアからサツマイモを持ち込んだ人間、そして西暦一〇〇〇年頃に活躍したヴァイキングによってはアメリカ大陸がまるで「発見」されなかったかのように語られている）に位置づける近代主義的寓話が基軸となったこの種の預言の中で、科学者はこの世界についての前衛的な環境論者として表象されている。科学者は地球の代弁者としてだけでなく、無知で途方に暮れた人びとの先導者としてもみなされている。人新世の大きな語り（ビッグ・ナラティヴ）の中で、

「さまよえる人民」はようやく「約束の地ではなく、地球というただそのものとしての地［……］すなわちガイアに辿り着く(46)」だろうという。そして「生物圏との繋がりを取り戻す(47)」ことで新たなルネサンスを生きることができるというのだ。

すなわち、ここに示されているのは地球システム科学の科学者を、撹乱された地球とその迷える人類の指揮官として、かつての西アフリカの伝統的口誦詩人のように位置づける預言の語り(ナラティヴ)である。そうして知識人による地球統治(ジオガバナンス)が始まるのだ。かくなる上は、人間の異なる集団のあいだに存在する不平等を研究する「古い社会科学」の諸領域を捨て去ると同時に、民主主義政治の理想をも投げ捨てなくてはならないのだろうか。人新世が召喚する地質学的な規模での政治に残されたものは何なのだろうか。個人の規模、あるいは集団の規模でまだ一体何かできるのだろうか。このような図式を持つことによるリスクは、人新世とその拡大する時間性が政治を麻痺させてしまうことだ。そこでは科学者が今起きていること、なすべきことを決定する局面で独占的な位置に君臨してしまう。

人新世概念を紹介する二〇〇〇年と二〇〇二年の論文の中で地球環境の専門家が述べていることに注目してみよう。科学と工学による人類の救済を想起させようとしていることがわかるだろう。

> 人類は今後数千年、いや数百万年にわたり主要な地質学的な力であり続けるだろう。生態系の持続性を保証し、人間由来の圧力から生態系を保護するために世界的に受け入れられた戦略を実行することは将来、人類の主要な課題のひとつであり続け、**並外れた研究努力と、知識の分別ある実践を必要とする**であろう［……］。**刺激的であるが困難で、恐るべき課題が国際的な研究者・工学者のコミュニ**

ティを待ち受けている。*グローバルで維持可能な環境管理へと人類を導くために*。[48]

恐るべき課題が待ち受けているのは、人新世の時代において*維持可能な環境管理へと社会を導く事のできる科学者と工学者である*。これはあらゆる規模に適した人間の行動を要求するものであり、国際的に許容された大規模な地球工学計画、例えば気候を「最適化」するためのプロジェクトもここに含まれよう。[49]

人新世が宣告されると同時に、地球工学の研究（大気へ硫酸塩エアロゾルを排出したり、海洋へ鉄分を含んだ粒子を流したり、地球の周りにミラー衛星を配置したりするなど世界規模で気候を操作することを目的とした一連の技術）が推進されたことが理解できる。このような技術には不確実性や危険性（例えば硫酸塩エアロゾルという「解決策」により数万もの人々の早期死亡が予測されることなど）が内在し[50]、介入行為に必要とされた経費の国連による支払いの滞りが今でも存在するにもかかわらず行なわれたのである。イギリス科学アカデミーの学術誌上では四人の人新世学者が、科学技術が生態学的異常に応じるために取るべき「革新的アプローチ」をリストアップしている。ここには地球の観察を継続し、人類が超えるべきではない限界を科学的に設定するための巨大な技術システムを設置することはもちろん、生物多様性に新たな複雑な様式を生み出しうる合成生物学を発展させること、生態学的な規律と地球工学を公的アクションに適用するために順応性のあるマネジメントを実践することなども挙げられている。[51]

自然が政治の場へ乱入したことは、科学者へすべてを委ねることを意味するのだろうか。それとも地球を支配する姿勢を放棄せよという声や科学技術への批判を強化するのだろうか。人新世学者の大きな語り（ビッグ・ナラティヴ）によれば、ひとつめの選択肢のみが実用的であるようだ。過去の技術革新が地球に異常をもたらしたとしても、我々には現代の技術がもたらす「革新的アプローチ」があると彼らは考えるのだろう。人新世を扱う主要な学術雑誌の論文はすべて、まるで環境に関して市民社会の知識や主導権が存在しないかのように書かれている。自らの土地で石炭や石油の開発による被害と闘う原住民や、「脱成長」や「転換」、「ブエン・ビビール［buen vivir、「よく生きる」という意味の南米における環境運動のスローガン］」という概念のもと自発的に節制生活を営む集団、高速道路や空港建設のブルドーザーを前に樹木栽培小屋を建てる若い環境活動家、原子力技術・航空技術・情報技術・電子技術・バイオテクノロジーやナノテクノロジーといった技術への批判など、これらすべての活動は大きな語り（ビッグ・ナラティヴ）のなかでは完全に不可視化されている。もし人新世学者たちの専門性を信頼するならば、真剣な解決策は実験室や研究所で過剰生産される技術革新からしか生まれず、社会が一体となって行なう「下からの」オルタナティヴな政治実験からは何も生まれないと表明することになる。ブルーノ・ラトゥールは人類を救うため、魔法使いの弟子たちに実験室に戻るよう促している。

メアリー・シェリーの小説の中で、ヴィクター・フランケンシュタイン博士が、自らが魔法使いの弟子であったという罪で自責の念に駆られる話を覚えているだろうか。これは自身の創造物を前にして、恐怖を覚え逃げ出したという、もうひとつのさらに重い罪を隠す行為にすぎない。彼の創造物は、生みの親に見捨てられたために怪物となってしまったのに他ならない。「ヴィクター、何かを発明したり妄信したり育てたり創りだすのはもうやめろ！」と叫ぶよりも、彼に「フランケンシュタイン博士、早く実験室に戻り、あなたが作りかけで放り出した出来損ないに顔を与えなさい」と伝えるほうが建設的だと私には思えるのである。それでは、どうすれば我々は実験室に戻り、自身の物質的存在のあらゆる細部を再び取り戻すことができるだろうか。(52)

「彼らはどうすればよいのかまだ分かっていない」：人新世の専門家からみた「公衆」

もし人類が科学的指導者やフランケンシュタイン博士を必要としているなら、それは従来の政治が力を失い、公衆は十分な問題意識を有していないか、あるいは「認知的不協和」の罠にはまっているからだと人新世学者は言うだろう。つまり、この美しい世界は教育され、科学の光に照らされなければならないというわけだ。

今日まで、人新世概念はほぼ研究者集団のみに託されていた状態であった。どのようにすればこの概念はより多くの公衆に、政治決定者そして民間企業に認知されるようになるだろうか。［……］最新の科学が伝播する、我々は「ただ」サルであり、自然の他の存在の「上に立つ」特別な被造物ではないという考えはダーウィンの時代の社会を震撼させた上、世界のいくつかの地域で緊張や対立を生み出し続けている。［……］人新世概念が次第に多くの公衆の知ることとなれば、ダーウィンのそれに近似する反応を社会に起こすであろう。［……］人新世は、多くの人びとにとって非常に受け入れがたい概念であろう[53]。

地球システム科学の研究者が自らをダーウィンに喩える傍ら、ラトゥールはラブロックをガリレイに、あるいはパストゥールに例えている[54]。この賞賛にみちた比喩を通じて、科学は一般理念を壊すような革命的な知をもたらすものとして描かれ、社会の上位に位置づけられる。人新世学者は、なぜ公衆がグローバルな生態学的異常の重大さを示す事実に抗うのかを理解しようと、心理社会学者として振る舞い始めている。その診断はこうだ。公衆は「認知的不協和」という、今から半世紀前に心理学が提唱した現象、すなわち認知するもの（我々のケースで言えば異常気候）と、実際に行動に移すこと（我々のケースではある特定の生活様式の継続）が乖離する現象に苦しんでいる。「深く浸透した信念を試すような事実が呈示されると、その信者は自分の信念により一層しがみつき、彼らは信仰に矛盾する証拠の蓄積にもかかわらずときに熱心にそれを推進してしまうこともある」[55]。

コペルニクスやガリレイ、ダーウィンを経て、我々は再び「科学」が社会の「信仰システム」を覆さねばならない歴史の段階にいるというわけだ。神が人間と面倒を起こさず世界を救うために役立ったキリストの処女受胎のドグマのように、科学は社会と一定の距離を保ちその上位に立ち、社会‐環境運動の活動家たちと言葉を交わすこともなく、人新世の開始から二世紀の間は事を悪化させた当事者であったことも認めず、我々の救済者として立ち現れるのだ。このようなロジックにおける良い政治とは、科学がもたらす中立的な知識の「分別ある実践」を実現することに他ならない。すなわち、科学から発されたメッセージが人類に十分浸透し、人類が科学的な解決策を採用して初めて、人類は環境を維持させることのできる存在となるというのである。

〈人間〉の時代、〈自然〉の死?

人新世の到来を公言することで、人新世学者は大文字の〈自然〉、すなわち人間に対し完全に外部的なものとして見られていた自然の死を宣言することが可能になった。人為的自然、技術的自然、ラトゥールの言うハイブリッドでダイナミックな「ポスト自然」へと入り込み、人間はそこでようやく自身を当事者として認識するだろう。「人間なき生態系はなく、生態系の機能に依存しない人間もまた存在しない[56]」。

古い自然はもはや存在しない。外部的で処女性をもつ野生性［*wilderness*］の神話は解体された。皆が自然公園や保護区域を、地元住民を追い出したとして非難する。自然はいまや参与者であらねばならない。「〈自然〉の概念が［……］人間の目的に沿って形成された人為的構築物であったことを理解するために、ポストモダニストである必要は一切ない[57]」。

事実、戦後のサイバネティックスやサイボーグ科学はラトゥールやハラウェイ、デスコーラの登場を待たずとも自然と社会の境界線の解体を賞賛していた。なぜならこれらの科学技術はまさしく人間と非人間を結びつける諸システムを最適化することを目的としていたからである。

カトリーヌ・ラレールとラファエル・ラレールが示唆したように、「自然の終焉というテーゼは自然の完全なる明快さ、［……］自然の完全なる支配というテーゼである」[58]。環境保全科学においては、人新世概念の出現は、特定の自然の人工化において避けられない性質の容認に伴うものだった。自然はあるがままの価値としてではなく、人間に提供するサービスに基づいて価値づけるべきであり、また都市的な自然も「野生の」自然と同等の価値を持つものとみなして生物多様性を保全するべきだと宣言していたのだ。

人新世学者の支配的な語り(ナラティヴ)は、地質学的な力としての人間活動の乱入を称賛する。我々は「外的世界と対等」[59]になった。すなわちこれは、『自然な生態系を自身の懐へ取り込んだ人間システム』として生物圏を観察する新たな見方」とともに提唱される「地球の園芸家、〈人間〉」の姿である[60]。

大災害に対する畏敬の念は、欠点を持たない人間の強さという幻惑に取って代わられた。マーク・リナスによると、「自然はもはや地球をコントロールしていない。今や我々が地球をコントロールしている。地球で生じることは我々の選択に属している」[61]。

コントロールのきかない地球を想像し恐怖を覚えたのも束の間、地球の操縦士でありエンジニアとしての人類の到来という輝かしい語り(ナラティヴ)を、いまや大勢の科学者やジャーナリストが紡いでいる[62]。

我々人間にとって、自身の手中にひとつの惑星の運命を握っているということは何を意味するのだろうか。畏怖がただちに力強さの感覚と入れ替わったことだろうか。数世紀ものあいだ、気づかぬうちに地球生物工学を行なってきた後、現在問題となっているのは、我々がガイアと意識的かつ自発的で科学的に計算された交流を復活させることであり、すでに普及した生態学的工学に堂々と転向することであるようだ。人新世は、人類に対して何らかの合図を発するものとなり得たにもかかわらず、一部の人間の傲慢さを地球規模に拡大するために召喚されてしまったのである。「我々は自らが生きる環境は地球を除きすべてコントロールした。どうして地球だけがコントロールできないと言えるだろうか」と表明するのは、地球工学の支持者である宇宙物理学者ロウェル・ウッドである。[63] 我々が「自らが作り出す地球を誇りに思っている」と述べるのは、人新世学者の中でも第一線にいる地質学者のエール・エリスだ。エリスは環境近代主義者の集まったシンクタンクであるブレークスルー・インスティチュートの一員であり、このシンクタンクは自然の死を祝福し、高度な技術が地球を救う「良い人新世」の到来を予言している。[64]

このように、人間を操縦士に位置づけることで観察可能となった地球はただのサイバネティックマシンでしかなく、もはやダイナミックな変化や歴史を観察することはできない。これはまた、人間と自然が融合するという言説を持ち出すことで、自然やガイアについての別のあり方を否定することでもある。たとえ我々が自然の一部をなし、自然が我々の政治的な会合に招かれるべきだとしても、道具的に利用するのではない姿勢で耳を傾け、人間活動に一定の限界があることを尊重し、自然にとって別のあり方があることを認めなくてはならない。だが「ポスト自然」言説は、融合と全能感という幼い子供にみられるような感覚を根底に持つために、現代資本主義の技術圏の中に自然を完全に統合するという幻想に囚われているのである（第九章）。[65]

地―権力という新たな言説

人新世学者による地球とその現代における異常の表象は、二重の意味で真剣に捉えられなければならない。一方でこの表象が非常に根本的で不可欠な知と警鐘をもたらしたのは事実だが、他方でこれは西洋自然主義と冷戦期の知的文化から生まれたのである。この表象が唯一の視座、唯一の地球のイメージ、集団で平和的に地球に住まう唯一の方法を提示しているということはありえない。地球の現状に適した生き方を望みレジームの変化を語る語り（ナラティヴ）は他にいくつも存在している。西洋文化の中にですら、少なくとも五つの語り（ナラティヴ）を見いだすことができる。今日の国際的な科学論争の場を支配している自然主義的な語り（ナラティヴ）、（上述のように）技術に支配された「良い人新世」のポスト自然、「環境近代主義」的で構築主義的な大きな語り（ビッグ・ナラティヴ）、工業的な文明の崩壊を望む環境破局論者の大きな語り（ビッグ・ナラティヴ）、エコマルクス主義派の語り（ナラティヴ）、そしてエコフェミニストの語り（ナラティヴ）の五つである。[66] ここに挙げたもの以外の語り（ナラティヴ）やイメージ、知識やコスモロジーももちろん、公平に地球に住まうために不可欠な役割を果たしている。我々は「少ないものでよりよく生きる」スタイルを探し求める、市民的で民衆的なイニシアティヴやオルタナティヴの多様性を必要としており、地球規模で活躍する技術官僚（テクノクラート）で構成される狭小なグループから生まれた「解決策」だけが必要なのではない。同じように、いま準備段階にある新たな地―権力に属するものを、標準的な人新世の語り（ナラティヴ）のなかで挫いておくことも重要であろう。

地 - 権力という言葉から、何がイメージされるだろうか。ミシェル・フーコーを筆頭にした歴史学者たちがこれまで示してきたように、一九世紀と二〇世紀の生物学的知識は、「人口」「生命」あるいは「人種」といった新たな科学的な研究対象を生み出した。生物学的知識は新たな形の権力、すなわち生物学的な生を政治的な対象・計画と捉える特徴をもつ生権力［*biopouvoir*］の幕を開いた。生権力は産業時代と国民国家の成立に特有のものであり、生命の数と質（衛生、身体能力、知性、遺伝など）、軍事「力」（戦争はこの時代に総力体制と化した）、人口の生産性などを最適化することがそのねらいであった。[67]

冷戦以降登場したグローバルな環境についての知識やイメージ、人新世の支配的な語り（ナラティヴ）は、「生」のみならず「地」を冠する新たな知 - 権力［savoir-pouvoir］の原理だと読むことができるだろう。生命に続き、同時に知（地 - 知識）と統治（地 - 権力）の対象になるのは、岩石圏から成層圏までを含む地球すべてである。「地球の市民」という新たな主体性の到来、人類史と生態学的問題を把握する学問が生態学から地質学への移行したこと、あるいは地質学的転換（ジオロジカル・ターン）、このような変化が、政治的・集合的活動の平常性を無効化するほどに短い時間のうちに台頭したこと（このことによって「もし問題が地質学的なものなら、平凡な市民は専門家に任せる以外、何ができるというのだろう」という思考が生まれた）、グローバルな専門領域の過度なまでの学際性（「地球システムの社会 - 生態系」からIPCCや「フューチャー・アース」に至る、国連が開始した最新のグローバル研究のプラットフォーム）、そして人工衛星による地球のモニタリングシステムといった例はすべて新たな地 - 権力の出現の兆候である。[68] そしてこの新たな地 - 権力は、地球をすべての構成要素や機能に至る全体において知り尽くそうとし、それを統治すべき「システム」として確立しようとする。

「帝国主義的生態学」[69]は一九世紀に発達したが、深海から月に至る地球全体にまつわる新しい知‐権力が生み出されたのは第二次世界大戦よりも後のことであり、原子力兵器や新たな国際機構、とりわけ地球全体を切迫した戦争の舞台だと認識していた冷戦に伴ってのことであった。[70]それと同時に、生態学は体系的でグローバルなものとなった。ウラジミール・ヴェルナツキイが一九二〇年代に提唱した生物圏という概念は、一九六八年になって、ユネスコにより「古く、きわめて複雑で多重的であり、全地球にわたり熱力学的に開かれており、自立的な生物質と無生物との系」[71]と再定義された。このようにサイバネティックな自然の概念を手に入れた生態学者（システムの生態学）は、短期的な経済利益と資源供給源としての生態系の長期的な維持を両立させる形で、地球の「生物学的生産性」（環境学の論文の中でしばしば出くわす用語である）を調節するグローバルな専門家として自らを表象している。[72]

環境を支配し、かつ最適化すべきグローバルなシステムとみなすこうした見解は、冷戦文化において各ブロック内で発達した「閉じられた世界」という世界観に立脚している（第三章）。とりわけアメリカは世界市場の全域において自らを指導者とみなし、世界市場を確立することに尽力してきた。そのようにして、地球に暮らすための地球規模の新たな主体、脱領土化し均質化された新たな方法が出現した。すなわち世界中のどこにいようと、我々は「奴隷制に対する自由」[73]の戦い、つまり地球規模の大災害の新たな恐怖と戦う普遍的な闘争に従事しているということになっている。[74]そして敵ブロックの攻撃により消滅してしまうという脅威に裏付けられた、アガンベンのいう例外状態の主体として存在している（今日では異常気象やグローバルな壊滅という脅威がこれにとって代わった）。したがって自然を憂慮することは、それが維持可能な最大限の利益を引き出すためであれ、不都合な異常現象を制限する（あるいは適応させる）ためであれ、「地球をマネジメントする」(75)ことと化したのだ。ブルントラント委員会の報告書はこの新たな地－権力時代に生きる人間の条件を次のように描写している。

二〇世紀半ば、我々は初めて宇宙から地球を眺めた。歴史学者はこの光景が一六世紀のコペルニクス革命よりも大きな衝撃を与えたと結論づけるだろう……いかなる逃げ道も見当たらないが、管理されたこの新たな現実を前にしている。(76)

地－権力は、知と権力そして新たなタイプの主体が同時に出現するための、共通の物質的な基盤と複数の装置に立脚している。地－権力はその行為主体であるアントロポスに「生物圏と再び繋がる」よう促し、増え続ける人間の問題をグローバルな規模でしか扱えないもの、技術的な解決策を通じてしか解決できないものとして確立しようとする傾向にある。(77)生まれかけの段階にある地－権力は、「世界システム」の規模におけるフーコーのいう「計算の空間［espace de calcul］」なのである。すなわち、物質、エネルギー、「自然資本」の流動の収支、「生態系サービス」市場、「地球システム」の構成要素とプロセスの制御と管理、予見や予測、そしてグローバル・シミュレーションのための手段、均質な空間としての様々な場所を通約化することなどが、この地－権力の空間では計算されている。

世界システムの大変動が進行しつつあることに直面した地－権力は、地球の温度調節を保つために、「人間という包み」が操作する新たな工学による制御を望んでいる。(78)地球工学計画は、生まれかけの地－権力の実体をもった化身である。その目的は「大気の環境的性質の改善」(79)、あるいは生物圏を含む地球規模の機能全体の改善以外の何ものでもない。核実験や「宇宙船地球号」のイメージが登場したとき以上に、今や地球全体が実験と操縦の明白な対象と位置づけられている。

気候の地球工学計画は冷戦期に登場した。例えば、上空圏へのエアロゾル噴射による「太陽放射線のグローバル・マネジメント」技術は一九六一年、レニングラードで「気候制御の問題」について開催された会議で、ソ連の研究者であるミハイル・ブディコが提言した内容をその発端とする。この提言は、人間活動がいずれ地上の放射線の均衡を崩しうることを警告していた。そこで、彼の同僚であったシュヴェッツが太陽放射線の一〇パーセントを削減するため、三六〇〇万トンのエアロゾルを成層圏へ噴射することを提案した。[80] 似たような計画はラブロックの著作の中にも確認できる。その作品は一九八四年、すなわちラブロックが火星征服計画のためにNASAで働きはじめた直後に出版したフィクションで、火星を居住可能にするための温室効果を作り出すことを企て、火星の周りに数百トンのフロン（CFCやHCFC）を放つ大陸間（惑星間）ミサイルを撃ち込むというものであった。[81] まずアメリカで、そしてソ連と中国で登場した、風船や飛行機そして砲弾などあらゆるものを使った雲の種まき［人工降雨を促進させる氷結の核となるシーディング物質として、ヨウ化銀やドライアイスなどを雲に散布すること］をするという無数の計画は、冷戦期の文脈が有利に働いた「地球システム」の操作という文化の中に、「大気に対する真の戦争」が存在していたことを証明している。[82]

ソ連が崩壊した直後の一九九二年には、地球工学計画は合衆国科学アカデミーの報告の中で、気候変動に対抗するための戦いの手段として再利用されている。[83] 同じように、パウル・クルッツェンが二〇〇〇年代に地球工学に賛同したのは、彼もまた地球全体（さらには火星までも！）が大規模な介入の劇場と化すことを現実的なものと考えるような冷戦文化のなかで教育を受けていたからだろう（一九八〇年代、クルッツェンは核戦争から「核の冬」が生まれることについての初のシナリオ想定に熱心に取り組んでいた[84]）。

二〇一四年二月、ジョン・ケリーはついに、気候変動が疫病やテロリズムといった脅威と同等の「おそらく最も恐ろしい大量破壊兵器[85]」であるとみなした。例外状態の名のもとで繰り広げられる戦争や地球の完全制御というロジックが、地球規模の生態系異常がもたらす結末の暴力を前にした「グローバルな環境統治」の時代において新たな地政学的な決裂を生み出しながら、再び戻ってきたように思われる。地球工学、グローバルな二酸化炭素の市場のなかに森林を組み込んだＲＥＤＤ（森林減少・劣化からの温室効果ガス排出削減）メカニズム、惑星地球化計画の夢など、これらの計画は一見、互いにまったく異なるものであるように見えるが、緊急事態（「気候緊急事態」）という同一のロジック、もしくは同一の「例外状態[86]」からもたらされている。なぜならこれらの計画は、今や共通の議論や実践、権利により運用される公共物ではなく、「地球やその大気すべてを変容、操作そして最適化する権利であり、緊急事態の諸状況に依存した権利によってその独占権が厳格に規定される[87]」グローバルな自然－システムを生み出しているからである。地－権力の未来を予測するのは非常に困難である。地－権力は多国間の権力、あるいは国連の権力となるのだろうか。もしくは地域的、私的なものとなるのだろうか（私企業による断続的な海の種まき実験［海洋に鉄分（鉄を含有する微粒子）を散布して海洋表層での微生物やプランクトンなどの生育を促し、炭酸ガス（CO_2）の吸収を早めたり、海洋の富栄養化を進めて海洋資源の増加を図ろうというもの］はすでにいくつか行なわれている）。主権に関わる議論、そして国家安全保障という強制力に結びつけられた地－権力はいずれ独裁的な行動によって自ら意図することを遂行するだろう。現代のネオリベラリズムと私的財産領域の拡大に結びつけられた地－権力は、「自然資本」と「生態系サービス」に価格を与えることで市場を地球救済のための最良の方法として認識し、金融流通を生物地球化学的流動の管理者として位置づけるだろう（経済と同様、地球システム崩壊の「リスク」をとりながらではあるが[88]）。

人新世学者の支配的な語り（ナラティヴ）は、地球上の人間とは何であるかの再定義を促している。人新世と地－権力の主体は、賞讃と恐怖を一度にかき立てる、英雄のようでありながら耐え難い存在である「地質学的な力としての人類」の「地球的な運命」の中に埋め込まれている。それは同時に、ヒト種の合意という旗のもとに、一定の社会的・環境的不正を黙殺する存在でもある。さらに、人新世の主体は自らの二酸化炭素貸付を最適化し、個人的な（かつ環境学的再帰性を通じて統治された）痕跡を管理する環境市民としても現れる。それは地球システムのあらゆる区画が惜しみなく与える「生態系サービス」につながれた存在なのだ[89]。こうして人新世の主体は、地球官僚（ジオクラート）的な専門家の提示する解決策に身を委ねる受動的な公衆として構築される。

政治生態学の思想家は、一九七〇年代からこのような地－権力の危険性を指摘してきた。アンドレ・ゴルツはこれを「エコファシズム」と評価し、イヴァン・イリイチは一九七二年にすでに『コンヴィヴィアリティのための道具』のなかで以下のように述べていた。「組織されたエリートというものは［……］きわめて望ましくない存在である。現代社会の基礎的な産業主義的構造を問うことなしに、たんなる産業の産出物の制限を受け入れるように人々をせきたてることによって、彼らは必然的に、最適成長をめざす官僚たちにより多くの権力を与え、彼らの走狗となるに至るだろう[90]」。フェリックス・ガタリに至っては、環境の「科学的」管理に関する知識と権力は「機械生態学」だとみなし、それが「社会生態学」、

「精神生態学」あるいは生態知（エコゾフィ）により補完され制御されていなければ不十分なものであり、さらには危険なものであるとさえ述べている。[91]

ではもし「空から見た地球」と「ヒト種と地球システムの相互作用」の大きな語り（ビッグ・ナラティヴ）が、この二世紀半に起こっていたことを語るため、また我々の地質史的な未来像を検討するための適切な見方でないとすればどうだろうか。我々は人新世学者の支配的な語り（ナラティヴ）に屈することなく人新世を受け入れることができるのだろうか。すべての権力を専門家に委ねることもなく、各々の人間社会、社会－生態学的集合体に属する資源は、多様性と土地とのつながりを通じて生態学的変化をもたらす重要な原動力であるが、これらの資源を失うことなく人新世を考えることはできるのだろうか。一九四九年、詩人ルネ・シャールは自身の詩「発明家たち」[92]のなかでこれに近似した問題を問うていた。

彼らはやって来た、もう一方の斜面の樵たち、我たちの未知の人たち、私たちの慣習の反逆者たちは。
彼らは大勢でやって来た。
その一団は現れた、ヒマラヤ杉と、
今後灌漑される青々とした、昔ながらの収穫の畑との分割線に。
［……］
俺たちはやって来た、と彼らは言った、間もなく嵐、おまえたちの冷酷なライヴァルがやって来るのを、おまえたちに警告するために。

この「間もなくやってくる嵐」とはいったい何なのだろうか。シャールがこの詩を書いたのは、地球の状態に関する科学的警告が満ちあふれていた時代であった。彼の住むプロヴァンス地方の山の森林後退による浸食、核の冬の脅威、一九四九年のＦＡＯ（国際連合食糧農業機関）の会議でなされた資源不足にまつわる議論、一九四八年に自然保護のためフォンテーヌブローに国際連合の機関を設立した自然主義者たちにより告発された環境破壊などがその例である。しかしこれらの警鐘を発する人物、詩の中では「森の住人」（すなわち当時の保護運動の指導者を指す）として現れる人物は「発明家」なのである。これはシャールが過去の詩の中で社会的・内的生活に災いをもたらす機械的造化神として侮蔑的に使っている語だ。シャールの詩はこう続く。

私たちは礼を言い、彼らに帰ってもらった。

［……］

木々と斧の男たち、圧制には反抗できるが、水を引き、家々の土台を整然と並べ、それらに目に心地良い色を塗るのには向かない人々、

彼らは冬の庭園や、喜びの節約は知らないだろう。

［……］

そうだ、嵐はまもなくやって来ようとしていた、

だがそれは、そのことを語り、未来を妨げるほどの価値があっただろうか。

私たちがいるここには、差し迫る危険はない。

同じように考えてみよう。人新世の「発明家」たち、環境破壊に警告を発する地球システムの科学者たちは我々のためになると考え、危険を予告するためにやってきた。しかしシャールが言うように、彼らは「もう一方の斜面」の住人であり、世界に心をこめて存在すること、「喜びの節約」、「心地良い色」には不適当なのである。危険が確かに現実のものなのだとしても(「そうだ、嵐はまもなくやって来ようとしていた」)、シャールは環境技術官僚的な政治の他律性に服従し自らの自立と文化を放棄することを拒否する社会を示した。地球システムの科学者たち(彼らのうち重い役割を担う研究者が生態系と気候の総合的な工学を提唱している)は、シャールのいう「発明家」たちに等しいのではないだろうか。彼らは彼ら自身が警告し救済しようとする危険をまさに生み出した、その張本人ではないのだろうか。地球を取り巻く人工衛星からの視点に立ち、幾多の国際会議に出席するために高速で地球上を移動する専門家たちとは対照的に、別の詩人アンリ・ミショーは我々に減速するよう呼びかける。

減速せよ、もしくは物事の動静を確かめよ。我々はそこでいびきをかき、時間をすべて有している。平静に、命のすべてを。[……]我々は時間をすべて有している。味わおう。[……]我々はもはや何か知っているとは信じない。もはや数える必要は無い[……]地球の曲線を感じる[……]もはや地面を裏切らず、ギンヒラウオを裏切らず、我々は水を、葉を通じた姉妹なのだ。(93)

第三部　人新世のための歴史とはいかなるものか

第五章　熱新世

二酸化炭素の政治史

一九世紀と二〇世紀における二酸化炭素排出量の指数関数的な増加を示した曲線は人新世の象徴とも言えるものであり、誰もが簡単に想起することができる。だが、この曲線がそれほど有名であるにもかかわらず、我々は奇妙なことにこれに関するいかなる歴史をも思い浮かべることができない。気候危機の要因となった様々な技術的選択の責任はいつ、どこにあったのかを認識するために必要な歴史的背景の知識が、我々の頭の中にはないのだ。自動車は、産業化された農業に比べて二酸化炭素をより多く排出してきたのだろうか。道路による貨物運送の二酸化炭素排出量は鉄道による貨物運送、もしくは河川による貨物運送に比べて何倍の量に匹敵するのだろうか。

さらに言えば、我々を気候変動の極限へと追いやった主要な機構は何だろうか。この曲線と真っ先に関連づけるべき巨大な歴史的プロセス（帝国主義、フォーディズム、自動車主義、周辺都市開発など）は何だろうか。現段階では答えのないこれらの疑問が、「熱新世の歴史[1]」と我々が提唱するものの実体を形成している。

このような歴史の欠如によって、政治的な思考と公共的な議論が被害を被っている。正確な知識が欠けているために、環境危機から生じた語り（ナラティヴ）は焦点をもたないまま批判言説のなかでさまよい、漠然と資本主義を断罪するか、ひどい時には「近代性」を非難するだけで終わってしまう。これまでに見た通り人新世学者たちに至っては、人口移動や経済成長などを強調し、政治の前段階にのみ関係する語り（ナラティヴ）を提示する傾向にある。

累積の歴史

我々が熱新世と呼ぶものの歴史は、現在研究がなされているエネルギーの歴史とどのような点で異なるのか。

エネルギーの歴史は気候危機を経て人々の関心を集めた。何人かの歴史学者によると、過去の「エネルギー推移」の研究は、再生可能エネルギーシステムの到来のための諸条件を明らかにする役割を果たしたという(2)。すなわち歴史学は、エネルギー生産にまつわる現在の議論に疑問を投げかけるわけだ。たしかに、エネルギーの需要は、過去のエネルギー推移のなかで決定的な役割を果たしていた。例えば自動車の登場が石油産業を産み出し、フィラメントランプの発明が発電所を要したのであって、その逆の行程ではない。同様に、再生可能エネルギーを支える長期的な公的援助についても議論が起きている。新たなエネルギーを導入した企業家たちは、エンジンの開発とその改良に大きく貢献したが、これはごく限られた状況においてのプロセスだった。例えばイングランドの最初の蒸気機関はまったく能率的ではなかったため、炭坑の出入り口のみでしか使えなかったのだ。さらにこの歴史は現在のエネルギー効率についての目標の妥当性にも疑問を投げかけている。一八八〇年から計測されている諸傾向に結びつけて考えれば、この目標がとりわけ野心的なものだとはいいがたい(3)。他方で、エネルギーの歴史は蒸気機関に関するジェヴォンズの発見を裏付けるものとなった。石炭をより節約できるようになった蒸気機関の生産能率は上昇し、蒸気機関の利用が増加したことで石炭の国内消費量は結果として増加した。歴史学者は多くの産業分野でこうしたリバウンド効果がみられたことを確認している。例えばイギリスでは一八〇〇年から二〇〇〇年の間、照明の料金は三〇〇〇分の一に減少した一方で、その総消費量は四万倍になった(ここでの計測単位はルーメン)。[4] 財産の種類やその価格弾力性によってリバウンド効果の現れ方は異なるが、エネルギー効率は全般的に経済成長により補正される以上の大きな影響をもたらした。

このような実証的な研究結果が存在するにもかかわらず、経営者たちが考えるエネルギーの歴史は深刻な誤解のもとに成り立っている。「エネルギー転換」という言葉を使うこのような歴史は、気候危機と石油ピークを迎えた我々の時代に必要なものとはまったく逆のプロセスに対応したものである。

こうしたエネルギー転換を信じるものにとっては悪い知らせであるが、歴史にきちんと対面すれば、エネルギー転換など過去に一度も存在しなかったことがわかるだろう。木材から石炭、石炭から石油、そして石油から原子力へというような転換は、我々が実際に経験したことではない。エネルギーの歴史は転換の歴史ではなく、新たなエネルギー一次資源の度重なる累積の歴史なのだ。転換に基づく見方の誤りは、相対的なものと絶対的なもの、ローカルなものとグローバルなものが混同されていることに起因している。二〇世紀、石炭利用が石油利用に比べ相対的に減少したとしても、石炭の消費量は実は増加し続けており、世界規模でみれば二〇一四年の石炭燃焼量は過去に類を見ないほどになっているのだ。

したがってエネルギーの歴史はまず転換という概念から解放されなければならない。エネルギー転換の概念は、政治、メディア、科学など多岐に渡る場に支配的な考えとして君臨した「エネルギー危機」にまつわる不安と結びついていた。エネルギー転換という語(これが原子物理学の用語に由来しているのは無意味なことではない）は、一九七五年から一九八〇年の間に数々のシンクタンクより編み出され、世界的に権威をもつ機関がこれを大衆化してきた。そのような機関として、アメリカのエネルギー計画局、スウェーデンの未来研究事務局、三極委員会、欧州経済共同体、他にも多数の産業ロビー団体などが挙げられる。たいていの場合、この語は「オルタナティヴ」な燃料の利用が不可欠であることを指摘するために使われてきた。原子力を筆頭に、[5]シェールガスやシェールオイル、石炭そして合成燃料などのことだ。[6]「危機」ではなく「転換」と言うことで、計画的で管理能力に長けた合理的なイメージを未来のあり方に結びつけ、未来の不安材料を大きく減らそうとしてきた。[7]転換概念はとりわけ環境保護論者たちの界隈で成功を収めた［一九八〇年代の「ソーラー・トランジション」などがその例である］。このような成功は、歴史が連続的な大きな段階により組み立てられ、イノベーションがそれを区切るというような技術史の視座によるものでもある。

しかしながら、転換概念は過去のシステムが今も継続している事実を覆い隠すだけでなく、エネルギー史における技術的な要因を過大評価することで、経済的な要因もエネルギー選択を左右することを看過している。例を挙げるなら、石炭の世界消費量は二〇〇八年から二〇一二年の間に七三億トンから八五億トンに増加している。[8]主な要因は中国において消費量が増加したこと（三〇億トンから四一億トン）だが、ヨーロッパでも同様に経済状況が変化したことで、いくつもの配電区域が石炭燃料に「回帰」した。さらに二〇一〇年代初頭、シェールガスの開発により、アメリカの石炭の値段が大幅に下がった。これはヨーロッパ諸国にとっては、ロシアから天然ガスを輸入する代わりにアメリカの石炭を輸入すればさらに安価になることにつながった。そこでイギリスは二〇一一年から二〇一二年にかけて、石炭燃料に基づく発電率を三〇パーセントから四二パーセントに引き上げた。フランスでは石炭による発電が七九パーセント増加した。[9] この例から言えることは、石炭は石油より「古い」エネルギーではないどころか、石油に取って代わることにすらなりかねないということだ。

歴史の記述における争点を理解するため、ケネス・ポメランツの著書『大分岐』の中の一例を見てみよう。一方に蒸気機関、そして他方にヨーロッパ高炉よりエネルギー効率の良い中国高炉［ふいごによる熱気の噴射を動力とする機構を持っていた］という二つの技術があるとする。この両技術の歴史的重要性はどのように評価されるべきだろうか。蒸気機関が歴史的関心を持つべき存在であるように思われる反面、なぜ中国高炉はまったく注目されないのだろうか。その理由は単純で、蒸気機関の原料となる石炭が、イギリスに豊富に存在していたということにすぎない。そのため一定の燃料からできるだけ多くのエネルギーを引き出すことは技術の重要な使命だとみなされなくなり、中国高炉はページ下部の脚注欄へと格下げされたのだ。[10] もしイギリスの鉱山が一八〇〇年の時点ですでに枯渇の兆候を見せていたならば、この優先順位は逆転していただろう。気候変動と在来型石油のピークは、技術史において特定の事柄が持つ意味を再検討し、「誘導されない」歴史を追求することを我々に促している。

転換というアイデアから解放されるため、エネルギーの歴史学は従来の研究領域を手放し、代わりに過去の歴史の中で社会がエネルギー消費を削減しなくてはならなくなった状況について研究しなくてはならない。一九三〇年代の経済恐慌期の歴史から興味深い例をいくつか見いだすことができるだろう。アメリカの炭素排出量は五億二〇〇〇万トンから三億四〇〇〇万トンに減少し、フランスでは六六〇〇万トンから五五〇〇万トンに減少した。フランスの場合、この減少現象は景気の後退だけでなく特異な価格上昇にも結びついている。恐慌の間、価格指数が全般的に停滞していたにもかかわらず、石炭価格は四〇パーセントも増加した。薪が第二次世界大戦後に急降下する以前にピークを迎えるのも一九三〇年代のことだ。[11] 歴史学者がエネルギーの減衰を研究するなら、戦後ドイツの例（石炭が一億八五〇〇万トンから三二〇〇万トンに減少）、あるいは、我々の時代により近くならばソ連崩壊の例（一九九二年時には六億六〇〇〇万トンだった石炭が二〇〇二年には四億一九〇〇万トンに減少）も同様に検討の対象となるだろう。どちらの場合も、総生産高は大幅に低下した（ソ連のGDPは一九九二年から二〇〇二年の間に半分になった）からだ。[12]

ソ連崩壊後の北朝鮮とキューバの例は、「エネルギー転換」という当たり障りのない婉曲表現が隠蔽するものが具体的に何を意味するのかを示してくれる。一九九二年から一九九八年の間、機械化と化学肥料の投入により成り立っていた北朝鮮の農業は、ソ連から支援されていた石油を失ったことで、トウモロコシ、小麦そして米の生産高が半分に低下する事態を経験した。北朝鮮の指導部はその状況で燃料の供給先として軍事分野を優先したため、最終的に国際食糧支援に頼ることを決定するまでに（総人口の三〜五パーセントにあたる）六〇万から一〇〇万の国民を飢餓により失うことになった。

ちょうど同じ時期、ソ連支援による石油の喪失とアメリカの禁輸措置の影響を受けたキューバは、「特別期」と呼ばれた十数年間、現在の我々の産業社会の先にあるものと多くの点で類似した状況に直面しなくてはならなかった。エネルギーを節約するため、工場における労働時間は縮減され、各家庭における電気の消費は制限され、自転車利用と自動車の相乗りが普及し、大学のキャンパスは分散され、太陽エネルギーとバイオガスの利用技術が発達した（これが総発電量の一〇パーセントを供給していた）。農業分野では、エネルギーを大量消費する要因である殺虫剤と化学肥料の値上がりが、キューバ人に革新の機会を与えた。彼らは捕食昆虫を放つことで害虫を有機的にコントロールし、有機肥料を使用し、有機廃棄物のリサイクルを可能にするため都市近郊農業を発達させたのだ。これらに加え、配給食糧は厳しく制限された[13]。この「特別期」を経てキューバ人の身体は根本的に変化した。経済危機が最も深刻だった一九九三年、一日分の食糧配給量は一九〇〇キロカロリーに低下した。だが、それによりキューバ人の体重が平均五キロ減少した結果、心血管疾患の罹患率は三〇パーセント低下したのだ[14]。この例を検討するなかで最も懸念されることは、キューバの人々がこれだけの努力を意欲的に行なった後でさえ、二酸化炭素の排出量が劇的な削減とならなかったことだろう。キューバでは二酸化炭素排出量が一〇年間で一〇〇〇万トンから六五〇〇万トンに推移したのだが、このとき削減された量は、IPCCが最新の報告書で推定した人類全体がこれから削減すべき排出量に比べればわずかなものだった。IPCCは温暖化対策として気温上昇を二度未満に抑えるためには、二〇五〇年までに地球全体で四〇パーセントから七〇パーセント、富裕国では八〇パーセントの二酸化炭素排出量を削減しなくてはならないと推定しているからだ。

エネルギー・ショックを和らげるために我々の技術的能力に過度の幻想を抱いてはならない。一九七〇年から一九八〇年代に渡るフランスの原子力発電計画がそのことを明確に物語っている。(一九九〇年時点での四〇〇〇億フランに相当する)大規模な公共投資にもかかわらず、フランスの年間二酸化炭素排出量はここ最近二〇年の間にも九〇〇〇万トンから一億一〇〇〇万トンに増加し続けてきたのだ。

「非効率」の歴史

エネルギーの歴史と関係して、熱新世の歴史もまた、限定できない結果を生み出す恐れのある二つの抽象的な概念から解放されなければならない。GNP概念と、エネルギーという概念そのものからである。

歴史学者がなぞる指数関数的な増加の曲線は、一九世紀の熱力学、すなわち（生物学的な脳から工学的な高炉にいたる）あらゆる形式の作業を一般化し同等の価値に変換し、エネルギー資源は全般的に代替可能であるという仮説を立てる知的プロジェクトに基づいて成り立っている。ここでの難点は、この種の歴史が特にエネルギー生産にまつわる諸統計に従属していることだ。すなわち、このような歴史は石炭や石油から引き出すことができると理論的に考えられるエネルギーについて検討しているのであって、その燃焼が現実にもたらすサービスについて検討しているのではない。これより二つの結末がもたらされる。まず、化石燃料に含まれているエネルギー量は莫大であるので、このことが再生可能エネルギーや有機エネルギー、あるいは単純に、より安価なエネルギーシステムの利点を押し潰してしまう。つまりエネルギーの歴史は化石エネルギーがもたらした大転換であるという、いかにも真実味のある話が過大評価されているのだ。ガス灯を例に検証してみよう。一八一〇年代にロンドンに姿を現したこの技術は、住居や街路に光を点すガスを産出するために石炭を蒸留することで、さらにこの石炭を熱するためにまた別の石炭を使うことで成り立っている。この技術のエネルギー生産性は著しく低いものだった。使用される石炭のうち三分の一はガス生産のため燃焼されていたが、生産されたガスの三分の一は管内から漏れていたため、ガス灯の明るさは微弱なものだった。当時の人々はこうした技術の危険性と多大な損失をはっきりと意識していた[15]。この例に限って言えば、オイルランプからガス灯への移行、すなわち有機的で断片的なエネルギーから供給ネットワークによって分配される化石エネルギーへの移行は、利用可能なエネルギー量を増やす一方で、損失をもまた増大させたのである（図6）。

　次に、「一人当たりにおけるエネルギー消費量」は、歴史学者の研究によれば、エネルギーの国内生産量を人口数で割ったものに等しくなるという。しかしこの総生産量は、戦争をするため、艦隊を動かすため、帝国支配を維持するために使われたエネルギー、そして効率の悪い技術システムにより浪費されたエネルギーをも含んでいる。すなわち、様々な階級の消費者が、それぞれどのくらい効果的にエネルギーを利用したかを計量する**エネルギー・サービス**の歴史が欠落している。

　ＧＮＰも、エネルギーという概念と同様、問題をはらむ概念である。ＧＮＰと消費エネルギーの比率の推移を調査した歴史学者は、産業経済に基づくエネルギー強度は一八八〇年あたりから低下の一途をたどっていると結論づけた。この結論は何を意味するのだろうか。

　第一に、この結論は、生み出された豊かさをＧＮＰが効果的に測定しているという疑わしい仮説に依拠している。このロジックによると、一〇〇メートル毎に一〇リットルのガソリンを消費する自動車を二万ユーロで購入すれば、一〇〇メートル毎に六リットル消費する一万ユーロの自動車に比べてエネルギー・パフォーマンスが高いことになる。第二に、ＧＮＰ／消費エネルギー比はまったく関係のないプ

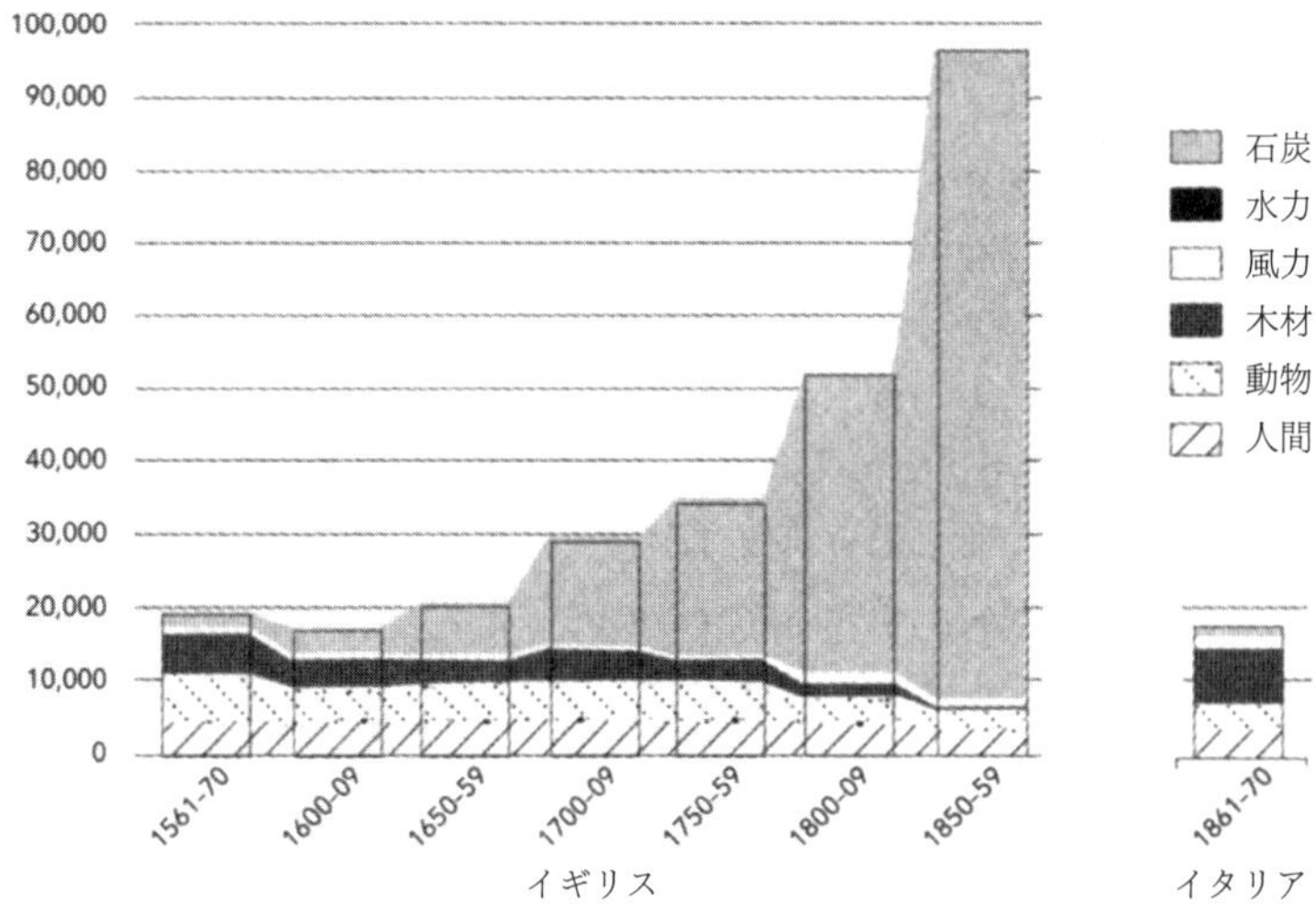

図6　イギリスとイタリアにおける年間一人当たりのエネルギー消費量(単位：メガジュール)。
出典：Tony Wrigley, *Energy in the Industrial Revolution*, Cambridge: Cambridge University Press, 2011, 95; on the basis of data from Paul Warde, *Energy Consumption in England and Wales*, Naples: CNR-ISS, 2007, 115-36.

ロセスを計算の範疇に滑り込ませている。二〇世紀末、金融サービス業の比重がGNP内で増加したことで、エネルギー効率が巧妙に改善されたことになっているのだ。第三に、一九七〇年代に盛んであったエネルギー経済分析が示した重要な教えのひとつに、特定の分野におけるエネルギー生産性は上昇するどころか低下していることがある。中でも最も研究されたのが農業分野だ。例えば生態学者のダヴィッド・ピモンテルとマルシア・ピモンテルは、伝統的な農業から機械的集約農業への移行はエネルギー生産性の低下をもたらしたことを示している。一カロリーの食糧生産のために、さらに多くの（基本的に石油由来の）カロリーを利用せねばならなくなったからだ。トウモロコシの場合、一カロリーの投資で一〇カロリーの生産が可能だったものが、一カロリーに対し三カロリーの比率になった。[16] この種の分析、すなわち（イヴァン・イリイチの「逆生産性」概念に則った）熱力学の（非）効率の通史が一般化されれば、エネルギーの歴史やエネルギーと豊かさ、効率性を示す上昇曲線が提示する語り（ナラティヴ）よりももっと曖昧な結論が間違いなく導き出されることだろう。

オルタナティヴの歴史

熱新世の歴史のなかで最も重要なことは、エネルギーの歴史を脱自然化しなくてはならないということだ。エネルギーの歴史は決まりきったものとしてあらかじめ描かれている歴史ではない。エネルギーの転換や累積は技術発展の内的論理に従属しているのではなく（初期の蒸気機関は高価で効率の悪いものだった）、欠乏や置換の論理によっているわけでもなく（広大な森林を有するアメリカですら一九世紀は多量の石炭を利用していた）、単純に経済的な理論に服従しているわけでもない。

エネルギーの歴史は政治的・軍事的・イデオロギー的な選択の歴史であり、歴史学者の視点で特定の社会集団の利益関心や戦略的目的に結びつけて分析されなくてはならない歴史である。現在の気候変動の文脈においては、このようにエネルギーの歴史を政治的に読み取ることが不可欠である。非在来型燃料やシェールガスの比重が増えたことは、これらがエネルギー転換に影響を与えるに足る「天然」資源であるということを意味しない。気候学的なモデルによれば、二一〇〇年時点での気温上昇を二度未満に抑制するためには、地下に存在することが今日確認されている石油、天然ガス、石炭の埋蔵資源の六〇から八〇パーセントは採掘されずに残しておくべきなのだ。[17] 気候変動のリスクを考えるなら、「価格の指標」によりモデルの変換を余儀なくされるずっと以前の段階で、エネルギー選択に対して政治的制約を確実に課さねばならないだろう。

他の分野と同じように、歴史は「脱自然化」をするための非常に優れた力を持っている。歴史的分析は、特定の技術が必要不可欠だと考えられていることについて、そのような先入観をうまく解消することができる。例えば、一九一四年において石炭がフランスのGDPを占める割合は二・七パーセントでしかなく、一九〇七年のイギリスでも六パーセントだった。[18] また歴史学者のロバート・フォーゲルに従えば、一般的な考えに反して、アメリカは一九世紀に実際に経験したよりもさらに急速な経済成長を遂げることが、鉄道なしでという条件の下で可能だった。一八九〇年、鉄道の「社会的利益」[19] は他の優れた技術（運河や荷車の設置）に比べて著しく低く、アメリカGNP全体の〇・六パーセントから一パーセントしか占めていなかった。当時のアメリカの急速な成長から考慮するに、たとえ鉄道がなかったとしてもアメリカ経済の発展はわずか数ヶ月の遅延を被るのみだったであろうとフォーゲルは結論づけている。

同じように、歴史学者のニック・フォン・ツンゼルマン[20]は一八〇〇年のイギリスにおける蒸気機関の社会的利益は、GNP全体の一〇〇〇分の一にも満たないものであったという研究結果を示した。蒸気機関が与える影響はほぼ存在しなかったも同然だということになる。例えば紡績産業における重要な技術革新（ジェニー紡績機のような自動織機）は、蒸気の利用よりも先に登場している。トニー・リグリーは、産業革命を、イングランドの農業に重点を置いた「有機的先進経済」的なものであったと形容した。イギリスの馬の数は一八一一年時点で一二九万頭であったのが、一九〇一年には三二八万頭に増加している。[21] アンドレアス・マルムは、イングランドの河川のエネルギー的なポテンシャルは完全に利用される状態からは程遠いものだったと主張している。一八三〇年代の紡績産業から石炭産業への方向転換は、エネルギー枯渇や経済的な試算などによってもたらされたのではない。それどころか一八二〇から三〇年代には貯蓄池とダム、そして風車を組み合わせた大規模な水力エネルギー生産計画が試みられていた。もしこれが成功していれば、ランカシャーとスコットランドの工場に、十分な再生可能エネルギーを蒸気機関よりもさらに安価に供給できていただろう。この計画の失敗の原因は、各工場が水力資源を公共的に維持管理するための集団的規則に従うことを拒否したことにある。上流に工場を持つ企業家が自らの位置を利用して得をしないと誰が証明できるだろうか。どのようにして必要なときに必要な分のエネルギーが利用できると確信を持てるだろうか。自らの工場の動力のためだけに料金を支払っていることはどのように保証されるのだろうか。将来、工場を拡張させることは容易にできるのだろうか。これらの疑問や他にも数ある疑惑を解消するためには集団の連携と強固な中央集権システムを必要とするが、企業家たちはこのような規則に従うことを望まなかった。これに反し、蒸気機関は高価であるが柔軟で調整可能かつ個人主義的なエネルギー資源であった。すなわち、一八三〇年代のイングランド紡績資本主義のイデオロギーに合致したエネルギー資源だったのだ。[22]

航海の例を考えるならば、一九世紀末には風力エネルギーがまだ支配的であった。一八六八年、イギリス商船のうち九二パーセントがまだ帆布で風をとらえ動力としていた。[23] 同年、イギリスの造船所は八七九隻の帆船を出航させたのに対し、蒸気船は二三二隻のみであった。一九世紀後半はクリッパーと呼ばれた大型快速帆船の時代である。これらの帆船はその記録的な速度によって商売相手よりも先に積み荷を届け、高値で売ることを可能にした。世界海運全体で蒸気船の数が帆船を追い抜くのは二〇世紀初頭を待たねばならない。したがって、一九世紀末の経済的グローバリゼーションは主に風力によって達成されていたと考えてよい。

歴史学者がエネルギーや産業革命、化石燃料のみに着目してしまうと、それ以外の重要な変化を捉えることができない。例えば、一九世紀のアングロサクソン系人口の爆発的な増加は「非産業」革命、すなわち風力、水力、動物、樹木のエネルギーの上に成り立っている。これらのエネルギーを「伝統的」とみなすのはあまりにも矮小な見方である。品種交配のおかげで家畜は急速に改良され、一八九〇年代のアメリカの馬は一八六〇年代の馬に比べ五割増で強力になり、馬の歩行速度は一八四〇年から一八八〇年の間に一〇〇〇メートルあたり三分から二分に縮まった。一九世紀末にはアメリカにおける馬の動力が一八五〇年のアメリカのエネルギー供給の半分を占めていた。歴史学者の推定によれば、馬の動の頭数がピークに達した。一九〇〇年、シカゴとニューヨークではおよそ二五人の人間に対し一頭の馬が存在するほどであった。[24] 同じように一八七〇年の段階ではまだ水力が工業エネルギーの七五パーセントを供給していた。[25]

より一般的に言えば、動物、風力、太陽光といった再生可能エネルギーの歴史は、これらのエネルギーが「オルタナティヴ」であるとみなされる以前には単に無視されてきた一連の技術や、現実化されなかった豊かな潜在性に満ちていたことを浮き彫りにしている。いくつかの研究は驚くべき事実を導きだしている。一九世紀末、六〇〇万の風車が同数の井戸を機能させ、農業と牧畜のためにアメリカ中西部の平野を開墾する上で重要な役割を果たしていた。そのときに使われた風車は手工業的なものではなく、流体力学の原理にもとづいて回転翼が風を受けるよう設計され、機械工業的に大量製造されたものだった[26]。アメリカの農村地域では、世界恐慌と戦後の大規模な農村電化計画が開始されるまで（風力と電池の使用による）非集権的な電力生産が主流だったのだ[27]。

同じように、一九世紀末には石油欠乏の見通しと熱帯植民地の開発により太陽光エネルギーに大きな注目が集まり、様々な技術的解決策が試された。一八七〇年代、オーギュスタン・ムショが初の太陽光蒸気機関を発明した。ムショは石炭のないアルジェリアでこのシステムを開発するため、フランス政府から多額の補助金を受けていた[28]。一八八五年には、冷却方法の開発により多額の富を得た工学者のシャルル・テリエがアンモニア水を利用した太陽光の熱収集機を完成させている[29]。二〇世紀初頭のアメリカでは、サンパワー・カンパニーがすでに太陽光エンジンを販売していた。太陽光エネルギーを利用した動力への投資は従来型の蒸気機関に比べると高価ではあったが、その差異は桁が格段に異なるというわけではなかった。太陽光が蒸気馬力あたり一六四ドルであるのに対し、石炭は四〇ドルから九〇ドルであった[30]。

家庭向け電力として、太陽光発電はほぼ定着しかかっていた。カリフォルニアとフロリダでは、太陽光発電式湯沸かし器が急速に発達した。これらの地域が日当りが良く、石炭鉱床から遠い土地であることは言うまでもない。一九二〇年代には、二五ドルの投資で年間九ドルの石炭を節約することが可能だった。

一九三〇年代には「パッシブ・ハウス」の技術、すなわち太陽光や陰、方角、南向きの大きいガラス窓、北向きの窓や扉のない壁、（一九三二年に市場に登場した）二重ガラスなどを使う研究が発達した。これらの技術を備えた家屋は一般的に贅沢品であったが、都会のエネルギー網に縛られた住宅環境から抜け出すことを望むアメリカの個人主義的な伝統にうまく合致していた。

第二次世界大戦の間、アメリカ政府は石油の国内消費を減らし最大限の量を戦場へ送りこむため、大規模な技術研究を財政的に支援した。戦後には資源枯渇が危惧され、太陽光利用が推進された。ニューヨーク近代美術館は一九四五年、（三〇〇〇ドル以下の）低価な太陽光発電住宅の展示をしたがそれは戦後アメリカの住宅需要に対応できる唯一の選択であるかのように思われた[31]。一九四八年、マサチューセッツ工科大の物理学者マリア・テルクスは、消費電力の七五パーセントを太陽光で自家発電できる住宅を完成させた。ダニエル・ファリントンなどのマンハッタン研究に関わった物理学者は、太陽光発電を発達させるために原子力の平和利用を放棄した。パレー委員会は、一九五二年にすでに石油が七〇年代にピークを迎えることを予測しており、アメリカの天然資源に着目して、太陽光発電・風力発電・バイオマス発電の開発を提言している。さらに小規模な企業によっては、簡素な技術を利用した太陽光湯沸かし器が数十万機ほど売られていた。一九五〇年代初頭のフロリダでは、実に約八〇パーセントの家庭がこういった湯沸かし器を所有していたのである[32]。

二酸化炭素の政治史

歴史学の強みは化石エネルギーが唯一の選択肢であるという考え方を相対化することで、その支配のあり方を政治的な課題として再度提示できることにある。

不可逆性［lock-in］と経路依存性［path dependancy］という概念が歴史において明らかにするのは、エネルギーの歴史において政治選択がいかに重要な要素であったかということだ(33)。石炭や石油の豊富さや政治決定といった「初期条件」が、あるエネルギー資源を他の資源より優位に立たせ、その技術的軌道を非常に長期にわたって決定づけてしまう。これらの政治決定は、それに続く規制の枠組み、投資保護の必要性、選択されたエネルギー資源に結びついたインフラの存在、さらにはその利用法や文化によって永続的なものして規定されることになる。したがって、我々の化石エネルギーへの排他的なまでの依存性を生み出した数々の要因を歴史研究を用いて分析することは、最適かつ効率的であるとみなされている現代の技術的世界の幻想を解体することにつながるだろう。

例えば一九三五年にイギリスで石炭を最も消費していた産業はガス灯業であり、製鉄業がそれに続いていた。ガス灯業はイギリスの石炭総量の五分の一にあたる二三〇〇万トンの石炭を消費していた。しかし、光を生み出すことを目的とした石炭利用は非常に効率の悪い事業であった。というのもガス灯業で一〇万ポンドの利益を得るには七二八トンの石炭が必要であるのに対し、製鉄業では二四〇トン、対抗技術である電力業ではわずか一二〇トンの石炭しか要さなかったからだ。[34] ガス灯（あるいは原子力）のような巨大な技術システムには、非常に強力な慣性が内在している。はるかに効率の良い技術が登場して半世紀が経過した後にもこのような効率の悪い技術が生き延びている理由は、過去に投資された資本の総量と利権の深さからしか説明できない。

逆に言えば、ある技術が期待できるものであっても、それが支配的な利権に反するものであれば準備段階で棄却されうることもあるということだ。一九五〇年代にアメリカで太陽光エネルギーへの投資がまったくなくなったのは、近郊都市開発、（かの有名なレヴィットタウンに代表される）格安のプレハブ住宅の促進、電力会社側の攻撃的なマーケティングの影響を受けたからであった。議会が一九六八年にこれらの事情を調査したところ、ゼネラル・エレクトリックは不動産開発業者が他のエネルギー資源を提案した場合にはその分譲地に電力網に接続しないと脅す事態にまでなっていたことがわかった。開発業者側にとっても、電力のみの供給とすることは建設費用を削減し、家主にエネルギー費用を払わせることができるという長所があった。[35] こうして何らかの技術的な要請があったわけでもないのに、一九五〇年代から六〇年代にかけてアメリカでは電力による暖房が熱暴走を始めることになった。

西洋社会の都市の郊外化とモータリゼーションは、技術的・文明的選択が非効率的で害悪なものとなった最大の一例と言えるだろう。戦間期のアメリカでは都市の郊外化はある種の政治計画に結びついていた。個人住宅が最も頑丈な反共産主義の城塞とみなされたのだ。ハーバート・フーヴァーが大統領だった頃には、財産所有の本能をかき立てねばならないという主張が多く聞かれた。一九二六年には所有物の価値を保護する名目で連邦裁がゾーニング、すなわち居住地域を産業活動と少数民族から切り離す慣習を合法化した。大恐慌の最中には、建設と都市の郊外化が経済の再編に必須の要因であるとみなされていた。

第二次世界大戦後は、居住費と交通費のバランスをとる消費者の合理的選択という理想にもとづいた、自由主義的かつ経済至上主義的な都市開発が支配的になった。このロジックに従えば、交通費は構造的に低下傾向にあり居住費は比較的安定していたため、都市工学者と都市経済プランナーは大衆的なモータリゼーションの時代には巨大都市開発計画を構想するより他はなかったわけだ(36)。

しかしながらこの歴史をもう少し詳細に検証すれば、自動車の個人所有という選択は我々が考えているよりもはるかに偶発的なプロセスに結びついていたことがわかる。アメリカの歴史学者によれば、路面電車の解体と、それに替わり登場した自家用車とガソリンバスの利用拡大は、いかなる技術的・経済的論理にも基づいていない。それどころかこの変化は移動費を著しく増加させ、中期的に見れば移動に費やされる時間を増加させている(37)。

一九〇二年、アメリカでは路面電車が五〇億人を三万五〇〇〇キロメートルの電化ケーブル上で輸送しており、これは比較的快適で確実な交通手段だと考えられていた。国有鉄道網と都市路面電車の発達、そして自動車にとって条件の良い道路がほぼ存在しなかったことから、自家用車は二〇世紀初頭アメリカにおいて有望な技術とは考えられていなかった。

交通手段の共有から個別化への転換は当時の人々の目に不合理的なこととして映っていたが、行政と路面電車企業の対立という古い敵対関係の隙をついて実現された。二〇世紀初頭、路面電車企業は、新聞や行政から市場独占状態が企業の自由主義的精神を損ねているという攻撃を執拗に受けていた。ちょうど同じ頃、T型フォードが道路を埋め尽くし（一九一五年から一九二七年の間にニューヨークの自動車数は四万台から六一万二〇〇〇台に急増した）、路面電車とトロリーバスの運行を遅延させていた。路面電車企業は多くの街で道路の状態を維持する義務も負っていたので、T型フォードの登場は路面電車企業の営業費を増大させることにも繋がっていた。ニューヨークでは、これらの企業は収入のうち二三パーセントを道路修繕に費やしていた[38]上に、それに加えて市に納付金も支払わなければならなかった。逆説的な話だが、路面電車は自動車に補助金を出していたようなものだった。

さらに一八八〇年代から一八九〇年代の間に交わされた路面電車の営業契約はもはや新たな経済状況に対応しきれていなかった。例えば、当時不変であるように思われていたニッケル・フェア（切符一枚を五セントに固定する料金体系）は、第一次世界大戦時に勤務時間が倍増したことや、すべての車内に二人目の社員の乗車が義務づけられたことなどを考慮していなかった。他方で、市場の競争相手はこれらの規則に何らとらわれていなかった。一九二〇年代にジットニーバス、すなわち路面電車の停留所で客引きをする乗合タクシーが急増したのはそのためだ。路面電車会社から投資家が次々と離れていったのはちょうどこの年代であった。こうして路面電車とトロリーバスは次第に時代遅れの技術とみなされるようになった。

路面電車の悲劇の第二幕が始まるのは一九三〇年代のことだ。大多数の企業を子会社に持つ二大電力会社のゼネラル・エレクトリックとインスルは当時、電気消費のピークを抑え発電所の電力生産を最適化することを望んでいた。そのような状況の下、一九三五年に採決された公共事業会社法により路面電車を有する電力会社はその売却を余儀なくされ、数百の小規模電力会社が突如収益を上げることができなくなった。ゼネラルモーターズにスタンダードオイル、そしてファイアストーンなどの大企業がそこへ救いの手を差し伸べた。レイピッド・トランジットカンパニー、イエローコーチ・バスカンパニーというふたつの小規模運送企業と提携し、彼らが五〇ほどの町で運行していた路面電車を安値で買い叩いたのだ。買い取りが済んだ途端、大企業は自動車産業の販路を拡大するため路面電車の路線を消滅させる、あるいは路面電車をガソリンバスに置き換えるという手段をとった。一九四九年、ゼネラルモーターズ、スタンダードオイル、そしてファイアストーンに対し訴訟が起こされたが、これらの企業は五〇〇〇ドルという異様に少ない罰金を科せられただけで、事件は終結した。[39]

一九三〇年代、フランスとイギリスの都市は交通に関して自由主義的な政策をとっていたため、路面電車は補助金を受けずに収益を上げる必要があった。そのため運営企業は採算の取れる路線を絞り込み、他は投資を遅らせるマルサス主義的な対策をとったが、経済危機の時代には多くの路線が閉鎖に追い込まれた。その結果、一九五〇年代は多くの都市がその交通網を失った状態にあった。[40] これに比べ、ドイツ・ワイマール共和国の例は示唆的である。交通手段における政治の重要性を物語っているからだ。ワイマール共和国では石炭と汽車の産業複合体が中央集権的であったこと、そして自動車産業が相対的に脆弱であったことから、政府は近郊都市化やモータリゼーションを促進することに何の関心も示さなかった。一九二七年、当時権力を握っていた社会民主党は公共交通機関に財政支援をするため、自動車に厳しく課税する方策をとった。一九二〇年の公共鉄道企業・ドイツ鉄道の設立や路面電車の大規模な公共事業化も、同じように労働者の交通費を削減するための社会政策の一部であった。[41]

人新世はイギリス新世である

エネルギー累積の性質が著しく政治的であることは、二酸化炭素排出量に関する歴史的統計を通じても確認されるだろう。イギリスとアメリカは一九〇〇年の累計排出量の六〇パーセントを占めており、一九五〇年は五五パーセント、一九八〇年はほぼ五〇パーセントという結果が出ている。気候学的な観点から見れば、人新世はむしろ「イギリス新世」と呼ばれてもよいほどだ。

フランスとイギリスの例を比べてみればその差は明らかである。一九一三年のイギリスの累計排出量はフランスの排出量の四倍に値する（それぞれ六〇億トンと一五億トンの炭素排出）にもかかわらず、同年のイギリス国民一人あたりのＧＮＰはフランスのそれと比べて二〇パーセント高いだけである。すなわちイギリス人はフランス人を僅かに上回る富を手にするために、一九世紀という長大な期間にわたり、フランスの四倍の量の二酸化炭素を排出していたのである。工業化プロセスの複数性に関する歴史学的テーゼ、また農村組織に組み込まれた人的、動物、水力エネルギーに基づく散在型の工業体制を長い間維持してきたフランスの「温和な工業化」に関する歴史学的テーゼが確固たる説であることから[42]、現在の気候危機に対して二国の負うべき責任がまったく異なることは明らかである。二〇〇八年、全累計二酸化炭素排出量のうちフランスが占める割合は四パーセントであり、イギリスは一〇パーセントを占めている。

気候変動において一九世紀と二〇世紀の強力な二大覇権国が負うべき責任の割合の圧倒的な高さは、気候危機と支配的な多国籍企業の関連が重要であることも同時に示している（図7）。

石炭はイギリスの覇権を支える燃料として使われていた。ウェストミンスターの政治の支配が直接及ばない地域では、イギリスは人間、資源、技術、技師の搾取に基づく広大な「非公式帝国」を有していた。この帝国は経済流通を支配したことで自動的に利益を引き出せるようになった自由貿易に基づいていた。石炭の輸出はイングランド発の船の倉庫を満たすことを可能にし[43]、イギリス海運の並外れた収益性に貢献した（図8）。

一八一五年から一八八〇年の間、海外に投資されたイギリス資本の六分の五は帝国の公定領域の外側で、主に二酸化炭素を盛んに排出する活動へ投じられた（第一〇章）。イギリス非公式帝国と石炭のグローバリゼーションの関連性を示す具体例を見てみよう。ナポレオン戦争が終結した後、イギリス政府が南米の新たな独立国に対し通商条約の調印を迫ったため、一八二〇年代以降、イギリス人商人と技師たちは鉱山、特にペルーとチリの銅山を買い取るため南米に殺到した。こうしてコーンウォール地方の鉱物精製に特化していたウェールズのスウォンジーが銅精錬の世界的な中心地となった。これは歴史上はじめての現象だった。原料を加工するため地球の反対側へ輸送し、ときには製品を原産国に再輸出する現象はここから始まったのである。

石炭はグローバリゼーションの中核を成していた。スウォンジーは自由競争に耐えうるエネルギー源を南ウェールズ炭坑から得、またとコークス溶解の専門技術を有していただけでなく、輸出用の石炭を南米行きの船荷に加えていた[44]。イギリスの専門知識の輸出が、石炭への関心を世界中で生み出したのだ。

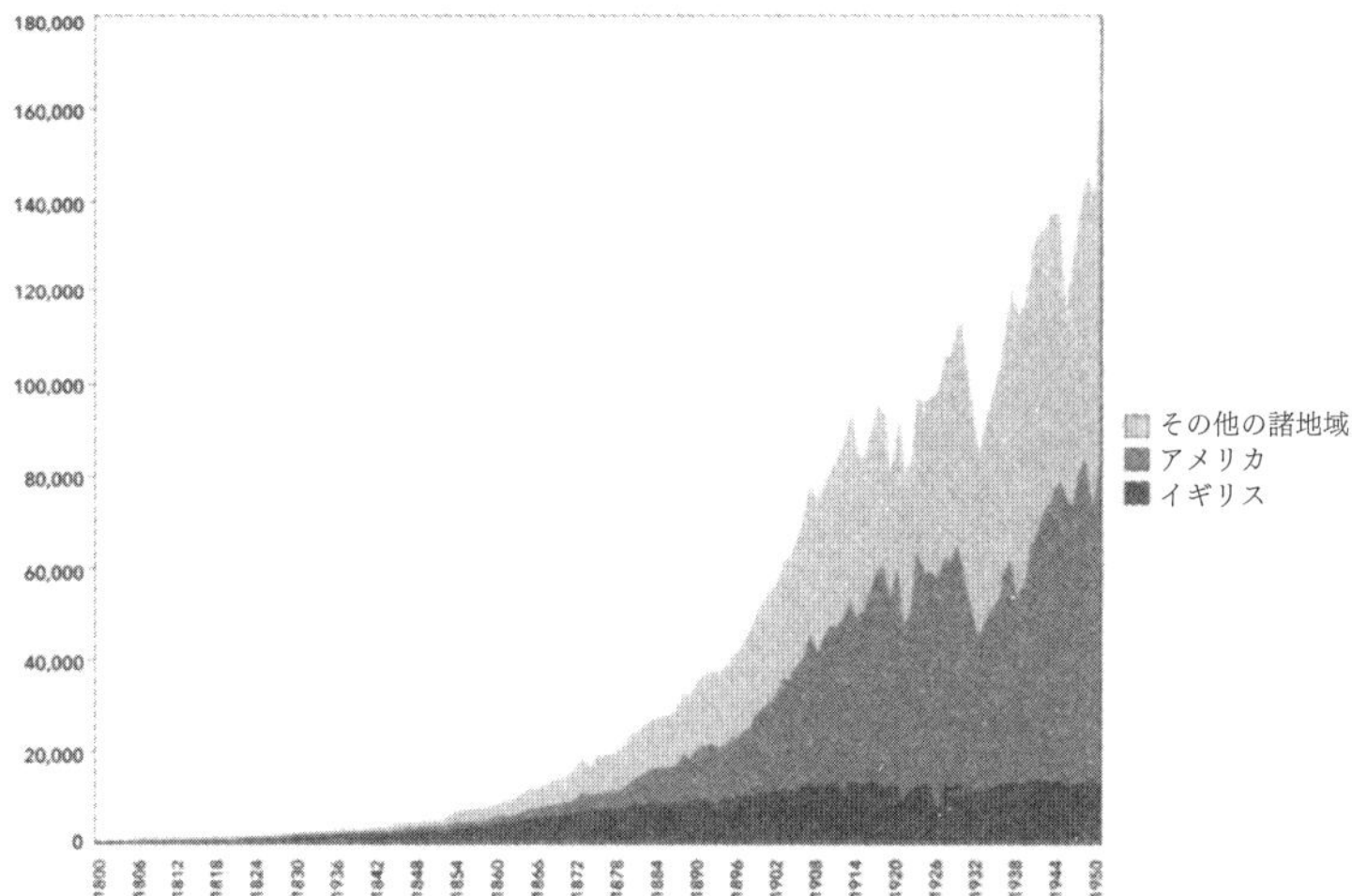

図7　アメリカ、イギリス、世界の二酸化炭素炭素年間排出量(1000トン単位)
出典：二酸化炭素情報分析センター

二〇世紀におけるアメリカのヘゲモニーも同じく石炭に基づいていた。アメリカの発展の激しさは、国家の起源において植民地であったことからこれまで説明されてきた。一九世紀初頭のアメリカは、働き手は希少だが、木材や石炭は大量に存在するという状態にあった。そのため経営者は労働の需要を減らし、代わりにエネルギー生産性を案ずることなく機械を大々的に利用したというのが通説である。

すでに知れ渡ったこの歴史分析に歴史学者のブルース・ポドブニックとティモシー・ミシェルが新たな議論を導入したのはつい最近のことである。二〇世紀全般にわたり、ヨーロッパでは大きく、アメリカ合衆国ではわずかな差で、石油は石炭に比べ常に高価であった。[45] この状況からどのようにして世界中のエネルギーが一九一〇年に五パーセント上昇し、一九七〇年に六〇パーセント上昇したことを説明できるだろうか。

謎を解く手がかりを与えるのは社会歴史学だ。石油に対して石炭は炭坑からひとつずつ採掘され、ワゴンに積まれ、鉄道か水路によって運ばれ、さらにまた高炉に詰められねばならない上、それを供給し、監視し清掃する火夫を必要とする。この石炭の重量は、経済を維持するのに不可欠なエネルギー流動を中断させる権限を炭鉱夫に与えることにもつながった。常に鎮圧されていた炭坑夫たちの要求は、一八八〇年代初頭になってようやく考慮されるようになった。この時代の大規模な炭坑夫のストライキが労働組合や大衆政党の登場、普通選挙法の拡大、そして社会保障法の導入といった一連の動きに貢献したのだ。

一九世紀末に石炭と民主主義的進展の歴史的な親和性が見られたのも束の間、アメリカ、そしてヨーロッパにおいては石油化が新たな政治的意味を持ち、政治的目的に結びつけられた。アメリカが実行に移した石油化は、労働者運動の形成を回避するという目的を持っていたのである。石油は労働の面よりも資本の面で集約されており、その採掘は地表で行なわれるため管理がより簡単である反面、多種の職務と変動幅の大きい労働定員を要する。これらすべてが強力な組合の形成を困難にする要素であるのは明白だ。

マーシャル・プランの目的のひとつは、炭坑夫たちと組合の威力を弱め、ヨーロッパ諸国を西洋ブロックに囲い込むために石油利用を援助することにあった。すべての技術システムが開発途中にあったので、石油化は大々的に助成されねばならなかった。欧州復興計画の基金は製油所の建設と石油発電機の購入のために使われた。戦後の一〇年間で、ヨーロッパに供給された石油のうち半分以上が欧州復興計画の

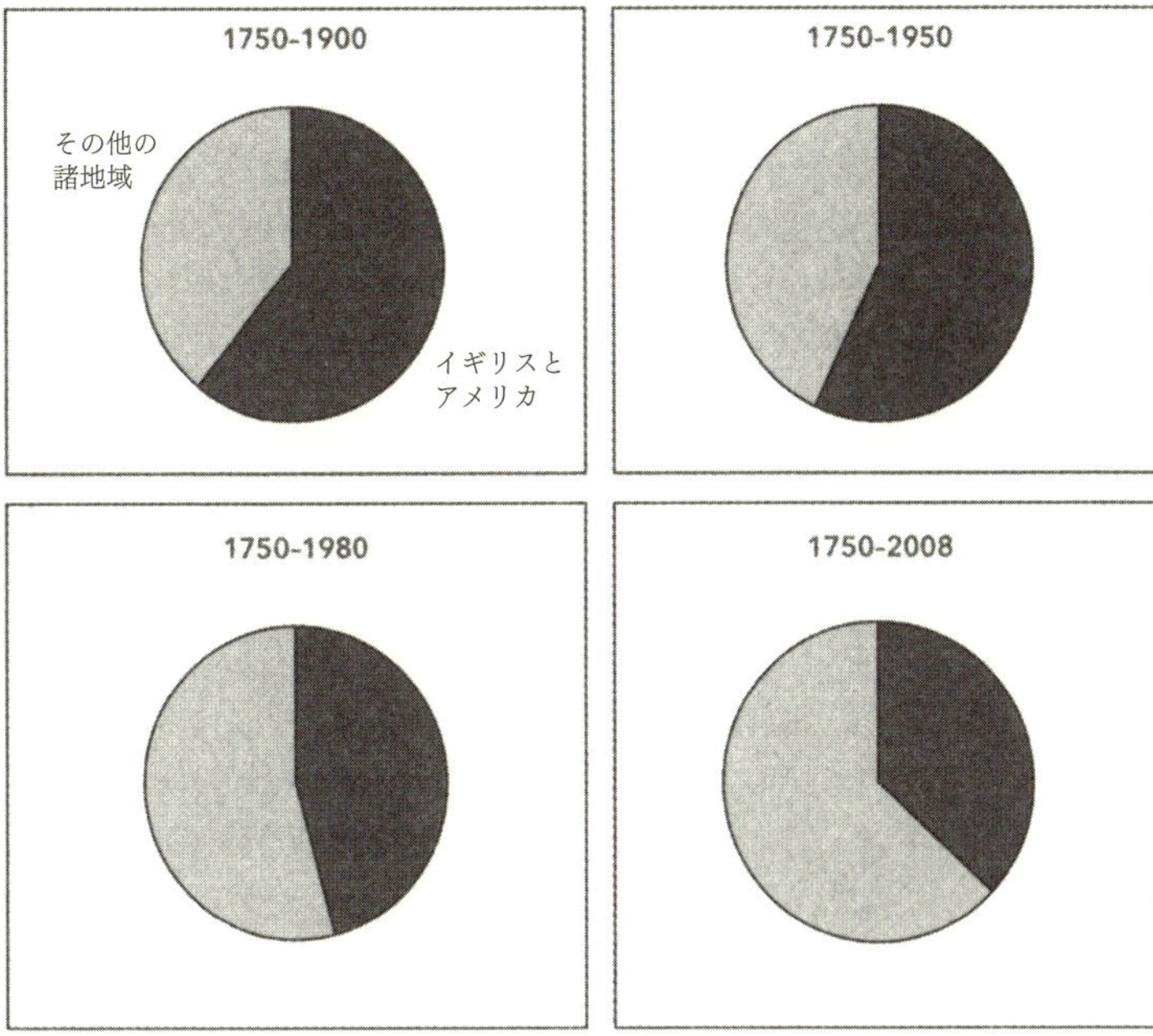

図８　世界の二酸化炭素累積排出量に占めるアメリカとイギリスの割合
出典：二酸化炭素情報分析センター

助成を直接受けたものだった。

石油はその液状の形態により交通網を迂回するため、石炭を輸送していた労働者も回避することができた。パイプラインとタンカーは積み込みによる中断を減らし、労働集約率が低く、柔軟で国際的なエネルギーネットワークを作り出した。一九七〇年代には八〇パーセントの石油が輸出されていた。以降エネルギー供給は地球規模に広がり、工業資本主義は国ごとの労働者の要求に応じる必要がほぼなくなった。さらに石油ネットワークはいくつかの拠点（油田、製油所、石油貯蔵所）に集中されているので、その管理もより容易になった。(46)

歴史学者は同様に一九六〇年代の

「緑の革命」も、冷戦と共産主義に対抗するためのアメリカの政策と結びつけて分析した。アメリカ政府はフォード財団とロックフェラー財団の援助を受け、アジアと南アメリカの農村における農業を近代化し食糧安全保障を確約することで、この地域の大衆の心をつかもうとした。緑の革命は機械、殺虫剤、化学肥料の使用を組み合わせた米やトウモロコシのハイブリッド品種を利用する農業に立脚しており、化学肥料の世界消費量は一九六〇年から一九八〇年の間に三〇〇〇万トンから一億一〇〇〇万トンに増加した。革命の結果はその生産戦略により約束されていた通り、小麦、米、トウモロコシの生産量をメキシコからインドに至るまで大幅に増加させた。この農業モデルは人口増加の著しい国における食糧欠乏を回避しつつ、農地改革を拒否する地主の意向にも応じるものであった。さらには農民を工場に勤務させ、食料品の価格低下により都市労働のコストを制限し、農業用商品の消費者とすることで農業自体を産業化させることも目的としているものだった。このモデルは逆に小規模農家の需要には応じず、枯渇し汚染された地下水、塩化し圧縮された土壌といった数えきれない影響を環境にもたらした[47]。多量のエネルギーを必要とする緑の革命もまた、世界の石油化の遂行に加担していたのだ。

第六章

死新世

力と環境破壊

二〇世紀は戦争が頻度を増し、その殺傷力が高まった世紀だった。[1] 第一次世界大戦は一九世紀に起きたすべての戦争の犠牲者よりも多くの人間を殺したが、第二次世界大戦はそれひとつで過去二〇〇〇年間における戦死者数の半分と同数の死者を出した。[2] これらの戦争を経て、生産性と破壊性は同一の傾向を辿ってきた。すなわち、破壊にかかる費用は一九世紀と二〇世紀の間、減少し続けた。強靱な破壊力を生み出す軍事技術がこれほど安価であったことは一九世紀以前にはなかった。さらに西欧では一八世紀以降、諸国家が各々の軍事にまつわる財政能力を著しく向上させた。歴史学者の推定によると、軍事費の調達が早い時期に発達したイギリスでは、一八〇〇年に国内総生産の二〇パーセントがすでに戦争のために動員されていた。

したがって、戦争は特に富裕国にとって扱いやすい存在になった。統計分析によると、二〇世紀の間は富裕国が貧困国より頻繁に戦争を起こすという傾向があった。事実、この時期の戦争の半数は、世界の上位三分の一の富裕国により起こされている。一九一四年以前の富裕国は逆に軍事紛争を避ける傾向にあった。例えばアメリカ合衆国は一八七〇年から一九四五年の間、すべての戦争のうち九・三パーセントしか介入していなかったが、それ以降は一一・二パーセントに介入している。[3]

しかし二〇世紀において、富裕国は過去の戦争とは根本的に異なる性質の戦争を行うことになった。軍隊は巨大な産業・技術・兵站システムによって維持され、著しく強力な機械によって援助され置き換えられることになった。このような戦争のための機械は、必要とする素材とエネルギーの量を増やし続け、それまでにないやり方で環境に負荷を与えるようになったのである。

軍事産業複合体は戦争のない平時にすら破壊活動を行なっている。例えば冷戦は、軍事行動が地球に残した生態学的な痕跡のなかでも飛び抜けて深刻な痕跡を残した。軍事訓練基地は、そのほとんどが放射性廃棄物や弾薬により汚染されている。このような基地が一九八〇年代末には地表全体の一パーセント、アメリカの二パーセントを覆うようになった。さらに西側ブロックの兵力の維持と訓練のために、莫大な量の資源が消費された。例えば西ドイツの空中輸送のうち一五パーセントはＮＡＴＯの軍事訓練に関わるものだった。一九八七年、アメリカ軍は国内石油の三・四パーセントを消費し、ソ連軍は三・九パーセント、イギリス軍は四・八パーセントを消費した。さらにここに一パーセントの石炭、一・六パーセントの国内電力の消費が加わるだけでなく、軍備品の生産のための二酸化炭素排出量を付け加えるなら、冷戦中に軍事目的で排出された二酸化炭素は、アメリカ国内全体の排出量の一〇から一五パーセントに相当したことになる(4)。

　効率性という概念は、戦闘において殺されないことではなく殺すことに注意が向けられるとき、全く異なる意味を持つ。現代の軍備システムの発展は、軍事活動が過度にエネルギーを使用する性質を内在的に持つことを示している。第二次世界大戦中、ジョージ・パットンが指揮する第三軍団［ノルマンディー上陸作戦決行後からドイツの降伏まで、連合軍の進軍の要となった部隊］は一日あたり一人につき一ガロン（三・七リットル）の石油を消費していた。ベトナム戦争中にはこれが九ガロン、「砂漠の嵐作戦」［一九九一年一月一七日に多国籍軍がイラクに対し行なった、湾岸戦争の開戦とされる空爆の作戦名］では一〇ガロン、第二次湾岸戦争中には一五ガロンを消費するに至った。現在の軍事技術は、エネルギー消費が極度に不均衡なレベルにまで到達している。アメリカ軍の戦車エイブラムスは一台につき一〇〇キロメートルあたり四〇〇リットルの石油を消費する。さらにこれらの兵器は莫大な量の燃料を燃焼するため、その消費量はもはや一〇〇キロメートルあたりではなく一時間あたりの消費リットル量で表されるようになったほどである。例えば、爆撃機B52は一時間あたり一万二〇〇〇リットルの燃料を燃焼し、戦闘機F15は七〇〇〇リットルを消費するのだが、これは一台の自動車が数年をかけて消費する量をはるかに上回る数字である。二〇〇六年にアメリカ空軍が消費した二六億ガロンの燃料は、第二次世界大戦時にアメリカ国外で消費された燃料の総量と同じである。(5)

西洋の戦争の様相が根本的に変容したこと、この変容が産業界へ深く浸透していること、そして軍隊が特定のやり方で研究開発(リサーチ・アンド・デベロップメント)を活性化させたこと、(6)これらすべての現象がこの章の仮説を支えている。すなわち、人新世とは(そして、おそらく何よりもまず)死新世でもあるという仮説だ。(7)

破壊の自然史

一九四三年七月二七日午前一時、連合軍がハンブルク上空に一万トンの焼夷弾をぶちまけた。一時二〇分、高度二〇〇〇メートルに及ぶ炎の嵐が街を焼き尽くした。空爆後の街の状況に関する証言は数少ないが、作家のハンス・エーリヒ・ノサックはそのような証言を書き留めた人物のうちのひとりである。ノサックは自らの証言の中で、連合軍の戦略的な爆撃がもたらした生態学的な影響を強調していた。彼によると、一九四三年の秋、ハンブルクでは「ネズミとハエが街いっぱいに蔓延っていた。ネズミは肥っていて、すばしっこく動き回り、これが道ばたで交尾をしていてこれだけでもすでに堪え難いが、ハエはさらに嫌悪感を催すものだった。虹色の巨大なもので、それまでに見たことのないハエだった。それらが路上で大群をなし、瓦礫となった壁にとまり、交尾をしていた」(8)という。一九四五年、イギリスの軍事作戦研究計画の立案者のひとりであり、動物学者でもあるソリー・ズッカーマンは、ケルンの廃墟を訪れ、爆撃の生態学的影響について論文を書くことを試みた。ズッカーマンはその後、自伝のなかでこの論文の執筆を断念したと綴っており、その理由は彼が目撃した街の完全な荒廃が「自身の執筆能力をはるかに超える著作の必要性を訴えていた(9)」からだという。執筆を断念する前、ズッカーマンは編集者に『破壊の自然史』という、実に作為に富んだ題名を提案していた。

『破壊の自然史』。おそらく人間の犠牲者を尊重するためであろう、ズッカーマンの計画を再度提起する歴史学者は滅多にいなかった。同じように、戦争を研究する専門家が戦闘の勝敗を左右する環境条件(地勢風土や冬将軍、アルデンヌの森林の役割など)を調査することはあっても、爆撃や塹壕戦、大砲、火炎器などによる、戦争がもたらした生態学的な影響が研究されることはこれまで少なかった。だがこの格差は納得のいくものではない。例えば二〇世紀のヨーロッパで戦争が行なわれた際、泥が常に戦場に存在していたことがわかっているが、そのような泥は戦闘地となった地域の風土的な特徴であるというより、むしろ軍事兵器が土壌を荒した結果できたものだった。(10)戦闘が環境を破壊した例は他にもある。森林は生物を防護する役割を本来的に持っているため、一九一四年のアルデンヌにおける陣地戦やベトコンのゲリラ作戦などで効果的に利用されたが、その結果として敵の標的となり、多大な被害を受けたのである。

戦争と同時代に生きた人々は、戦争が引き起こす環境破壊に対して非常に鋭い意識を持っていた。例えば一八二〇年代のフランスでは、革命戦争とナポレオン戦争が、森林に覆われた地域を減少させ、寒冷気候への退却を引き起こしたとして非難を浴びた。近代における軍隊はすでに造船と大砲製造のために木材を惜しまず消費していたが（一トンの鉄を溶かすのに約五〇立方メートルの木材、すなわち一〇ヘクタールの森を維持可能な方法で生産した場合に一年を費やして得られる量の木材を要した）[11]、二〇世紀の工業戦争はより多くの木材を喰いつくした。一九一六年から一九一八年の間、ドイツのUボートがイギリスの商業ネットワークを断ち切ったとき、イギリスは軍の需要を満たすために商業林の約半分を切り倒さなければならなかった。[12]同様に、第二次世界大戦中の日本は自国の森林の一五パーセントを失った。[13]

第一次世界大戦の間に森林が被った影響を算定する作業が戦後の復興計画に加えられたことにより、フランスの技師たちは一九二〇年代、戦争による森林破壊の規模を精密に調査した。彼らは特別伐採による損失（二年の生産量）、直接破壊による損失（五万ヘクタール）[14]、砲弾により利用不可となった木の損失を区別して調査した。[15]また戦闘により被害を受けた三三〇万ヘクタールの農地も計上された。塹壕戦は鉛づくしの土地、すなわち農業に適さない不毛な土地を後に残した。これらの土地は一九三〇年代に再植林計画の対象となる。大砲の使用によって掘り返された土壌の量（一ヘクタールあたり二〇〇〇立方メートルに達する）は、自然浸食の進行を待つなら四万年もかかる量に相当するものだった。[16]

これらの明確な、だが大部分はまだ詳細に調査される必要がある結果に加え、戦術や戦略がもたらした環境破壊についても検討しなくてはならない。一九世紀と二〇世紀に行なわれた土壌を燃焼する戦闘行為は攻撃のためであれ（南北戦争、アメリカのフィリピン侵略、ボーア戦争、日中戦争）、防御のためであれ（一九一七年のソンムの戦いにおけるドイツ軍のアルベリッヒ作戦、一九三八年の将介石軍による黄河の決壊作戦、一九四一年のヨセフ・スターリンによるウクライナ資源の破壊）、すべてが生態学的な現象として理解されなければならない。

ベトナム戦争は間違いなく、敵陣の自然環境の破壊こそが最大の軍事目標とされた戦争のなかで最も知られた例であり、最も記録された例である。バリー・ワイズバーグが「エコサイド［ecocide］」[17]という語を発明したのもこの戦争であった。アメリカ軍の歩兵が前進するためには、現地の森林と耕地を削り崩す強力なブルドーザーであるローマ・プローの助力が不可欠であった。六トンの特殊爆弾であるデイジー・カッターも同様に、爆発時の爆風によって戦闘機の着陸場を瞬時に森の中に作るために使われた。推定によるとアメリカ軍が使用した八五パーセントの弾薬が敵兵そのものではなく、森林、畑、家畜、貯水地、車道、堤防など、敵兵を覆い隠す自然環境や動物を狙って使用された。[18]一九七二年、フランスの地理学者イヴ・ラコステは、アメリカ空軍が住民への被害を最大化するために紅河デルタ地帯の堤防を広範囲に爆撃したことを指摘した。[19]ラコステによると、「地理学は何よりもまず戦争に資するものだ」という。環境科学もここに付け加えることができるだろう。

焼夷弾とナパーム弾がベトナムの湿度の高い熱帯雨林を破壊するには適さないことを悟ったアメリカ軍は、最終的に農業用除草剤から開発された枯れ葉剤（モンサントの「エージェント・オレンジ」）を散布する決断を下した。その結果、枯れ葉剤の突然変異誘発物質が、戦争終了後も約半世紀に渡ってベトナムの人々の身体に悪影響を及ぼし続けた。[20]推定によると、一九六一年から一九七一年の間に七〇〇〇万リットルの枯れ葉剤が投下され、耕作地の四〇パーセントが汚染された上、ベトナムの森林面積の二三パーセントが失われた（図9）。

ベトナムはまた、気象工学の重要な実験場でもあった。一九六六年から一九七二年まで、ベトナム南部と中国を結ぶホーミチン・ルートを遮断するため、アメリカ軍は二六〇〇発以上の気象種まきにより雲を発生させ、人工的に雨を降らせた。アメリカ合衆国はこの頃ウォーターゲート事件に巻き込まれていたのだが、機密事項であった気象戦争は明らかになったとたんに大きな議論を巻き起こした。ソ連はこの件について国連に質問状を提出した。一九七七年、国連総会は今日も効力を持ち続けている「環境改変技術の敵対的使用」を禁止する条約を採択した。この条約は基本的に軍事利用に重点を置いているが、「生物圏、岩石圏、水圏、大気圏および宇宙空間を含む地球の構造、組織、運動などの自然作用の意図的な操作」も同様に禁じている。この文面は現在画策されている気象工学計画を禁止し、気候変動を妨げる上で最も強力な法的基礎をなしている[21]。

ベトナム戦争は環境破壊を引き起こした戦争の最も有名な例として知られるが、唯一の例だったわけではない。敵の資源や環境を破壊する行為は冷戦期、数々の紛争で常に見られるものだった。イギリス軍は一九五〇年以降、マレーシアにおいて敵の共産主義勢力がジャングル内で農業を営むのを阻止するため、試験的に枯れ葉剤を使用した。朝鮮戦争中、アメリカ空軍は貯水ダムと灌漑施設を組織的に爆撃した。これを受けて北朝鮮は備蓄されていた水の七五パーセントを失った。アフガニスタンでは、ソ連軍が同じく現地の灌漑施設を狙っていた。その結果、全土の家畜の半数が戦争中に姿を消した[22]。

一九四二年にハーバードの化学者ルイス・フィーザーがデュポン社の協力を得て発明した石油類とゲル化剤の焼夷混合剤を使ったナパーム弾は、広大な面積に広がる植物（とそこに居合わせた人間）を一度

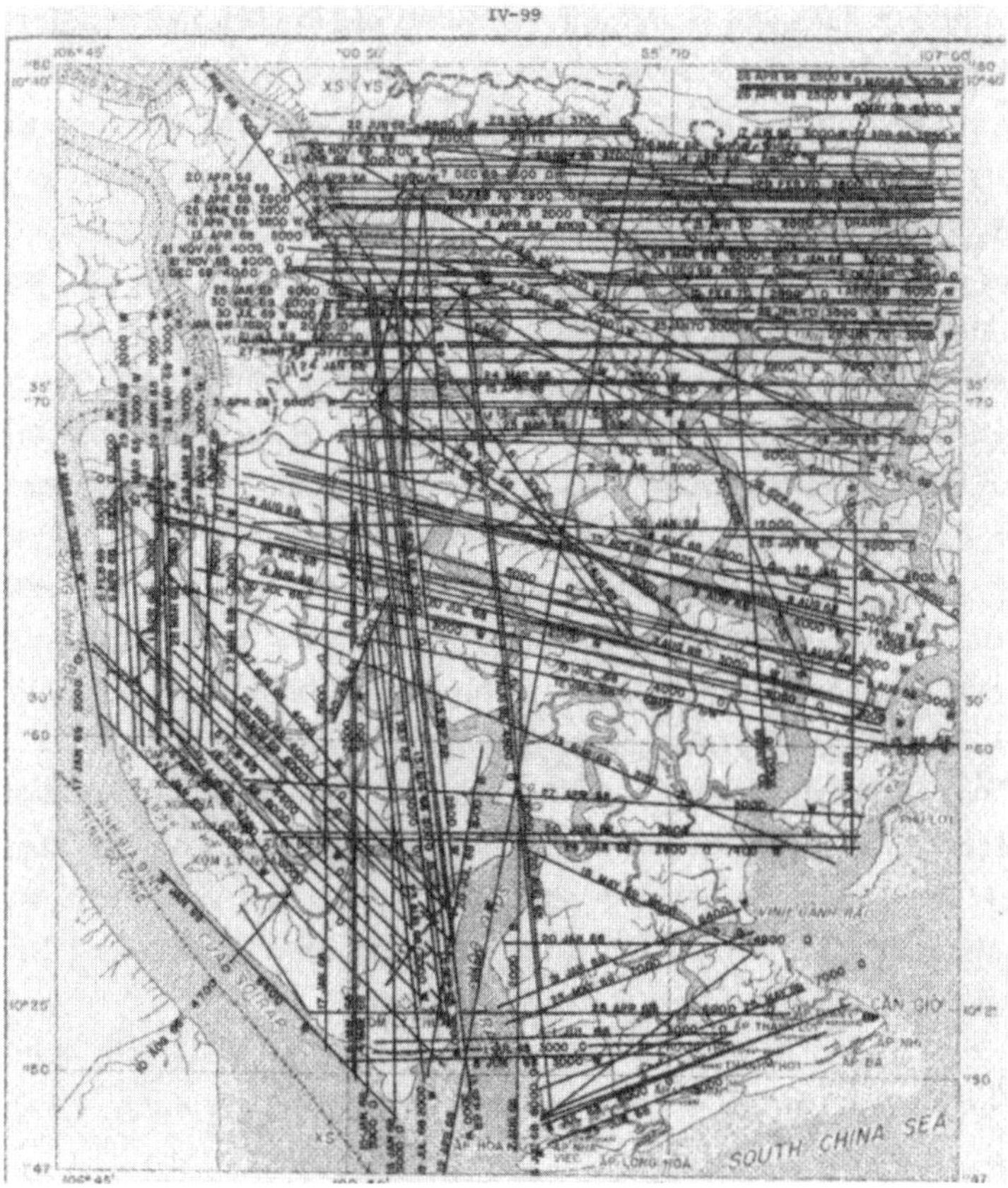

図 9　南ベトナムにおける枯れ葉散布、1961 〜 1971 年

出典：National Academiy of Science report, 'The Effects of Herbicides in South Vietnam', 1974: 99.

に燃焼できるため、冷戦期のエコサイドのなかでも特に重要な役割を担った。太平洋戦争以来、利用が普及したナパーム弾は、朝鮮戦争中にアメリカ軍が大々的に使用し（三万二〇〇〇トン）、ベトナムとアルジェリアではフランス軍が用い（これにより三分の二の植物群が破壊された）、さらにケニアでマウマウ団の乱を鎮圧する際、イギリス軍もこれを使用した。[23]

自然に対する暴力

概して言うなら、戦争は例外状態を作り出すことで社会と環境の交わり方が「粗暴化」することを正当化し、それを推進してきたと考えることができる。[24] 原子爆弾がその最も明白な例だが、近代戦争における「焼き尽くされた土地」をめぐる戦略についても、その実践とイデオロギーを検証しなくてはならないだろう。一九四〇年、イギリスの議員たちは空軍大臣のキングズリー・ウッドにドイツの「黒い森」を焼夷弾で壊滅するよう急かした。さらにチャーチルは、自身のもたらした総力戦の意義は「ドイツを砂漠化すること」[25]にあったのだと形容したのだが、これはドイツのビオトープを破壊することを指していた。こうした発言が明らかにするのは、ドイツに対し課された罰のうち最も過酷なものが自然環境に関するものだったということだ。アメリカ財務長官のヘンリー・モーゲンソウは、戦後処理の一環として、ドイツを農業的で農村的な段階へと「引き戻す」ことを提唱していた。

だが、重要なのは軍事行動だけではない。その舞台裏でも、戦争の準備段階における軍事機関の働き、研究開発、そして技術の選択といった要素が有機的に繫がり合うことで、人新世の到来に重要な役割を果たしたのである。

また、人間を効率的に殺すことを学んだ軍隊は、同時に生物全般を殺すことも学んでいたのだが、この関連性はあまりにも明白であるため、今日までそれほど考慮されてこなかった。

例えば二〇世紀の半ば、漁獲技術は軍事技術により間接的に改革された。数キロメートルに及ぶ漁業用網の製造を可能にしたナイロンは、第二次世界大戦の産物である。ナイロンは（日本の絹を代用するため）デュポン社により開発され、パラシュートや防弾着、特殊タイヤなどの製造に使われた。敵船や潜水艦のための探知機は第二次世界大戦後、魚の群れを捜し当てるため漁業で利用された。音声探知器、レーダー、音波探知器の使用が開始され、さらに後の時代には（冷戦の産物である）ＧＰＳが利用され始めたことにより、漁獲能力は指数関数的に上昇し、トロール船は深海や海峡でも漁をすることが可能になった。ただし、これらの高価な設備で利益を上げるには常に多くの漁獲量を確保しなくてはならなかったため、結果として生態学的な悪循環を生み出すこととなった[26]。世界漁獲量は一九五〇〜一九六〇年代以降、毎年六パーセントずつ増え続け、一九九〇年代に減少傾向を示した時には、海洋資源の減少をもはや補正できないほどに漁獲技術が濫用されていた。その結果、二〇〇〇年代初頭に海洋に存在する大型魚群の数は、戦間期に比べて一〇パーセントにまで激減した[27]。

軍用車両は破壊能力が特別強力であるために、歴史学者のポール・R・ジョゼフソンが「粗暴な技術［brute force technologies］」と呼ぶものの典型的な例をなしている。例えば戦車は様々なキャタピラ付き車両開発のモデルとなり、森林開発（伐採、搬出、輸送[28]）や公共事業（ブルドーザー）の分野で利用された。

すなわち軍用車両は間接的に岩石圏の損傷に加担したのである。鉱山や近郊都市圏の開発、シベリアやアマゾンの自然資源への到達を可能にした森林道路などがそれにあたる。同じように、軍事技術が鉱山技術と交差する歴史を描くこともできる。一七世紀からドイツの炭鉱夫が使用していた黒色火薬や、山頂や稜線の掘削による採炭（マウンテントップ・リムーバル・マイニング）を可能にしたアルフレッド・ノーベルのダイナマイトがそのよい例だ。

核兵器の「平和利用」も同じ範疇に分類できる。一九四九年、国連のソ連大使が「山の採掘、河川筋の変更、砂漠の灌漑、人類未踏地域への生命の定着[29]」などの民事利用目的を示し、ソ連初の原爆実験を正当化した。この出来事は、一九五三年のアイゼンハワーの「アトムズ・フォー・ピース」談話の下地となった。翌年、フランスの冷戦戦略を立案したと思われるカミーユ・ルジェロンが、爆弾を他の用途へ応用する可能性についての著作を出版した。河川筋や気候流の変更、氷塊の融解、発電所の地下建設、到達不可能な鉱脈の開発などがその応用例として挙げられた[30]。

アメリカでは「プラウシェア［Plowshare：くわを使用して土をおこすことを補助するものという意味］」と名付けられた機密計画が一九五七年、原子力委員会により開始された。水素爆弾の父であるエドワード・テラーは、三〇〇発の原子爆弾を使って第二のパナマ運河を建設することを提案していた。また別の運河建設の選択肢として、コロンビアを横断する七六四発の爆弾を建設予定地に埋める計画すら存在した。一九五八年、アメリカ行政機関はアラスカのトンプソン岬の人工港建設に水素爆弾が利用できないかと調査している。一九六三年、原子力委員会とカリフォルニアの高速道路局は、ブリストル山脈を通過する高速道路をモハーヴェ砂漠に建設するために、二二発の核兵器を爆破させる計画を提案していた。

原子爆弾を民事利用する計画のなかで最も有望だったものは、アルバータ州における瀝青油の採取計画である。一〇〇発余りの地下爆破で瀝青油を液化させ、既存の技術でこれを採取するのが目的だった。この計画は順調に進められたが、一九六二年、カナダが核実験の時期に関して意見を変えたことで中止となった。これに反しコロラドでは、放射性核種を大量に含む天然ガスを商業化するために原子爆弾が使われた。結果的には核汚染に反対する世論が次第に高まったため、プラウシェア計画は一九七七年に断念されたが、二〇年の間にアメリカは合計七億七〇〇〇ドルを核の民事利用につぎ込み、二七回の爆発を実行している。ソビエトにおける同様の計画である「国家経済のための核爆発計画第七号」は、一三の民事利用計画のために一二八回の爆発が実行された点で、アメリカより酷いものであった[31]。

戦争と農業という分野の間の技術転換は、技術的なものであると同時にイデオロギー的なものでもある。このことは、歴史学者のサラ・ジャンセンとエドムンド・リュッセルの研究により知れ渡っている。例えば第一次世界大戦中の塩素系の毒ガスの開発は、特定の有機塩素化合物が殺虫剤として利用できる性質を持つことを明らかにしたし、アメリカ軍の化学福祉課は、チフス対策としてとりわけクロロピクリンが有効であることを示した。ドイツの化学者フリッツ・ハーバーは一九一六年に、ドイツ軍のために開発した毒ガスを害虫駆除に応用することを試みた。昆虫学者と林学者の協力のもと、ハーバーは様々な化学物質とその散布方法を戦場や工場、兵舎で実験した。一九二五年、ハーバーとドイツ軍は、ヴェルサイユ条約で禁じられていた化学兵器の実験を行なうにあたり、(森林を害虫から保護するための)林業への応用という口実を用いた[32]。

アメリカでは第一次世界大戦中、ドイツからの輸入の欠乏を埋め合わせるため、また火薬の需要が増加したために化学産業が大幅に規模を拡大し、デュポンやモンサント、ダウが強大な企業へと急成長した。さらにドイツが特許により得ていた収入が押収され、これが化学産業の業界団体の振興のための資金として使われた。アメリカの化学財団[33]は特に毒ガス産業の殺虫剤製造業への転換を促した。第一次世界大戦で用いられた複葉飛行機による農薬の散布は一九二〇年代以降、軍事技術と農業の提携の象徴とみなされるようになり、戦後も除草剤などを散布するために利用された。

しかし、農業者の要求に従順な「浄化された自然」という有害な想像力（イマジナリー）が本格的に具体化されるのは第二次世界大戦後、有機塩素系化合物であるＤＤＴが発見された後である。スイスの化学者パウル・ヘルマン・ミュラーが一九三九年に発見したＤＤＴは太平洋戦争の間、一九四二年以降チフスとマラリア対策のためにアメリカ軍が大量に使用した。農業経営者はその殺虫効果を認めて農薬として使用していたが、すぐに害虫の耐性の問題に直面した。朝鮮戦争以降、アメリカ軍はＤＤＴが特定の蚊に対しては無力であることも報告している。これらの出来事を経て、技術革新と生物進化の終わりのない戦いが幕を開けた。一九五〇年代を特徴付けるのは、ＤＤＴ、（サリンなどの）有機リン系化合物、神経系の酵素の活動を妨げるため「神経コントロール」と称されたガスなど、アメリカによる一連の化学物質の開発である。これらの化合物質は昆虫に対しても同等の効果を持つことから、植物防疫の改革と軍事改革は相互に発達してきた。例えばイギリスの防衛科学技術研究所の研究者が開発した猛毒ガスであるＶＸは、アミトンという殺虫剤の研究過程で生まれたものだ[34]。

戦争と化学は破壊や絶滅をもたらす文化の形成に強力に貢献した。第一次世界大戦から第二次世界大戦にかけて、収穫を保護するために捕食者を利用するという昆虫学に依拠した害虫制御は、次第に根絶というロジックに変容していった。アメリカ生態学の第一人者であるフォーブスは一九一五年、次のように語っている。「人間と虫の戦いは文明化よりずっと前に始まった。今日まで絶え間なく続いてきたこの戦いは、人類が完全に支配的になるまで続くだろう[35]」。

虫への嫌悪感と人種差別意識が相互に発展したのは第二次世界大戦の間である。日本人とドイツ人はしばしばゴキブリやノミ、シラミなどの化学殺虫剤で退治すべき害虫として風刺された（図10）。ナチスドイツはこの脱人間化プロセスを極限にまで押し進めた。イデオロギー（人種の退廃、純粋性、衛生などの言説）と技術（ホロコーストで毒ガスとして使用された薬品ツィクロンBはもともと殺虫剤だった）の接近が、強制収容所内で害虫の根絶とユダヤ人の根絶を結びつけるように作用していたのである。

図10　アメリカの雑誌にシラミとして描かれた日本人、1945年。
出典：*Leathemeck,* vol. 28, Mar. 1945.

さらに我々が銘記しておくべきことは、第二次世界大戦から一九六二年にレイチェル・カーソンが『沈黙の春』を出版するまで、化学産業が戦争に参与したためにアメリカという国家に莫大な威信をもたらしていたこと、さらには食糧に残留する殺虫剤の危険性と農業従事者が被る強烈な毒性が認識されていたにもかかわらず、国家と化学産業の間に強い連携が形成されていたということだ[36]。

自給自足技術

戦闘の直接的な被害、人間を殺す技術、そしてそこから派生した生物全般を殺す粗暴な技術の発明についてここまで扱ってきた。だが、戦争と人新世を間接的に結ぶ、より複雑な一連の歴史的出来事についての考察も必要だろう。例えば、戦時経済下では資源補給が必須であるため生産インフラが倍増され、結果として平時の産業に過剰な生産力がもたらされる。さらに、非常に汚染度が高くエネルギー消費の多い戦時自給自足生産システムが形成される過程で行なわれる産業動員や非常体制、輸入品の代用、そして経済封鎖が果たした役割についても考察する必要がある。

硫酸と海塩からソーダを合成するルブラン法に基づいた初の大規模化学工業システムは、ナポレオン戦争の頃に登場した。一八〇八年から〇九年、スペインからの天然ソーダ（織布産業、石鹸産業、ガラス産業に不可欠であった木灰）の供給が断たれたため、フランスの化学者は硫酸と海塩を利用して「人工ソーダ」を作り出すことに成功した。これはおそらく当時最も汚染度の高い工業であった。二トンのソーダ生産は周辺のものを腐食させる塩酸の蒸気をおよそ一トン排出し、周辺の農産物と木々を汚染した。

このような直接的な環境影響以外にも、人工ソーダのもたらした歴史的結末は重要である。これらの化学工場は極めて有害な汚染源であったが、しばしば中央権力に密接した企業（化学者であり企業経営者、さらに内務大臣でもあったシャプタルが最もよい例である）により所有されていたため、これらの工場を保護する目的で、施設の分類に関する政令が一八一〇年に起草された。この政令は環境規制の論理に根本的な変化をもたらした。各工場は、アンシャン・レジーム下で地域の政策を重視していた地方司法官や都市警察ではなく、県議会や国務院などの行政司法官、すなわち国単位で政策を検討し工業振興を重視する機関に従わなければならなくなった[37]。一八一〇年はフランス帝国が絶頂期にあった時期なので、このような工業の環境規制に関する大きな変化はヨーロッパ中に影響を及ぼした。

戦争と自給自足計画から生まれた巨大な化学システムの二つめの例は、フランスの化学者であるポール・サバティエが一八九六年に発見した、各種の水素添加反応である。これは触媒を通じて水素をいくつもの有機化合物、あるいは無機化合物に付加することができる技術である[38]。アンモニア（NH_3）を得るための窒素（N）の水素化を、ドイツの化学企業BASFが第一次世界大戦直前に実現させたため、この発見は戦争中に非常に重要なものとなった。なぜならアンモニアは爆弾の主要材料であるにもかかわらず、ドイツでは南米からのアンモニア供給が断たれていたからだ。そのため窒素化合物の生産は著しく戦略的になり、その後の工業化へと道を開いた。戦間期、窒素工業はまだその初期段階にあったが、軍事利用という目的のもと政府から多額の補助金を得ていた。軍事生産の規模を維持するため、化学肥料の農業利用を推進する必要があったのだ[39]。もちろんアンモニア合成に関するハーバー・ボッシュ法も、人新世の歴史的なパズルの重要な一ピースである。ハーバー・ボッシュ法は、肥料製造の段階にかかる費用を抑えると同時に有機物の再利用や堆肥の必要性も低下させたため、人間社会と自然の生物地球化学的循環の代謝を断ち切るのに重要な役割を果たした。また、アンモニア合成は温度と圧力の極限条件（四〇〇度、二〇〇バール）を要するため、大量のエネルギーを消費する。よって窒素肥料は、トラクターとともに、人口増加と石油消費の関連性を大いに高めた要因となった。さらに人工肥料は地球規模で窒素の自然な生物地球化学的循環を著しく妨害し、河口の富栄養化することや強力な温室効果ガスである窒素酸化物を大気中に大量に放出することに繋がった。

水素添加反応がもたらした別の重要な技術は、炭素と人工ガソリンの生産に関連するものだ。この事例にも、自給自足と戦争の準備という文脈が背景にある。一九三六年、ナチスの四カ年計画のうち最も優位におかれたもののひとつが、燃料の国内調達であった。ヘルマン・ゲーリングの指揮の下、ＩＧファーベン社が人工ガソリンを生産するに至ったが、エネルギーの観点からみれば、この技術は極めて効率の悪いものであった。一トンの石油を得るために六トンの石炭を必要とするからだ。戦後、この自給自足技術は一般的に利用されなくなったが、石油国際市場から外れていた東ドイツ、またアパルトヘイト下の南アフリカでは利用され続けた。現在は中国が石油の戦略的貯蓄量を増加させる目的でこの技術に関心を示している。オイル・ピークの文脈を踏まえるならば、石炭の水素化は死新世と熱新世のあいだに中期的な連続性が存在することを示すものであり、気候変動を計算不可能なレベルにまで深刻化させる結果を導いている(40)。

世界を動かす

戦争は商業的な連携を妨害あるいは分断するため、政府や企業は必要な物質を調達するための新たな供給対策を模索せざるを得なくなる。自給自足技術が支配される側の出した答えならば、イギリスやアメリカといった強大な覇権国家は、自国の物質的な基盤を地理的拡大に求めてきた。歴史的にみれば、戦争は新たな戦略的物質や資源の発見に貢献してきたし、新たな領土を工業的な開発計画に統合してきた。

したがって、史上初のグローバルな物質移動がナポレオン戦争中に行なわれたことには重要な意味がある。それまでに大西洋を横断していたのは砂糖（一八世紀末には年間五万トン）、米、煙草、そしてもちろん貴金属などの高価な商品のみであった。一八〇八年、ナポレオンの大陸封鎖政策はイギリス海軍に必須の資源であったバルト地方の木材供給路を断ったため、イギリスは北アメリカへと目を向けた。木材の輸出量は一八〇二年に二万一〇〇〇トンであったのが一八一五年には一一万トンへ増加した。このアメリカ木材の開拓は新たな商業習慣を生み出したため、戦後になっても弱まるどころか著しく活発化した。戦争前、イギリスのアメリカ木材の輸入はたった六パーセントであったが、一八一五年後には七四パーセントへと激増した。このような木材の流通の変化が数年で大西洋間の輸送能力を三倍に増やし、一九世紀の大量移民を可能にしたことを考えると、この変化は重要な歴史的現象であったことがわかる。[41]

また戦争は人や物の大量移動を強いる。戦闘部隊や軍備品を輸送するために新たなインフラの建設が必要とされるのだが、これが戦争終了後も長期間にわたる経済効果と自然環境上の影響を生み出すことになる。ロンドンとミッドランド地方を繋ぐ一八〇五年に開通したグランドジャンクション運河や、一八〇六年開通のグランドユニオン運河の掘削工事が一九世紀末に開始されたのは、軍隊への軍需品供給という兵站問題を解決するためであった。その他、最もよく知られている例はドイツの高速道路（アウトバーン）建設の例であろう。自動車が全く流通していなかった国だったドイツで、ナチスがプロパガンダによって大規模なインフラ建設計画の近代性とその経済振興効果を強調し、急速に高速道路を押し進めた背景には、ドイツの戦略的ジレンマ、すなわち東西の国境線における攻撃に対する脆弱性を解決するという目的があった。一九三三年、フリッツ・トッドは六〇〇〇キロメートルの高速道路を五年で建設するようヒトラーより命じられた。この計画を正当化するために、第一次世界大戦中の一九一四年九月にマルヌ地方のタクシーがフランスを敗戦から救ったことが成功事例として挙げられた。トッドの高速道路が完成した結果、三〇万もの人間が国の東部から西部へとたった二日間で横断することが可能になった[42]（図11）。

そのように考えると、一九五〇～六〇年代の西洋社会の石油化は第二次世界大戦中に準備されていたという説は妥当であるといえるだろう。イギリスを例にとれば明白である。イギリスは戦前、世界第一のエネルギー輸出国であったが、第二次世界大戦とアメリカ石油への大規模な依存が、一九五〇年代には同国を第一の石油輸入国へと仕立て上げた。さらに戦争中の軍用飛行場への石油輸送のため、製油所とパイプラインの建設が不可欠であった。このように著しく高コストで、しかも大部分が公費によってまかなわれる石油を使用した兵站計画が、戦後の自動車の大衆化を可能にしたのである[43]。

第二次世界大戦後、アメリカの都市の郊外化（とその結果としてのモータリゼーション）は核の脅威によって推進されてきた。その頃の戦略家たちが都市を戦略的爆撃の観点から考えるようになったからである。一九四二年から四四年のドイツの工業地帯分散政策の成功を鑑み、戦略家たちは核の攻撃に対する工業システムの抵抗力を高めるには、工業システムを脱中心化するのが不可欠であると評価した。こうして一九五一年、「工業地帯分散」のための国家政策が開始された。政府は工業中心地から離れることを承諾した企業には減税、戦略資源への優先的アクセス、補助付きローン、軍事契約などの利益を約束した。この時期に衛星都市やボストン周辺の一二八号道のようなバイパスが登場し、そこに戦略的に工場が建てられた。都市汚染や渋滞から離れた快適な生活環境として郊外が公的に宣伝されはじめたのも同じ頃である。(44)

図 11　ドイツ第三帝国の高速道路、1936 年
出典：'Reichsautobahnen in Deutschland', 1936 ドイツ歴史博物館所蔵

　ドイツのアウトバーンに深く感銘を受けていたアイゼンハワーは、大統領任期中に二〇世紀の土木工学計画のなかでも最も重要なもののひと

つを開始させた。それは七万キロメートルの高速道路を五〇〇億ドルの投資をもとに一五カ年で完成させる計画だ（マーシャル・プランは一七〇億ドルの計画だった）[45]。この莫大な投資は議会において、高速道路は核攻撃時に都市からの避難に役立つという国防の名のもとに正当化されたのである。数年に渡る交渉の末、一九五六年、議会は全米州間国防高速道路法を可決した。この「州間高速道路（インターステートハイウェイ）」のネットワークは、四〇〇のアメリカ軍基地を敷設するため人口の少ない地域を横断するよう構想されていることから、軍事目的にも十分かなっている。道路やトンネル、橋の規格は軍用車両に適応するよう調節されていたのである[46]。

戦争は二〇世紀後半の経済的グローバリゼーションの基礎を整備する上でも、同様に重要な役割を果たしていた。海運業界に物流の巨大な変革をもたらしたのも戦争のグローバル性である。一九四一年、スエズでは一一七隻の船が荷下ろし待ちの状態で待機しており、一九四二年五月、ボンベイには一七一隻の船が待機していた。中東の港はアメリカの戦争物資を受け渡すために整備された。戦争がこの時期に世界規模のものとなったことにより、グローバリゼーションの諸条件も再設定されたのである[47]。一九四一年一月、アメリカはかの有名なリバティ船建設の緊急計画を開始し、これにより一九四一年から四六年の間に二七〇〇隻以上が建設された。その結果、戦前に存在した船舶の半分が紛失か廃船されたにもかかわらず、世界海運力は一九三九年に比べて四六年のほうが高くなっている。戦争による破壊とリバティ船の登場はまた、海運の石油化ももたらした。戦前、重油でまかなわれていた海運は全体の三〇パーセントであったが、それが戦後には五二パーセントに増加した[48]。

コンテナ船の利用は、一九八〇年以降になって我々が経験したグローバリゼーションを根本から形成した要因であるが、その歴史もまた戦争に結びついている。一九五六年、すでに大規模陸運会社のトップにいたマルコム・マクリーン社は、第二次世界大戦時に使われた原油タンカーを二隻購入し、コンテナ輸送船として改造した。この海運業は当初不振であったが、ベトナム戦争が巨大な市場をもたらした。一九六五年、アメリカ軍は運送業者の非効率性、盗難、紛失など深刻な兵站問題に直面していた。訓練された港湾労働者や適したクレーンを欠いていたために、サイゴンの港には荷下ろし待ちの船が多く滞留していた。[49] そのため小さな船への荷の積み替えを余儀なくされ、経費がかさみ紛失も増加した。一九六六年、マクリーンは兵站輸送を自社に任せるようアメリカ国防省を説得した。一九七三年、マクリーンが経営するシーランド・サービスの軍事収入は四億五〇〇〇ドルにのぼった。軍事物質を送った後、コンテナ輸送船を積荷が空のままベトナムからアメリカへ帰還させることを望まなかったマクリーンは、高度経済成長期にあった日本を経由させることを決心する。日本政府はこの好機を逃すまいと、東京と神戸の港に必要なインフラを急速に整備した。輸送費用の軽減によって電化製品や自動車などの日本の対アメリカ輸出品が増加したことで、我々が「グローバリゼーション」と呼ぶものの口火が切られたのである。

燃焼と殺傷

人新世の歴史を構築する重要な局面の一部は、熱新世と死新世の間に形成される無数の結節点にある。

なかでも軍事はエネルギー消費の多い技術の普及に重大な役割を果たした。軍にとっては、技術の生む物理的な威力のほうが生産性よりもはるかに重要だったのだ。

ナポレオン戦争の間、ヨーロッパの諸政府は石炭への関心を高めていた。大砲鋳造の増加によって炭鉱開発が促進された。フランスでは、炭鉱に関する法的枠組みが簡素化され、営業権を持つ者の権利は強化され、国家は大々的に鉱山調査に出資した。一八一一年、技術者たちはサンテティエンヌ地方で鉱脈の採掘範囲を定め、採掘権を明確にするため、広大な現地調査に乗り出した。石炭は当時その悪臭と不潔さのため家庭での消費は忌避されていたため、軍が炭鉱投資を安定させ推進するため大胆な購入契約を交わした。シャプタルによれば、フランスの石炭生産量は一七九四年に年間二五万トンであったのが、一八一四年には八二万トンに増加した。(50)こうして石炭は突如、戦略資源と化したのであった。一七九七年のカンポ・フォルミオ条約によりフランスに割譲されたザール地方は、鉄鉱開発と石炭開拓の場所となった。

イギリス海軍は石炭のグローバリゼーションにおいて、歴史的に重要な役割を果たした。イギリスの東インド会社は一八二四年以降、ビルマのマンダレー王国との戦争で蒸気船を使い始めていた。一八三〇年以降には、イギリスの阿片密売人が中国沿岸部で同じように蒸気船の利用を始めている。阿片の密売に加担していた貿易商のウィリアム・ジャーディンは、広州の統治者から密売をやめるよう圧力をかけられていたが、「我々の商売はこの街で砲兵が迫撃砲を数発放ったからといって砕かれるような気まぐれのものであってはならない」と高らかに答えている。一八三九年から四二年にかけて行なわれた第一次アヘン戦争は、中国の小型帆船に対する蒸気船の優位性を如実に示すものとなった。その蒸気推進力に加え、金属製の船体のおかげでイギリス砲兵は浅瀬でも航行することができたため、河川の上流まで敵の船舶を追い回し、街の中心部を脅かすことができたのである[51]。

イギリス海軍本部が英国地質調査所の協力のもと、包括的な炭鉱資源調査を計画したのもこの時期であった。ベンガル、オーストラリア、ジャワ島、ニューギニア、マレーシア、ブルネイ、パレスチナ、シリア、ニジェール、ソコトラ島、アデン、ナタルなどの地域がイギリスの供給連絡線を確保するための調査対象地とされた。イギリス帝国はこうした緻密な鉱山ネットワークと補給地を世界各地に敷き詰めることで、二〇世紀初頭まで続く海洋覇権の基礎を作り上げたのだ。すでにイギリス帝国支配下にあった諸国に関しても、地質学の専門家に現地調査を依頼することがイギリスの資本と技術者を呼び込むのに最も早く、また効率の良い方法をなっていた[52]。

イギリス海軍本部は世界海運の石油化に加担しただけでなく、二〇世紀のあいだに軍事と石油が非常に悪質な結託を結んだ際にも不可欠な存在となった。一九一一年七月、ドイツの軍艦パンターがアガディールの沖合に接近した。九月にイギリス海軍卿に命名されたウィンストン・チャーチルは、ドイツに対しイギリス海軍の優位性を高めることは必須であり、これは帝国の存続に関わることだと述べた。石油がもたらす利益に高い関心を持っていたチャーチルは、その戦術的な利点にも確信を持っていた。石炭に比べてエネルギー密度が高い石油は戦艦の活動範囲を広げ、推進速度も上げることができたし、空間と労働力の節約が可能であり、液体であるため燃料補給も迅速に行なうことができると考えた。さらにこの時代でもイギリス帝国に不足していた資源供給を確保する必要があった。アングロ・ペルシャン・オイル・カンパニーの株式の五一パーセントを購入したイギリス政府は、海軍の燃料供給のため二〇年の契約を交わした。この決定こそがペルシャ湾岸における対立と戦争の世紀の口火を切ったのである。[53]

第一次世界大戦は石油の戦略上の重要性を物語っている。一九一四年、フランスに上陸したイギリス部隊は八二七台の車両しか所有していなかったが、戦争の末期には五万六〇〇〇台のトラック、二万三〇〇〇台の自動車、三万四〇〇〇台のバイクを持つに至った。参謀本部は、第一次世界大戦はトラックの機関車に対する勝利だと考えた。[54] この戦争はまた、石油燃焼に関する研究を促進した。エンジンの速度、生産性、出力は四年の間に倍増した。国の支援のもと、自動車会社は設備を刷新し、生産ラインを導入し、テイラーシステムの適用を普及させたことで、半熟練の労働者を生産工程に組み込んだ。この頃フランスでは自動車工業の生産能力が四倍までなった。[55] その間、二〇万の軍用機が参戦諸国で生産されていた。

戦争と大加速

だが歴史上に決定的な局面を生み出したのはやはり第二次世界大戦である。第二次大戦において、ひとりのアメリカ兵は平均して第一次大戦当時の二二八倍のエネルギーを消費したことを鑑みれば、二つの大戦の間でエネルギーに関する飛躍的な発展があったことがわかる。連合国軍の戦略における最大の強みは、アメリカからほぼ無制限に供給される石油にあった。航空機という新たな技術により石油需要は爆発的に増加した。アメリカ空軍の統計によれば、五〇〇億リットルあまりの燃料が航空機のために消費され、そのうち八〇パーセントはアメリカが消費していた。軍事目的の消費において、兵站事業や軍産複合体が占める割合がどれほど大きいかわかるだろう。軍に割り当てられた石油の取り分は戦前にはアメリカ国内総生産の一パーセントだったのが、一九四四年には二九パーセントに増加した。さらにアメリカでは年間のガソリン精製量が一二億から一七億バレルになり、その生産力が一挙に高まった。

石油の流通は戦争の間に大きく変化した。パイプラインと精製の能力は軍事需要に応じるため格段に増大した。オクタン価一〇〇の航空燃料生産は、第二次世界大戦期の産業研究のなかでも最重要課題のひとつであった。アルキル化操作の研究に投資された資金は一〇億ドル、すなわちマンハッタン計画の半額に上っている。戦争終了時、アメリカは年間二〇〇〇万トンの航空燃料を生産する能力を持っていた。第二位であったイギリスが年間二〇〇万トンの生産力であったことを考えれば、その規模が桁外れであったことが想像できよう[56]。さらに一九四二年、二つの巨大なパイプラインが石油生産地のテキサスとニュージャージー、そしてヨーロッパの戦線を繋ぐため緊急で建設された。ドイツのUボートに見つからず確実に輸送を行なう目的で構想されたこれらのパイプラインは、今日でも利用されている。

一九五〇年代の大加速は、人新世の歴史において第二次大戦が果たした転換点的な役割、とりわけアメリカの役割を考えれば、それが当然の帰結として登場したことがわかるだろう。ドイツの電撃戦（ブリッツクリーク）の例ひとつをとっても、第二次大戦の本質は各国の生産体系の対立を具体化したものであったというべきだろう。すなわち大加速は戦争における産業動員、また工業生産能力の過剰を消費すべく生み出された民間市場が完成した結果として生まれていたのだ。

一九四〇年から一九四四年の間、アメリカの工業生産量は歴史上の他のどの時代よりも急速に増加した。第一次大戦時中は年間七パーセント増加していたのが、一九四〇年から一九四四年の間に四倍になった（原料の生産量は六〇パーセントの増加に留まった）。[57] 産業界は一九三〇年代の超過生産の問題で痛手を被っており、軍の需要に応じてその生産能力を引き上げることに抵抗を示していたため、生産部門における投資の大部分は公共資金によるものだった。アメリカ政府はインフラ整備、施設、生産設備の投資を受け持ち、その管理を私企業に託していた。アメリカで公費により実現された産業投資率は一九四三年には、七〇・四パーセントという歴史的記録に達している（現在はこれより一〇パーセントほど減少している）。[58] インフラや交通機関への巨額の公共投資の結果、航空機と弾薬の生産量は元の一五倍に増加し、他にも造船は一〇倍、化学製品は三倍、ゴムは二倍、ボーキサイトは三倍に増加した。[59] トンキロ単位で輸送量を計算すると、陸上輸送量は二倍以上、航空輸送量は六倍、パイプラインによる石油輸送量は五倍に増加した。

過剰な生産能力とその平時への再転換の問題は、アルミニウムによく表れている。アルミニウムの生産は大量の汚染物質を排出する上、エネルギー消費が非常に多い。アルミニウムを生産するにはまずボーキサイトをアルミナに変換し、アルミナをアルミニウムに変換する必要がある。現在、アルミニウムの生産のために消費される電力は世界で発電される電力の四パーセントを占めている。アルミニウムの発祥地であるフランスが戦間期、その工場をアルプス山脈に設置したのは、豊富な水力発電を利用するためであった。第二次大戦前には、この極めて高価な金属の利用は限られたものだった。

第二次大戦期における軍事航空の発達が世界の勢力図を根本から描き変えた。五年の間にアメリカでは三〇万機の軍用機が、そのうち九万七〇〇〇機は爆撃機として製造され、イギリスでは一二万三〇〇〇機、ドイツでは一一万一〇〇〇機が生産された。アメリカではボーキサイトの採掘量が一九三九年に一三万トンであったのが一九四五年には一一〇万トンに増加し、カナダでは六万六〇〇〇トンから五〇万トンに増加した。アルミニウムの世界生産量は第二次世界大戦期に三倍に増え、そのうち四分の三を北アメリカが占めていた。その結果、ボーキサイトの地理状況は変化した。それまでの主要生産地であったフランス、ギリシャ、イタリアはスリナム、イギリス領ギアナ、ジャマイカに取って代わられた。[60] 鉱床が貧困国へ移動し、そして現地では採掘作業が簡素化されたために、ボーキサイト生産は残留性重金属により地下水を汚染し、環境に悪影響を及ぼすことになった。

戦争終了時、アルミニウム工業では販路を見つける動きが多く見られた。イギリスでは一九四四年法により、五〇万のプレハブ家屋を緊急に建築することが計画されていた。航空産業は、アルミニウムがその用途を変更できる資源であると考え、アルミニウムと石綿（アスベスト）を使って個人用住宅や学校を大量に建設した。[61] アメリカでは航空会社ビーチが建築家のバックミンスター・フラーにアルミニウム製住宅を構想するよう依頼した。アルミニウム産業はさらに工業施設、自動車、交通機関、タービンなど数多くの市場を獲得した。健康被害の危険性が警告されていたにもかかわらず、金属の味を呈さず、熱伝導に優れ、錆び付かないといった性質から、アルミニウムは高性能な調理用金属として売買された。アルミニウムはこうして食料品の保存料や乳化剤、化粧品の固化防止剤としても使用された。

フォルクスワーゲンとその戦後の看板車種「ビートル」の歴史は、戦争と民間消費の関連性を非常によく例証している。一九三三年、ヒトラーはオーストリアの工学技術者フェルディナント・ポルシェに、一〇〇〇マルク以下の「国民車（フォルクスワーゲン）」を設計するよう命じた。ナチス政権は、生産工場に出資するため、一台の自動車を持つまで数年のあいだ積立金を支払うフォルクスワーゲン積立プランを設立した。戦争終了前に車を得ることができた個人はいなかったが、ヴォルフスブルクの工場はポルシェの設計図をもとに、七万台以上の「キューベルワーゲン」〔戦地用の「バケツ座席」ワーゲン。バケツ座席とは悪路に対して身体を固定するもの〕をドイツ国防軍のために生産した。戦後、フォルクスワーゲンはこのキューベルワーゲンをビートルと名を変え売り出したのである。[62]

現代の民間航空機も同様に第二次大戦の産物である。アルミニウム、レーダー、ジェットエンジンなどの技術面ではもちろんのこと、この連続性は制度的にも存在する。一九四四年シカゴにおいて「商業と旅行の国際的な発展と拡大」を促進する目的のもと、国際民間航空機関（ＩＣＡＯ）〔国際航空運送協会（ＩＡＴＡ）が航空会社により構成される業界団体であるのに対し、ＩＣＡＯは各国政府により構成される国際機関であり、国際航空運送に関する規制や勧告の作成などを行なう〕を設立する条約に五二の国が批准した。一九四四年条約の条項のひとつは航空燃料に対する課税を禁止しているため、現在の気候変動対策を視野に入れた航空輸送課税計画の実現を困難にする要因となっている。走行距離に対する石油価格が高騰しているのに反し、飛行機を利用した旅行は桁外れに安価なものに留まっているが、航空産業は二酸化炭素排出量を一〇年ごとに倍増させていることに表れているように、最も急速にその排出量を増やしている産業部門である。

このような過程を経て、第二次世界大戦は大量消費社会の技術的・法的枠組みを整えたのであった。

第七章

貪食新世

地球を消費する

「我々のアイデンティティはもはや我々が実現するものではなく、所有するものにより定義されるようになった。［……］消費行為は我々の存在意義についての探求をもはや満たすことはなく、物的財産の蓄積が我々の空虚な存在に意味を与えることはできないことを我々は学んだ」。

一九七九年七月一五日、ジミー・カーターは六五〇〇万人のテレビ視聴者の前で、反消費主義についての重要な演説を行なった。この演説の時代背景にあったのは第二次石油危機である。アメリカ大統領は石油の輸入削減を直視し、国民に自家用車を手放すよう呼びかけていた。だが、この考えの根幹にあったのは、エネルギー危機は諸価値の根本的な転換がなければ乗り越えられないという見解だった。アメリカ国民は消費主義と個人主義を手放し、市民的徳行、キリスト教的徳行という源泉に立ち返ることを呼びかけられていた。

一九八〇年、カーターはアメリカ的なヘゲモニーの再建と汚染活動の規制緩和に好意的であったロナルド・レーガンに対し敗北した。このことがカーターの指摘の限界を表しているのだとしても、彼の演説は消費社会批判が公共空間において前例のないほどの大きな影響を持つようになっていたことを示している。一九六〇年代から七〇年代への転換期には、フランクフルト学派発祥の「商品フェティシズム」や「文化的疎外」といった用語がジャーナリズムの紙面を賑わせていた。ヘルベルト・マクルーゼの『一元的人間』（一九六四年）、ジャン・ボードリヤールの『物の体系』（一九六八年）、ギー・ドゥボールの『スペクタクルの社会』（一九六七年）、マーシャル・サーリンズの『石器時代の経済学』（一九七四年）などが書店の売れ筋商品であった。脱産業社会という概念の理論家であるダニエル・ベルはその著書『資本主義の文化的矛盾』（一九七六年）の中で、消費社会はアメリカ資本主義の基礎となったプロテスタントの職業倫理を蝕んでいると述べた。クリストファー・ラッシュは一九七九年にベストセラーとなる『ナルシシズムの時代』を出版し、その中で消費主義的・快楽主義的主体を嘲弄した。消費行為に対する文化的批判は、環境批判とも緊密に結びついている。ローマ・クラブの有名な報告書「成長の限界」から二年後の一九七四年、生物学者のアン・エーリックとポール・エーリック夫妻は鉱物資源と農業資源の近未来における枯渇を預言した『富の終焉』を出版し、これも成功を収めた著作となった。

だが、一九六〇、七〇年代がこのような批判の絶頂期かといえばそうでもない。強力な批判は冷戦期にすでに存在しただけでなく、「消費社会」という表現もすでに現れていた。一九五〇年代は個人主義と消費社会の台頭を暴いたデイヴィッド・リースマンの著作『孤独な群衆』(一九五〇年)の登場に特徴づけられる。これはすべての時代を通じて発表された社会学の著作の中でもかなりの人気を博したものであり、一四〇〇万部の売り上げを記録した。さらに一九五八年、ジョン・ケネス・ガルブレイスは著書『ゆたかな社会』の中で私的消費と国家繁栄の間に矛盾があることを指摘した。ガルブレイスによると、(広告により人工的に維持される)私的消費の横溢が教育や福祉、公共交通機関などへの公共投資を限定的なものにしているという。一九五七年、ヴァンス・パッカードは『かくれた説得者』の中で、広告のシニシズムと広告が生み出す膨大な物的浪費を告発した。

時代をさらに遡るなら、二〇世紀の初頭にはソースティン・ヴェブレンのような学者が広告やマーケティング、過度な消費の発達に警鐘を鳴らしていたことがわかるだろう。一九二五年、スチュアート・チェイスは消費の繰り返しを強いる質の悪い商品が増加していることから、このような計画的陳腐化に反対する辛辣な批判の書『浪費の悲劇』を刊行している[1]。

だが、このような社会批判が長い歴史を持つことを認めざるを得ないことは確かだとしても、同時にそれらが社会の歴史的な道筋を変更させようとするにあたり無力であったことも認めなければならないだろう。消費社会はその完璧な一例である。消費社会の批判はその標的と同じ程度古いものであるにかかわらず、消費主義自体は資本主義の原動力であり続けている。さらに悪いことに、歴史はこうした批判の大部分を裏付けるように、その通りになってしまった。ベルリンの壁の崩壊は消費主義による民主主義の勝利として、すなわち悪の帝国が商品の帝国の前に屈したという解釈がなされてしまったのである。

その次の年代には石油や一次資源、アジアの低価格労働力により消費が過剰になり、賃金上昇が停滞していたにもかかわらず富裕国は経済を活発化させた。アメリカの世帯が抱える借金は一九八〇年代には年収の六〇パーセントであったのが、二〇〇五年には年収の一三〇パーセントまでに増大した。この期間を経て住居の面積は五五パーセント拡大したが、それでも溢れんばかりのモノを収容するには十分ではなかったことは、セルフストレージ事業が二〇〇〇年代、年に八一パーセントという驚くべき速度で成長していることからも明らかである。二〇〇八年の経済危機以前には、家庭の過剰な所有物の管理を援助するホームオーガナイザーという新たな職業まで登場した。しかし同時期、幸福感を自己宣告により表す指数(「幸福度指数」)は、寿命の延長が留まり健康状態が低下し始めたのと同様に下がる一方であった(2)。富裕国では、教育、健康、豊かさといった人的開発指数はGDPと相関関係を持っていない。というのも、人的開発指数が一九七〇年代末から停滞しているのに対し、GDPというお粗末な現実的幸福度指数は恒常的に増加しているからだ(3)。

消費主義から抜け出すことのできないこの状況は歴史的にどのように意味付けられるだろうか。「再帰的近代」を唱える人物が何と言おうと（第四章、第八章）、実際のところ変わらず存在し続ける我々の絶対的な非再帰性はどのように説明できるのだろう。人新世の歴史学者にとって重要な争点となるのは、消費主義のメカニズムとその強大な力を把握することである。

我々を人新世に導いたのは欲望か

一九八〇年以降、多くの歴史学者が指摘していることは、「消費社会」を支える原理は一般的に一八世紀末のイングランド、そしてオランダに見いだせるということだ。この主張は当初議論を呼んだが、西欧の「進んだ有機的経済」の物質的な密度を再評価する一連の重厚な研究も生み出した。[4] ニール・マッケンドリックによると、一八世紀イギリス社会には磁器、織物、腕時計の他に、砂糖、茶、コーヒー、高級家具など植民地からの商品を消費することに関しての強い欲望が存在しており、これが商業分野の成長を支えていたという。一七五九年の王立目録調査によると、イングランドとウェールズには一四万一七〇〇軒の店舗が存在し、これは一万人の人口に対し二四〇軒という密度を示している（フランスには現在一万人に対し四五店舗が存在する）。[5]

この現象の原因のひとつは、当時の社会的地位が、ブルジョワと地主貴族の間に社会的競争が生じていた時代に比べ、さらに曖昧になっていたという事実だろう。「過度な消費」という表現の登場を経済学者ソースティン・ヴェブレンに結びつけて考えることもできるが、この概念はもっと古くから存在していた。例えばアダム・スミスはこの表現を生み出した人物のひとりである。スミスは、人間が豊かになる本能を自然なものとみなした。個人は何かを得ることに対する強力な熱意により動いているため、それを公共善に用いる方向に向かわせるよう管理し、飼いならさねばならないという。

その後の時代の歴史学者は消費革命と産業革命を結ぶ因果関係をより具体的に提示した。例えばヤン・ド・フリースによると、産業革命は一七世紀末から一八〇〇年代にかけての長い「勤勉革命」により準備されたという。この時代を特徴付けるものは生産の増加であるが、その間技術的な飛躍や生産性の向上などはなかった。すなわち経済成長は本質的に労働の強化によりもたらされたということだ。イングランドで年間二七〇〇時間だった労働時間が三三〇〇時間に増加したのは、基本的に宗教的行事が廃止されたためである。女性と子供が新たに市場に基づいた生産活動に加えられたことも要因として挙げられる。

「より働き、より稼ぐ」ことが一八世紀に受け入れられたのはなぜだろうか。それは、まさにこの時代に魅力的で新しい商品が登場し、それに対する欲望が人間活動に入り込んだからだ。例えば、腕時計と掛時計の普及は非常に急速で広範囲に渡るものだった。オランダで一七世紀末に記録されていた農民の死亡後の財産の目録をみれば、その中に掛時計が記されていることは非常に稀だったが、その五〇年後の目録には八六パーセントに掛時計があった。パリでは、一七〇〇年、一三パーセントの使用人が腕時計を持っていたが、一七八〇年にはそれが七〇パーセントにまで増加した[6]。ヤン・ド・フリースに従えば、消費欲はヨーロッパの経済運動の「機械仕掛けの神（デウス・エクス・マキナ）」と化した。この消費欲こそが生産活動を食糧生産農業から商業的貨幣領域へと転換したのだという。

このテーゼは、技術革新、石炭、大英帝国の「ゴースト・ヘクタール（架空の領土）」といった生産や自然環境についての説明を補完するのだが（第一〇章）、一方で人間の消費欲を自然化してしまうという欠点がある。日々を労働で埋めつくす規律を農村部から出てきた労働者や職人に叩き込むのは困難であったことを証明する事例がいくつも存在するのだが、それらは無視されている。例えば「聖なる月曜日」（すなわち計画的欠勤）などは、稼ぎの良い職人が余暇をとれるという特権が、一九世紀の間も慣習の中に根強く残っていたことを示すものである。(7)

アンシャン・レジーム期の法にならえば、職人は請負契約に従属していた。そのため職人には請負業者や出資者に期日までに作ったものを渡すという義務があったものの、労働の流儀やリズムは自分で決めることができた。この自由が職人を被雇用者から法的に区別していた。(8)農民にせよ職人にせよ、アンシャン・レジームの労働リズムは大きな不規則性により特徴付けられる。多忙な時期は比較的暇のある時期に次いで訪れるものだった。当時の著作家たちの多くが、労働意欲は賃金の増加とともに減少するという仮説を立てている。このような合理的な行動は、充足の文化がしっかりと根付いていたことを証明していると考えていいだろう。(9)

消費社会の下部構造

一九七〇年代の消費社会批判から生まれた別の歴史学が示すのは、一九世紀から二〇世紀の転換期にかけ、とりわけアメリカ合衆国で初の大衆消費社会を形成した物質的、制度的装置の重要性である[10]。この時代を特徴付けるのは第一次世界大戦直後の大規模な社会的対立、そしてストライキの波であった。争点となったのは単に賃金増加だけではなく賃金そのもの、すなわち賃金制度を成り立たせている根本原理と労働者の従属性だった。二〇世紀初頭、企業家は労働者の計画的欠勤に不満を漏らしていた。第一次世界大戦の最中でさえ、砲兵工場の熟練工は「聖なる月曜日」の慣習を手放すことを拒否した。

この時代は、テイラーシステムと電気が工場へ導入されたことにより生産性が著しく向上した時代でもあった。アメリカ合衆国では一八九九年から二七年の間に工業機械の性能が四倍になった。

そして、ついに経済的グローバリゼーションがこの時代に完成した。電信、ラジオ、冷凍船、鉄道ネットワークにより世界市場が統一された。消費社会と密接な関係を持つこの事象は、熱帯地域の国々の環境にとりわけ有害な結果をもたらした。一八七〇年から一九二〇年の間、コーヒー、砂糖、バナナ、ゴムといった熱帯商品のアメリカでの消費量は爆発的に増加した。年間一人当たりの砂糖消費量は一七キロから四二キロに増加し、コーヒーの消費量は七倍になった[11]。中米諸国では、広大な私有農地とユナイテッド・フルーツ・カンパニーが食糧生産のための農業を山の斜面へ追いやったため悲惨な土壌浸食を引き起こし、社会的対立を生み出した[12]。

グローバリゼーションは商品を生産者と土地から断ち切り、はるかに抽象的なものに変えていった。例えば一八六〇年代にシカゴに登場した巨大サイロによって、小麦はもはや生産地に関連づけることはできなくなった。すべての穀粒は混ぜ合わされ、品質というカテゴリーによって分類された。この抽象化は、自然を世界資本主義のネットワークで流通しやすいものへと変貌させた。シカゴに保管された穀物がロンドンで買い取られることが可能となり、その産地についての想像力が働かされることもない。サイロの登場とともに食品の先物取引も考案されたため、穀物を収穫の前に買い取ることすら可能となった[13]。

大量消費はこれらの多様な変化にアメリカ資本主義を戦略的に適応させる役割を担った。政治家、企業家、広告業者の明確な共通目的は、まずテイラー式工場の新たな生産能力を吸収できる市場を創り出すことだった。ハーバート・フーヴァーによると、「賃金上昇は大量生産の根本である[14]」。賃金の他にも、複数の技術革新が巨大市場の登場を可能にした。

最初に普及したのは商標だ。一九〇〇年代にはまだ、普通の消費材の大部分にはメーカー名が記されていなかった。食料品店は樽から酢を汲み、袋から砂糖を取り出していた。大量生産の選択は、当時は大きなリスクを伴うもので、生産に必要な高価な機械のコストをカバーできることが確実でなければならなかった。企業家は仲介商人から独立し、安定した販路を必要としていた。メーカー名は消費者との直接的関係を作り出すことで卸売商を通さない売買を可能にした。消費者が特定のメーカーの商品を欲するため、小売商は一定の備蓄をしなくてはならなくなった。生産者側にすれば、メーカー名の使用は需要を安定させ、経済変動の影響を減少させることにつながる。メーカー名の保護は一八九〇年、アメリカの最高裁判所の判決が時効なしの所有権を認めたことで確実なものとなったが、この決定は特許権の保護が一四年であったことに逆らうものだとして激しい議論を巻き起こした[15]。

同じように、アメリカ合衆国の一九世紀から二〇世紀への転換期を特徴づけるのは、商品流通ネットワークにおける革命である。物々交換と値切り交渉は周縁化され、掛売りが根づき始める。その掛売りも伝統的な付け買いから消費者信用へと移り変わった。また通信販売やチェーン式スーパーマーケットなどが開発され、チェーン店のピギー・ウィギーは第一次世界大戦の間、人員不足のために顧客自身が店内で商品を選ぶセルフサービスを開始した[16]。

広告もその性質を変えた。小さな宣伝欄しか利用しない周縁的な活動であった広告が、消費社会に不可欠な動力となったのだ。一九二六年にはアメリカの広告産業は五八〇〇万から二億ドルに膨れあがった[17]。ニューヨークのマディソン・アヴェニューが広告産業の中心地になった。この間、商品の宣伝は生活様式、また社会的な規範の印としての消費の称賛に取って代わられたのである。広告業者は消費者の自己認識を弱らせることが商品を売るために必要だという重大な発見をした。一九二〇年代、広告業者向けの雑誌であるプリンターズ・インクは国民を「自分の呼吸が乱れているとか鼻に毛穴があるといった問題に意識的に」させねばならないと述べた。広告は「大衆の生活様式に不足感を与え、彼らを取り巻くモノの醜さに不満をもたらさねばならない。満足した消費者は利益をもたらさない[18]」。この美味しい市場に投資したのは心理学者や心理分析学者、社会学者そして行動分析学者だった。

広告の発達とともに、古典的な市場の概念は完全に覆された。以前、市場は経済学者が使用する抽象的なものであり、理性的な個人が自らの需要を満たすという目的があって初めて参入するような出会いの場であった。それが広告業者の生み出す具体的な場、すなわち目的なしに作ることができ、需要は変わりやすく、購買者は非合理的な場へと変化したのだ[19]。

規律的快楽主義

一八九三年、経済学者のジョージ・グントンは、労働者をその職務に従事させるには新たな商品が不可欠だと主張した。「欲されているものの不在が、それを得るのに必要な努力と犠牲をもたらすのに十分な苦痛を生み出す[20]」。深く安定した市場の創出に並ぶ、大量消費の第二の目的は極めて明示的であり、それは労働者を規律化することだった。ヘンリー・フォードが競争相手の二倍の賃金である日給五ドルを導入したのは、労働者が製造する自動車を彼ら自身も購入できるようにするためであったが、それ以上に労働者の離職を減らすためであった。テイラーシステムや流れ作業に対する労働者の不満は著しく、フォード社は一〇〇人の働き手を得るために九六三人も雇用しなくてはならないほどだった[21]。

消費者信用（個人クレジットによるローン）は規律的快楽主義の根幹を成している。一九二〇年代までこのような取引は付買いのようなインフォーマルなもの、あるいは高利貸しや闇取引のようなものに留まっており、銀行は企業や不動産取引にのみ融資していた。だが一九二〇年代に登場した分割払いによる販売という新たな販売信用の技術が「今すぐ購入し後で支払う」という格言を定着させていった。

フォード、ゼネラル・モーターズ、ゼネラル・エレクトリックといった耐久消費財を製造する諸企業がローンの主要な供給者となった。不況のせいで産業投資が停滞しているときには銀行もこの営利的な市場に興味を示した。言い換えるならば、アメリカにおける大量消費の発展はローンによって牽引されたのである。例えば一九二六年、アメリカの全世帯の半分はすでに自動車を一台所持していたが、そのうち三分の二はローンにより購入されたものだった。[22] これはアメリカに特徴的なことである。なぜなら、イギリスとフランスという最もモータリゼーションが進んだ西ヨーロッパの二国でさえ、一九三〇年代末には二〇人あたりに一台の車しか所持されていなかったからである。またイギリスにおける消費者信用の導入は失敗に終わったことも知られている。[23]

「消費社会」とはすなわち物質と環境に対する新たな関係性、そしてこの関係を欲望の対象にする新たな社会統制の形式を指す。規律的快楽主義は大量生産とその環境に対する破壊的な効果をもたらす上で不可欠な役割を果たしただけではなく、それを担い続けている。そのためにはあらゆる価値を変化させねばならなかった。修理、倹約、貯蓄が国の経済に災いをもたらす廃れた慣習とみなされた傍ら、何度も繰り返される過度な消費、流行や商品の陳腐化は尊敬に値する目標となった。昇給、そして特に消費者信用の実施こそが刷新された社会統制の軸を成し、かの有名なフォード・モデルの中心に居座っていたのだ。消費と引き換えに、個人はますますルーチン化する仕事とローンへの依存を受け入れねばならなかった。

リサイクルから計画的陳腐化へ

大量消費が絶対的で根本的な実践であったリサイクルを凌駕したのは一九世紀のことだ。このことは物質の循環を大きく変容させた。

一八六〇年代のフランスにおいて廃棄物の回収を行うシフォナージュという職業は、およそ一〇万人が受け持っていた。当時はほぼすべてのものが回収の対象だった。紙にするためのぼろくずはもちろんのこと、細工品製造者やボタン屋のための骨、そして獣炭、リン、アンモニウム塩、ゼラチンなどが回収された。一九世紀末まで、都市廃棄物は体系的に農業に活用された[24]。すなわちリサイクルは流通機構のなかに組み込まれていたのである。アメリカでは販売代理人がぼろ切れ屋の代わりをしていた。彼らは販売業者相手に使用済みの商品、金属材やガラス材、ぼろ切れなどと引き換えに新品の商品を渡すことで、全般的な回収の努力を活発化させていた[25]。

家庭内のノウハウはごみの発生を最小限に抑えていた。『倹約家の主婦』や『家族がすべてを救う』、『第二の調理法体系』といった題名のマニュアル本が多く出版され、ごみをリサイクルするよう主婦に指南していた。例えば石鹸を作るために料理油を残しておくことはよく知られたリサイクル実践だった。都市部に動物が多く存在したのは、生産された有機ごみを処理するためだった。一九世紀半ば、ニューヨークでは腐肉を漁る豚が自由に放たれていた。これらの豚は道の清掃を受け負っており、貧民が生計を立てるのに役立つ一方でブルジョワの苦情もかき立てていた。「ニューヨークへ赴く際は、豚にお気をつけあれ」とディケンズが警告したのは一八四二年だ。[26] 一九世紀末まで、小さな豚小屋と鶏小屋は街中でよく見受けられた。

一九世紀末に現れたリサイクル経済の危機は数多くの要因から説明できる。まず都市の変容を挙げよう。都市の拡張、導水の一般化、そして水洗トイレが排泄物の回収とその農業活用を複雑なものにした。次に技術的な要因が挙げられる。例えば木材パルプから紙が製造されることで、ぼろくずは不要なものと化した。同様に、二〇世紀半ばにおける人工硝酸塩の普及によって、排泄物や都市の汚泥の農業的役割は失われた。生産性の向上は総じて回収行為を生産行為に比べ経済的に不利益なものにしたのである。

モノの文化も変化した。一九二〇年代、当時非常に人気があった家庭経済学の専門家であるクリスティーン・フレデリックは、「利便性（コンビニエンス）」の概念を家計における産業能率と等しいものとして普及させた。そこで変化したのは「無駄」の意味である。問題となるのは捨てられた物質ではなく、失われた時間となった。[27] 家庭電化製品一式が家庭での効率や女性の解放といった主張とともに販売された。一九三〇年代にはすでにアメリカ世帯の半分が洗濯機、そして掃除機を有していた。[28] その前の二〇年代には工業的調理済食品がアメリカの中流階級の間で広まっていた。

衛生の名の下では、使い捨て文化が登場した。キンバリー・クラーク社は第一次世界大戦の間アメリカ軍に包帯を供給していた。その結果一九一八年、同社には行き先のない綿のストックが溢れ、これを使い切るため初の使い捨て生理用タンポンであるコテックスが発明された。工業的な包装もまた衛生のために普及した。[29]

さらに、自動車産業において普及した心理的陳腐化という作用が、過剰生産を防ぐための不可欠な装置となった[30]。一九二三年、アメリカ全世帯の半数は既に車を一台所持し、T型フォードが飽和状態の市場を支配していたにもかかわらず、ゼネラル・モーターズはモデルを毎年変更する計画を導入した。陳腐化の戦略は産業研究が占める比重の増加と結びついている。一九一三年に開発された電気始動機は、一定の水準の財産を直ちに廃れさせてしまう研究開発（R＆D）のキャパシティをよく物語っている。一九三二年にはフォード社がこの流儀にならい、後には家庭用器具一般に広まった。技術革新がなかった時期にも、一九五〇年代の未来志向の工業的デザインが永続的な技術的進歩の幻想を保っていた[31]。

金より時間

消費主義は経済的秩序に限ったことではなく、労働をめぐり構築される時間的秩序をも定義づけている。消費主義の勝利は、労働時間の大幅削減を求める強力な社会運動を消し去った。これらのオルタナティヴな声は恐慌と戦争の間に挟まれ、聞かれることはほぼなくなった。

消費と余暇の折り合いについては二〇世紀前半に熱い議論が交わされた。当時最も影響力のあった経済学者であるアルフレッド・マーシャルは一八七三年に刊行された『労働階級の未来』のなかで、物質的需要は無限に拡張されないため、生産性の向上は余暇に割り当てられる必要があると論じた。マーシャルは一日六時間労働、さらに重労働が課される職種に対しては四時間労働さえ提唱していた[32]。一日八時間労働はヨーロッパとアメリカのすべての労働組合で共有されていた要求であった。一九一〇年代から三〇年代の世代にとって、生産性の劇的な向上は必然的に労働時間の大幅な短縮に結びつくと信じられていた。経済学者そして知識人（ジョン・メイナード・ケインズからバートランド・ラッセル、シャルル・ジドやガブリエル・タルドに至るまで）は、消費ではなく余暇こそが過剰生産と失業を避けるための経済的均衡をもたらす調整装置だと考えていた。

工場における生産性の向上が明確になったのは、第一次大戦とテイラーシステムの大規模な導入による。戦争終了後、ユニリーバ社の創始者であるウィリアム・リーバが一日六時間労働を支持した。一九二〇年代、ヨーロッパの左派は労働の科学的な組織化が個人の自由な時間を拡大するものだと考え、これに賛同した。組合は労働者の職業に対する伝統的な誇りを大量生産と生産性を肯定するにあたり再利用したのだ。[33] 自由時間は、それこそが社会的生活の中心になることが予想されていたため、民主主義体制においてもファシズム体制においても政治的脚光を浴びた。休暇用のキャンプ場やディスカッション・グループ、スポーツ活動が政府により奨励された。フランスではレオ・ラグランジュがこの思想のシンボルとなった。

一九三〇年代の経済危機はまず、このような労働時間の削減の動きを強化した。ヨーロッパでは諸労働組合が週四〇時間の労働を要求し、一九三六年にはこれがフランスで可決された。一九三二年、アメリカ労働総同盟は週三〇時間労働を給与の減少と共に訴えた。アメリカ合衆国上院は週三〇時間労働を命じる法案を一九三三年四月、下院がこれを否決する以前に可決した。[34] したがって不況は一九二〇年代の消費礼讃を失墜させたようなものだった。

消費主義の勝利

労働時間の減少を支持する強力な潮流が後退したことはどのように説明できるだろうか。

限界効用理論を分析の軸に据える経済学者の主張によって、自然需要と人工需要という伝統的な区別は効用という主観的な理論の影に姿を消した。不況は経済成長だという逆説的な考えが自然なものとして定着したのだ。それ以前の時代において、経済成長は物質的な拡大プロセスに結びつけられており、ある物質の生産増加や新たな資源、新たな土地の経済への参入を意味していた。一九三〇年代の過剰生産危機を経て経済成長は物質的なものではなく、貨幣需要と貨幣量の相関関係が強化されることだと認識されるようになった。金本位制が一九三〇年代に廃止され、さらに国民会計がＧＤＰという概念を発明して経済というものの考え方が非物質化されたことで、経済は物質的制限を受けることのない無尽蔵の成長体としてみなされるようになったのだ[35]。

アメリカではニューディール政策の経済学者たちが、不況は需要の欠損ではなく購買力の低下によるものだと述べていた。これを受けてフランクリン・ルーズベルトは大規模な公共事業、ケインズ式の景気刺激対策、そして購買力の向上を政策の軸に据えた。

第二次大戦はニューディール政策におけるケインズ式財政刺激をもう一押しした。戦争開始によってアメリカ国民の消費は増大した。一九四一年上半期において車の購買は五五パーセント増加し、冷蔵庫に至っては一六四パーセントも増加したのだ。[36] 一九三九年から一九四四年の間にアメリカ国民の購買力が六〇パーセントも増加したことを考えると、戦争はアメリカ国民を極めて豊かにしたといえよう。公的なプロパガンダは当時リサイクルと倹約を促していたが、それは後により多くの消費を行うためであった。「なぜ我々は戦うのか」と名付けられたプロパガンダ・キャンペーンが戦後に訪れる豊かさを約束していたように、有償の戦時公債は技術的進歩の恩恵を受けるために購入された。広告は来るべき未来を技術によるパラダイスとして描いていたのだ。ラジオの製造会社であるスパートンが説明したように、「勝利の後、家庭は素晴らしいもので溢れた宮殿になるだろう。科学は家庭を我々が夢見る以上に快適なものにする術を既に知っており、発明はこれまで見たこともないような便利な品々で家庭を埋め尽くすだろう」。[37] 電化製品で溢れた郊外個人住宅という「アメリカン・ウェイ・オブ・ライフ」の夢が作られたのも戦時中のことだ（図12）。

第二次世界大戦終了時、アメリカはまた新たに深刻なストライキの渦に巻き込まれていた。ゼネラル・エレクトリックの社長であり後にアイゼンハワー大統領の顧問となるチャールズ・E・ウィルソンはアメリカの問題を「外のロシア、内の労働者」と二つの言葉に要約した。[38] 一九四六年の雇用法と一九四七年の労使関係にまつわるタフト＝ハートリー法はしばしば「冷戦期のケインズ政策」と呼ばれた新たな秩序を構築した。一九四六年法は政府が完全雇用を促進し、生産と購買力を最大化するよう規定するものので、一九四七年法はストライキの権利を制限するものだった。これにより労働組合が消費の増加と引き換えに労働時間の削減を手放したため、労働組合は賃金の物価スライド［インフレーションの影響に対し賃金を物価上昇に応じて自動的に修正すること］を要求するようになった。資本家はそれと引き換えに、投資に必要な社会的安定を手に入れたのだ。また資本家は、利益拡大の機会を確保することを条件に、政府の経済への介入を受け入れた。こうして注文書を無事に埋め尽くす軍事出費が選択され、公共交通機関よりも高速道路が、公共住宅よりも個人住宅が、公教育への出資や一律の健康保険よりもG・I法案による退役軍人へのローンや私的年金が、政治的選択の中で優先されることになった。

ヨーロッパそしてアメリカ合衆国では、戦後の数十年でGNPが著しく増加し、三〇年で四倍になっ

図12　技術を消費する者にとっての天国として描かれる戦後の世界。ゼネラル・エレクトリックの広告、1943年
出典：*Life,* 10 May 1943: 19.

た。同時に平均収入は三倍になった。アメリカでは、信用販売の爆発的開花により消費がさらに急速に増大した。退役軍人のための保証付きローンやクレジットカードの登場により、アメリカ世帯の支払能力は一〇倍になった。その結果、一九五七年にはアメリカ国民の三分の二が借金を背負っている状態になったのだ。

このような経済運動の大部分は郊外化の拡大とモータリゼーションに依拠したものである。第二次世界大戦終了後、一四〇〇万人の帰還兵とベビーブームが住宅危機を際立たせていた。供給を刺激するため、不動産開発者のウィリアム・レヴィットは軍需工場の生産方式を応用するよう建設分野に呼びかけた。すなわち販売者との値段交渉のための大量生産、ひとつの住宅の建設に二六の部門というような役割分担、労働力の専門化、プレハブ部品の大量利用、電気の導入による建設の簡素化と垂直統合などの方法が用いられた（第五章）。戦前アメリカでは年間二〇万から三〇万戸の住宅が建設されていたのが、一九四九年には一〇〇万戸に増加し、レヴィットは国民的英雄になった。

郊外化は耐久消費財の購買を促進する。冷蔵庫、レンジ、洗濯機、テレビといった製品は、これらがしばしば住宅に備え付けられているにもかかわらず、その一例をなしている。一九六五年のアメリカにおける自動車の生産量は年間一一〇〇万台という歴史的最大生産数に達した。当時、六人にひとりの被雇用者が自動車製造業に関わっていた。

需要側の支払能力を高めるため、政府は住宅ローンを設立した。三〇年のローン計画により月額六〇ドル以下、すなわち労働者の賃金三日分で夢の郊外住宅を持つことが可能になった。直ちに何百万ものアメリカ国民にとって、郊外住宅の購入は都市住宅の賃貸よりも安くなった。また、道路インフラへの公的投資がこの郊外化の動きに伴っていたこともあり、一九五〇年代には新たな住宅の八〇パーセントが郊外に建設された。一九四七年から一九五三年の間で郊外地域は三〇〇〇万人の新たな住民を確保したが、そこに留まらず、一九六〇年には郊外人口は都市部と農村部を合わせた人口を超えた。同時期、労働力人口の半数と四〇歳未満の人口のうち四分の三が郊外で暮らしていた。

政府の支援する郊外化は労働者の政治空間と社会空間を再定義した。すなわち、かつて労働階級の団結を支えていた倫理的かつ社会的連帯が解体され、余暇はテレビが伝える郊外のイメージのもと私企業の管轄内で制御されるようになり、その空間は都市の公共圏から郊外の応接間に移動した。収入のうち映画館や劇場への支出が占める割合は、一九四七年から一九五五年の間に二パーセント減少した。[39]

冷戦期のケインズ主義は消費主義を国家的繁栄すなわち公民精神に、そしてソ連との競争すなわち自由の防衛に結びつけることで、そこに道徳的・政治的意味を与えた。大量消費は共産主義に代わるものとして提示された。アメリカ合衆国は従来の階級社会という障壁を抹消することで、ソ連を自らの土俵に連れ込み打ち負そうとしたのだ。一九五一年、社会学者のダヴィッド・リースマンは『ナイロンの戦争』を出版した。これは風刺的エッセイの体をなしており、アメリカ軍の大佐がロシア人を資本主義と肩を並べるよう説得するためソ連上空からストッキングや煙草、腕時計などを爆撃するよう指示するのだが、これに対しロシア政府は、キャビア、毛皮コート、スターリンの演説原稿といった「アグレッシヴな気前の良さ」を持って応戦するという筋書きだった。一九五九年七月二九日、モスクワで開催されたアメリカ博覧会におけるニクソンとフルシチョフの有名なキッチン討論はこのエッセイの主旨を裏付けるようなものだった。一九五〇年代、ソ連の著しい経済成長（現在の推定によると、NMP［Net Material

Product：物的純生産。社会主義国特有の生産を計る指標。ＧＤＰから生産目的外で行われる非生産サービス活動を差し引いたものに当たる」が一〇パーセント、ＧＤＰが五パーセント増加し、概して当時アメリカ合衆国を三・三パーセント上回っていた）は共産主義の理念に沿った富裕社会を準備していた。

ヨーロッパでは、ナチス体制とファシスト体制が政治安定のために消費主義礼賛文化を形成した。[40] ナチス権力は消費社会に対し両義的な態度を示していた。消費社会はアメリカやユダヤの退廃的発明である反面、体制内の中流階級と庶民階級の統合にはこれが欠かせないことを認識していたからだ。その解決策はアメリカ消費社会の有益な要素をいくつか保持しながらも（例えばヒトラーはフォーディズムの熱烈な支持者だった）、政府による市場組織、民間衛生商品の販売促進、そして非アーリア人の財産横領によりアメリカ消費社会との差異を強調し、アーリア人の消費社会を促進することにあった。ナチス政権は生産を合理化すべき「国民の商品」に指定された一四六商品のリストを作成した。例えば国民ラジオ［Volksempfaenger］、国民アパート［Volkswohnung］、そして国民車［Volkswagen］すなわちフォルクスワーゲンが挙げられる。ドイツの歴史学者ゲッツ・アリーによると、消費財に満ち溢れた様子はナチス体制へ民衆を統合する上でイデオロギーよりも決定的な役割を果たした。アリーは戦後の「ドイツの奇跡の復興」の起源をナチス政権に見いだし、戦後ドイツが引き継いだ消費社会、福祉国家、社会的市場経済の建設はナチス占領諸国の略奪とユダヤ人の財産横領が可能にしたことを示している。[41]

西欧において、生産主義と消費社会はマーシャル・プランと結合し、社会的妥当性の要として重要な地位を占めた。フランス共産党書記長のモーリス・トレーズはフランス北部の地方自治体ワジエの炭坑夫たちを前に「生産とは今日最も高尚な階級の使命である」と宣言した。[42]

戦後、アメリカ映画は「アメリカン・ウェイ・オブ・ライフ」の半公式プロパガンダとなっていた。近代的な家庭生活と豊かな空間は自明のもので、恋愛のもつれや犯罪シーンの自然な背景として放映された。[43] ルフェーヴルやバルトの先駆的な著作（一九五七年出版の『神話作用』）、そしてジョルジュ・ペレックが一九六五年に発表した『物の時代』は、フランス社会が消費主義文化へ突入したことをそのイコンや聖地とともに示した。例えば自動車の展示会や「家事術」の展示会、ヌーヴェル・ヴァーグ映画にいつも登場するクルマ、清潔に関する言説、家電による女性の解放、一九六〇年代に発達した大型スーパーマーケットなどである。[44] だが、すべての工業化社会に見られるこのような急激な経済成長を促す消費主義は地球上の自然資源の採取や一次資源の生産国との不平等取引により成り立っていた（第一〇章）。[45]

人新世の身体

このように大加速の中核にあった消費社会への突入は、環境を破壊するだけでなく、消費者の身体や機能も変化させた。二〇〇五年、成人人類は二億八七〇〇万トンの重量をなしており、そのうち一五〇〇万トンは過剰体重によるものだ。各国間の不平等性は国民の身体のうちに読み取ることができる。世界人口の六パーセントにしか満たないアメリカ国民は肥満のためにバイオマス総量のうち三四パーセントを占めているにもかかわらず、世界人口の六一パーセントに相当するアジア人はその一三パーセントにしかならない。[46]

アメリカでは日常的に摂取される脂肪分の量が二世紀の間に五倍に、砂糖の量は一五倍に増加した[47]。一九四〇年〜五〇年代はまたしても根本的な転換点をなしており、農産物加工食品会社の台頭、ファストフードの発展（マクドナルドは一九四八年、ケンタッキーフライドチキンとバーガーキングは一九五四年に創業）、カロリー供給と身体質量指標の急速な増加がみられる。当時、アメリカの栄養学者は誤ったことに栄養失調を主張していた。例えば一九四七年、ロックフェラー財団はヨーロッパ人の栄養状況を調査する研究者グループを派遣した。身長が比較的高いクレタ人でさえ、アメリカの水準から見て肉と乳製品の消費が不十分であるために栄養失調に苦しんでいるとされた[48]。この調査は一九四五年以降ヨーロッパに、そして直近の数十年で世界中に押し付けられたより広範な運動、すなわち肉類と糖分を著しく多く含み、満腹感が遅れて感じられるほどにカロリーが凝縮された加工食品に支配された新たな食事モデルの普及運動につながっていった。加工食品の大企業が活発に作り上げたこの食事モデル[49]は生物多様性をむしばむ過剰漁業や特殊化、単一栽培、肥料や殺虫剤の使用に伴う汚染、家畜化や大豆耕作やアブラヤシ栽培の脇に退けられた熱帯林、温室効果ガスの大量排出といった地球生態系の崩壊を伴った。

新たな食事はまた、ガンや肥満、心血管疾患といった慢性病の急激な増加も招いた。アメリカ貧困家庭の女子の早熟な第二次性徴やヨーロッパにおける子供のガン発生率の増加（三〇年で三五パーセント増加）は心配の種を増やす一方だった。だが、問題はよりグローバルなものである。慢性病は世界的な死因の第一位となり（二〇〇八年における五七〇〇万件の死亡の六三パーセント）、第二位の伝染病（三七パーセント）を突き放している。さらに慢性病はインドや中国でとりわけ発展を阻害している[50]。過剰体重や肥満で苦しむ人口は一九八〇年に八億五七〇〇万人を超え、二〇一三年には二一億人に達した[51]。そして栄養学者たちは今になってクレタ式食生活の利点を褒めそやしはじめた。

最後に、人新世の身体とは数千もの有害物質により変質させられた身体でもある。二〇〇四年、REACH［Registration, Evaluation, Authorization and Restriction of Chemicals：化学物質に関する欧州連合規則］で、化学物質についての規制の議論が交わされた際、WWF［世界自然保護基金］は三九人の欧州議員の血液検査を公表し、その中に残存性と生物蓄積性のある有害物質が平均四一も存在することを示した。第二次大戦後に化学合成によって誕生した物質の増殖を、柔軟な規則としきい値概念が許してしまったのだ。一九四〇年代末、毒物学者は特定の合成化学由来の分子は、いかなる分量でもガン発生リスクを高めることを諸政府に警告した。それを受け、こうした分子が食物中に含まれないような合意がなされた。アメリカでは一九五八年、デラニー法が食物内における殺虫剤の残存を禁止した。しかし、一九七〇年代になって重視されたのは最終的にコスト・ベネフィット分析（物質の経済的利益に応じて一定のリスクを容認する）としきい値の決定であった。その結果、食物の「一日当たり許容量」や空気の「最大認可濃縮度」といった新たな国際基準が規則を巧妙に歪曲した。しきい値効果など存在しないことを考えると、これらの基準は経済的理由のためにガンの許容割合を設けるという考えを容認したことを意味する。(52) さらにアメリカでは一九六三年から二〇〇三年の間に車での移動距離が倍増し、六五パーセントの成人が肥満になった。これは心血管性疾患の増加を招いた上、二〇〇七年以降の健康状態における平均寿命の減少の原因にもなった。(53)

第八章

賢慮新世

環境学的再帰性の文法

人新世概念の重要な利点は、近代と再帰的近代という無益な区別を取り消したこと、そして現在の状況を環境に対する意識が目覚めた瞬間ではなく、破壊を繰り返してきた歴史の到達点としてみなし、人新世を歴史的観点から考察するよう我々に強いることだ。

我々の世代がはじめて環境異常を認知し工業的近代に疑問を投げかけたとみなすエコロジカルな覚醒の語り（ナラティヴ）の問題点は、過去の社会においても存在していた省察を徐々に消し去ることで人新世の歴史を非政治化することにある。

覚醒の語り（ナラティヴ）を唱える科学者や哲学者、社会学者を弁護するために言っておくと、彼らはこれまで歴史学者の助言をほぼ得てこなかった。勝者により書かれた歴史がただの常套句であるならば、近代論者の視点から書かれた経済史や技術史はその一種の婉曲表現だといえるだろう。歴史学者が環境問題が争われている場へ関心を向けないことは長い間常態化していた。環境に対する疑惑や警鐘が空想的な好奇心か、単なる「発展への抵抗[1]」と考えられていたためだ。

一九八〇年代から非常に活発になった環境史について言えば、本来ならポストモダンという大きな物語（ビッグ・ナラティヴ）に対する反駁効果を発揮していたはずだったが、これは未だなされていない。環境史は技術、市場、資本によりもたらされた環境（河川、海洋、大平原など）の過激な変化を強い説得力をもって記述し[2]、あるいはヨーロッパ中心的な普遍史における非人間的な要素の根本的な重要性（とりわけウイルスの重要性）を示した一方で、歴史上のアクターたちが作り出す新たな状況の複雑性を理解し分析する能力をそのアクター自身には与えないという傾向をもっている。環境史の研究者は環境を形成（あるいは解体）する技術的・資本主義的なロジックに絡めとられた社会や政治史とは距離を置き、中立的な語り（ナラティヴ）をすすんで提唱していた。だが結果として、気づかぬうちに環境危機は近代性がもたらした予期せぬ結果であるという見方を強化してしまったのだ。

したがって、人新世の歴史が立脚すべきなのは、自然の問題が考慮されていなかったために不注意から環境破壊が生じてしまったということではなく、近代人が環境に対する賢慮（ギリシャ語ではフロネシス）を有していたにもかかわらず環境破壊は起きたという、頭を悩ませるような逆説的事実でなくてはならない。

近代社会やそのアクターを「エコロジカル」とみなすのは時代倒錯であると考えるならば、現在使われている認識枠組み（グローバルな環境、生態系、生物地球化学的循環、人新世など）が、「環境に意識的である」ための唯一の妥当で有効な方法であると考え、この枠組みをもとに近代社会特有の省察の形態を理解しようとするのもまた不適切である。我々が歴史について考察することで得るのは、我々が世界に存在する様式や、自然の中における人間の位置を思考する方法が、これまで様々に固定され、また様々に変化し議論されてきたという認識である。

したがって歴史学に課された問題は、我々が「環境学的再帰性」［réflexivité environnementale：環境学的反省性とも訳しうるが、ウルリッヒ・ベックの近代的再帰性の概念との親和性を念頭に置き、再帰性の語を採用した］と呼ぶものが思考されるにあたり用いられていた概念についての文法を再構築することだ。この章ではこのような文法のうち、キルクムフサ［Circumfusa：ラテン語で「周囲を囲むもの」を意味する］、環境［environnement］、気候、自然のエコノミー、熱力学そして枯渇という六つの用語についての分析を行う。

注意点が三つほどある。まずここであげた文法は限定的なものではないため、これらの文法を繋ぎ合わせることで、異なる形での現象を構成することも可能である。次に、これらの環境学的文法が知識人の理論に現れるものだからといって、「環境学的コモン・ディセンシー」[3]、民衆が表明する自然のモラル・エコノミー〔歴史学者のE・P・トムスンが一八～一九世紀イギリスの民衆暴動を分析するにあたり用いた用語。ある実践の行動原理には、これを損得や打算的な合理性で説明する経済的なロジック（ポリティカル・エコノミー）とは別に、道徳的・倫理的な価値に基づくロジックが存在することを指摘し、民衆の実践はこれに従っていたことを強調するために提唱された〕の重要性を過小評価してはならない。海洋資源を共同で管理する漁師にとって、自然のエコノミーという概念は彼らの行動を規定する日常経験に基づいていた。同じように、化学工場の近隣住民にとって悪臭ははっきりとした危険の徴候であった。最後の注意点は、これらの文法は単なる発話体系であるだけでなく、行動における基準でもあるということだ。すなわち民衆は汚染物から清潔なものを、不純物から純粋な物質を、危険な行為から自然の維持可能な用法を区別する。再帰的な文法は、ローカルな場で生じる個々の闘争を、社会的な用法と自然の生成物を組みあわせた公共善の定義に結びつけることで、より広い意味を与えることができるのだ。

キルクムフサ（周囲のもの）から環境へ

単刀直入に「環境」という語から取りかかろう。近年の環境史は、現代に環境問題についての覚醒があったという主張を認めたようである。これによると環境問題がはじめて制度化されたのは一九七〇年代、すなわちアメリカ合衆国環境保護庁、経済協力開発機構（OECD）加盟国における環境省（フランスは一九七一年）、また国際連合環境計画（一九七二年）などが設立された時であったから、これをもって覚醒とすべきだというわけだ。しかしこの主張には二つの留意点を付け加えるべきだろう。まず、これらの新たな機関や省庁は、その登場より古い歴史を持つ法や規制（例えば一九六三年にアメリカ合衆国で制定された大気浄化法など）を適用する役割を担っていたこと。そして環境という語が表す省察の形態は少なくとも一八世紀まで遡っても見いだせるのだから、この語自体がその古い歴史を物語っているということだ。

現在のフランス語における「環境」という語の用法は英語［environment］から輸入されたものである。この言葉を一八六〇年代に普及させたのはイギリスの思想家ハーバート・スペンサーだった。例えば、一八六〇年代のアメリカ環境論の代表作『人間と自然』の著者ジョージ・パーキンズ・マーシュがこの語を使わなかったように、フランスのウジェーヌ・ユザールも技術のカタストロフィに関するはじめての哲学書である一八五五年の『科学による世界の終焉』ではこの語を用いなかった。しかしハーバート・スペンサーは「周囲にある条件［circonstances］」、すなわち生物に影響を及ぼし変化させるあらゆる力を描写するため、『心理学原理』（一八五五年）そして『生物学原理』（一八六四年）のなかで数十回に渡りこの語を用い、生物と環境の相互関係を描き出そうとした。

一八五〇年代、フランス語と英語で「環境」という語は付近や近郊を意味する「environs」の類義語（例えば街との隣接地を表す用語）として広く使われていた。だがスペンサーは環境という英単語

[environment]を、より特定の意味で、一八世紀末のフランスで衛生問題の根本概念として使われていた「キルクムフサ [circumfusa]」や「周囲のもの [choses environnantes]」に当たる語として使用した。医学者たちはこれらの語を使うことで、空気や水、場所などヒポクラテス医学に基づく概念、そして健康に影響を及ぼす全ての要素を指していた。同じ頃、ビュフォンやディドロといった唯物主義の哲学者たちは、生きものや人間を変化させ改良する第一の手段として、環境条件に囲まれた空間としての「ミリュー [milieu]」や気候に興味を示していた。その後、キルクムフサの概念は、生きものを形成する「周囲の条件 [circonstances environnantes]」とともにラマルクの理論のなかで、またカバニスの「周囲の物体 [objets environnants]」理論のなかで、そしてハーバート・スペンサーの思想の源流であるコント社会学の中心概念「ミリュー」のなかで確立されていった。(4)

このようなキルクムフサからミリュー、環境へと至る系譜は、単なる周辺や手の届かない外部性とみなされる「古い形態」としての特定の環境と、保護すべき弱々しい物体であり、社会に内在する極めて政治的なものとして一九七〇年代に登場した「環境」(英語で言うなら the Environment) の間にある普遍化された対立関係に反駁するという意味において重要である。

一八世紀にはすでに「周囲のもの」は極めて脆いものとして憂慮されていた。穏健そうに見える変化も、実は恐ろしい結果を招きうることが懸念されていた。例えば、古代ローマ人の栄華の衰退は野蛮人が下水設備(クロアカ・マキシマ)を破壊したためであり、ミョウバンの採掘と焼成が増加し、これが街の空気を変質させたためだと言われていた。(5)オランダ領モルッカ諸島に蔓延した疫病は、香辛料のクローブの採取のためチョウジが伐採され尽くし、火山の噴煙が発する腐敗した空気を浄化する機能を持つ芳香性粒子が消滅したことに由来すると考えられていた。工場から発される蒸気は都会のブルジョワジーの界隈に同じような懸念を引き起こした。一八世紀において、都市は沼地や監獄、船舶と同じように不健康なものとだみなされていたのである[6]。

一八世紀の医学・哲学思想によると、人間社会は自らが形成する外包としての大気と連携して発達するとされていた。したがってキルクムフサは、起こりうるすべての環境変化の総和だったのだ。人間活動は「周囲の物体」のなかに反映され、「周囲の物体」は人間の体質を変化させる。

一八世紀末から一九世紀初頭にかけて汚染は極めて危険なものとみなされた。近隣住民は汚染源である工場が、疫病をもたらし住民の健康状態を悪化させると非難した。住民の健康状態、体調、そして人口が空気の質に左右されると考えた都市部の警察は空気の質に細心の注意を払い[7]、工場とその排煙、排水を緻密に監視した。汚染度の高い職種、特に有機物質に関わる職種（なめし皮職、臓物商、ロウソク製造など）は都市部から追い出された[8]。一九世紀中頃、工業汚染は大気の巨大な均衡を脅かすものと考えられた。一八四五年以降、寄生菌類による植物の病気が農作物に損害を与えたときでさえ、農民は大型の化学工場を非難した。ある農学者によると、「ジェノヴァからグルノーブル、リヨンからディジョン、そしてストラスブールに至るまで、人々はブドウの木の病気をガス灯のせいにした[9]」。一八五二年以降、ベルギーのシャルルロワ地方では、収穫が大打撃を受けると予測されると化学工場に対する暴動が巻き起こった。農民はソーダ工場の生産中止を役所に要求し、デモの最中には警官隊の発砲により二人の死者が出たほどだった。シャルルロワの薬剤師であるレオン・ペーターは、収穫高の低さは寄生菌類ではなく工場から排出される酸性蒸気によるものであることを証明するために著作を出版し、投獄されている。ペーターによると、このような排煙は国境を跨いで漂っているため、「ヨーロッパを一〇年に渡り荒廃させている災いから根本的に回復するためには、すべての政府が理解し合うことが必要」[10]であるという。ブリュッセル大学の化学教授だったコルネイユ＝ジャン・コエーヌは、人々を落ち着かせるため、こうした話題を扱う大衆向けの科学講義を開講した。コエーヌによると、化学工場は地球規模の大気構成を調節することに貢献しているという。彼の理論は次のようなものだ。人口やその住居、そして家畜の増加により大気中の二酸化炭素が固定され、酸素濃度が高まった。石炭を燃焼する工場は幸運なことに大気の炭素濃度を安定させている。さらに良いことに、化学工場は塩酸を排出するのでアルカリ性の瘴気を分解し、疫病のリスクを減少させるという[11]。つまり、工業活動の擁護者もその批判者と同じように、工業が主要な環境要因であるとみなしていたわけである。一八五〇年代になると、人間の技術的な活動は地球規模に広まったと考えられた。ウジェーヌ・ユザールが一八五七年に記したように、近代を特徴付けるのは我々の地球に対する責任の変化だった。地球と科学は、それぞれ逆向きの進化を遂げてきた。すなわち、科学が拡大するにつれ地球は縮小した。ユザールは次のように述べる。「大地は無限であるために人間はこれを脅かすことが出来ない、と自分の森を離れたことのない南アメリカの野蛮人が私に言いに来たならば私はそれを理解しよう。［しかしながら］今日、科学によってその配分は完全に覆された。無限なのは科学の恩恵を受けた人間であり、有限なのは地球のほうだ[12]」。

近代の脆弱な気候

キルクムフサに極めて高い関連性をもつ気候という概念も、近代社会での環境についての省察を理解するためには不可欠である。一七世紀、気候はすでに地球規模で検討されていた。自然神学は、地球を大量の物質が互いには均衡を取り合う完璧な機械だと考えていた。特に水は温帯地方の肥沃さを保証する神の計画に沿い、赤道から北極と南極へ永遠に流れ続けるものとみなされていた（図13）。

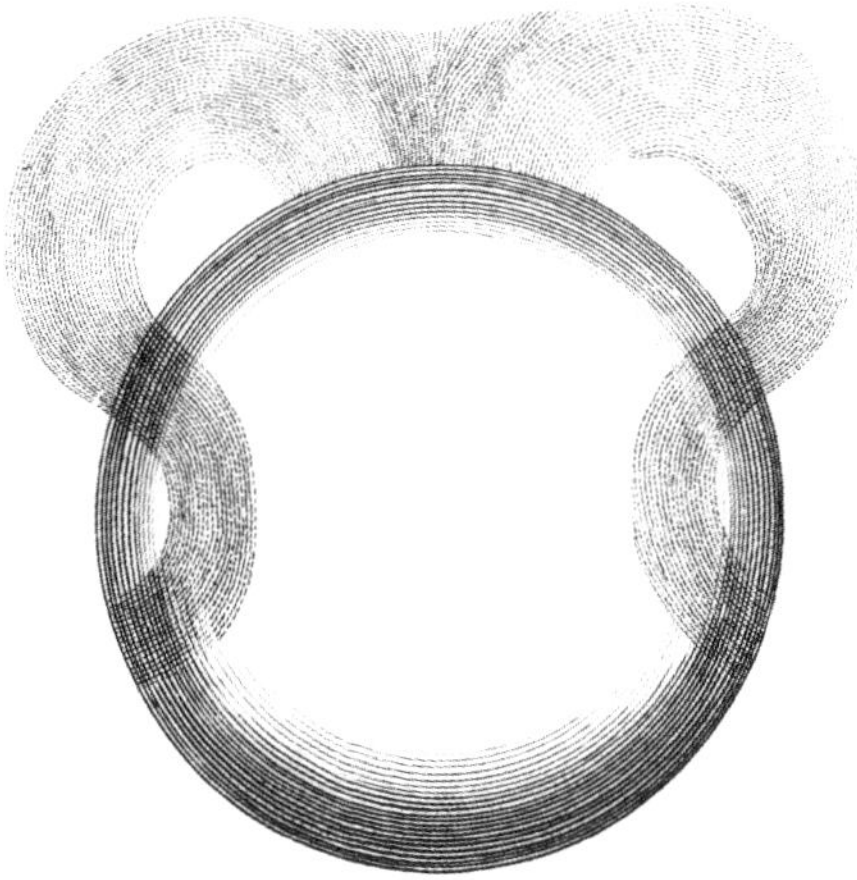

図13　トマス・バーネット『地球の神聖理論』(1690年) における水の地球循環
出　典：*Sacred Theory of the Earth*, vol.1 (1960), London: John Hooke, 1726, 312.

ヨーロッパ植民地の拡大は、人間由来の気候変動についての思考が出現するにあたり決定的な役割を果たした。同じ緯度に位置する大西洋上のふたつの領土のあいだに、気温や降水量に重要な差異が見られるのはなぜかという疑問が、植民地の獲得以降浮上したのだ。ネオヒポクラテス医学の知見をもとに、気候概念はある柔軟性を獲得した。すなわち気候は地球上のどこに位置するかにより部分的に決定されるという事実から、自然哲学者たちは気候の局所的なバリエーション、気候の変化、そして人間活動が気候の改善や悪化にもたらす役割に興味を示しはじめたのだ。さらに、気候は人間の体質や政治構造を決定づける能力を持つとも考えられ、そのため技術的な活動が環境に及ぼす影響を考えるための特定の時代共通認識(エピステーメー)の場となった。言い換えれば、人間の健康や社会構成を決定づけるものは、もはや地球上における人間の立ち位置だけでなく、空気、森林、都市構造といったありふれたものでもあり、我々はその上で良いようにも悪いようにも活動できると考えられるようになったのである。(13)

ビュフォンの『自然の諸時期』(一七七八年)を例に挙げよう。近代的なレトリックの金字塔であるこの素晴らしい書物には、このような転換の歴史的条件が見てとれる。ビュフォンによると、地球史における七つ目の、そして最後の時代は、人間が地球規模の力として到来する時代である。「こんにち地球のすべての表面は人間の力の痕跡をとどめている」とビュフォンは言う。人類は植物や動物を変化させ、新たな品種を生み出し、一定の生物種を馴化させ清潔な状態にするというのだ。ビュフォンにとって人類の役割は全体的には肯定的なものであり、ヨーロッパの「文明化された自然」は、「アメリカの矮小な未開民族」により手つかずのまま残され人間に対して敵対的な「野生の自然」よりも肥沃なものであるとされていた。だが人間の活動が科学によって導かれていない場合、あるいは人々が短絡的な視点で行動した場合、その結末は破壊的なものになり得るとも述べている。

最も忌むべき人間の状態は未開人の状態ではなく、わずかだけ文明化された民族の状態である。[……]

それらの民族が住む土地の状態を見てみれば、彼らの手が土地に加えた影響の少なさから、彼らの価値の少なさが容易に判断できるであろう。［……］彼らは最初の恵まれた土地を荒廃させ［た。］［……］この大小の民族は、大地の負担を軽減せずにその重荷となり、大地を肥沃にせずにそれを枯渇させ、構築せずに破壊し、何ものも改革せずにすべて使い果たすだけである。(14)

ビュフォン流のユートピアは気候に依拠したものだった。人類は普遍的平和のもとに団結し、理性的に地球を変化させることができるという。人類は賢明に植林や伐採を行なうことで「自分が居住する気候帯の諸条件を修正し、その地の温度をいわば自分に適したものに固定しうる(15)」のだという。近代主義的な自然支配のプロジェクトは気候を人間活動の範疇に収めると共に、この範疇を超える諸条件も生み出した。一八世紀と一九世紀の人々は、森林伐採の経験から気候について懐疑を抱くようになっていった。一七八〇年代以降、森林伐採の気候に対する影響についての激しい論争がヨーロッパ社会に巻き起こった。当時の気象学者たちは植物の生理機能と大気との間の気体交換について書かれたスティーヴン・ヘイルズの『植物静力学』（一七二七年）を参照し、気候の異常現象（寒冷、乾燥、嵐、降水）は地表を被覆する植物の破壊によるものだとした。大気と均衡を保つことで木々は気候を穏やかにし、湿地帯を乾燥させ、乾燥地帯を潤わせ、嵐や浸食、洪水から守るものと考えられていたため、森林伐採は地表と大気の物的循環を均衡に保つ自然の摂理の破壊だとみなされたのだ。(16)

このようにして気候災害は政治化された。例えば一八二〇年代、フランスでは収穫に恵まれない季節が幾度も続いた後、新たに登場したブルジョワジーがおこなったフランス革命、自治体の分割、国有林の売却、長期的な視点をもたない森林開発などが非難の対象となった。このような気候についての言説に基づき、イングランドでは囲い込み運動の問題点が討議された。すなわち生垣や牧場の増加によってイングランドの気候はさらに湿潤で寒冷なものになってしまったのではないかという議論が起こったのだ。ここで二つの点に着目しよう。まず一九世紀初頭以来、気候が世界規模で連繫しているという理論を確立する言説や知識が現れるようになったことだ。例えばフランスの工学者であるローシュとルジエ・ド・ラ・ベルジュリー、イギリスのロイヤル・ソサイエティの会長であるジョゼフ・バンクスは、アメリカやヨーロッパにおける森林伐採は大気中の湿度を増加させ、その空気が北極と南極に集中し氷冠を増大させるため、ヨーロッパに悪天候の季節をもたらすと述べていた。次に、気候変動は不可逆的な現象として考えられるようになり、この思想は文明そのものの意味にも疑問を投げかけた。森林を伐採するし気候を変動させることで、我々は森林の存在条件すらも切り崩してしまうのだ。一八二〇年代以降、「気候オリエンタリズム」と呼びうるような強力な言説が森林伐採と気候変動に対してヨーロッパ諸国に警告を発し、砂漠の真ん中に輝かしい文明の廃墟が位置しているという例を頻繁に引き合いに出すようになった(17)。

自然のエコノミー

生態学の科学史を研究する歴史学者は、「自然のエコノミー」が現代の生態系概念の発端であると特定し、一八世紀と一九世紀の自然哲学においてそれが主要な概念であったことを示している[18]。この概念は環境破壊に対する再帰性の三番目の文法を構成している。

カール・フォン・リンネからヘンリー・デイヴィッド・ソローに至るまで、自然学者たちは異なる生き物同士が維持する体系的な関係性に感嘆の息を漏らした。自然史の目的のひとつは自然の相互依存性を見いだし、その調和的な精緻さを証明することだった。これらの研究の基底をなす自然神学は、すべての存在が自然秩序のなかでひとつの機能を有しているという宗教的な確信に依拠している。リンネによると、

もしたった一匹のミミズ［原註：ミミズ属のうちの一種］が欠けたとしても、淀んだ水が土壌を変質させ、カビがすべて腐敗させるだろう。もし重要な機能がたったひとつでも動物界に欠ければ、宇宙の最大級の災害に怯えることになるだろう。もし我々の耕地でスズメが全て死んでしまえば、我々の作物はコオロギや他の虫の餌食となるだろう[19]。

ギルバート・ホワイトは同じように、自身の著書『セルボーンの博物誌』の中でこう記した。「自然のエコノミーの内部では最も価値のない存在のほうが、特に関心を示さない人々が意識的になるよりも大きな影響を持っている[20]」。

全ての方向に繋がり、連鎖、依存そして相互の関係が巡らされたこのような自然の内部において、災害はいつでも脅威である。フランスの植物学者ベルナルダン・ド・サン゠ピエールによると「この地球

の調和は最小の植物種をなくすだけで一部、そして恐らく完全に破壊してしまうだろう」[21]。

このように無限に連繫した自然の世界観は、リンネのいう「創造主による存在の聡明な配置」を前提とする神学により導かれたにせよ、あるいは物質の交換に基づく機械論的な視座により導かれたにせよ、世界の無限の複雑性を前にした恐怖と慎みの感覚が当時の思想では主流であったことを示している。フランスの自然哲学者であるジャン゠バティスト・ロビネが一七六六年に書いた著作によると、「我々［原註：人間］や他の大型動物は、我々が地球と呼ぶこのより大きな動物の寄生虫でしかない」[22]。

このような自然のエコノミーの思想をもとに、知識人たちは生物種の絶滅に自然と興味を持ち始めた。それは牧師で動物学者のジョン・フレミングが、人類の他生物に対する「破壊的な戦争［destructive warfare］」と一八二四年に呼んだものによって引き起こされると考えられた[23]。神父であり地学者のアントニオ・ストッパーニは一八七三年に、人類出現の時代である地質時代［Anthropozoic era：現在の用語では第四紀］を提唱し、人間が古い自然の生物種を大陸間で完全に再分配し、「新たな自然」を作り出していると主張した[24]。

これらの研究の解釈を通じ、我々にはひとつの疑問が浮上する。環境の具体的な管理の中で、自然のエコノミーをどのように考えればよいのだろうか。異なる生き物同士の関係性について、どのような知識が自然の利用法を作り上げ、正当化するのだろうか。こういった知識の歴史や、自然のエコノミーの理論的な文法において表れてきた様々な懸念に一層注意を払うことで、共有地の問題のような歴史学における重要課題について新たな見方を得ることが可能になるだろう。

フランスのノルマンディー地方では一七七〇年代に浜辺の海洋資源管理について論争が起きた際、漁師の代表者たちが褐藻（この海藻灰がガラス製造のためのソーダ生産に使われていた）の乱獲に苦情を述べている。その際、彼らはこの褐藻が稚魚の保護と海洋界の自然経済［「自然のエコノミー［économie de la nature］」とは別に、自然の諸要素が連関して機能する自然界の仕組みという意味合いで使われるéconomie naturelleは「自然経済」と訳出した］の中で重要な役割を果たしていることにはっきりと言及していた。漁師たちは科学アカデミーに送った論文で、海の植物が魚の卵を留め、潮や海流から保護し、産卵の密度と受精の可能性を高めるために魚は褐藻のなかで産卵することを知識人に説明しているのである。このような周辺環境に関する民衆の知識はほぼ言語化されていないため、たいていの場合歴史学者の目に入らないのだが、資源の共同管理の基礎として非常に重要な意味を持っている[25]。

一八世紀後半には、漁業資源の枯渇に対する危惧は広く共有されていた[26]。フランスの医者であるティファーニュ・ド・ラ・ロッシュは海を「涸れた」、「かつての豊かさを悔恨させるほどの魚の量しか提供しない」と描写している[27]。ド・ラ・ロッシュは特に漁獲網を海中で引きずることが魚の生態環境を破壊していると非難した。「海の懐から引き剥がされた植物に何ができるといえよう。これは恐らく看過できない過ちである。このような植物は大勢の食糧となる大きな魚、また多数の小魚の隠れ家だったのだ[28]」。一七六九年、有名な博物学者であったデュアメル・デュ・モンソーは『漁業概論』の第一巻を「主に海の魚の欠乏をもたらしうるものについての論説」で締めくくっている[29]。ここでデュ・モンソーは複数の課題、例えば明確な要因のない周期的現象や魚を襲う疫病、過剰消費や漁師の過多などについて検証している。しかしデュ・モンソーがとりわけ非難したのは、魚の自然経済を引っ掻き回す、海に垂らされた漁網であった。

一八世紀末から一八三〇年代にかけて、このような自然調和の考えに賛同するフランスの農学者や森林地域の住民が、森林伐採に反対する大規模な運動を起こした。例えば一七九二年三月、国有林売却を提唱する法案に反対した土木技師のフランソワ＝アントワーヌ・ローシュは次のように呼びかけた。「森は諸原理の調和、すなわち森が活気づける大気現象、自らの懐に棲まわせ保護する動物、引き寄せる雲、生み出す水源、供給する河川などに対し確かな影響をもたらしている」[30]。

自然のエコノミーは当時黎明期にあった政治経済学のなかで主要な役割を果たしていた。一八世紀半ば、この研究分野の目的は人間社会と自然の相互作用を研究することだった。例えば重農主義の政策は自然経済の諸規則を人間組織を支配する実定法に拡大して当てはめた。フランスの重農主義派の経済学者であるフランソワ・ケネーによると、これらの実定法は「自然の秩序に関する運営法」でしかないという[31]。スウェーデンの政治経済学を推進する重要人物であったカール・リンネも同様に、自然に関する研究がこの新たな研究分野の基礎になるべきだと考えた。国益のため富を自然経済からどのように引き出すかを学ぶためには、何よりもまず自然を分析すべきだとみなされた。スカンジナビア半島に大規模に熱帯植物を移植し馴化させるというリンネの計画は、当時の政治経済学の頂点を示していた。

自然のエコノミー概念はまた地球の有機体論的な見方［vision organiciste］を刷新した。カロリーン・マーチャントによると古代、ルネサンス時代そして科学革命の時代に至るまで、地球は静脈や体液、震えや病気を持つ生きた実体として考えられていた。すなわち、地球は我々が尊敬するべき育ての母だった[32]。一七九五年、フランスの哲学者であるフェリックス・ノガレは『地球は動物である』[33]と題された大衆向けエッセイの中で、地球の物理的な現象を生理的、身体的現象に例えた。ウジェーヌ・パトランやフィリップ・ベルトランといった有名な地学者はこのようなノガレのアナロジーが過度に単純化されたものだと考え非難している（パトランによると、地球は「恐らく組織化された実体であるが、その組成は動物のものでも、植物のものでもない。それは世界の組成である」）。だが地球を生き物としてみなす見方は「地球のすべての現象の緊密な関連性[34]」を捉えるのに役立つことから、自らの研究領域において有機体論的な説明を導入することには賛成している。

一八二一年、シャルル・フーリエは「地球の健康状態が低下」していると診断した。フーリエは人体と惑星体のアナロジーに基づいた新しい科学として惑星医学、あるいは「星体解剖学［anatomie sidérale］」の誕生を望んでいた。フーリエによると火山は惑星の膿疱で、地震は悪寒、磁性流体は血液であり、（一層おかしなことに）オーロラは「交尾欲に苦しむ」惑星の夢精なのだという。さらに急流、河川の砂州、水源の枯渇、浸食、禿げ山などは身体の表皮に現れる症状である[35]。フーリエの影響を受けたウジェーヌ・ユザールもまた、地球を生命を持つ弱々しい超有機体であるとみなすイメージを作り上げた。ユザールによると人間は自分の作った工業が地球にひっかき傷を付けているだけだと思い込んでいるが、小さな要因が巨大な結果をもたらす法則に従うならば、これらのひっかき傷が惑星の死をもたらすことが十分にあり得るということに気づいていないのだという[36]。

体系的な再帰性の歴史は非常に複雑なものであり、それはエコノミーという概念が自然科学の発達、とりわけダーウィニズムの出現によって根本的に再構成されたことによって、より一層複雑なものとなった。自然神学の批判者であるダーウィンにとって、諸存在が神に定められた自然秩序の中で自らの機能を有しているということはあり得ない。生き物の進化（と共進化）の法則、そしてマルサスのいう幾何学的な人口発展の法則は強く繋がれた密度の高い自然というものを作り出すだけでなく、あらゆる生物種が存在し、すべての資源を活用しうる連続的な世界を生み出す。「自然のありさまは、一万本の鋭いくさびが密に絶え間なく打ち込まれている柔軟な表面に喩えられる[37]」。『種の起源』の下書きの中で、ダーウィンはこれらの「くさびが打ち込まれる際の衝撃は、しばしばあらゆる方向にある別の全く遠い地点まで伝達されうる[38]」と付け加えていた。

このように見ていくならば、一八六七年にドイツのエルンスト・ヘッケルが提唱したオイコロジー［œkologie］という言葉は未知なるものへと向けられていたのではなく、過去の思想の伝統を改称し再構成したのだということがわかるだろう[39]。ヘッケルは「オイコロジー」という語を発明することで、主に二つの目的を達成したいと望んでいた。すべての生き物はひとつの住処、オイコス［oikos］を形成しており、ダーウィンが示すようにそこには闘争があるが同時に共生と相互助力も作用していることを示すことがひとつめの目的であり、有機体とその環境の相互作用に関する研究をひとつの分野に統合し、この分野が存在の物理的な諸条件（気候、土壌など、キルクムフサという古い概念の余波が確認できる）と生物学的諸条件（他の全ての有機体との相互作用）を同時に包摂することがふたつめの目的である。エコロジーという語が受容されるまでに時間がかかった（現代において使用されている綴り écologie ; ecology の登場は一八九三年の国際植物学会を待たねばならない）のは、自然科学にとって自然の体系的な側面を把握するのが困難であったからではなく、むしろ一九世紀末まで自然のエコノミーという概念が根強く残っていたからなのである。

循環と物質代謝：自然・社会関係の化学

人間社会と自然の間の物質・エネルギー交換を検討する化学という学問分野が、環境学的再帰性の第四の文法である。ラヴォアジエが記したように、このような物質交換は植物界、動物界そして鉱物界の「三界をめぐる素晴らしい循環」を地球規模で維持している。

植物は大気の中から水を汲み出し、鉱物界から自身の形成に必要な物質を取り出す。動物は植物を食べて育つ、あるいは植物によって育まれる他の動物を食べて育つ。そして発酵、腐敗、燃焼は植物と動物が取り入れた諸成分を空気と鉱物界に絶え間なく返還している。[40]

化学的な知識が一通り揃えられた一九世紀を特徴付けるのは、人間社会と自然の間の物質代謝の亀裂に対する強い懸念である。都市化、すなわち人間とその排泄物が集中することによって、大地の肥沃さに不可欠な無機物質を大地に返還する動きが妨げられてしまうのだ。リービッヒからマルクスまで唯物主義を支持するすべての思想家だけでなく、農学者や衛生学者、化学者までもが土壌の疲弊や都市汚染に対して警鐘を鳴らしていた。マルクスは『資本論』第三巻の中で、資本主義的農業がもたらした無人の広大な土地が社会と自然のあいだの物質的な循環を遮断すると考え、これがもたらす自然環境の影響を批判した。マルクスによると、社会が自然から「引き剥がされる」可能性はないという。すなわち生産方法がどうであれ、社会は歴史的に決定づけられた物質代謝の体系に依存しているため、資本主義的な物質代謝はその性質が維持不可能であることによってのみ問題となるのだ(41)。

一八世紀末から二〇世紀半ばまで人工肥料が普及していったことにより、再帰的な思考は収支計算的で化学的な農業と結びついて維持された。これは原則として、収穫ごとに土壌の肥沃さが減少することから、生産の持続性は栄養となる化学要素を補う農民の能力に依拠していると考える思考だ。イギリスの農学者であるアーサー・ヤングは、一七七〇年に出版された著書『田園経済』の中で牧場と畑の正当な関係性を実験的に構築し、動物と植物のあいだに物質を循環させる最良の方法を見つけることを模索した。ヤングによると「均整になっているものがひとつでも崩れたら、連鎖のすべてが影響を受ける(42)」ため、このような実験は巨大な賭けであったという。

ドイツのユストゥス・フォン・リービッヒやフランスのジャン＝バティスト・ブサンゴー、そしてジャン＝バティスト・デュマらが先導した一九世紀における化学的農学の発展は、社会と自然の体系が複雑化し、自然と人間社会の関係に関する懸念が深まる過程そのものを表していた。リービッヒの有名な「最小律」は土壌の運命に関してさらに悲観的な見通しを提示した。この理論によると、土壌の肥沃さは土壌内に少量しかない化学元素（窒素、リン、カリウム、マグネシウム、硫黄、鉄など）により決定される。リービッヒにとって、都市化の進展やリサイクルの不在はヨーロッパ社会を自死に導くものだった。彼は農業活動における物質代謝の分析、資本主義とグローバル化を批判する思想を抱くに至った。『化学の農業への応用』のある箇所では、グアノ（海鳥糞・リン肥料）や無機肥料の大手輸入国であったイギリスを吸血鬼にまで喩えている。「イギリスは他国から彼らが自分の土地を肥沃にするための条件を奪っている。吸血鬼に似たこの国はヨーロッパの、いや全世界の首にぶらさがり極上の血を吸っている」[43]。

以上のことを考慮すれば、一九世紀半ばの社会主義者がなぜ化学者の研究、そして物質代謝の問題に大きな興味を持っていたのかがわかるだろう。一八四三年、「社会主義」の語を発明したことで有名なエコール・ポリテクニーク出身のピエール・ルルーはフランスのクルーズ地方のブサックに「キルクルス［Circulus：循環、円環のこと］」とラテン語で名付けた集落を設立し、人間の排泄物を農業用にリサイクルする実践を開始した。ルルーによると、「自然は生産と消費をつなぐキルクルスを設けている。我々は何も創造せず、何も根絶しない。我々は諸変化を操作するのみである。消費は生産の目的であるが、同時にその要因でもある」[44]。

社会と土地の物質的な関係に基づくこの循環的な世界観は同時に、キルクルスに流れる物質的富を無駄な運動や非生産的な資本に浪費するような労働に対する激しい批判ももたらした。資本家による蓄積と搾取に反対し、キルクルスを維持しその損失を減らすような恒常状態にある社会を確立することが目的とされたのである[45]。

ルルーのキルクルスは排泄物の再利用を試みた無数の技術的、技術官僚的そして衛生学的な計画を代表する一例でしかない。ヨーロッパ諸国が都市化するに従い、人糞肥料の問題は土地の肥沃さの向上にかかわる大問題となった。パリのごみ捨て場の賃料が増加したこと（私企業への公共事業の払い下げ）は、当時の「肥料狩り」の経済的な重要性をよく示している。下水を化学的に分析し、希少だったチリのグアノと比較することは、資源としての汚水の価値を一九世紀半ばの地方権力者に認識させるのに役立った。この考えが浸透すれば、都市は廃棄物の排出源ではなく肥料工場としてみなされるようになるだろう。イギリスのチャドウィックにならい衛生ネットワークの発達を推進する衛生学者たちは、この経済的な議論を用いて農民へ汚水を売却することで、高価な下水管のインフラ設置工事の資金も完全に回収することができると自治体を説得した。[46] 他にも、これほど大規模ではないが、より実践的な解決策が提案された。例えば消臭と肥料生産のために土と灰の混交物を使った乾燥トイレがイギリス・フォーディントンの助司祭ヘンリー・ムールにより促進された。[47] 一九世紀末、ミシガンの企業家ウィリアム・ハープはカナダやアメリカ中西部で成功を収めていた乾燥トイレの工場生産をはじめた。

このように一九世紀には、物質の循環を生み出そうとする計画がすでに存在していた。こうした計画では、排泄物の行方が議論の核心となった。排泄物の活用は農村部のやせた土地が飢餓や貧困、革命をもたらすというような社会問題に結びついているだけでなく、文明の未来（リービッヒによるとローマは排泄物をうまく管理できなかったために崩壊したという）、強大なイギリスによるペルーのグアノ独占のような地政学、国民の衛生や健康状態の悪化、さらには神学的な秩序にも関わる問題であった。ヴィクトリア朝イングランドでは、物質代謝の亀裂が都市化の倫理的な正当性に疑問を投げかけていた。[48]

物質代謝に基づいた世界観は二〇世紀のあいだも長期にわたって維持された。アナーキストのピエール・クロポトキンが提唱した自立の理想に影響を受けたドイツの建築家レベレヒト・ミッゲは、この考えを自らの自給自足型共同体計画のなかに統合した。一九一八年に刊行された『皆で自給［Jedermann Selbstversorger］』や、「グリーン」という語を初めて政治的に使用した一九一九年の論文「グリーン・マニフェスト［Das grüne Manifest］」の中で、ミッゲは太陽光発電や風力発電、園芸や有機廃棄物の厳格なリサイクルによる自給自足の田園都市計画を基にした都市工学的かつ政治的な理論を発展させた。リサイクルは資本主義の巨大な技術的ネットワークから抜け出し、「可能な限り小さな形態の政府、すなわち民衆の意志に従う政府[49]」である自己管理システムを設立するために不可欠な手段であった。

一九〇〇年代から二〇年代のあいだ、インド植民地の農業部門に従事していたイギリスの農学者アルバート・ホワードはインドの農業システムを研究した。その結果、土壌の質を一〇〇年にわたり保存してきたリサイクルの効率の良さに着目した。ホワードは有機農業の端緒ともいえる著作『健康や病気のための農業と園芸』の中で「偉大な回帰の法則」の存在を強調し、無機肥料による有機肥料の代用を批判した[50]。さらに一九五〇年にインドの農業大臣であるK・M・ムンシが化学肥料に依存した「緑の革命」のロジックを退けたのも、物質代謝の理論を参照してのことだった。ムンシが緑の革命に代わり提唱するのは「村の生物環境を、水分循環と養分循環の両面で調査し［……］その循環がどこで阻害されているかを知り、その回復に必要な対策を考えること[51]」である。

つまり、こうした物質流動の分析はローカルな、あるいは国家的な規模で循環を機能させようとする意志により支えられてきたのだ。さらに、地球規模の分析も存在していた。ラヴォアジエ、ブサンゴー、ロシアのチミリアゼフから一九二〇年代のウラジミール・ヴェルナツキイの生物地球化学まで、植物界、動物界、鉱物界をつなぐ化学関係の研究は、地球の全体における機能を理解することを目的としていた。例えば一八四五年、フランスの化学者ジャック＝ジョセフ・エベルマンは大気中で増加あるいは減少する二酸化炭素量の傾向を突き止めることで、二酸化炭素の地球循環の大原則を確立した。エベルマンによると、大気はあらゆる生き物により共生産されている。

空気の性質が持つバリエーションは同時代に生きる生き物たちとの関連をおそらく恒常的に持っていた。我々の大気の構成は常に均衡が保たれるような状態で生まれたのだろうか。［……］この重要な疑問に関して、確実な原理［の探求］は次世代の研究に譲ることにしよう。[52]

このような地球規模での物質循環のアプローチは、一九二〇年代にはヴェルナツキイに、四〇年代にはアメリカのジョージ・イヴリン・ハッチンソンに、そしてシステム生態学に採用され、リン・マーギュリスとジェームズ・ラブロックのガイア仮説の母体を形成するにまで至った。[53]

エントロピーから脱成長へ

エネルギーとその変化の性質を研究する学問である熱力学もまた、自然と社会の関係を検討する一九世紀末の新たな文法のひとつをなしていた。科学史研究者は、ジェームズ・ジュールやウィリアム・トムソンの物理学研究がいかにイングランドの自然神学の伝統に貢献していたかを明らかにしてきた。ジュールやトムソンがエネルギーの損失、無駄、消散に着目した動機は、神の創造物を下界でも維持するという計画と結びついていた。すなわちキリスト教社会は、一定量存在するエネルギーのストックが容赦なく消散していくこと（エントロピー）を認識し、ストックを最大限に利用するために組織される必要があったのだ。

熱力学はまた、労働価値に重点を置いた一八四〇年代のイギリス政治経済学の潮流の中にも位置づけられる。ウィリアム・トムソンも参加していたグラスゴーの哲学界では人間と機械の価値を計算しようという意欲的な運動が盛んであり、これが次第に人間動力と機械動力の効率の比較へと向かった。このような分析は力学効果＝(計算可能な)労働価値＝パンという等式を成立させ[54]、生産過程において変換され保存される実体、すなわちエネルギーの概念を生み出した。つまり、エネルギーという概念は登場した当初から経済的・社会的問題を把握することを目的としていたのである。

このような運動を経て一八六〇年代以降、植物や石炭採掘によって遮断されるエネルギー流動と、経済内部におけるエネルギー循環について量的なイメージを構築することが可能になった。ウクライナの社会主義者であるセルゲイ・ポドリンスキーはそのような分析を行った先駆者のひとりである。ポドリンスキーは牧場における作業を小麦の生産高と比較することで、農業におけるエネルギー効率は動物や人間の導入の割合とともに増加し、石炭を利用する機械の使用によって低下することを証明した[55]。

経済分析とエネルギー研究に基づいて、経済学そのものの改革を唱えた学者の多くは一九世紀から二〇世紀の転換期に活躍している。エドゥアルド・ザヒャの『社会力学の設立』(一八八一年)、パトリック・ゲデスの『ジョン・ラスキン・エコノミスト』(一八八四年)、ルドルフ・クラウジウスの『自然内部のエネルギー備蓄と人類の利益のための価値の付与』(一八八五年)、そしてフレデリック・ソディの『デカルト経済学』(一九二一年)がこの潮流に含まれる。彼らは物事の貨幣価値のみを研究して満足してしまう政治経済学に対して、批判的な考えを共有している。彼らによると、このような経済学はただの「金儲け」のためのものであり、人間社会における物質とエネルギー補給の術を知るという本当の目的を覆い隠しているという。彼らは同じように、見かけ倒しに増加する金融財産と真のエネルギー消散の違いを強調する。例えばゲデスは、蒸気機関から得られたエネルギーのみが経済学で計算されるが、その他九〇パーセントの消散し永遠に失われるエネルギーは不可視化されたままだと指摘する。オックスフォード大学の教授でノーベル化学賞を受賞したフレデリック・ソディは『デカルト経済学』のなかで、金利とは偶然からなる人間の間の合意でしかなく、資本が従属するエントロピーの原則に長い間矛盾したままでいるのは不可能だろうと述べている。ソディによると、投資は財産を増やすどころか化石資源の枯渇を加速するのだという。[56] クラウジウス、トムソンそしてベルナール・ブルネスも同様に熱力学の第二法則から世界市場の結末を導きだした。彼らによると世界市場では、エネルギーの量は保存されるが形態は散逸していき、その空間全体のエントロピーを不可逆的に増加させてしまうという。ブルネスは一九〇九年、広大な自然がすべてのものを修復するために必要なものを与えてくれるという考えに反対して次のように結論づけた。「世界の中で何かが失われていく［……］もし世界が縮められたバネの反発力により動く時計のように機能しており、そのバネが毎分少しずつ緩んでいるのだとすれば、バネが緩みきったときにそれが完全なる不安定状態ではないと言えるだろうか[57]」。

以上のように、経済への熱力学的批判は長い歴史の遺産を持っている。これがユーゲン・オデュムやケネス・ブルディング、ワクラフ・スミルらの技術官僚的な世界観、イヴァン・イリイチのラディカルな世界観、そしてニコラス・ジョージェスク＝レーゲンのような現代の脱成長概念の提唱者を生み出すことになったのだ。

資源と有限性

資源枯渇の問題が近代社会における環境学的再帰性の第六の、すなわち本章でとりあげる最後の文法である。この問題は一七世紀に自然神学の枠組みのなかでテーマ化された。例えば「自然の腐敗」や自然の富の有限性、そしてイギリスの都市周辺の森林が徐々に稀少化していたことについて、どのように道徳的意味を与えることができるのかという疑問が呈されてきていた。最後の審判を退けるために資源を保護しようとすることは、神の摂理に挑むことになるのだろうか[58]。一八世紀初頭、スペイン統治領ポトシの銀鉱山が資源枯渇の徴候を示したことは世界の枯渇という推論を広範にもたらした。この話題は十分に知れ渡り、風刺作家のエドワード・モーアが一七五四年、一人の若い数学者の寓話を編み出したほどだった。この数学者は長期にわたる計算の末、次のような事実を発見する。「人間は地球が生産するよりもより早く、膨大な量を消費する。我々は樫の木を巨大な船艦や聳え立つ建造物のために浪費してしまった。炭鉱や鉄鉱、鉛鉱山が枯渇してしまった場合にはどうすればよいのだろうか[59]」。

有限性の問題は一九世紀初頭の政治経済学においても主要な問題だった。ここでいう政治経済学とは有機的経済学の枠組みに属する、資源の漸近的限界を把握するための学問のことである[60]。石炭により経済の継続的な成長をめざすことが可能になったと同時に、その枯渇の問題は産業化の開始当初からすでに存在していた。例えば一八一九年、フランスの化学者ジャン＝アントワーヌ・シャプタルはフランスの石炭資源がガス灯のために浪費され、あまりにも減少してしまったと考えた。シャプタルによると、国防に資する鉄生産のために石炭を割り当てるほうが適切だという。[61] フランスで鉄道が黎明期にあった頃、工学者のピエール＝シモン・ジラールは鉱山が枯渇していくにつれて石炭の価格は必ず高騰すると考え、機関車に反対し動物による貨物の牽引を支持していた。[62] イギリスでは一八二〇年代、いくつかの鉱山の枯渇の問題が、石炭輸出に関する議論と同時に議会で検討され、国家埋蔵資源の推算が初めて行なわれた。貴族院はこの問題の調査委員会を一八二二年と二九年に設けている。

ウィリアム・ジェヴォンズの有名な概論である『石炭問題』（一八六五年）はイングランド特有の政治文脈、すなわち自由貿易（石炭の輸出を推進するべきであるか）に関する議論と、公債の減少（安価なエネルギー源を持たない次世代にどのような負担であれば残すことができるか）に関する議論の中に位置づけることができる。この概論は主に三つの面を強調した。

第一に、ジェヴォンズは、有機的経済は漸近的進化（定常状態）に向かう反面、鉱物経済は必然的に崩壊に向かうという、根本的な違いを強調した。

適切に手入れされた農業開発は、我々が育てる限り絶え間なく穀物を提供するだろう。だが鉱山では［……］生産が一度その最大量に達してしまえば後は減少し、ゼロに傾き始めるだろう。［原註：イギリスの］富と進歩が我々の石炭のコントロールに依存している限り、我々は単に停滞するだけでは済まされない。我々は後退する羽目になるだろう。[63]

すなわち有機的エネルギーの体系では、生産は維持可能な発展の限界点に落ち着く。だが鉱物に基づいた経済体系では生産そのものがゼロに近づかざるを得ないということだ。

第二に、枯渇に関する議論は地質学の問題から未来の消費量の推算に移行した。そこでは幾何学的な推算に基づき発展の仮説（ジェヴォンズが提唱したリバウンド効果の概念に基づく）を立てるべきなのか、それとも単なる算術的な推算に基づき発展の仮説を立てるべきなのかが問題となった。

第三に、この時代には自然の枯渇に関して広範に問題が提起された。都市と農村での物質代謝の亀裂に関して強い懸念があったことはすでに確認した。同じ時期、世界規模の電信ネットワークの発達の中で、地質学者は銅、亜鉛そしてスズの希少性を憂慮していた。一八九八年、イギリス科学振興協会の会長ウィリアム・クルックスはグアノの枯渇に対し警笛を鳴らし、再利用できない資源へ突然依存してしまった農業がかかえる世界的なリスクを警告した。[64] すなわち我々が認めなければならないのは、一九世紀末にはすでに未来を志向した鋭い注意喚起がなされ、新たな経済体制は持続性がないことに対する明確な意識が形成されつつあったにもかかわらず、有機的経済からの脱出と物質代謝の循環の断絶が実行されてしまったという厄介な事実である。ジェヴォンズによると、石炭の問題は「つかの間の栄華と、より長期的な凡庸さの歴史的な選択[65]」であると要約できる。だがジェヴォンズは、彼を「持続性」の先駆者とみなす現在の解釈とは裏腹に、「つかの間の栄華」を支持していたのだった。

「つかの間の栄華」が歴史的に選択されたことは、当時活躍した人物が時間的な展望を荒々しく短縮していたことにも良く示されている。一八六〇年、イギリス下院でフランスとの自由貿易条約（コブデン＝シュヴァリエ条約）に反対していたディスラエリは、イングランドの埋蔵資源は三世紀あるいは四世紀の間しか国家全体での消費を保証できないことから、輸出に関税をかけることは長期にわたる帝国の存続のために不可欠であると考えた。反して自由貿易の賛成者であったグラッドストーンは、埋蔵資源が二〇〇〇年分存在すると推算する他の地質学者の研究に言及した。資源が三世紀後に希少化するという見通しでさえ、同時代の経済に損害を与えかねないとみなされたのだ。ローマ帝国の歴史学者ギボンを引用するなど、古典文献で自身の説を塗り固め帝国の管理をしようとしていたイングランドの政治家たちは、一〇〇〇年という長期的な単位に無根拠なままに固執していた。

石油開発は、システムの崩壊という観点には目もくれない「つかの間の栄華の歴史的選択」を確立した。石油埋蔵量に関する初期の議論は、時間的な展望が石炭に比べ劇的に短縮されたことにより特徴付けられる。アメリカでは国内の埋蔵量が近いうちに枯渇するという警告があらかじめ存在したにもかかわらず、自動車の普及と第一次世界大戦のために石油が爆発的に消費された。一九一八年、スミソニアン・インスティチュートのある報告書は、アメリカで新たな重要な油田を発見することはほぼ不可能だと発表した。第一次世界大戦中、アメリカ燃料局の局長は石油の稀少化によるアメリカ軍の衰退を予測した。一九二一年、アメリカ地質調査団は経済的に開発可能な埋蔵石油量は長くとも二〇年しかもたないと推定した。(66)

第二次世界大戦、そして冷戦とともに、戦略的物質の埋蔵地が限定されていることに政治的な関心が向けられはじめた。世界の石油化とともに、枯渇問題の構造は複雑化された。一九四五年一二月、内務長官のハロルド・イックスは有名な論稿「戦争と消えつつある我々の資源」の中でアメリカ国民に次のように警告した。

我々が戦争に勝利するために行なった膨大な量の鉱石の採掘は、我々の最も重要な資源のうちのいくつかを滅ぼした。アメリカはロシアやイギリス帝国といった資源に恵まれた国々と肩を並べるにはもはや至らない。我々は今や、ドイツや日本のように資源を持たない国なのだ。(67)

キルクムフサ、気候、自然のエコノミー、化学熱力学、資源の枯渇。ここに僅かながら類型を示した六つの環境学的再帰性の文法が、歴史学の観点から本格的に研究されることを待つばかりである。特に具体的な実践（良い空気を維持すること、土壌の肥沃さを保つこと、リサイクルを実践すること）との関連、そして理論的形式化と政治的問題のあいだの歴史的な相互作用が示される必要があるだろう。

この章で行った初歩的な分析から考えても、近代人が環境学的再帰性を有していたことは明らかだ。憂慮すべきことに、我々の先祖は環境問題の原因を知りながら環境を破壊してきたと結論付けざるを得ない。産業化とそれに伴う環境汚染がもたらした過激な変化は、環境医学の診断に反して進められていた。それだけでなく、自然資源の活用は自然のエコノミー概念が存在しその限界が認知されていたにもかかわらず激しさを増す一方であった。したがって、歴史的な問題として重要なのは「環境に対する意識」の出現などではなく、その逆の事柄である。人間は、人間が「周囲のもの」により作り上げられると考え続けてきたと同時に、この「周囲のもの」を変質させ破壊させてきた。このような近代というものの精神分裂病のような性質を理解することが重要なのである。

第九章

無知新世

自然の外部化と世界の経済化

人新世の諸社会が環境を破壊したのは、不注意からでも自らの行動の結末に対する考慮の不在からでもない。それどころか、人々はときに自らが環境にもたらす影響に恐れ慄くことすらあった。そうであるならば、我々は前章で確認したような環境学的文法を有していたにもかかわらず、どのように人新世に足を踏み入れたのだろうか。これに関して近年、科学史や科学社会学の分野で発達したのが無知論(アグノロジー)と呼ばれる研究領域である。これはいかに無知が生み出され、「発展」による被害が不可視化され(アスベストの健康被害は一九〇六年にすでに認知されていたにもかかわらず無視されたため、数十万人の命がその代償となった)、そして進歩に対する批判が統治されるのかを研究する。[1] この章では人新世に伴って生じたいくつかの無知論的プロセスを提示しよう。

加えて、こうした世界像の調整が人間と自然の商品化をもたらし、環境破壊の予防を軽視し、地球の有限性を否定してきたことについても分析を行う。こうした分析は人新世の文化史が、それに先立ついくつかの本質的な断絶の存在(ホモ・サピエンスの破壊者としての運命、自然の支配者としてのキリスト教、自然と文化の大きな分断、科学革命の機械論的存在論など)とは異なり、現在も影響を与え続けている文化的・物質的装置に支えられているという仮説に立脚している。人新世の歴史とは自然の存在を無視することで世界を変容させてきたという狂信的な近代主義の歴史ではなく、科学的、政治的に近代化を促進するという無意識の駆動が生み出してきた歴史なのである。

化石資本主義の無限の世界

自由主義哲学が構想したホモ・エコノミクスは、モノに対する関心と欲望を原動力にすると同時に、自身の尺度に合った世界をも要求する。[2] すなわちホモ・エコノミクスが自由に活動するためには、その人間社会への影響、再生能力、産業活動に与える豊かさという点から、自然は根本的に再定義されなければならなかった。自然は科学によって、自由主義と産業発展に動員できるように構成され、科学の勤勉な主人である人間のための経済世界（mundus economicus）となったのだ。

一八世紀、ヨーロッパは世界の他の地域と同じように、耕作可能地と森林の限界が成長を制限する有機的な経済の中にあった。機械の動力は（人間や動物の）筋力エネルギー、水、風から生み出されており、さらにこれらの究極的な源泉は太陽光線にあった。歴史学者のエリック・リグレーは、イングランドの植物に覆われた地域は太陽エネルギーを二〇〇〇万から四〇〇〇万トンの石炭に相当するエネルギー量のバイオマスに変換していると算出した。[3] すなわち人間活動が発展できるのはこの限られた（植民地の領土とともに拡張可能ではあるが）範囲内でのことだった。流動エネルギー（太陽力・風力・水力）に基づいた有機的な経済は、非常に制約されたエネルギー予算によって動いていたことになる。例えば、一トンの鉄を生産するために四ヘクタールの森が、一頭の馬を養うためには二ヘクタールの草原が必要であった。ある分野における生産量が増加すれば、他の分野のキャパシティにはマイナスに影響した。木材を多く消費する製鉄業やガラス製造業が飛躍的に発展したことで、薪を必要とする農村共同体や都市部との対立関係が生まれ、労働力の質と従順さを脅かす羽目になった。西欧では一八世紀から一九世紀への転換期にかけて、二世紀以上にわたる森林破壊のために深刻な森林資源の危機に見舞われており、これが社会的な緊張やグローバルな気候変動の懸念のもとになった。フランスでは一七七〇年から九〇年の間に木材の価格が倍になった。[4] 一七八八年、ブルターニュの地方長官は「二〇年後には現在機能しているすべての［原註：工場］施設がその供給に必要な木材の欠如のために閉鎖するだろう」[5]と予測した。国民の生存、工場生産の維持、国家の地位のすべてが森林の未来にかかっているように思われていた。

このような永久に制約が課されているという感覚に対する最初の反応は、「合理的な」林学を普及させることであった。ローテーション方式（戦艦用の帆檣製造などのためには二世紀に及ぶ長期のローテーションになることもあった）に基づいた土地の区画整理と伐採活動の計画化を通じて、国家君主や軍隊に予測可能で安定した木材の供給を保証すると同時に森林の所有者にも高い収入を約束することができるようになった。現代における維持可能な発展というアイデアの発端となるこの理論は、自然を反復的なものとみなす考えに立脚しており、それによれば自然は一様に再生するため未来は確信を持って予測することができた。一八世紀初頭、フランスではルイ一四世の王権の下、ドイツでは財政学の中で発展した合理的な林学は、一九世紀初頭にヨーロッパを征服し、一九世紀後半には植民地を席巻した。[6] だが林学者は一八五〇年代にはすでに、自らが作り出した生態系が著しく脆弱であることに気づいてしまっていた。同じ種と樹齢の木々で構成される森林は寄生虫や突風、そして気象災害に対して非常に弱かった。「森の死［Waldsterben］」という用語が一九世紀末ドイツで使われるようになったことが当時の状況の深刻さを物語っている。[7] その結果、単一栽培導入以前に存在した腐植土質や森林の共生を再度作り出そうとする新たな森林衛生学が発達した。生態学的にネガティヴな影響を与え社会的な対立を生み出したにもかかわらず、算術的な林学は未来への一縷の望みであり、そのための知的な保証でもあったため、一八世紀末の木材の欠乏に対する強烈な恐怖心を押さえつけることができたのである。

実際のところ、エネルギーの制約と森林の後退は、主に石炭開発により緩和された。フランスではフランソワ＝アントワーヌ・ローシュといった森林保護の擁護派や専門家が、石炭は「緑のエネルギー」であるとして、「伐採され数が減った我々の森林」を倹約するため「この燃料の利用を普及」することを求めた。[8] だが石炭もまた強い懸念を引き起こした。まずその毒性が疑われた。石炭は吐き気を催させるような臭気を放ったため、ブルジョワや貴族階級の人々が住む家の敷地内には置かれなかった。石炭は貧しい者の燃料とみなされていたのだ。次に、その急速な枯渇が疑われた。一七九二年、あるフランス人議員は森林保全に気を配らねばならないと述べ、その理由として炭鉱は「我々が考えるほどに普遍的なものではない。オーヴェルニュ地方の炭鉱が枯渇しつつあることは分かっており、首都の周辺地域で回を重ねて行なわれた調査の結果も喜ばしいものではなかった[9]」ことを説明した。スコットランドの地質学者ジョン・ウィリアムズは同時期に似たような懸念を表明している。[10] 石炭は登場した当初、一時的な解決策でしかなかったのだ。

このような状況で、地質学の飛躍的な発展が抗不安剤として主要な役割を果たした。一八〇〇年代、イングランドの測量士であり鉱山と運河の掘削を指揮していたウィリアム・スミスは化石を地層の指標として利用し、その重なり方を観察すれば地下の特定の場所にある石炭の存在を予測することができることを証明した。地質学者たちは確からしい鉱床の存在を知らせ、採掘を誘導し、無駄な工事を避けることで鉱業への投資のリスクを減らし、投資を一層利益の高いものにしたのだ。スミスを草分け的な存在として、地質図が普及し、地図上で有利な場所にあると示された土地を所有する地主たちが地質調査を進めたことで、存在を確かめられた埋蔵資源の量はさらに増大した。[11] 地質学は、表面には見えない連続した広範な鉱物層に沿って組織された地下のイメージを作り上げたのだ。[12] そして採掘者たちが各々に提示する点在的な見方ではなく、より広大な連続した見方を広めたため、「潜在的な発見」や「確からしい埋蔵資源」というような安堵感を与える概念を生み出した。そのため炭鉱で実際に作業をする者たちの推定よりも大いに楽観的な推定を導き出すことが可能になったのだ。

一九世紀後半には、地質踏査のグローバル化が、帝国主義列強の支配を支える物質的基盤の確実性についての信念を強化した。ジェヴォンズの『石炭問題』（第八章）が与えた影響のひとつは、イギリスの地質調査活動が帝国全域において活発化したことだった。[13] 同じように、一八七七年から始まった国際地質学会は地球規模のエネルギー、金属資源の一覧表を作り上げた。石炭をテーマとし一九一三年にトロントで開催された国際地質学会を経て、世界的な石炭埋蔵量の数量化が初めて実現された。「確からしい埋蔵量」という定義が曖昧であったことや、経済的に開発可能な石炭採掘の限界域が、それ以前の地下二二〇〇フィートから四〇〇〇フィートにまで拡張されたことで［一フィートは約三〇センチメートルなので、約六七〇メートルから約一二二〇メートルに拡張された］、過大な推定がなされることとなった。その値は実に、現代の推定量の六倍に相当するものだった。[14] 一九世紀末、鉱物の枯渇についての懸念は、地質学によって構築された地球規模の資源量の推定により封じ込まれたのだ。

大昔に消滅した世界からもたらされる化石エネルギーである石炭は、複数の次元で時間の概念を変容させた。まずエネルギーをストックし、望んだときに望んだだけ使いる自由を資本主義に与えた。サディ・カルノーは、石炭利用の黎明期において、当時の蒸気機関が発揮できた力について正確に見定めていた。「蒸気機関はあらゆる時、あらゆる場所で利用でき、途中で止まらないという、若干の利用を持っている」[15]。蒸気機関は空間を均質化し、土地の特徴や水の流れ、傾斜といった制約から解放し、一層競争の激しい労働市場を創り出すことを可能にした。経営者は各地の雇用賃金を鑑みて、営業拠点を移動させることが可能になったのだ。以前であれば経営者は馬・風・水の変動に折り合いをつけ、移り変わる自然を考慮しなければならなかったのに対して、石炭は蓄積可能なストック・エネルギーであるため生産を一律にならし、時間を線形的なものにし、市場の要請に従属させることを可能にした。このような産業的資本主義の継続的な時間は頑固な労働者たちにも押し付けられ、進歩は生産性の向上するペースで絶え間なく展開されるものとされた。それは未来を示すための文化的な表象にもなったのである。

線形的な時間は、地質学における漸進説の飛躍的な発展を通じて自然そのものにも反映された。この理論は地球が天変地異的な出来事によってではなく、非常に長い期間に渡り作用している諸要因により形成されていると考えるもので、石炭が新たに中心的な存在となったのと同じ頃にヨーロッパ文化に定着した[16]。つまり、数世紀に渡る産業活動に必要な量の石炭を供給できるという想定のため、古代植物の化石が厚い地層として積み重なるのに十分な時間が地球に与えられなければならなかったのだ。

地球の時間と人類の時間のあいだに不一致と、地表の有機的エネルギーから地下の化石エネルギーへとの急激な転換のため、化石エネルギーは限りなく古く計りしれず豊かな自然に起源を持つ、人間にとって外部的なものであるという印象がもたらされた。サディ・カルノーは、自然は歴史がまだ夜明けにもならない頃から「巨大な貯蔵庫」[17]を準備していたため、我々は産業を繁栄させられるのだと述べた。ジャン＝バティスト・セイはその主張をさらに発展させ、「幸運なことに自然は人間が形成されるずっと以前に石炭鉱山のなかに莫大な燃料の貯蔵をなし、それはあたかも人間が物質をその手にしたとたんに自然が再生産できるより多くの物質を燃焼し破壊することを自然が予知していたかのようである[18]」と述べている。地質学者で神学者のウィリアム・バックランドは、神の摂理を石炭の地層を深淵なものにしたことに見いだしている。石炭の層は「これらの物質が［……］積み重なるのに要した時代の分だけ古いものであり、未来に人間が利用することもその目的の一部であったと安心して考えることができる[19]」というのである。その歴史の長大さのおかげで、地球は地表に見受けられる有限性からは考えられないほどの、限りない資源の貯蔵庫と化したのだ。

このような新たな世界観はヴィクトリア朝時代に大衆に広められた。例えばスコットランド出身の経済学者ジョン・マカロクは一八三九年、自身の著作『大英帝国の統計報告』の中で大英帝国が他国に比べて疑いなく優位であること、その支配力が揺るぎなく安定していることを示してみせた。ヴィクトリア潮のブルジョワ階級出身のマカロクは、すべての統計表において資源の量が膨大であることを確信し、安堵している。数々の資源の中でも、石炭はとりわけ無尽蔵のものとして描かれていた。マカロクによると、「ダーラム州とノースアンバーランド州の炭鉱は一三四〇年以上に渡って需要を満たすことが可能である」。この文章は明確な数字を提示しつつ、「以上に」という曖昧な表現を用いることで、資源の量がほぼ無限であるという見方を可能にした[20]。地質学は数十年の間に、マルサスの「悲痛な科学」［この語はそもそもカーライルが（マルサスの影響下であるが）、経済学について論じる際に用いた］を、終わりなき成長を確かなものにする言説に変化させたのだ。

だが大気、植物群落、海洋は、新たな化石経済により解き放たれた二酸化炭素をすべて、いかなるダメージも受けずに吸収することができるのだろうか。この不安は当時の人々の間にも広がっていた。数学者で発明家のチャールズ・バベッジは一八三二年にすでに、蒸気機関が「恒常的に炭酸ガスと、他にも動物に有害なガスを大気中に大量に増やしている。自然がどのようにこれらの要素を分解するのか、あるいはどのようにこれらを固体に再度変形させるのかは未だ十分に知られていない」と述べていた。だがバベッジはライエルの思想に従い、直ちに読者を安堵させた。彼は人間活動は地球史のなかで取るに足りない無意味なものであり、その極めて小さな活動は厳かな自然の広大な循環作用によって調和されるという。なぜなら自然は「絶え間なく［燃焼プロセスを］懸命に逆転させ、時間の制約なしに広大な空間に働きかける[21]」からだ。ジャン゠バティスト・デュマとジャン゠バティスト・ブサンゴーは一八四一年に精密な研究を行い、地球を覆う空気の構成は均一であると示した。その結果はまたもや人々に安堵をもたらした。「地球の表面で成されている燃焼や酸化といった、我々が想像を膨らませたがるこれらすべての現象は［……］我々を取り巻く空気の全体的な構成に関しては注意を引くに当たらないものである[22]」。化学者のウジェーヌ・ペリゴは一八五五年、ヨーロッパの産業活動は毎年、八〇〇億立方メートルの二酸化炭素を大気中に排出していると計算した。これは五億人の呼気から生じる二酸化炭素の量に相当する。だがペリゴによると、植物群落がこれらの炭素をすべて吸収できないとしても、「我々にとっては相当な量であるが、我々の大気の巨大さを考えればおそらく何でもないことなのだ」[23]。このように自然は大気構成の安定性を保証する巨大な外部として構想され続けた。この傾向は近隣住民や医者、労働者など工業汚染に関して異議を発する人々が何を言おうと続いた[24]。空気が荘厳な大気、すなわち恒久的に調和した巨大な貯留池として普遍化されたことで、工業の影響は局地的であれ広範であれ、ただ外部に吸収されるものとして矮小化されたのだ。

自然と人間の物質的な外部化

カール・ポランニーによると、「商業化社会における機械制生産は、実際、社会の自然的・人間的実体の商品への転化以外の何物も意味しない[25]」。人新世の入り口では、二つの研究分野がこの大きな転換と、人間と自然にもたらすその影響を正当化する機能を持った。

まず、政治経済学は工業化がもたらした貧困を正当化するにあたり重要な弁明を提供した。一八二〇から三〇年代、イングランドでは貧困と経済危機が深刻化したことで工業化の正当性に疑問が投げかけられ、機械を破壊する活動が相次いでいた。このような事態に対し、トレンス、セニオー、マカロク、バベッジそしてウェーウェルといった経済学者たちは、機械の登場とは神の摂理により人間社会へもたらされた恩恵であると述べ、その利点を挙げ連ねた。例えば、機械の導入は生産性の低下を阻止し、リカードが予言した停滞状態を回復させることができる。それだけでなく利潤を増加させ投資を刺激し、機械が奪った雇用に代わる新たな雇用を創出できる。さらに労働者は機械の登場のおかげで頭を鈍らせるような単純作業から解放され、彼らの精神性は向上されるといったように。すなわち、政治経済学は機械を擁護する主要な言説を生み出す存在となった。[26] また政治経済学は、労働を規制していた規範・制度・連帯といった関係から「脱埋め込み［disembeddedness：アンソニー・ギデンズが近代性の特性のひとつとしてあげた概念。ある社会的な関係や実践が当初埋め込まれていたローカルな関係から引き離され、時空間に広がりのなかに配置されること］」することを図った。政治経済学は自由市場に最適化能力があることを示し、それが引き起こした社会異常を許容したのだ。経済学の大衆化を図る学者たちは神慮主義的な［providentialiste］経済思想を広め、パンの価格を制限する、貧しい人々を経済的に援助するといったあらゆる介入行為が神の望む自然摂理に反するものであるとして非難した。つまり市場は神がすべての人間に直接語りかける広大な場であるとみなされたのだ。トーリー党の首相ロバート・ピールは、これが「すべての人間の贖罪のための偉大な計画」なのだと考えた。[27] 革命前夜の一八二六年、神学者であり経済学者のトーマス・チャルマーズは政治経済学を「あらゆる種類の動揺や秩序の乱れに対する鎮静剤[28]」として推奨していた。

フランスにおいてこのような抗不安剤の役割を担ったプロジェクトは、産業革命期の工業学校で非常に精力的に活動していた経済学者やその仲間たちのグループに引き継がれた。その中でも最も重要な人物であるジャン＝バティスト・セイはイングランドの理論をひとつの主要な原理、すなわち販路法則によって発展させた。アンシャン・レジームにおける生産活動が何よりもまず過剰生産、そして競争が商品の質に及ぼす悪影響を重視していたのに対し、[29] 販路法則は貨幣と貯蓄の役割を無視することで、生産自身が販路を創出するのだと主張した。セイの法則は企業を規制するのに不可欠な動機のひとつを取り消して、箍の外れた生産主義を正当化したのだ。

一九世紀前半には、衛生学思想が世界貿易の衛生面における脅威、恒久的貧困の生物学的影響、工業汚染などに関して同じように抗不安剤の機能を果たした。産業資本主義はこれらの外部的な要因でしかないとみなす衛生学思想が、資本主義を正当化していった。

イングランドでは、接触伝染説に反対する学説が衛生学運動［sanitarians］の理論的な基軸となり、病気は伝染性病原菌によってではなく不潔さとそこから発散される瘴気により引き起こされるという考えが広まっていた。接触伝染説とその反対論者の議論は経済と国家の役割に関する対立した二つの見方を表していた。前者は防疫のための隔離システムを擁護したが、企業家や貿易商はこれを自由貿易の権利を妨害するものだと考えた。後者は貿易のグローバル化と帝国支配を促し、一九世紀前半にコレラ大流行の再来を招いた[30]。

同じように、この学説は労働市場の自由化を正当化した。一八三〇から四〇年代、イギリス衛生学の重要人物であるエドウィン・チャドウィックは、工業地域における死亡率の高さは貧困や飢餓によるものではなく、不潔さによるものだと証明しようとした。彼によると身体の垢が病気を引き起こし、それが貧困を引き起こすのであり、その逆ではない。この因果の方向性が政治をも方向付けた。教区ごとの貧者の救済を廃止した一八三四年の救貧法の改正の影響が残る中にもかかわらず、自由貿易の労働への影響は貧困の悲惨な生物学的結末とは無関係であるとする主張に焦点が当てられたのだ。このような衛生学思想により、下水施設の建設と個人のふるまいの改善は社会改革よりも重要なものになった[31]。

衛生学思想はフランスでは異なる役割を担った。フランスの衛生学者はイギリスの衛生学者とは逆に、死亡率における環境要因を低く評価し、経済的な要因を重要視した。だがこれは工業汚染を正当化するためだった。フランスの衛生学思想はパリの工業化と汚染に対する苦情に対処しなければならないという文脈のもと、一八世紀の環境医学とは異なる考えを提唱するために登場した。「周囲のもの」の重要性に基づいて工場の撤去を求める都会住民に対し、初期の衛生学者たちは工場が迷惑であるにせよ、それほど有害なものではないことを証明しようとした。さらに彼らは労働医学を発展させた医者ルイ＝ルネ・ヴィレルメに倣い、人々の健康状態に関する社会的な要因を調査することで、工場が有害ではないどころか繁栄した社会と優れた健康状態をもたらすはずだと述べた。こうした主張によって衛生学思想はフランスの環境規制を変更させた。一八一〇年の建築物の等級化に関する法令（この法令は後にヨーロッパの法律の大部分に影響を及ぼすことになる）に従い、フランスの行政は工場の建設に厳格な承認手続きを要請するようになったのだが、一度建設された工場に関しては、いかなる苦情にも左右されない半永久的な運営権を保証したのだ。近隣住民は工場の撤去に期待ができなくなり、賠償金の支払いを受けるには民事裁判に頼る以外に術がなくなった。行政と民事司法は自由主義的な環境規制の二つの側面を成していた。民事司法は汚染に対する代価を工場経営者に支払わせることで、汚染物質の排出を軽減するよう企業家に働きかける財政的な奨励を生み出す役割を担っていたのだ。アンシャン・レジーム期の統治体制の中では住民の健康状態を規定する公共財だと考えられていた環境は、このような政治的変化を経て金融取引の対象物と化したのである。

経済の脱物質化

現在のスタンダードな経済学理論は物質に対し、ごく僅かな関係しか持たない。それは財産の持つ有用性や心理学的効果については考慮するが、物質的な特徴については考察しない。そして、資本は具体的な生産装置の総体としてではなく、金融的な流れを生み出す資産であるとみなされている。このような脱物質化は人新世の時代の指数関数的な経済成長を自然なものとみなすことを可能にし、経済をあらゆる物質的基盤から断ち切ったのである。

一九世紀前半、ヨーロッパのエリートたちは農業主義的かつ貴族主義的な思想をまだ大いに持ち、工業化を警戒していた。彼らは制御のできない産業的で都市的な成長に比べれば、農村社会の経済的安定性と社会的安定性を好んだ。イングランドでは一八五〇年代まで、福音主義的な経済思想が当時のトーリー党の根幹をなすイデオロギーに深く浸透しており、貧困、商業的危機、倒産は神の摂理による分配の結果であるとみなされていた。経済は静態的で循環するものだと考えられていたのである。市場は成長の道具であるよりもむしろ道徳的な報酬、悔悛、心付けが与えられる場であった[32]。重農主義者、マルサス主義者そして古典的な政治経済学（リカードの収穫逓減の法則）に至るまで、産業革命黎明期の経済学理論は、明確な定義がされていない成長という概念を考慮に入れていなかった。理論家たちは一八七〇年代になってはじめて、経済を自然の過程から完全に切り離されたものとして、さらには人間同士の合意や規則にのみ従属するものとして認識しはじめたのだ。

限界効用理論を支持する経済学者たちは労働、資本、土地といった生産要素の研究を退け、個人的な有用性の増大を望む消費者と生産者の主観的な状態に目を向けた[33]。経済学は物質的な富の生産といった研究対象ではなく、数学的なツールだけを自然科学と共有するようになった。すなわち、限界効用理論を支持する経済学者たちは物理学で用いられる等式を導入することで、もうひとつの別の世界、すなわち自然界と関連を持ち、類似するがその外部にある第二の世界についての幻想を創り上げた[34]。もはや自然資源は経済学理論の中で周縁的な位置しか占めていなかった。一八七〇年代から一九七〇年代の間、資源の研究は限界効用理論の存在論とその数学的研究手法を用いる下位部門（「保全経済学［conservation economy］」）をして位置づけられた。経済分析は、ジェヴォンズが用いたような資源希薄化の視点で経済の変遷を一〇〇年単位で考察する動態的アプローチから、ミクロ経済の枠組みに沿った静態的アプローチへと移行した。例えばアメリカの経済学者ハロルド・ホテリングは一九三一年、資源経済学の礎となる自身の論文の中で炭鉱経営者の状況を分析した。この論文で課題として提示されたのは一〇〇年単位で示される国民経済の未来ではなく、炭鉱経営者が枯渇しうる資源から最大の経済的価値を生み出すため、資源採掘の最良の手段を明確化することだった。炭鉱は抽象的な存在となり、（それを維持しているにもかかわらず）他の生産システムから切り離され、金融ポートフォリオと同類の計算に従って動かされる、単なる価値の備蓄となったのだ[35]。

経済の自然の制約からの「脱埋め込み」はまた経済的な循環の研究から生まれたものでもある。こうした研究は一八七〇年代まで、経済的なものではない諸要因との関係において商品の価格を分析するものであり、その中で気候は重要な役割を果たしていた。経済全般において農業が重要だったこと、そして商業活動の周期性が気象データとの相関を示していたためである。しかし一九世紀末、価格の印字と通信を自動で行う技術が金融情報の流動を急激に加速させた。電信で株価情報を受信し、それを紙に印字するストック・ティッカー・マシンが証券取引所に現れたのは一八六七年である。過去の価格が農作物の収穫や気象情報、自然災害や戦争に相関して月ごとに変動していたのに対し、この時代以降、価格は分ごとに変動するようになった。このような大転換の結果、株価は自動的に変動する連続した時系列と化し、いかなるものにも関連付けられない独立したものとしてみなされるようになった。[36] 金融情報のグローバル化と半永久的に続くものとしての市場の設立(穀物市場として一八六〇年に始まった)は商品の価格を生産に関わる局地的な自然条件から再び切り離し、自然の因果関係よりもむしろ投企的な因果関係に結びつけたのだ。

一八九〇年代には、計量経済学の手法によって異なる価格の間の体系的な関係を研究することが可能になった。価格の体系は価格を外的要因に関連づける代わりに、経済を均質で閉じられたものとなった。「外的な」原因は、それが自然のものであれ政治的なものであれ、経済体系を妨害しにやってくる副次的なものでしかなくなった。かくして経済は自立した、科学的に働きかけることが可能なものと化したのである。

マクロ経済学においても、チャールズ・コッブとポール・ダグラスが一九二八年に提唱した生産関数、あるいはロバート・ソローの成長理論のような新古典派の研究手法は、自然界とその限界にいかなる地位も与えていない。彼らにとって、自然は資本の増加や技術革新によって置き換え可能な要素としかみなされていない。ソローに至っては、「自然資源を（労働や資本といった）他の要素で置き換えることが容易ならば原則として何の問題もない。世界は自然資源なしに続いていくことが可能だ[37]」とさえ言うのである。

主流派のマルクス主義経済学者たちも、労働価値理論と二階級間（すなわち労働者と資本家）における生産物の分配に焦点を当てることで、資本と労働というふたつの生産要因を中心に考察している。マルクスとエンゲルスが何よりもまず資本主義によって土地と社会の相互作用の分断が生み出されたことを憂慮し、ポドリンスキーなどのマルクス主義者も価値理論をエネルギーに基づいて検討することを試みていたのに対し、その後のマルクス主義経済学は、近年になってエコマルクス主義の議論が盛んになる以前には、相互作用とエネルギーの役割を無視し、地球の資源の限界にまつわる考えの類をすべて「マルサス的」、すなわち保守的なものとして排除していたのだ[38]。

一九三〇年代の恐慌、ケインズ経済学、そして国民経済計算システムの発展により、経済の脱物質化のプロセスは完遂された。一九三〇年代以前には、成長の概念は物質的な拡大のプロセスに結びつけられていた。すなわち物質の生産量を増加させ、新たな資源や領土を経済分野に切り開くことを意味していた。それが三〇年代の過剰生産恐慌を経て、成長は物質的なものではなく経済活動の増大だと捉え直されたのだ。金本位制の廃止、すなわち紙幣が金の価値を表しているという考えの終焉によって、経済は完全に脱物質化された。ケインズは著書『雇用・利子および貨幣の一般理論』の有名な一節において、石炭の終焉は何の弊害ももたらさないだろうと述べている。貨幣が確実に循環することが何よりも重要だからだ。すなわち雇用と経済的繁栄を確保するには、イギリス国庫にしまい込まれている紙幣を、炭坑夫たちが探しに行けばよいのだ。[39] 経済は脱物質化されたことで際限なく成長し、自然の決定の範疇を超えてゆくものとなった。自分たちが正しく管理さえすれば経済は物理的な限界に配慮することなく成長できるというのが経済学者たちの言い分である。そして今日では、OECDが先進工業諸国の経済成長の監理者としての国際的な地位を得ている。

経済恐慌と戦争の時代には、新たな思考と統治の対象が同時に生み出された。それは定冠詞で表される経済（英語で表記するとThe economy）、すなわち特定の領域内で扱われる商業取引の総体としての経済である。[40] 国民所得［national income］は長らく賃金と利潤による富の分配を調査するためのツールとして経済学者やジャーナリストにより計算されていたのだが、この時代には制度化された部門が計算するようになった。アメリカでは一九三六年、ハーバード大学と全米経済研究所（NBER）の研究員であったサイモン・クズネッツが国民総生産（GNP）の計算規則を確立し、これが後に世界中で用いられるようになった。GNPの計算は当初、景気後退中の経済のモニタリングツールとして考えられていたが、第二次世界大戦中にはアメリカ軍の軍事費が国の経済成長を妨害しないよう調整する際に大いに役立った。一九〇〇年時点で国民所得を公表していたのはわずか八カ国だったが、四六年には三九カ国、その一〇年後には八〇カ国が公表するようになった。[41] 国民経済統計の登場がもたらした変化は、量的であると同時に質的なものでもあった。民間企業が使用していた支出計算手法を継承して生み出されたこの新たな計算方法は、支出と所得の等式化に基づいたものだった。これは二つの重大な結末をもたらした。まずGNPは経済について、それが生産と消費のあいだを循環する閉じられた回路のなかの価値の流動であり、自然環境との繋がりを断たれたものとする思考を定着させた。国民経済統計は経済をたったひとつの数字で計量することによって、それを事物化し、社会、政治、自然から切り離された存在として提示することを可能にしたのである。

さらに国民経済統計は、経済が完全に商業的なものであるという仮説に立脚している。家庭内労働や「無償の」サービス（自然からもたらされるものも含む）はこのような計算において存在しない。一九四九年にクズネッツ、ギルバート、クラーク、ペルー、シラス、マグレガーといったGNP概念の提唱者たちが交わした興味深い議論に着目してみよう。[42] この議論では国民経済統計について最も早期の、そして最もラディカルな批判が投げかけられた。まず、当の概念の生みの親たちによると、GNPは軍事支出に密接に結びついているため平時にはいかなる形でも用いることができないという。同じようにGNPは発展の度合いの低い国々に用いることもできない。なぜならこれらの国々では非商業的な領域が重要な役割を担っているため、国際比較を誤ったものにしてしまうからだ。またGNPは汚染、渋滞、警察、裁判官、高速道路、「人為的な欲望をあおる」広告、「保険業者、労働組合活動家、弁護士、銀行員、そして統計学者たちの仕事」といった「文明のコスト」を差し引いた上で計算されなければならないという。さらに強調すべきことに、炭鉱資源の枯渇は国家を衰えさせるため、炭鉱の活動はマイナスとして計算する必要があるとされていた。

だがこれらの提言は最終的にどれも採択されず、富と充足の「新たな指標」についての終わりなき議論が始まってしまった。GNPは最終的に原価償却すなわち資本の具体的な損耗を補正するものとなってしまったが、議論の方向性があと少しだけ違えば自然資本の損耗を補正するためのものにもなり得た。もし提案は、新たな炭鉱が発見されるという事態を考慮していないという口実のもと採択されなかった。[43] もしＧＮＰの提案者たちが当の議論に勝利していたならば、この別バージョンのＧＮＰは西洋の経済的発達に関してまったく別の見方を示唆していたかもしれない。このことを考えれば、実に惜しいものだったということがわかる。とくに燃焼される石油の価値について代案を示し、一九七〇年代には急速にその割合を減らすよう促していたのかもしれないのだ。(44)

世界の経済化

経済学は具体的な自然環境を考慮しなければならないという重荷から解放されたことで、際限なき成長というアイデアを定着させることができた。それでも、もし経済学の研究手法と存在論が、自らが力任せに外部化した自然環境の計算や分析に適用されていなければ、経済学の役割はイデオロギー的なものに留まっていたかもしれない。しかし限界効用理論を支持する経済学の論理構造は「最適値」や「均衡」という概念、また市場の手段といったものに基づき、世界の活用法を定義づけるにあたり中心的な役割を担った。

漁獲高の管理はこの点で非常に典型的な例である。第二次世界大戦後、南米の国々、特にペルーが自身の領海におけるアメリカのトロール船の活動を禁止しようと試みた。同じように韓国も日本とロシアの船舶の侵入に対する不満を主張した。アメリカは自らの軍事的・商業的支配に不可欠な海洋の自由原則を守るため、国際的漁業権に新たな原則を課した。それは維持可能な最大漁獲量と呼ばれるもので、魚群の総量と漁獲活動の比率が魚群を減少させるような限界点に達していない限り、漁獲活動は容認されるべきとする原則である。このモデルは最適化という概念を無理やり適用させたものであり、生物種同士の関係や海洋環境といった存在を無視して編み出された。そして、海洋資源を農地と同じようなものだとみなし、収穫が生産を刺激する(すなわち漁獲によって稚魚はより速く成長する)という農業の考えを漁業にも当てはめた。自然のプロセスは線形的で反復可能なものとみなされ、漁獲活動の量が減少すれば資源の量は自動的に増加するはずだと考えられているのである。このような自己満足的な主張によって、維持可能だと考えられた漁獲システムが実践された結果、漁獲量は一九五〇年から七〇年のあいだに二〇〇〇万トンから八〇〇〇万トンに劇増し、広域にわたって海洋資源の衰弱をもたらした。[45]

一九七〇年代以降、維持可能性と持続性という概念が、西洋の成長モデルをめぐって避けがたく生じたイデオロギー闘争の要となった。一九七二年にはローマクラブが有名な「成長の限界」についての報告書を発表している。[46]ブールディング、ダリー、ジョージェスク゠レーゲンの重要な調査をもとに発表されたこの報告書は、経済という概念を、地球の限界を考慮した現実的なものとして再構築するはずだったが、最終的には逆にあらゆる限界を成長概念から排除し、それをもとにした新たな世界の形成を促してしまった。[47]

「成長の限界」が骨抜きにされたプロセスは以下のとおりである。第一にオーソドックスな経済学者たちがこの報告書が経済資本による「自然」資本の置換、あるいは(合成ゴムが天然ゴムの代わりになるというような)新たな資源の発明を可能にする技術革新の存在を無視しているとみなして非難した。こうした発想は経済成長が次第に環境に悪影響を及ぼすものではなくなるというクズネッツの環境曲線によく具現化されている。この曲線が表すのは、ある社会が貧困状態から抜け出すために環境は一度破壊されるが、その後はGNPの上昇を通じて適切に保護されるという理論だ。経済成長は技術革新を経て脱物質化されるという希望は、一九七〇年代盛んになった環境保護運動のなかでも強化された。物理学者のハーマン・カーン（スタンリー・キューブリックの映画に登場するドクター・ストレンジラブのモデルとなった人物）が述べるには、技術革新のおかげで数十年後には何十億もの人々を養うことが可能になり（空気の窒素を固定できる遺伝子組み換え穀物などを利用して可能になるという）、彼らを宇宙へ送り出すことすら実現できるだろう。また別の未来学者であるアルヴィン・トフラーは自身のベストセラー『第三の波』のなかで脱物質化されたハイテクの未来を描写し、かつてダニエル・ベルが夢見た「ポスト工業化社会」が現実のものとなるだろうと述べている。フランスでは知識人の会合である「十のグループ」やジョエル・ド・ロズネーの著作『マクロスコープ』（一九七五年）などが「緑のバイオテクノロジー」を称賛し、シモン・ノラとアラン・ミンクの『社会の情報』[48]に関する報告（一九七八年）が同様の見方を発展させた。すなわち、しかるべき次の産業革命は生物学的に最適化され脱物質化されたサービス経済の革命であり、これによって我々は環境問題を解決しながら何の心配もなく経済成長を追い求めることができるというのだ。[49]このような潮流の中、一九七〇年代に推進されたのが化学薬品の使用に替わるバイオテクノロジーであり、経済の脱物質化の手段としての新たな情報通信テクノロジーであった。だが現在では、前者に関しては遺伝子組み換え作物のうち九八パーセントが殺虫剤などを作り出すため、あるいは殺虫剤を使いて栽培するために生産され、後者に関してはレアアースの消費量や世界規模の情報インフラにかかるエネルギーが莫大なものとなるという結末に陥っている。だがそれでもなお、地球工学と合成生物学は、地球温暖化と生物多様性の崩壊に対処できる新たな技術的解決策として同じようなロジックのもと推進されている。

第二に、自然が新たな知的構築物として、新古典派経済学の枠組みに沿って考えられるようになった。この見方に従えば、環境問題は実は「市場の欠如」なのであり、自然に価格をつけることで修正することが可能だということになる。この経済化を社会民主主義的に解釈すれば、税金は自然環境と経済成長を調整するための費用として、政府に対して支払われるものであるという。

だがアメリカでは一九七〇年代、ロナルド・コースの理論に基づいた「自由市場環境主義」学派が台頭し始めた。この理論によると、交換可能な汚染権を当事者たちに与え、それを彼ら同士で交渉させるのが経済的には最適である。多様な方法論や呼び名とともに（法と経済学、新資源経済学、グリーン経済など）、市場商品による「解決策」が推進された。二酸化炭素と二酸化硫黄の排出権取引、漁業や地下水面の吸水の配分に関する取引、生物多様性のための「生態系サービス」取引などである(50)。これらの市場は「炭素信用（カーボン・クレジット）」や「生物多様性信用」などの売却による報酬を得ることを目的とした土地所有の働きを世界的に促進し、先住民や農村住民から彼らの共有地（コモンズ）を奪った。これは人新世が始まった当初、木炭の探索と「合理的な林学」が農村社会から彼らの共有地を奪ったのと同じやり方である。

こうした方法を通して、地球は最適化の計算を当てはめられるべき存在となってしまった。経済学者は大気と生態系を、市場価値を最大限に高めることのできる経済学的資源として捉え直し、そのための二酸化炭素排出の最適な経路を定義したのである。環境のグローバルな変化は、気候の制約がある中でいかに経済成長を最大化することが可能かという問題にすり替えられた。国連の気候変動枠組み条約の下で行なわれていた交渉は、二〇〇〇年代以降、ステファン・エキュとアミー・ダーンが「現実の分裂」と名付けたものによって身動きがとれなくなってしまった。気候の世界的統治というたてまえは「世界の現実、すなわち市場のグローバル化と過度の資源乱獲という現実」[51]から遠くかけ離れてしまったのだ。排出権取引市場は一度崩壊した後に再度浮上しているが、そのあり方についての検討が十分になされたことはなく、これからも恐らく同じように変化し続けるだろう。環境監査の担当者は「クリーンな成長プロジェクト」に関連した二酸化炭素の排出量削減を評価し、監査はそれほど厳密である必要がないと考えている。実態がどうであれ、それが存続し交換がされていればエコロジー化された経済の地平を切り開くには十分なのだから[52]。

では、どのような自然の認識が生態圏と大気を統治するこれらの新たな知的装置を支えているのだろうか。まず、地球環境を保全する最良の手段は環境の価格設定であるという考えがある。価格は刻印としての役割を果たし、市場は公的活動よりも優れているため、自然の価値は内部化することが可能だと考えられている。また、ギャレット・ハーディンが「コモンズの悲劇」を提唱して以来、自然を上手く管理する手段は私有物としての所有することだけだと考えられてきた。したがって「生態圏の証券化」[53]、すなわち地球システムのあらゆる要素や生態的な機能に所有権を付与することが理想的であるとされた。自然は「自然資本」となり、金融資本に代替可能なものとなった。炭素の吸収から花粉の授受、水の浄化、自然の審美的あるいは宗教的な用途に至るまで、地球システムから与えられるすべての「サービス」がドルで換算され、自然環境サービス市場の商品とみなされるようになった。したがって土地を適切に管理し維持する術を持つ土地所有者が、より多くの報酬を得るということだ。自然の富と社会的価値はかつて区別されていたが、このような区分は自然を「世界で最も大きな企業」（国際自然保護連合（IUCN）が二〇〇九年に用い一般化された表現）とみなすフェティシズム［貨幣による物神化］に取って代わられてしまった。自然は今や、あらゆる人間労働や生産関係から独立したすでにそこにある（*déjà-là*）経済的価値の生産者に成り果てたのだ。[54]

このような考えに従うなら、もはや成長に限界などない。環境の保全、環境危機そして資源の枯渇そのものが経済的な好機とみなされるからだ。自然環境マーケティングを行う企業であるアドバンスト・コンサベーション・ストラテジーズが予測するには、「我々は新たな枯渇の時代に足を踏み入れている。環境市場はブームの只中にある。このようなブームは二酸化炭素に関わるものだけでなく、現在発展途上にある水と生物多様性の市場に関しても同様である」。[55]一九九七年、科学雑誌『ネイチャー』は自然が我々に地球規模で与えるサービスの年間貨幣価値についての計算を初めて公表し、それを一六兆から五四兆ドルの間、すなわち世界全体のGDPと同じ桁数の貨幣価値があると推定した。また、生物多様性の年間消失量の価値は四兆四〇〇〇億ドルに値すると推定された。アドバンスト・コンサベーション・ストラテジーズは「二〇三〇年頃には二酸化炭素が一兆六〇〇〇億から二兆四〇〇〇億ドルの市場を持ち、世界中で交換される最も重要な商品となるだろう」と一切の戸惑いも見せずに約束しているのである。

一九世紀初頭の工業的近代は、自然が経済と外的な関係を持つものであり、無尽蔵の倉庫を満たす動員可能な貯蓄物であるとみなす思想を構築した。だが、二〇世紀末の金融的かつポストモダン的、柔軟でネットワーク化した資本主義の新たな段階によって、このような第一の近代性の存在論には疑問が呈されたようだ。すなわち、現在重要なのは均一化された生産よりも多様性なのであり、備蓄よりも流動性、物的な生産と同等にサービス、そして物と同等に諸関係を評価することである。映画『アバター』は鉱床の採掘を望む地球の資本主義的企業とナヴィ族の「連鎖した」自然を対立させることで、西洋の自然表象に近年登場した「ネットワーク」という転換点を象徴的に示唆している。地球の限界を不可視化する行為はもはやその外部化（人間による採取や廃棄を問題なく受け止める巨大な外部として）のみならず、その過度なまでの内部化によって完遂されるものとなった。このような内部化は生態系の機能を金融の流れと共約可能なものにしようとする働きに伴って生じ、自然をそのプロセスの隅々まで資本化できる流動的なものとして再解釈する。自然の市場への内部化は、構築主義の哲学者たちが自然の人間に対する他者性を否定し、存在論的に解体したこと、また近年の工学的な研究がゲノムから生態圏に至る地球システムすべての面に関わってきたこととも関係している[56]。

さらに指摘できるのは、一九世紀初頭から二一世紀初頭にかけてもたらされたものは断絶のみではないということだ。我々は、環境汚染をする者がその代価を支払うという原則が作り出されたことで、ようやく環境に関する規制方法が生まれたかのように考えている。だがこのような規制方法は、実は一九世紀にすでに登場していた。そして我々自身の経験からも推測されるように、規制の存在は汚染を食い止められなかったどころか、歴史を通して環境の破壊に追随し、さらにはこれを正当化さえしてきたのである。このような規制がいかなる論理を持つか、一八二〇年代にはすでに明らかになっていた。経済的収益に結びつけられた損害補償の原則は、三つの結果をもたらした。まず、最も危険な作業を遂行するために最も弱い立場にある人々が雇用されるようになり、この害悪が社会的に不可化され続けたこと。次に生産活動と汚染活動がいくつかの限定された地域に集中したこと。そのような地域を選ぶにあたり貧しい地域、すなわち政治的、社会的資源が不足している地域に白羽の矢が立てられたことだ[57]。このような論理は近現代において恒常化したが、経済のグローバル化を経てさらに深刻化した事態から目を逸らすことはできなくなった。自然環境が新たな市場であるという発想は、人間が世界を完全に制御しているという幻想を体現したものでしかないのである。

第一〇章　資本新世

地球システムと世界システムが結節した歴史

資本主義の終焉を想像するよりも世界の終焉を想像する方が容易であるとフレドリック・ジェイムソンが言う理由は[1]、資本主義が地球と共通の外延を持つ存在になったことにある。過去三世紀を特徴付けるのは圧倒的な資本の蓄積である。破壊的な戦争が数多く起こったにもかかわらず、資本は一七〇〇年から二〇〇八年の間に一三四倍に増大した[2]。このような資本蓄積のダイナミクスこそが「二次的自然」を生み出してきた。それは道路、プランテーション、鉄道、炭鉱、パイプライン、掘削、発電所、先物取引所、コンテナ船、そして物質・エネルギー、商品、資本の地球規模での流動を可能にする金融と銀行の空間から成り立っている。そして、このように利益を出すことに特化した技術構造が地球システムを人新世の中へ放り込んだのだ。人新世はホブズボームが言う「資本の時代」の産物であり、「人間の時代」という我々の思考を支配してきたものの産物ではない。

この章の目的は、フェルナン・ブローデルの「世界‐経済」の歴史を地球システムの変容に結びつけ、資本主義の歴史と人新世の起源を同時に明らかにすることである。マルクスは資本主義を貨幣が自己増殖するメカニズムだと見なしていた(M‐C‐M′の公式)。すなわち生産様式は特定の利用価値を持ったモノの製造ではなく、資本を増大させるために販売される商品の製造を目的としているのだ。資本は自動的に人間の自由と地球の整合性を損ねてきた。マルクスが資本をモレクに例え、世界全体を犠牲にするよう要求する神であると考えた理由はここにある。マルクス主義者の知識人たちもこのアイデアを引き継ぎ、生態学的な退廃は資本主義の内在的理論に固有な現象としての物質代謝の亀裂から導かれる帰結であると分析した[3]。彼らは資本主義は労働者のみならず環境も再生産することができないと考え、その不能性を「第二の矛盾」と形容した[4]。問題は資本主義が世界を動員する際、時と場所によってまったく異なる形式をとったことだ。自然に対する資本の関係は、農業に基づく資本主義と、化石、石油に基づく資本主義の間では完全に異なるものになっている。前者の資本主義は一九世紀ヨーロッパの農村部ではまだ支配的であり、土地により異なる土壌の肥沃さとその適切な維持に依拠していたが、後者はその活動を世界中で繰り広げ、資源を枯渇させてきた。したがって我々はこの章で「資本」や「人類」といった仰々しい普遍的概念を用いる代わりに、二五〇〇年来存在してきた資本主義的な「世界システム」の物質代謝を歴史的に分析し、その地球システムに対する影響を検証していきたい。

世界システムの概念はフェルナン・ブローデルとイマニュエル・ウォーラーステイン[5]の仕事によって登場したもので、経済のグローバル化と世界の地域間に存在する経済的不平等の永続化を歴史的に捉えるために発展してきた[6]。一五世紀以来、四つの蓄積のサイクルと四つの世界システムが存在したと考えることができる。その中核は相次いで登場する四つの覇権国に存在していた。すなわちアメリカの拡大へ出資した多数のイタリア都市国家、オランダ、一八世紀末から二〇世紀初頭にかけて覇権を握った大英帝国、そして二〇世紀のアメリカ合衆国である。世界システム概念は歴史的でダイナミックであると同時に体系的でグローバルであるという利点を持っているため、体系的かつグローバルな地球システム科学との建設的な対話が可能になる[7]。変容した地球システムに対峙したとき、その原因として我々が想起すべきはもはやアントロポスが無関心であり続けたことではなく、各時代に支配的であったシステムが各々に適したやり方で、物質、エネルギー、商品、資本の流動を地球規模で組織化してきたことなのだ。ウォーラーステインが指摘するように、これらのシステムはその構造的に不平等である。なぜなら覇権的な諸国家は資本を蓄積し、中産階級に一定レベルの生活水準を保証し、人々の間の社会的秩序を維持し、彼らの物的基盤、すなわち教育、健康、移動そして技術革新に出資する。これらの国家と、とりわけ国家が保護する企業は経済的権力と軍事力を手にしているため、周辺国で原料を安価に入手し、必要があれば労働力を低賃金で搾取し、陳腐化した商品を彼らに流し、これらの国の環境を汚染するのだ。

現在、世界システム概念は物質・エネルギー流動、熱力学、そして生態学的痕跡（エコロジカル・フットプリント）という観点から見直されている。(8) これらの研究成果が示唆するのは、世界－エコロジー［écologie-monde］(9) と呼ぶべきものが、世界経済の各段階と共時的に、そして連続的に生み出されているということである。また富裕国の繁栄は地球からもたらされる恩恵を独占し環境被害を外部化することで成り立っており、それは富の略奪と「不平等交易」という手段でもって遂行されていたということだ。マルクスが『資本論』の中で述べるように、アイルランドが経済的に隷属化されたからこそ「一世紀半の間イングランドはアイルランドの土地を間接的に輸出して、その耕作者に土地成分の補充手段すらも与え」ず、自らの需要を満たすため穀物、羊毛、家畜を生産させた。(10) デヴィッド・ハーヴェイはローザ・ルクセンブルグの思想を発展させ、中核国家の内部で賃金労働型の搾取の構造を維持するため、資本主義には商業関係にまだ関与していない人間労働と自然生産を繰り返し私有化する必要があることを指摘した。(11) このような非対称性が、略奪による私有化、あるいは併合された労働［travail incorporé］(12) による不平等な交易が行なわれていると想定するのは間違いではないが、さらに財産の交易とともに生態学的・エネルギー的な観点でも不平等交易がなされていることを挙げることができる。周辺国が生態学的な使用価値の非常に優れた生産物を、生態学的な使用価値の低い生産物と引き換えに輸出するとき、この貿易は生態学的に不平等である。生態学的な価値は以下のような指標をもって測ることが可能だ。多様な生態系サービスを生産するのに必要とされるヘクタール数、「生態学的痕跡」[13]、国際的貿易において併合されたエネルギーあるいは「エメルギー［emergy］」の正味量[14]、物質の正味量[15]、エントロピー[16]、さらには生み出された廃棄物や公害もその指標となる。例えばアンドレ・G・フランクとイマニュエル・ウォーラーステインはジョージェスク＝レーゲンの熱力学的な経済分析をもとに、世界システムはエネルギーを散逸する構造であると考えた。生産、交換システムは各々の段階でエントロピーを地球システムへ向かって発生させ、不平等に分配するのだ[17]。グローバルな経済交易のなかで併合されたヘクタール数、エネルギー、温室効果ガス、水、バイオマス、鉱石などの物質、そしてそこで生み出されたエントロピーを指標とするこのような収支計算は新たな方法論や統計的手法を多く生み出し、諸社会の歴史について物質的に定量化された新たな解釈をもたらした。なぜなら「このような実践は」諸社会の物質代謝を明らかにし、諸社会が一連の世界－エコロジーを生み出すと同時にそこに組み込まれていることも明らかにしたからだ。

数百万人の貧困層が異常気象に晒され、波のように押し寄せる移民になりつつある現代において、世界システムの歴史についての生態学的な解釈は、地政学と環境学的公平性に関する争点とも共鳴している。工業国の二世紀にわたる発展は非常に深刻な所得格差を生み出した。地球上の全人口の二〇パーセントを占める最貧困層は一八二〇年の時点で世界中の全所得のうち四・七パーセントを得ていたが、一九九二年はそれが二・二パーセントにまで低下した[18]。このような人間の不平等の歴史と人新世の生態学的変質の歴史の間に何らかの関連性はあるのだろうか。一九九二年のリオ地球サミットの少し前、気候条約に関する交渉の最中に、二人のインド人生態学者が富裕国は生態学的な意味で歴史的負債を負っているという考えを述べた[19]。彼らは地球上の各個人に排出権を与えること、それも自身の所属する国の人間が過去に排出した汚染物質の量を考慮してこれを分け与えることを提案した。二〇〇九年には中国の指導者が次のように主張した。

気候変動の危機は過去二世紀の間に普及した極めて不平等な経済発展モデルに起因する。このモデルがあったからこそ今日の富裕国は今ある所得水準に達したのであるが、その一因として、彼らが他の地域に住む人々の命と生活様式を脅かす環境被害を考慮しなかったことが挙げられる[20]。

この類いの「共通だが異なる責任」概念に応答して、ディペッシュ・チャクラバルティのような歴史学者は資本主義の歴史を人新世の歴史から切り離そうと試みた。チャクラバルティによると、「我々は貧困者のおかげで（すなわち発展が不平等で不公平であるがゆえに）、生物圏に温室効果ガスをこれ以上排出せずに済んでいる［……］」。気候変動を歴史的起源、すなわち近代世界における富の不平等な形成に結びつけて考える者は歴史的な不平等について適切な疑問を呈している」が、人新世という新たな地球の状態の歴史的起源を明らかにするには適切な議論を提示していない[21]。驚くべきことに、チャクラバルティは人新世の時代における人間の歴史と地球の歴史の統合を宣言したあと[22]、人間の支配と不平等の歴史と地球が被った生態学的、地質学的な被害の歴史とを切り離し、互いに「無関係な」ものとして示しているのだ。チャクラバルティはこのパラドクスを用い、「論理的な観点からみれば、気候変動の危機それ自体は経済的不平等の結果ではない」と述べた[23]。静態的な視点に立てば、この議論は「論理的」と映るかもしれないが（そもそも何が論理的なのだろうか。最貧困層は極めて僅かな生態学的痕跡しか持たないということだろうか）、歴史的に考えれば非常に重大な問題を孕んでいる。この章で提示するように、産業発展モデルとその物質・エネルギーの相互作用は地球の地質学的な軌道を歪ませたと同時に、資本主義的な世界システムの歴史、生態学的に不平等な交易の歴史、植民地主義や帝国主義、搾取や低開発の歴史とは切っても切り離せない関係にあるからだ。

人新世への大変動：ひとつのグローバルな解釈

人新世のスタンダードな語り（ナラティヴ）はヨーロッパ中心主義的な歴史を生み出す。そこでは、地球規模の環境破壊は世界を発展へと導いたヨーロッパ流の一連の技術革新の副作用としかみなされない。だが、人新世を資本新世[24]として考えるならば、我々はこのようなヨーロッパ中心主義的に代わって、よりグローバルな解釈を提唱せざるを得ない。確かに一九世紀初頭は地球システム全体が変容し、人類が生物学的のみならず地質学的な力と化した時期なのだとしても、人新世の開始を西暦一八〇〇年あたりだとみなすことは根本的な事実を覆い隠してしまう。その事実とは、産業的資本主義は一六世紀の頃から「商業資本主義」により盛んに準備されていたのであり、自然に対しても人間の生命に対してもすでに破壊的な関係を持っていたことである。資本新世について語るうえで注意を向けるべきことは、人新世がジェームズ・ワットの脳から蒸気機関や石炭とともに準備万端な状態で突然登場したのではなく、長い歴史的プロセスを経て登場したということだ。一六世紀まで遡るこのプロセスは世界を経済的に連関させ、長い時間をかけて人間と地球を開発していった。そして後の産業化を可能にしたのだ。

産業革命が生じたのは、すでに資本主義化されグローバル化した世界においてであった。産業革命以前の遠い昔から一九世紀に至るまで、イギリスの資本主義が極めて商業的でグローバルかつ外向的なものであったことは、生産に焦点を当てた歴史研究からは想像がつかないだろう。融資、公債の管理、そして国際貿易といった活動が炭鉱業や織物業よりも多大な資産を生み出した。貴族階級、銀行家、商人とが合わさることで一八から一九世紀のイギリス帝国主義と経済的グローバル化を作り上げたのだ。

このような「紳士的資本主義者」の階級は際立った政治力を得た。というのもこの階級こそがフランスを相手にしたいくつかの戦争に出資するため、また世界的な覇権を握るために資金を出していたからだ。戦争の主要な目的は大西洋の商業空間を支配することだった。その例としてオーストリア継承戦争、七年戦争、そして南北戦争が挙げられる。戦争と公債解消（イングランドは一八一五年、自国のＧＮＰの二倍に相当する公債を有していた）のための資金源はグローバルな交易からの収入に依拠していた。このことからも、インドの税を徴収していた東インド会社、ロンドンの輸出入の活動を促進した航海条例、そして海上貿易や保険業から得られる「見えざる」収益などがイギリス国家にとってどれほど重要な存在であったかが分かるだろう。

商業的、金融的資本主義がイギリス国家にとって重要であったことは、一九世紀の政治の方向性からも読み取ることができる。まず自由貿易によりロンドンを世界中の商品の倉庫に変え、続いて公費を削減することで国内での貧困の増加を代償にスターリング・ポンドを強化することで（一八一九年には金本位制に戻った)、紳士的資本主義者たちが資金を世界中に輸出できるようにしたのだ[25]。

大西洋をまたぐ貿易は間違いなく産業革命の「点火[26]」、すなわち起爆剤となった。大西洋貿易の価値は一八世紀の間に四倍に増加し、イギリス貿易の三分の二を占めるようになった。同じように一八世紀末、サン・ドマングの交易がフランスの海外貿易の三分の二を占めていた[27]。ロンドンは世界貿易のハブとなり、大西洋貿易から得た商品を再輸出した。例えば一七七〇年代、大西洋の西側から輸入されたタバコのうち八五パーセントとコーヒーの九五パーセントはヨーロッパの別の地域へ再輸出されたのだ。イギリスはそれと引き換えに北欧で採取される原料を輸入していた。木材、木質タール、カリなど極めて重要な原料をこうしたゴースト・ヘクタールから入手することができたのである[28]。イギリスの貿易相手は北欧だけではない。例えば一八一〇年、石鹸産業とガラス産業の需用に応えてイギリスがバルト海諸国と北アメリカから輸入していたものは、木材の燃焼により採取されるアルカリだった。その量は年間二五〇〇万立方メートルの木材に換算されたが、これはイギリスの木材年間生産量をはるかに超えていた[29]。

さらにイギリスはこれらの収益に加え「見えざる収益(すなわち自国の税関を通らない収益)」を奴隷貿易、ブラジルの金鉱山、メキシコの銀山[30]、そして自国の商船がもたらす多国間貿易から得ていた。大西洋にまたがる貿易の革命によって造船と金属産業の発達が刺激された。海運業のための銅の採掘により安定した市場を得たのはコーンウォール地方の鉱山であり、蒸気機関が登場した直後には非常に重要な地域となった[31]。また、大西洋貿易の革命は手形や商業信用の利用といった金融制度の発達にも拍車をかけ、結果として国の貨幣量を増加させた。保険組合のロイズが一六八八年に創設されたように海上保険や火災保険がこの頃に登場した。火災保険を扱った最初の企業であるフェニックスとサン・ファイアは、ロンドンの砂糖精製所につきものであった火災のリスクを保証するために創設された。植民地貿易はブリストル、グラスゴーそしてリヴァプールにへイウッド家やレイランド家に代表される金融界を生み出し、これが工業地帯の工場制手工業への重要な資金提供源となった[32]。こうした金融は手工業製品の需要増加に対応し、イギリス産業が一八世紀末に飛躍する決定的な足がかりを築いた。需要は実に指数関数的に増加したのだが、その要因となったのは北アメリカの人口爆発であった。一七〇〇年には三〇万人であった白人人口が一八〇〇年には六〇〇万人に増加したのだ。一七八四年イギリス輸出品の五七パーセントを占めていた織物製品は、一八〇〇年には八二パーセントに上昇した[33]。一八〇一年、アメリカはランカシャー地方の織物生産の六〇パーセントを消費していた[34]。このように市場が常に拡大していたために綿の生産性は一七六〇年以降著しく増加し、機械化も急速に進んだ。ジェニー紡績機、アークライトの水力紡績機、クロンプトンのミュール紡績機はすべてこの時期に発明された。

一七四五年、経済学者のマラシー・ポストレスワイトは、イギリスを「アメリカ貿易と制海権が生み出した、アフリカという土台に依拠する素晴らしい上部構造」であると記した[35]。大西洋貿易が産業革命の中核であったことから見えてくるのは、アフリカ奴隷がイギリスの支配する世界システムの基軸をなしていたということだ。その例を四つ挙げよう。第一に、奴隷貿易からの収入はどの程度であったのか。この問題は歴史学者がこれまで盛んに議論を交わしてきたが、イギリスにとって非常に重要な額であったと現在では見なされるようになっている。ジョゼフ・イニコリは、よく働く黒人奴隷から引き出される利潤率は一八世紀末には五〇パーセントであったと推定している[36]。一七五〇年以降、奴隷貿易の利潤はイギリスの商業的・産業的投資の約四〇パーセントを占めていた[37]。第二に、奴隷が生産する砂糖は最も儲かる商売の代表格だった。一九世紀初頭、サン・ドマングを失ったフランス植民地の砂糖生産量が年間三万三〇〇〇トンであったのに対し、イギリス植民地は全体で年間一七万七〇〇〇トンの砂糖を生産していた[38]。イギリス人一人当たりの年間消費は一八世紀のあいだに一ポンドから二五ポンドに増加し、カロリー摂取量も増加した（一八〇〇年で四パーセントの増加）ことに伴い、イギリス人労働者の生産率も向上した（これに穀物の摂取も加えて考慮せねばならない）。第三に、奴隷制が続いたアメリカ南部で生産されていた綿が織物産業の主要な原料となった。第四に、一九世紀初頭までに大西洋を横断したアフリカ人の数はヨーロッパ人を超えるものだった。北アメリカの農産物とニューファンランド島の鱈がカリブ諸島に輸入されていたのは大勢の奴隷を食べさせるためであり（カリブ海域の耕地は輸出用の単一栽培を強いられていた）、奴隷の使用により白人植民者は支払い能力を高めイギリス製の工業製品を購入出来るようになった。一八世紀末、奴隷貿易と奴隷制プランテーションが世界システムの基礎となり、権威的な大英帝国はその経済的需要に従い衛星体系（サテライト・システム）を完璧に組織することで、著しく階級化された世界システムを運営していたのだ。

「産業革命」というあまりにも単純な名称を持つ現象の性質は根本的にグローバルなものであるため、これを把握するには遠隔地の連繫が生み出す生産能力について考えるのがいいだろう。歴史学者ケネス・ポメランツがその著書『大分岐』のなかで明らかにしようとしたのは、なぜ中国の揚子江（長江）デルタ地帯ではなくイングランドが産業化の途を辿ったのかということだ[39]。一七五〇年、この二つの社会の経済的・技術的「発展」の水準はほぼ同程度であり、土壌や木材といった資源の問題に同じように直面していた。イギリスでは燃焼用木材の価格が一五〇〇年から一六三〇年の間に八倍になり、一八世紀末に国土面積を占める森林地帯の割合は国土面積の五～一〇パーセントまで減少した。土地の疲弊に関する苦情は激しくなる一方で、新たな技術であるノーフォーク輪栽式農法もこれを解決することはできなかった。

ポメランツによれば、二重の「偶然」がイングランドに有利に作用し、産業化を可能にしたという。ひとつめの偶然は石炭の入手可能性である。イングランドの鉱山は比較的容易に開拓することができ、消費の中心地に近いところに位置していたのに対し、中国の鉱山は上海から一五〇〇キロメートル以上も離れたところにあった。一八二〇年、イングランドの石炭消費量は森林を合理的に管理した場合の八〇〇万ヘクタール分、すなわちイギリス全体の森林面積の一〇倍に相当するものであった。ふたつめの偶然とはイングランドの帝国主義的状況である。相当な量の資源を産業発展に集中的に割り当てることができたのだ。一八三〇年、アンティル諸島からもたらされる砂糖は六〇万ヘクタールの優れた穀物用地に、アメリカ産の綿は羊の牧草地九三〇万ヘクタールに、アメリカ産、バルト海産の木材は国有林四〇万ヘクタールに相当するものだった。これらを総計すれば、石炭を計算に入れなくても、一〇〇〇万ヘクタール以上のゴースト・ヘクタール、すなわちイングランドとウェールズを合わせた農業用地面積の三分の二に値する土地からもたらされる資源を得ていたことになる。このようにしてイングランドは機械と労働人口を養っていたのだ。この計算に、イギリスが排出していた二酸化炭素を光合成により吸収していた土地や海洋の面積も加えるべきだろう。一八二五年には、世界排出量の八〇パーセントがイギリスから排出されていた[40]。

さらに、このような世界的交易はアルフ・ホーンボーグが示したように実に生態学的に不平等だった。一八五〇年、マンチェスターで生産された工業織物製品一〇〇〇ポンド相当とアメリカ産の綿花一〇〇〇ポンド相当を交換した場合、労働量に四六パーセント、ヘクタール数で換算して六〇〇〇パーセントの割合でイングランドは利潤を得ていた。[41] 通常これだけ大量の綿織維を生産すれば、穀物、木材、まぐさなど他の需要との競争関係に陥るが、イングランドはこうして自然環境の制約から国内領土を解放したのだ。揚子江デルタ地帯の場合も、イギリスの工業化と同様の非対称性が重要な役割を担っていたことが確認されている。一八世紀には揚子江上流や中国北部から莫大な量の原料と綿が輸入されていたのだ。しかし大西洋を中心とする世界システムの周辺地域とは異なり、揚子江近郊の周辺地域には一八世紀の間に織物生産業が発達し、デルタ地帯は自らの製品の販路を獲得できず、また原料を廉価に得ることも難しくなってしまった。中国の経済空間は大西洋よりも均質になったために、イギリスの産業的飛躍を可能にしたような生態学的・資本主義的蓄積が叶わなかったのだ。機械化と蒸気機関は、廉価な農業・森林生産物が大量に流入する大西洋空間の不均等な空間の中でしか実現され得なかった。帝国が存在しなければ、産業革命は物理的に不可能だっただろう。一八〇〇年頃、ヴェルナー・ゾンバルトは「森林破壊による木材の不足とヨーロッパの土地の枯渇のなかに資本主義、さらにはヨーロッパ文化が持つ目的の脅威」を見いだしていた。[42] ここまでは言わずとも、ポメランツは「石炭と植民地という二つの恩恵がなかったとすれば、イギリスは、国内での明確な解決策もなく生態環境上の難局に直面しただろう」と述べている。[43] 自然環境による制約の外部化はイギリスを安堵させるものであったが、それは同時に周辺の生態環境を混乱に落し入れるものでもあった。一四九二年から一七〇〇年の間、アメリカインディアンの人口の九〇パーセントを排除したことにより得られた広大な「空の」空間の利用が可能になったことで、環境に対する関係はヨーロッパに比べてはるかに略奪的に変わった。例えばタバコの栽培はたった三~四度の収穫で土壌を急速に疲弊させてしまうため、一八世紀の間に生産地はメリーランドとヴァージニアからアパラチア山脈へと移さなければならなくなった。[44] カリブ海域の耕地が砂糖の単一栽培へと変化したことは森林破壊、浸食作用、そして土壌の疲弊を引き起こした。[45] サトウキビのプランテーションはアメリカの熱帯地域にマラリアをもたらした。糖蜜を乾燥させるために必要な焼粘土製の器は淀んだ水の溜まり場となり、黄熱病の媒介者であるアフリカからもたらされたネッタイシマカ［A. Aegypti］にとって非常に好適な孵化場となった。[46] メキシコとペルーの無数の銀山は数十年の間に枯渇してしまったが、その間に現地の自然環境を著しく汚染した。一九〇〇年までに二〇万トンの水銀が消費され、その大部分は蒸気として大気中に消えていった。[47] ビーバー、アメリカバイソン、そしてホッキョククジラは一九世紀末までにほぼ全滅した。工業化との関連で言うならば、バイソンの皮革は動力伝導ベルトに、クジラの油は潤滑油に、それぞれが機械の優れた部品として供給されたのだ。[48]

一九九九年、「補償と本国送還の真実のためのアフリカ世界委員会［The African World Reparations and Repatriation Truth Commission］」は、植民地時代の奴隷貿易と財産の強奪に対するアフリカへの補償として、七七七兆ドルの支払いを諸西洋大国に要求した。[49] だが金額の規模に関わらず、西洋が自身の産業的発展に関してアフリカに、またアメリカやアジアに作った「借り」をすみずみまで明らかにすることは不可能だろう。我々が言えるのは、産業的な発展と人新世への突入は、一八世紀と一九世紀におけるこれらの地域との生態学的に不平等な交易によってのみ可能になったということである。

イギリス世界システムの世界－エコロジー[50]

一九世紀後半、密接に結びついた二つの現象が発展した。一方で経済的グローバル化の下部構造が形成され、他方ではヨーロッパ・北アメリカとアジアの間に経済格差が広まった。

イギリスを中核にした世界システムは不平等な世界－エコロジーに依拠している。石炭は工業国の経済的な物質循環を劇的に増大させることで、熱帯地域から輸入される有機的な原料の需要も拡大させた。さらに一九世紀の最後の三分の一の期間には、すでに工業化された国々が新たな資本蓄積のサイクル、すなわち有機化学、電気そして自動車に代表される第二の産業革命に足を踏み入れた。これらの国々はエネルギーと鉄に関しては概して自立していたとしても[51]、その繁栄の基礎となる技術は周辺国からもたらされるいくつかの決定的に重要な生産物に依存していた。鉱石に関してはマレーシアのスズが農産物加工業（食品の缶詰）や石油の容器のため、アンデス山脈とコンゴの銅が電化のために用いられたし、植物、動物に関してはクジラの油や熱帯の植物油が照明や機械類の潤滑油に、樹脂が電話網に、さらに天然ゴムが機械工業（動力伝導ベルト、ガスケット、蒸気機関など）、そして自動車に用いられた[52]。同じように、ヨーロッパとアメリカの土壌の肥沃さが維持できたのはペルー、ボリビア、そしてチリのグアノが採掘され[53]（そして数十年のうちに枯渇してしまった）、チュニジア、モロッコ、アルジェリアでリン鉱石が採掘されたからであった。第一次大戦前、富裕国は国内で消費するリン酸塩のうち四一パーセント、すなわち年間二九〇万トンを輸入に頼っていた[54]。このような肥料の輸入があったにもかかわらず一八三〇年代頃から一九世紀末までイギリスの農業生産性は停滞した。最低限のコストで国民を食べさせるため、一八五〇年には全食糧の一五パーセントを輸入していたが、一九〇〇年には六〇パーセント以上を輸入するようになった[55]。イギリス国民を養うゴースト・ヘクタールは国内の総農地面積よりも広大であった[56]。イギリスは確かに石炭と工業製品の輸出国であったが、一八五〇年から一九三九年の間は鉱石、そしてとりわけバイオマスの輸入国であった。鉱石は第一次大戦前夜には、一二〇〇万トンも不足しており、バイオマスの不足量は一八五五年時点の五〇〇〇万トンから一九三〇年代末には三〇〇〇万トン以上に達していたのだ[57]。他のどのような工業国も、世界の他の地域のバイオマスにこれほど依存した成長モデルは持っていない。これらの事実は、一九四〇年以前には工業国が周縁国の生産物をほぼ必要としなかったというポール・バイロックの主張をかなり修正させるだろう。

不平等な世界－エコロジーは極めて外向的な資本主義と結びついている。経済は、スターリング・ポンド（すなわち金本位制）に基づいた安定した国際貨幣システムの枠内で金融化、グローバル化した。イングランドの一八六二年の会社法、フランスの一八六七年の株式会社改革、ドイツ有限会社を制定した一八九二年のドイツ法などを通じ[58]、株式保有者の責任が限定されたことで商業に対するリスクは減少した。国外で活動をする企業に対してはより一層の優遇がなされた。株式取引が普及したことで、金融資本主義の歯車はさらに加速した。私有資本の法的に安定化したことで資本が国家から企業へと大量に移行した。イギリス国債は一八六〇年、ロンドン企業の資本組み入れ額の半分を占めていたが、一九一四年にその割合は五パーセント以下にまで低下した。

ヨーロッパの金融資本はその大部分が海外投資に向けられていた。一九一三年、フランス国富の四〇パーセントが譲渡可能証券に設定されており、そのうち半分が国外に投資された[59]。一八七〇年から一九一三年の間、イギリスは毎年GNPの四・五パーセントを国外投資にまわした。三八億ポンドに上るこれらの資産は一九一三年には国富の四〇パーセントを占め[60]、対外直接投資総額の半分を占めていた。海外へ投下された資本は人新世のなかでも中核となる役割を果たした。なぜならそれを通してイギリスは化石燃料に基づく資本主義を世界中に敷衍したからだ[61]。一九一三年、イギリス対外直接投資先の四〇パーセントを占めていたのは国外の鉄道建設だった。そして炭鉱（一八九八年には一〇〇〇以上の炭鉱採掘会社がロンドン証券取引所に上場していた）、ガス灯会社、水道会社、熱帯プランテーション会社があとに続いた[62]。これらの投資は非常に利潤が高い上、自己生成するものだった。一八七〇年から一九一四年の間、その収益（GNPの五・三パーセント）は持ち出される資本の価値（四・五パーセント）を超えていた[63]。イギリスはこのようにして大幅に欠損の出てしまう商売のバランスを補い、必要な原料を集め、スターリング・ポンドを国際通貨システムの柱として維持していた[64]。

こうした金融資本主義は二酸化炭素を大量に排出し、物質、エネルギー、商品の流れを世界規模で組織する技術を形成した。大陸間をつなぐ運河、鉄道、蒸気船、湾岸倉庫、サイロ、電信ケーブルといった技術が地球規模で二次的自然を作り出し、周辺国の内奥に侵入し、それを世界システムに固定した。このようなネットワークは各地の連繫の調整にかかるコストを削減し、その管理を担当する巨大企業の権威を強化した。

その結果、ロンドンを出てカルカッタに到着するまで、一八世紀には六ヶ月を要していたが、一九世紀末にはせいぜい二週間しかかからなくなった。海上交通機関の価格は大幅に低下した。世界を行き来する商船は一八五〇年から一九〇〇年の間に九〇〇万トンから三五〇〇万トンに増加し、そのうち六〇パーセントの船舶はイギリス国旗を掲げていた。イングランドの覇権は石炭の大量輸出（総生産高のうち二五パーセント）により後押しされていた。イギリス船舶は、往路と復路どちらにおいても船倉を満たして航海していた唯一の船舶だった。

また、世界規模の電気通信網を設置したのも主にイングランドの会社だった。電信網の発達が帝国の統治を一層強化し、商業に関する情報の速度と信頼性を高めていた。わずかな価格の差が重要になったことで、重い貨物の貿易の収益性は向上した。一八六〇年にはトランピングという商法が確立した。貨物船を予定された特定の目的地なしに海路へ送り出し、商品の時価に従ってある港からまた別の港へと航海させる方法だ。[65] こうしてグローバルな市場が一九世紀末の数十年間で作られていった。商品の価格は収束に向かった。一八七〇年、小麦はリヴァプールでシカゴよりも五七パーセントも高値で売られていたが、一九一四年にその差は一五パーセントに減少した。[66] この現象は全面的な市場化のプロセスと、ローカル経済を国際貿易へ統合する動きをもたらした。

世界の鉄道網の総延長は一八六〇年から一九二〇年のあいだに一〇万から一〇〇万キロメートルに達した。[67] その主な資金源は私有資本であり、多くはイギリスから出資されていた。例えば一八六〇年、鉄道建設会社のペト・ブラッシー&ベッツは五大陸で一〇万人の賃金労働者を雇用し、ロシアや南アメリカ、カナダ、アルジェリアといった地域に鉄道を建設した。[68] 一九世紀末、対外直接投資は鉱物・農業資源（のある地域）に集約された。アフリカ、南アメリカそしてアジアにおいて、鉄道は国際市場のための石炭採掘や重い貨物の輸送に結びつくようになった。ペルーやチリの銅とグアノ、インドの綿、ブラジルのコーヒー、アルゼンチンの肉、中央アメリカで単一栽培されたバナナ、セネガルの落花生などが集められた。周辺国は原料だけでなく、廉価な労働力も提供していた。奴隷とほぼ変わらない隷従状態で炭鉱やプランテーションで働く「志願［engagé］」労働者、アヘン戦争や太平天国の乱によって生じた内戦から逃れてきた中国の苦力（クーリー）などが世界中の鉄道建設現場で搾取されていた。[69]

このように構築された下部構造が第三世界の国々を、工業国に対し特定の生産部門に特化した経済的依存の状態に落し入れた。貸付金は経済的、政治的隷属をもたらし、貸付が万一中断されるような場合には、これらの国は首を絞められたも同然だった。ティモシー・ミッチェルが石油を例にして示したように、世界システム内部のヒエラルキーは丹念に選別された技術的装置の分配により成り立っている。備蓄と精製の手段を準備することなしに油井を掘ってしまえば、生産国を依存状態に陥れることになる。資本主義の「二次的自然」は、周縁地域の前資本主義的な経済を崩壊させ、非工業化して世界システムへと組み込んでいった。二〇世紀のポストコロニアル国家はこれらの下部構造を引き継いでいる。この事実が、彼らの経済が調和のとれた形で発展することを困難にしている。

グローバル市場が確立された一八五〇年から一九〇〇年の間には大きな逆転が生じた。西ヨーロッパから飢饉が姿を消し、植民地を荒廃させながら伝播していったのだ。一八七三年から九八年の間にエルニーニョ現象に関連して生じた二度の飢饉は世界中で三〇〇〇万から五〇〇〇万の死者を出し、とくに中国とインドに大きな被害をもたらした。中国もインドもこれほどの災害を経験したことはなかった。一八世紀にも同じような干ばつが中国を襲ったが、その際は清国が申し分のない形で事を収めた。帝国の穀物貯蔵システム、北部と南部を結ぶ河川による長距離輸送システムのおかげで緊急時にも穀物を配給することができたためである。つまり、このエルニーニョ現象が意味するのは、当時の中国、インド社会の脆弱さは復旧と救援のシステムが前もって解体されてしまったことに起因するということだ。中国は二度のアヘン戦争と太平天国の乱（ヨーロッパ植民地主義からの攻撃により中華帝国が疲弊していたことと深く関係する）を終えたばかりであった。インドでは大英帝国の管理体制が飢餓の発生をものともせず搾取や開発を拡大しようとしていた。したがってこの深刻な大災害は、周期的に到来するありふれた気候災害と、ロンドンとシカゴを中核とするグローバルな穀物市場の形成（インドの収穫物はすでに先物市場を介して売買されていた）、そして資本主義の打撃を受けたアジア社会の崩壊といった要素が重なりあって生じたものとして理解されなければならない[70]。飢饉が大いに蔓延する中にもかかわらず、インドはより多くの農業生産物を輸出に回していた。ジュートや綿、インディゴ植物に加え、小麦や米までもがグローバル市場へと割り当てられていたのだ。とくに米の輸出量は一八七〇年代から一九世紀末の間に七〇万トン以下から一五〇〇万トン以上へと増加していたのである[71]。

第二次産業革命が周縁国内にもたらした生態環境の影響もまた深刻だった。樹脂採取に用いられた樹木は一八五六年からシンガポールで、そしてマレーシア諸島の多くですでに絶滅し始めていた[72]。一九世紀末には天然ゴムを求める群衆がアマゾニアを占領し、原住民を虐殺し現地の森林を破壊した。二〇世紀初頭にはパラゴムの木が、イギリスやアメリカの企業（ホップン、グッドイヤー、ファイアーストーンなど）が巨大なプランテーションを建設したブラジルからマレーシア、スリランカ、スマトラそしてリベリアといった地域へと運び込まれた。このようなプランテーション施設のため何千万ヘクタールにも及ぶ森林が伐採されたために土壌は疲弊し、マラリアの発生を招いた[73]。一九二〇年代にはコンゴで天然ゴムのプランテーション建設、炭鉱開発、鉄道敷設が進められたことで、この地域に初めてＨＩＶウイルスがもたらされた[74]。

こうして一九世紀の最後の三〇年余のあいだに「低開発」が生まれた。ヨーロッパと北アメリカを一方の極に、アジアとアフリカをその対極におく巨大な経済格差はこの時代に広がったのである。一八〇〇年から一九一三年の間にヨーロッパ人一人当たりの所得は二二二パーセント増加したが、アフリカ人の所得は九パーセント、アジア人の所得は一パーセント増加したにすぎない[75]。

一九世紀最後の三〇年余と二〇世紀の初頭にかけて、イギリスの覇権を揺るがす強力なライバルが登場した。アメリカを筆頭にドイツ、フランス、そして日本が続いた。各国間の競争が激しくなることで帝国主義的な計画も加速した。ヨーロッパの列強は一八〇〇年時点で地表の三五パーセントを政治的に支配し、一八七八年には六七パーセント、一九一四年には八五パーセントを支配するようになった[76]。帝国がグローバルな経済発展において重要な役割を果たしたのは、それによってイギリス式の世界システムが安定した状態で維持されたためである。とりわけインドはイギリス商品の第一の輸入国となり、莫大な専属市場を形成した。アジアが隷属化されていなければ、一九一〇年にイギリスの商業信用の七三パーセントを生み出した地域は存在せず、イギリスはアメリカ、英国自治領、ドイツ、フランスといった通商パートナーとの自由貿易を諦めざるを得なかっただろうし、これらの国々も結果的に販路を失い経済成長を減速させていただろう。そうなれば世界経済は一九二九年の経済危機の時のように、いくつかの自給自足経済体制をもつ商業ブロックに分裂していただろう[77]。

大加速時代の不平等な世界―エコロジー

二度の世界大戦と深刻な不景気の後、世界は一九四五年以降、歴史上類を見ない成長へと突入した。人新世の大加速がそれを表している。この時代の成長の決定的な特徴は、エネルギー・物質両方の常軌を逸した消費である。二〇世紀前半、年間二・一三パーセントの成長を世界的規模で実現するための化石エネルギー消費は年間一・七パーセントの増加で足りていたのが、一九四五年から七三年の間には年間四・一八パーセントの成長のために四・四八パーセントの増加（ウラニウムを除く）が必要になった。一九五〇年から一九七〇年の間、世界人口は一・四六倍、世界全体のGDPは二・六倍に増加し、産業目的における鉱石と鉱山生産物の消費量は三・〇八倍、建設用物資の消費量は二・九四倍に増加した。[78] 鉱物資源がバイオマスに代わって建設現場で用いられるようになり、農業においては石油生産物が動物エネルギーと肥料に代わり、合成製品が農業由来の染料と織物繊維に代わって用いられるようになったことで、バイオマスの消費のみが経済成長よりも緩やかに増加し、有機的経済が化石経済に急激に転換したことを示す徴候となった。農業社会の物質代謝（一人当たり年間約六五ギガジュールの消費）から化石エネルギーに基づく産業社会の物質代謝（一人当たり年間約二二三ギガジュールの消費）に移行した人間の割合は、世界人口の中で一九五〇年には三〇パーセント、二〇〇〇年には五〇パーセントに増加している。[79] したがって大加速は成長の均一な加速などではなく、生活様式と物質代謝の質的な変化なのだ。このような変化はすでに強力であった成長をさらに強力な化石エネルギー（とりわけ石炭に取って代わった石油）そして鉱物資源の成長に結びつけたために、グローバル経済の物質とエネルギーの効率性は失われることになった。

この変化のプロセスもまた地理的、社会的に不平等なものだったが、冷戦という状況下でアメリカが支配するようになった世界システムのダイナミズムがこれを形成した。戦争の直後、アメリカの力は最高潮に達していた。ヨーロッパ経済が完全に疲弊していたにもかかわらず、アメリカのGNPは一九三九年の四倍以上に増加し、莫大な外貨のストックを所持していた。一九四〇年代末、アメリカは世界工業生産高の六〇パーセントを占め、世界の石油総量のほぼ六〇パーセントを生産（そして同じだけ消費）し、世界のGDPの三分の一を占めていた。イギリスがその頂点にあった一八七〇年でも世界のGDPの九パーセントしか占めていなかったことから考えても、アメリカの規模の大きさが見て取れるだろう。[80]

戦争終了後、アメリカ政府は自国経済の拡大と西側経済圏の成長に適した条件を作り上げることができるか憂慮していた。このような文脈で、自由貿易と成長に基づく新たな国際経済秩序が確立された。一九四四年にブレトン・ウッズ協定がドルを世界通貨と定め、関税および貿易に関する一般協定（GATT）が一九四七年に貿易を自由化し、開発支援に関するトルーマン・ドクトリンの第四の目的であったマーシャル・プランが始動した。このような世界秩序には一九四六年の大規模なストライキを受けて、完全雇用を保証する、そして西側経済圏を成長へと導くことで生産物の販路を築き、社会的な安定を図るという目的があった。フォーディズムと消費主義が社会的に協調することが共産主義に対する最良の城塞であると考えられたのだ。[81]同じように第三世界を「発展させる」ことが論点となったのは、これらの国々が共産主義へ転換することを防ぎつつ、アメリカとその同盟工業国への廉価な原料を確保するためであった。一九五〇年代から六〇年代の間の大規模な自然・人間資源の搾取により東側諸国は軍備、空間、生産、そして消費における西側との競争で優れたスコアを出すことができたが、これが冷戦における対立の情勢を変えることは少しもなかった（第七章）。共産圏を追い越すために、マーシャル・プランを引き継いで登場した経済協力開発機構（ＯＥＣＤ）が西側経済圏の成長戦略を支えたからである。

ヨーロッパと日本にモノが満ち溢れさせ、パクス・アメリカーナを築いた仕組みは、決定的に重要な生産品である石油によりもたらされたのであり、マーシャル・プランの援助の一〇パーセントもこれにつぎ込まれた。石油援助はスタンダード・オイル、カルテックス、ソコニー＝バキューム・オイルといったアメリカの大手資本に莫大な富をもたらした。というのもマーシャル・プランが出資した石油財源の四分の三はこれらの大手資本にあてがわれ、それが世界価格よりも高値で売買されたからだ。[82] 石油援助は重要な地政学的な武器でもあり、石炭採掘と結びついたヨーロッパの強力な共産主義的労働者たちの活力を奪い（第五章）、西洋同盟国の成長を活発化するために用いられた。ソ連の側では同盟国へ化石エネルギーを送るどころか、東ヨーロッパの資源を搾取していたのだ。石油はまたヨーロッパの農業を変容させ、トラクター、化学肥料そして殺虫剤などが導入された。このような「石油農業［petro-farming］」はエネルギーの観点からみて赤字の農業と化した。農業におけるエネルギー還元率（一定の食糧生産に使われたカロリーに対し得られたカロリー数）はイングランドで一八二六年に一二・六であったのが一九八一年の二・一に低下し、フランスでは一九二九年の三が一九七〇年には〇・七、アメリカとデンマークでは二〇〇五年に〇・六四まで減少した。[83] 帝国の時代のヨーロッパは穀物、肉、植物油などの輸入国であったが、新たな世界的「フード・レジーム」[84]が一九四五年以降確立された。西ヨーロッパも含む工業国の農業従事者たちは、廉価な石油の使用やアメリカの一九五四年の農業貿易開発援助法といった国内政治や輸出支援に後押しされた結果、農産物の輸出者となり、特に第三世界に穀物を輸出するようになった。このような変容は工業化途上国における農村の過疎化と労働賃金の低下を招き、多国籍農産物企業（マルチナショナル・アグリビジネス）が世界を征服し、食習慣を変化させることを招いたのだ。

経済成長を信奉するパクス・アメリカーナの地政学的・政治的な成功は、地球全体に刻まれた生態学的な痕跡の巨大さとその規模を同じくする。人間由来の生態学的痕跡のグローバルな指標[85]は、一九六一年に地表の環境収容力（バイオキャパシティ［biocapacity］）の六三パーセントに相当するものであったのが、一九七五年には九七パーセントに上昇した。[86]この数値は今日一五〇パーセント以上であり、年間一・五個の地球を消費していることになる。すべての生産物（鉱物、エネルギー、バイオマス、建設用物質、工業製品）の輸入量は一九五〇年から七〇年の間に、北アメリカ、西ヨーロッパ、オーストラリア、ニュージーランド、日本といった工業国・地域で年間七・五九パーセントずつ増加していた。[87]これらの国々は二〇世紀前半には鉄、銅、ボーキサイトといった物質を自給していたが、一九七〇年にはそれぞれマイナスを示しており、鉄は八五メガトン、銅は二・九メガトン、ボーキサイトは四・一メガトンの輸入であった。[88]その総量は一九五〇年に二九九〇万トンだったのが、一九七〇年には一兆二八二〇万トンに急増した。[89]

図14で示される、世界の異なる地域間における物質交換バランスの推移を考慮すれば、共産主義システムと資本主義システムの間に本質的な生態学的差異があることが見て取れる。共産圏は発展のために

所有する自然環境を搾取し破壊してきたのに対し、西側の工業国は他の非共産国から膨大な量の鉱物資源、再生可能資源を吸い取ったことで成長を築き上げた。そして搾取された国々には質の良い物質とエネルギーが存在しなくなった。

アメリカの政治的エリートはこのような世界システムの周縁地域における物質の巨大な吸い上げシステムを機能させることに、純粋に戦略的な意味で注目していた。一九四五年五月、内相ハロルド・イッキーズはルーズヴェルトに次のような手紙を書いた。「すべての国〔原註：西洋国〕が世界中の原料に平等にアクセスできるよう保証し、大西洋憲章の宣言を具体化することが不可欠です[90]」。戦後復興のなか、ウラニウム、天然ゴム、そして近代型航空機の主要材料であるアルミニウムといった重要な資源を獲得することは政府の役目となり、ベネズエラや中東の石油、インドのマンガン、コンゴのウラニウムといった資源へのアクセスを保証するエネルギー政策に乗り出した。一八七〇年から一九四〇年の間、アメリカの経済的影響力の上昇は木材、石炭、石油、鉄、銅、水といった国内資源の大量利用にほぼ依存していたが、戦後には物質とエネルギーの純輸出国から純輸入国の立場に移行した。議会報告書、専門委員会（一九五一～五二年のパレー委員会）、シンクタンク（リソース・フォー・ザ・フューチャー）などが西洋の安定を確保するために世界中の資源を動員し、アメリカの資源は将来のために備蓄しておくことを提唱したのである。

アメリカが植民地解放運動を支持したのは、それがヨーロッパ植民国の仲介なしに資源に直接アクセスすることを可能にし、アメリカの備蓄を確保する手段となるからだった。そのためにアメリカは「自然資源の利用と保全についての国際連合科学会議」（UNSCCUR、一九四九年）を開始した。四九カ国の代表者たちは地球上の自然資源を調査し、「合理的な利用法」を実施することを求めた。自然資源は技術が存在しないために未開発で不十分に利用されている状態であったり、あるいは（こちらのケースは稀だが）科学的知識が不足しているために過度に開発されていることがあるという。アメリカと国連に加盟する西洋諸国の専門家たちは、いまや世界中の資源の持ち主であり、その「適切な利用法」の管理人として君臨したのだ。[91] そしてアメリカの多国籍企業が、その物質代謝を再組織するにあたって支配的な

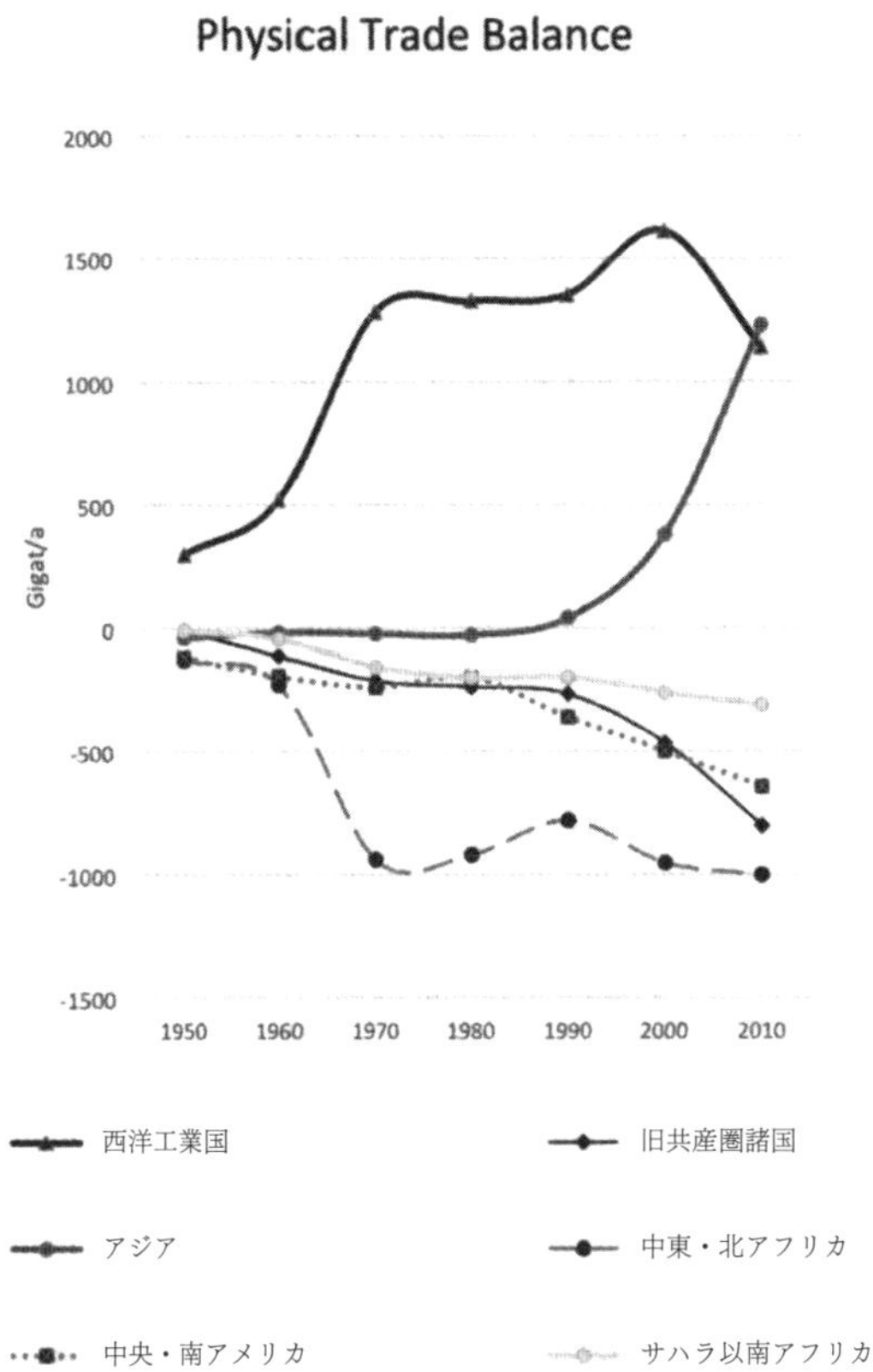

図 14　1950 以降の 6 大地域の物質収支（単位：10 億トン）
出典：Anke Schaffartzik, A. Mayer, S. Gingrich, N. Eisenmenger, C. Loy, F. Krausmann, « The global metabolic transition : Regional patterns and trends of global material flows, 1950-2010 », *Global Environmental Change*, vol. 26, 2014, p. 87-97.

役割を担った。石油、原子力、化学に関する技術、そしてマーケティング技術において特に先進的なノウハウを持ち、パクス・アメリカーナの内部に強固なネットワークを有していたアメリカ企業は、戦争と冷戦に乗じて世界中に進出していった。第二次大戦中、アメリカ軍はすべての大陸に繰り出し、軍に必要な業務を担う大企業も同行させた。軍事基地の建設だけでも二五億ドルに及ぶ契約がモリソン・クヌッゼンやベクテル、ブラウン&ルートといった企業と結ばれていた。食糧や石油の供給、兵站業務に必要な莫大な需要がこれに加わった。これらの企業は世界に繰り出して大規模に生産する能力を発達させ、さらに政治的・軍事的政策決定者との繋がりを強化することで、戦後には巨大な多国籍企業へと変容していった。これらの企業が世界中に建設したものとしては、軍事基地、石油施設、パイプライン、ダム、石油化学精製施設、原子力設備、セメント、肥料、殺虫剤、農産物加工品の工場や採掘場などが挙げられる。[92] 一九四五年から六五年の間に世界中で新たになされた対外直接投資のうち八五パーセントはアメリカ諸企業が扱ったものである。[93]

世界のコントロールを握ったことが、アメリカに一層有利な条件下で自然資源へとアクセスすることを可能にさせた。ポール・バイロックによれば一九世紀末から一九三九年の間、第三世界諸国にとって交易条件は改善されたというが、戦後に特異な現象は、原料を輸出し工業国から工業製品を輸入する「発展途上国」の交易条件が明らかに悪化したことである。一九五〇年から七二年の間の減少は二〇パーセントにも及んだ。このような悪化現象は、石油産出国では一九七三年の石油危機とともにようやく終了したが、再生可能原料や鉱物原料の輸出国では一九九〇年代まで続いた。[94] 西洋工業国の経済成長と社会モデルはこの不平等交易がなければ決して成り立たなかっただろう。近年になって経済学者が証明したように、西洋工業国の成長の三分の二は単純に石油エネルギー利用の増加によるものであり、残りの三分の一のみが技術的進歩に起因している。[95] 投資と社会的再分配のための資金を繰り出す国家の収入とキャパシティもまた石油のもとに成り立っている。一九七一年、オイル・メジャーが石油価格を一バレル二〜三ドルとすることを石油輸出国機構（OPEC）と取り決めた際、精製された石油製品はヨーロッパにおいて一三ドルで売却され、そのうち六〇パーセントが消費国の税として徴収された。すなわちヨーロッパの諸政府は一バレルごとにOPECの国々の三倍の利潤を得ていたのである。

このように経済的に不平等な交易はまた生態学的にも不平等である。最も資源に富んだ広大な三つの国のうち、ソ連のエコロジカル・フットプリントが一九七三年になってようやく自身の国内バイオキャパシティの一〇〇パーセントに達し、中国は一九七〇年に一〇〇パーセントに達した（この割合は以降上昇し続けており、二〇〇九年には二五六パーセントに達した）のに対し、アメリカのフットプリントは一九六一年にはすでにバイオキャパシティの一二六パーセントに相当するものになっており、一九七三年には一七六パーセントに達していた。[96] 一九七三年時点のバイオキャパシティに対するフットプリントの割合はイギリスで三七七パーセント、フランスで一四一パーセント、西ドイツで二九二パーセント、日本で五七六パーセントであったのに対し、アフリカ、アジア、ラテンアメリカの国々の多くは五〇パーセント以下であった。このことを考えれば、一九四五年から七三年に駆動していた大加速の動力が、西側工業国の圧倒的な生態学的な負債に他ならないことが理解できよう。これらの工業国は冷戦の戦略として、世界中の質の良い物質資源やエネルギーを文字通り空っぽにしたのだ（図14）。このように廉価な資源に腰を下ろした西側工業国が維持不可能な発展モデルに突入した結果、大量に排出する汚染物質と温室効果ガスは、その負債分を埋め合わせるかのように他の地域の生態系の修復作用をも蝕みはじめた。大加速は西洋の工業国が第三世界の生態環境の余剰を取り込む時代に相応する。すなわち自らの領土を深刻な影響に晒すことなく多大な富を生み出すことのできる経済国家と、国の経済状況がその領土に非常に深刻な痕跡を残してしまう他の諸国の間の生態学的な隔たりを拡大するものして現れたのだ。図15はそのことを視覚的に示している[97]。

この地図は大加速とともに生み出された生態環境的な債務の不平等な関係を示している。バークレー大学の研究グループは諸国間のエコロジカル・フットプリントの不平等性を算定しただけではなく、これらの痕跡が深刻な影響をもたらす地域についても算出した。この研究が証明するのは、最貧国は富裕国の土地に少ししか影響を及ぼさない反面、富裕国は最貧国の土地に重大な影響を及ぼす強力なフットプリントを有しているということだ[98]。マリとボリビアは一ドルのGDPを創出するために、アメリカに比べ二〇倍の物質を領土から採集せねばならず、インドと中国は一〇倍の物質を必要とする[99]。例えば大加速時代の森林の状況を考えてみよう。最後の氷河期以来、イギリス領土の四三倍に値する一〇〇〇万平方キロメートルに及ぶ森林被覆部が世界中で失われたが、その半分は二〇世紀の間に姿を消した。森林の消失は二酸化炭素を吸収するキャパシティを減少させ、重大な気候変動のリスクを高めただけでなく、森林が失われた地域の土壌と降水量にも変化をもたらした[100]。しかしながら、西ヨーロッパでは一七世紀から一八世紀に大規模な森林破壊が行なわれ、アメリカではこれが一九二〇年代まで続いたにもかかわらず、二〇世紀、とくに一九四五年以降には森林に覆われた土地が増加しているのだ。すなわち二〇世紀の間に失われた五〇〇万ヘクタールの森林は経済的に貧窮する国にあり[101]、これがヨーロッパやアメ

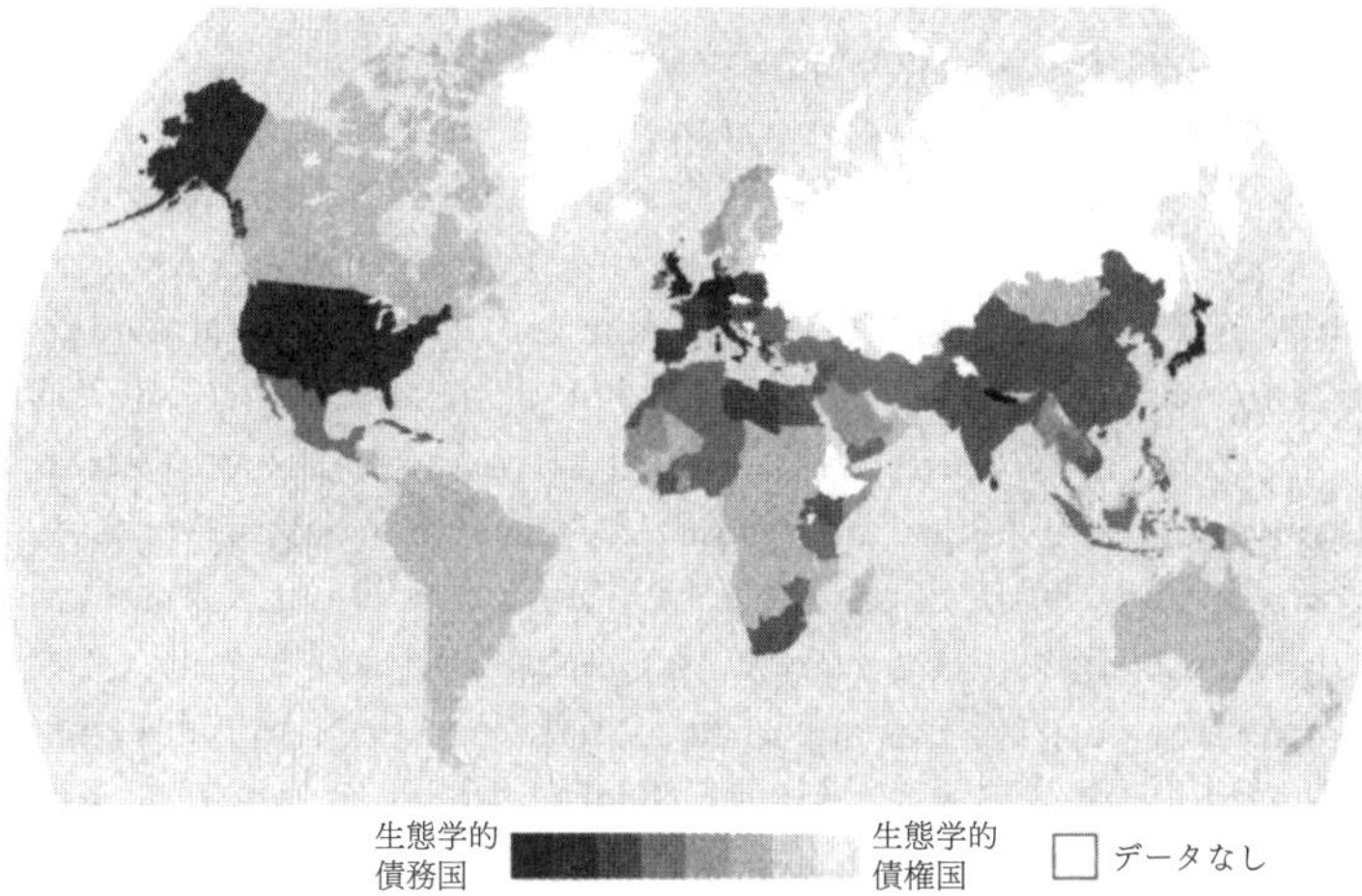

図 15　エコロジカル・フットプリントにおける債務国と債権国、1973 年
出典：Global Footprint Network：http://storymaps.esri.com//globalfootprint/

リカで消費される森林・農業製品を作り出すと同時に、そうした土地の生態学的な質も向上させたのだ。

　このように、人新世ではなく資本新世を語ることは新たな事実を発見し、問題となっている事柄を詳しく説明することを可能にする。生態学的に不平等な交換は、資本主義の歴史的ダイナミズムが生み出した財産の偏在と、地球が地質学的に人新世へと脱線していった起点となる人間の影響の増大という、ふたつの事柄についての起源を説明する重要な要素なのだ。再び物質化され、エコロジー化された資本主義の歴史が、地球システム科学が我々の新たな時代を理解するために不可欠であることは明らかなのである。[102]

第一一章

論争新世

人新世的な活動に対する一七五〇年以来の抗議運動

環境学的再帰性の長い歴史と資本主義的な世界＝エコロジーの不平等な性質を再確認した今、人新世の歴史学における闘争の核心が何であるかは明らかだろう。一九六〇年代からはじまった環境主義の歴史学は最近まで〈北〉の国々にのみ射程を限定し、「先駆者」やルソー以降登場したしたとされる「自然の感覚」の変化に言及することで和解の予備調整を簡単に行なってきたが、今や歴史学者はこれに反して一八世紀から続く発展途上国や〈南〉の国に存在する「貧しい者たちの環境主義」[1]の重要性を主張している。この「貧しい者たちの環境主義」は、社会的公正性と環境的節制を接合したモラル・エコノミーを代弁する存在だ。[2]

もちろん、エコロジーという用語が一八六六年になってようやく登場したことを鑑みても、エコロジスト運動について時代倒錯的に語ることはここでの目的ではない。だが、過去の環境に関する警告や論争について侮蔑的に語る尊大な歴史、すなわち敗者や周縁化されたオルタナティヴな選択肢、そして「工業化時代の変化を常に共にしてきた、忘れ去られた批判」[3]に発言権を与えることを無視してきた歴史が時代倒錯ではないと考えることも、またできないはずだ。

工業化の黎明期における「地球の物質的退廃」に対する抗議

モラル・エコノミーと自然のエコノミーを大いに掻き乱した人新世の活動は、何の批判、抗議活動や対立もなく展開できたというわけではない。領土の拡大と植民地における単一栽培、自由主義的なレッセ・フェール、習慣法、組合法を犠牲にした所有権や民間主導権の強化、製鉄所や機械のための木材、石炭鉱物燃焼量の増加、登場したばかりの巨大な化学産業から排出される汚染物質、都市化による田園風景の変容、農業における専門化、鉄道の敷設など、西ヨーロッパのエコロジカル・フットプリントを飛躍的に増大させたこれらの大きな変化は、地球の至る所で無数の対立を生んだ。あらゆる類の社会的、共同体的、民族的、職業的集団が「工業的」近代化により自身の価値観、資源、そして生活様式を転換させたのだ。植民地支配下におかれた人々は植民者の自然の利用法を規範化され、奴隷たちは自身の土地から引き離されアメリカで搾取され、工場周辺の地主は土地を汚染され、村人は囲い込みにより共有地(コモンズ)を失い、さらに森林保護規則や製鉄所の管理者により森への立ち入りを禁止され、都市、農村労働者は機械の登場により職を失うという脅威にさらされ、民衆は河川の汚染や沼地の乾燥により生活の糧となる貴重な資源を失い、[旧体制下の]地主階級や貴族は産業的ブルジョワ階級の出現により社会的優位性を失い、そして功利主義的で商業主義的な論理が先行することに敵対的であった少数派の芸術家や知識人も変化を余儀なくされた。

これらの集団による抗議活動やオルタナティヴなあり方は、政治体制に対する闘争やマルクス主義者が歴史研究の核心に据えたような階級闘争と決して同じ範疇に入れられるわけではないが、少なくとも抵抗という武器は共有していたように思われる。当時重要だった森林と気候、機械、汚染という三つの問題を扱うことで、彼らの間にいくつか架け橋を渡していこう。

森林、利用権、そして地球を守る

エネルギーがまだ希少な存在であった有機的経済の中で、船舶に加えて製鉄所やガラス工場、石灰窯、レンガ窯、瓦窯などが増加した結果、西ヨーロッパでは一七世紀末以来、森林資源に対する需要が高まっていた(4)。地主や王室の森林管理官は短期・長期にわたる利益を保証するため森林の管理を「合理化」しようと奮闘していた。いわゆる「調整された」、「維持可能な」森林の管理法は、伐採のローテーション原則（均質な植林とそれに続く一斉伐採）に基づいていたが、実際には家畜の放牧権や枯れた木の除去権を制限あるいは禁止することも意味していたため、一八世紀半ばから一九世紀半ばにかけて非常に激しい社会的対立を生み出した。ジュラ県にあるショーの王立林では「娘たちの反乱」が一七六五年に勃発した。王室の森林管理技術者たちはドイツのモデルに基づいた合理的で維持可能な生産を称賛していたが、村の住民や個人経営の職人にとってこれは廉価な木材が私有化によって奪い取られることに他ならなかったのだ。村人たちが警備員を森から追い払ったため、事態は権威当局が騎兵隊と擲弾兵を現地に送り込むまでに至った(5)。一七八九年に提出された陳情書が示すように、産業活動、とくに製鉄所と製塩工場に対し、森林破壊を招き木材の価格を上昇させたと非難する無数の苦情は、フランスの至るところから寄せられていた(6)。

だがフランス革命と帝政時代を経て森林開発の量は倍増した。国有財産の売却に加え、自由主義の影響を受けた一七九一年九月二九日法が所有権を強化し、王立の森林管理機関による私有地の監督を廃止したことがその引き金だった(7)。一八二七年の森林管理に関する法典は、森林の木々を利用する村人の習慣法をいくつか廃止した。サン・ジロンの郡庁では一八二五年、すなわち法典が実施される前の森林に関する違法行為の調書数は一九二だったのが、一八四〇年には二三〇〇にまで及んだ。タルブ市では、ある老人が一一・六〇フランという重い罰金を課されたが、これは森で二五〇グラムのドングリを「盗んだ」ことに対する罰だったのだ。このような共同利用権の侵害はフランスの森林における半世紀に渡る対立の幕を開いた。ピレネー地方ではもう一つの「娘たちの戦争」［一八二九年から七二年まで、約四〇年にわたり闘争が続いた］が起き、村人たちと製鉄所と石炭産業の経営者が対立していた。[8] 一八三〇年七月、パリの住民がシャルル一〇世を打倒した頃、ピレネーの農民たちは二個師団の歩兵部隊に抵抗していたため、ルイ・フィリップは統制を取り戻すためさらに一三個師団の歩兵部隊を至急送らねばならなかった。

ドイツ連邦でも森林の「維持可能な」管理とは森林区域を木材工場へと変えるものだったので、フランスと同じような緊張を生み出した。バイエルンでは一八四〇年代、罰金あるいは投獄される森林管理違反の数は数十万件にも及んだ。[9] プロイセンでは一八四〇年代になされた訴訟のうち六分の五が木材の盗難にまつわるものだった。若き日のカール・マルクスが階級闘争を見いだしたのはイングランドの産業都市においてではなく、森林の私有化と共同利用の排除という政治生態学的な大問題を通じてだったということは指摘しておかなければならない。[10]

一八七〇年から一八三〇年の間のこうした民衆の動きは、ヨーロッパの森林が急激に破壊されていることと、そうした破壊が産業のために起きていることを同時に批判していた。森林の問題は環境に関する警告であると共に、自由資本主義への批判でもあった。森林破壊がもたらす気候学的・水文学的な影響は、森林所有者たちの個人的利益、国家の利益、そして「地球」の利益の間に亀裂があることを示していた。それは気候災害があるたびに提起され、国民議会での討論を数度に渡り活発化させた。

このような文脈において一八二一年、シャルル・フーリエは「地球の物質的損傷」と題された素晴らしい文章を起草した。[11] 初期社会主義を代表するこの思想家はサン・シモンの産業主義に対して、それが誤った信条や「誤った進歩」を称揚し、「雇用者の連帯の前に、労働者の連帯」を考慮していないと非難した。[12] フーリエは「文明化した産業」批判にエコロジカルな一面を与えたのだ。気候が異常をきたしていることに気づいたフーリエは「地球の健康状態が低下」していると診断した。フーリエによると、害悪の根本的な要因は社会的なものである。すなわち、個人主義が森林の減少と自然資源の枯渇を招いたのだ。「これらの気候的な無秩序は文明化した文化に固有な害悪である。文明化した文化は、個人的利益の集団的利益に対する戦いを通じてすべてを一変させる」。[13]

フーリエによると、商業的で個人主義的な段階にある〈文明［la Civilisation］〉から抜け出さずに地球の管理をする試み、そして「連帯［association］」という上位の段階へ移行する試みは、すべて失敗に終わったという。

したがって、〈文明〉にあるがままであることを許さず、その破壊的な性質を変えず、貪欲な精神を押さえ込むよう命令するような［原註：森林に関する］法令を下すことに固執するというのはこの上なく馬鹿げている。［……］これはまるで虎に血［が流れる生物］の敵でありながらも従順になるよう頭ごなしに命令を下すようなものだ。[14]

当時の思想家たちにとって、森林と気候の修復は、台頭する自由主義と工業主義に根本的に疑問を投げかけるような社会的改革を経て成し遂げられるものと考えられていた。ドイツの歴史学者ヨアヒム・ラトカウは、一八〜一九世紀の転換期に、森林と気候に関する問題が現実とは違う途を辿っていた場合に起こりえた可能性を想像している。なぜ「緑の同盟」[15]は自由主義に反対する森の住民、気候変動を危惧する学者、ロマン主義派の知識人、工場制手工業型の秩序に抵抗するラッダイト［機械の破壊運動を行った労働者］、ユートピア革命提唱者、共有地を守る村人たちを団結させ、商業主義的で工業主義的な自由主義に報復させせなかったのだろうか。描かれている「同盟」が雑多な寄せ集めで、団結のための必然性を持たないためにこの疑問は空虚なものだと思われるかもしれないが、歴史をより柔軟に、政治的に解釈することを我々に強いるという点で、これは優れた問題提起となっている。もし人新世への突入が、無意識的に滑り込んできたようなものでも、（蒸気機関のような）技術革新の単なる帰結でもなく、自由主義の力に対する政治的敗北の結果だったとしたらどうだろうか。西ヨーロッパにおいて、森林をめぐる社会‐環境的な緊張は、人新世に典型的ないくつかの幻想と疑似的解決策によって解消された。つまり、バルト地方、北アメリカ、そして植民地化された周辺地域からの木材輸入の増加、木炭から石炭への転換、さらには森林を管理する行政のトップに林学者たちをおくことでその環境批判を正規化し、また科学による地球の維持可能な管理（これはやがて「予防主義」と呼ばれるようになる）を約束することによってである。

人新世の黎明期にヨーロッパ社会で中心的となった対立は、生産の機械化に関するものだった。機械に対して抗議し破壊する広範な運動は、一八世紀末から一九世紀半ばにかけてヨーロッパ全域に及んでいた。機械の破壊は一七八〇年にはすでにイギリス労働争議の一〇パーセントを占めており[16]、一八一一から一二年にかけてイングランドの繊維産業の三角地帯でその最盛期を迎えた。フランスのノルマンディーでは大規模な紡績工業が非常に早く定着していたが、陳情書の半分以上が紡績機械の廃止を訴えるものだった[17]。ファレーズでは一七八八年一一月、こん棒を手にした二〇〇〇人の労働者が紡績機を破壊し、ルーアンでは一七八九年七月一四日、数百人の労働者が紡績工場を取り囲み三〇機の機械を壊した。一八三〇年には七月革命に乗じたパリの七〇〇人の植字工労働者が王立印刷所の印刷機を破壊した。このような破壊活動の数は一七八〇年から一八三〇年の間、ヨーロッパ全体で数百件に上った。

機械の破壊運動は都市部の職人（植字工や紡績業従事者）そして農村部の労働者（糸引き、織り上げ、編み上げを手作業で行なっていた農民、脱穀のための季節労働者など）によって行われていた。かれらは自らの技能、生計、農耕的、手工業的な生活様式が奪われることを拒否する意思を示していたのだ。粗悪な工業製品を打ち捨て、不均衡と不平等を生み出す機械に反対し、自らの労苦に適した価格を維持するという考えを守ろうとした[18]。このような「モラル・エコノミー」は勝利を収めつつあった自由主義的なポリティカル・エコノミーに真っ向から対峙するものであり、小規模経営者や自治体の市長、ローカル・エリートたちにも共有されていた。彼らの存在は、広範囲に渡る機械化反対運動のうち、歴史的に可視化された一部分でしかなかった。

ロマン主義もまた、機械に対する抗議に参加していた。イギリスのバイロン卿は一八一二年、ラッダイトたちに対する死刑の導入に反対していた。フランスでは七月革命の後、職人や労働者とロマン主義文学に傾倒した若い雇用者や学生の間に交流が見られ、「ブサンゴ［boussingots］」たちのような政治的文学運動がエルナニ合戦［審美的動機よりも政治的動機を劇作品に求めたユゴーの戯曲『エルナニ』が一八三〇年二月二五日コメディ・フランセーズで初上演された際、古典派が上演の妨害をしたがユゴーやゴチエらロマン派の支持をもって上映は成功に終わり、その後も物議を醸しつつフランスロマン主義を切り開いた一連の出来事］の後に登場した。[19] ラッダイト運動家たちは、製品の質が劣化し機械が貧困をもたらすことを憂慮した中産階級の人々にも支持されていた。一八一一年、『ノッティンガム・レヴュー』誌は次のように書いた。「機械はあらゆる技術革新に対する敵対心から破壊されるのではなく、熟練工や品物の名声を傷つける見かけだましの粗悪な商品を製造するから破壊されるのだ[20]」。

つまりラッダイトたちの批判は、まさに人新世への突入を許した本質的な分岐点に向けられていたのだ。高価な機械を収益化するために、資本家たちは製品の質や耐久性よりも製品の量を増やすことを選択した。出現したばかりの工業的資本主義に批判的に応えるためにフーリエが思い描いた調和のとれた社会では、機械はファランステール［フーリエにより提唱された、自給自足で共同生活を営む協同体・ファランジュの中心に存在する、居住・生活のための建物］の内部に限られた数だけ置くことが想定されていたが、それは機械が製造した製品の質はたかが知れており、そうそう人間には置き換えることができないと考えられたからだ。[21] 機械化への非難はイギリスのチャーチスト運動でも核心にあった。一八四〇年代の出版物は労働者の詩で溢れかえり、自らが幼少期に過ごした風景、「古き深淵なる森林」そして澄んだ河川が「昼間の光が夜よりも暗い[22]」工場の病的な世界の犠牲になり失われたことへの告発がその多くを占めていた。

技術革新に反対する

しかし、実のところこうしたラッダイトは、機械化に対抗した巨大な運動の一部にすぎなかった。そして、かつては「技術への抵抗」や「無気力」とされていたこのような運動が、実際にはきわめて革新的かつ柔軟に専門化され、市場にも適応しうるオルタナティブな生産様式を持っていたことを歴史家たちは明らかにしてきた[23]。工業的な枠組みの内部であっても、異なる技術的・社会的な道を選び、労働を組織化する方法は模索可能だったのである。

一九四五年以降の時代を席巻してきた「産業革命」の歴史学が、機械化と大量生産を抗い難いものとして描いてきた（それゆえにラッダイトや職人の闘争を退行的なものとしてみなしてきた）ため、我々はより開かれたかたちで人新世の技術的、工業的分岐点について考える可能性を奪われてきた。だが、数々の抵抗運動は概して技術そのもの［《la》technique］には反対しておらず、特定のひとつの技術［《une》technique］に、そしてこの技術が他の技術を押し潰してしまう可能性を持つことに対して反対していたのだ。様々な歴史上の契機に存在したオルタナティヴな技術の多様性について、歴史学者たちが再び歴史を紐解く時がやってきたのだ。鉄道ではなく運河、ガス灯ではなく改良されたオイルランプ、大量生産ではなく柔軟で高品質な生産、工業的化学製品ではなく専門職人がつくる質が保証され生産地が明記された製品などのことである。

例えばガス灯について一八二〇年代から三〇年代にかけて反対論者が取り上げ強調した問題点は、都市の真ん中に位置するガス工場に爆発の危険性があることだけでなく、石炭からガスを製造するプロセスが不衛生であること、石炭資源が有限なために生産性が低いことであった。反対論者の危惧が正しかったことは概して歴史が証明している。ガスタンクが幾度となく爆発してきただけでなく、石炭蒸留の残留物は非常に高い発ガン性を持ち、長期にわたり土壌を汚染してきたのだ。[24]

同じように、列車に反対する抵抗運動の一般的な理解は、それがロマン主義的傾向を持った文化的な拒絶（これはアルフレッド・ド・ミュッセのいくつかの詩句に対する見解であって、実際どれほどのロマン主義作家が蒸気やレールに対する賛美を歌っただろうか）、あるいは後世に非合理的だとみなされる医学的見解による杞憂が生み出した文化的な拒絶だったというものである。だが鉄道建設が始まる前に実施された公益性についての研究を分析すれば、この研究が鉄道についてより現実的な歴史を書くための重要な一次資料であることが分かるだろう。当時持ち出された議論は鉄道に反対する多様な理由を挙げている。採算の合わない路線があること、鉄道よりは遅いが大いに経済的な運河との競争関係を生み出したこと、輸送用の馬が姿を消したため土壌用の肥料が欠乏していること、そして小規模輸送会社を犠牲に大企業に富が集中してしまうことなどである。[25]

汚染と公害に反対する

あなたの世界は素晴らしい、あなたの人間は完璧だ！
山脈はならされ、平原は明るい
あなたは懸命にも命の木を切り揃えた
あなたの鉄道の上ではすべてがよく掃き除かれている
すべては偉大だ、すべては美しい、だがあなたの空気のなかでは死んでしまう。

——アルフレッド・ド・ミュッセ「ロラ」、一八三三年

アルフレッド・ド・ミュッセのよく知られた詩のなかにはロマン主義的な批判の力強さだけでなく、この詩が工業汚染の危険性に対する無数の警告と共鳴していることも読み取れる。一九世紀初頭のネオ・ヒポクラテス医学の環境病因論では、工業化とそれに伴う未曾有の汚染は常軌を逸して脅威的であると考えられた。歴史学者たちが近年再発見した一八〇〇年から五〇年の間の数千に渡る嘆願書から分かることは、周辺住民が当時有効であった医学的知識を参照し、工場が死亡率を増加させ、さらに疫病をもたらすことを告訴していたことだ。

例えば一八二〇年代、マルセイユ周辺地域では化学工場が引き起こした重大な被害に対する反対運動がプロヴァンス地域の人々の注目を集めていた。裕福な地主や貴族院議員、自身の耕地が被害を被った耕作民、医者や裁判官もこれに加わった。裁判官たちは工場との戦いの中で極めて重要な役割を果たした。というのも一八二〇年代にはマルセイユ周辺の農村地帯で起きた訴訟の一〇パーセント近くが環境

汚染にかかわるものであり、裁判所が認めた賠償金のおかげで工場は汚染の影響を制限するため燃焼炉の排煙部に汚染物質除去装置を取り付けざるを得なくなったからだ。[26]

紡績産業の発祥地であり、蒸気機関と自由主義的レッセ・フェールの都市であるマンチェスターは周囲の田園地帯を吸収しつつ、紡績機を動かすために数千トンに及ぶ石炭とアメリカ産の綿を集めていた。数百の巨大な煙突（一八四三年には五〇〇本）が非常に有毒なくすんだ煙を吐き散らし、家庭から排出される煙がこれに加わっていた。[27] このような「高度綿業集積都市［Cottonopolis］」は一九世紀初頭の数十年間にわたりイングランドの輸出の四〇パーセントを保証していたが、[28] 世界の中で最も汚染され貧民が溢れる街のひとつでもあった。トクヴィルはこの街について次のような観察を残している。

黒く分厚い煙が都市を覆っている。太陽は終止、光を放さない円盤のようだ。このように不完全な一日のなかで三〇万の人間らしい生き物が絶え間なくうごめいている。［……］このようにひどく不潔な掃き溜めのなかに、人間の工業のなかで最も長い河がその源泉をおき、世界を産み出すのだ。[29]

マンチェスターは、呼吸器系疾患、そして太陽光不足と栄養失調による「くる病」の死亡率が国内で最も高い都市だった。一八九九年、マンチェスターから第二次ボーア戦争の兵役に志願した兵士の大部分は体質不良のために除隊させられている。[30] 一八四六年に建設された最初の国立公園の木々は「酸性雨」（一八七二年当時の用語である）のためにすぐに枯れてしまい、この酸性雨はまた同地域の植物相を変容させ、湖を酸性化させた。当時の人々は相次ぐ告発や苦情の中で、都市では明るさが半減したこと、財産や建物が劣化していること、植生が破壊されていること、鳥たちが逃げ去ってしまったこと、そして呼吸器系疾患が蔓延していることなどを強調した。一八一九年以来、調査委員会は蒸気機関の有毒廃棄物を大いに憂慮しており、一八四二年には「煙害予防協会」が創設され、じきに他の団体もこれに続いた。しかしながら工業的な利益は多大であったため、二〇世紀以前には問題が政治的に考慮されることはなかった。

帝国の時代の進歩と第二次産業革命の被害に抗議する

一九世紀半ば、ジョン・スチュアート・ミルはすでに非常に入念な経済成長批判を展開し、そのなかで再分配という政治的に進歩的なビジョンを提唱していた。保守的なマルサスとミルの違いは明らかだろう。ミルは『経済学原理』において恒久的な経済的闘争が継続されることに反対し、成長をすばやく停止することに賛意を表明した。

資本と富の定常状態［……］［とその］より良き財産の分配というものは、個人個人の思慮および節倹［……］によって、到達しうると考えることが出来る。［……］もしも地球に対しその楽しさの大部分のものを与えているもろもろの事物を、富と人口との無制限なる増加が地球からことごとく取り除いてしまい、そのために地球がその楽しさの大部分のものを失ってしまわなければならぬとすれば、［……］

私は後世の人たちのために切望する、彼らが、必要に強いられて停止状態にはいるはるか前に、自ら好んで定常状態に入ることを。[31]

綱領ともいえるこの記述は一九世紀末の経済学者の定常状態と脱成長に関する綱領を先取りしたかのように思われるだろうが、実際のところミルは先駆者というより、生き物とその有限性に思想を繋ぎ止めていた最後の古典派経済学者のうちの一人だった。

だが、一九世紀半ばに風向きが変わってしまったのだ。古典派経済学や定常状態の思想は、著しく脱物質化された限界効用パラダイムに取って代わられた（第九章）。環境医学は衛生運動に封じ込められた上に、細菌学的な思考に取って代わられた。こうした新たな潮流は汚染が健康状態に及ぼす影響を過小評価するものだった。気候変動を人間起源のものとして捉える問題意識も同じようにその重要性を失ってしまったが、これは氷河期理論が登場し、人類が長大な気候サイクルに特に重要な影響力を持たないと考えられるようになったからだ。そしてラッダイトも後退していった。

一八四八年の革命が失敗した後、労働運動や組合運動に加わった人々、そして社会主義者のうちの大多数は工業的な世界と機械主義に賛同するようになった。機械への抗議活動は時代遅れのものとして軽視され、マルクスやその後継者を挫折させ、二〇世紀にソ連が体現するような社会主義的な生産主義への道を開いた。

このようにして、一九世紀後半には「進歩」が工業的西洋の中心的なイデオロギーとして重きをなすようになった。この流れは、科学と工業をその支配力のための不可欠な道具とみなすヨーロッパ・ナショナリズムの台頭と切り離して考えることはできない。進歩という、工業的資本主義の被害の上に慎ましくもかぶせられたヴェールは、慰めと戦いのイデオロギーをその起源に持つ。このヴェールは数々の目標の偉大さを称賛し、それが惨々たる失敗を犯そうが、反対する者たちを上手く追い払い、あるいは打ち負かしてきた。進歩の約束は被害者が辿る運命を正当化した。この西洋的なイデオロギーは世界の他の地域を軽視する性質を持っていた。進歩の勝利は第二次産業革命や経済的グローバル化と同時になされた。そして富裕国と貧困国の間に深まる亀裂を正当化し、西洋の工業化に反対する者たちを抑止するためにこの格差を利用してきたのである。

〈南〉への被害の移動と森林をめぐる対立

〈北〉における工業的秩序が安定化し、〈南〉の経済が世界システムに併合される中、批判や反対運動も更新され続けていった。

例えば、ヨーロッパでは化石エネルギーの使用によって森林をめぐる社会的、生態学的な緊張は緩和されたが、その代償として一八五〇年以来熱帯地域では自然破壊や、熱帯雨林の(紙のための)ユーカリ、(天然ゴムのための)パラゴム、そしてアブラヤシといった単一栽培のプランテーションへの変容が起きた。[32] 一九世紀後半、「調整された森林」というドイツで誕生しフランスのナンシー林業学校で発展されたモデルが〈南〉の森林を「合理化」する目的で世界中に輸出され、〈南〉の森林は〈北〉の貯蔵庫と化した。インディアン・フォレスト・サービスが一八六〇年に創設され、次いで類似した行政機関がカナダ、オーストラリア、ニュージーランド、そしてアフリカの植民地に設立されたことで、一九世紀末にはイギリスの森林管理官は大英帝国の面積の一〇倍に当たる土地を管理していた。ナンシー林業学校の卒業生で「保全主義［conservationnisme］」の代表人物であるギフォード・ピンショーが二〇世紀初頭に長官を務めたアメリカの国有林管理部門もまた巨大なものであり、カナダの管理部門と合わせて、北アメリカ大陸の総面積の一五パーセントに当たる土地を管理していた。国民国家と帝国が確立されたこと、またこのような状況が科学的専門性の地位を高めたことに乗じて、森林の「維持可能な」管理はこの広大な空間を国有地あるいは帝国の土地として規定しなおし、「調整された」開発を組織した。森林管理はまた、現地住民の自然との関わり方を規制することにも役立てられた[33]。

インドの場合、森林の行政的な管理は狩猟・採集共同体、焼畑農業や粗放的牧畜を行なう共同体、土地の利用権を奪われた村落共同体、希少木材の伐採で利益を得ていた商人たちなど、ほぼすべての社会集団との対立を招いた。一八七〇年以降、森林利用が禁止されたことによる深刻なトラブルが国中で勃発した。一八七九年のグデム・ランパの反乱や一八九三年のチョタナプールの反乱などである。森林保護区域が形成されるたびに無数の村が破壊され、住民たちは退去を余儀なくさせられたのだ。一九一〇年にマディヤ・プラデシュで起きた混乱では、植民地政府は軍隊を送らざるを得なくなった。ハンガーストライキや電信ケーブルの切断、鉄道の破壊、警察署の放火が相次いだ結果、九〇〇人の反乱者が逮捕された[34]。一九一五年にはヒマラヤの支脈で、巨大な商業用のマツ林が住民により焼き払われた[35]。これらの民衆による反乱は西インドのナショナリズム運動であるポンナ・ピープル・フォーラム［Ponna People Forum］と結びついており、彼らは現地住民を保全政策に参加させ民主的な森林管理を行なうための論陣を張っていた。

一八〇〇年頃のヨーロッパ同様、こうした森林をめぐる対立はグローバルな現象の一部を成しており、そこでは遠くの消費者の需要に応えるための市場に連繫された「最適化された」自然と、共同利用・管理権を奪われた村落コミュニティの「貧しい者たちの環境主義」のあいだの本質的な戦いが繰り広げられていた。歴史学者ラマチャンドラ・グハはこの技術官僚的かつ保全主義的な森林管理が赤字事業であったことを示す環境収支表を作成し、今日のインドの森林は一八六〇年時点に比べて「まったくもってより悪い条件」下にあると主張している。森林管理局はインドの総面積の二二パーセントを相変わらず管理しているが、樹木で覆われた地区はこの半分にも満たなくなってしまったのだ。[36]

工業主義を問う

機械破壊などの社会運動は一八三〇年代以降、西ヨーロッパで後退し始めた。一八四八年［の革命］はヨーロッパ全域で、そして七一年［のパリ・コミューン］はフランスで、革命家の熱意に水を差してしまった。この観点からみると第三共和制は「フランス革命を終了させた」だけでなく、科学に権威を与えることで、ブルジョワの工業的な社会秩序をも確立し定着させたのである（農民党の保護貿易主義が農民を労働者の対極に置いたことで社会は鎮静化した）。[37] 一九世紀末の社会改革は、工業的資本主義が社会主義へと向かうために必要な段階であると主張するマルクス主義のテーゼを強固なものにした。二〇世紀初頭には、ヨーロッパ社会主義の大多数、そしてアナーキズムの大多数までもが工業主義に賛同していた。未来志向の体制が覇権を握ったことによって、進歩と未来への展望が、対抗的な抗議運動や反資本主義者たちまでを征服したのだ。公正で調和のとれた社会の消失というレトリックや、そうした社会を「粗野」で前工業的な過去から再構築しようというユートピア的発想は、初期の社会学者のもとでは共有されていたが、やがてその地歩を失ってしまった[38]。

だが、かつて労働者、職人そして農民を活気づけた民衆的な反工業主義運動が、進歩的で教育主義的かつ工業的な世界観、すなわちリベラルでブルジョワ的な左派の世界観（一九世紀末までは社会主義の形を取っていなかった）に統合されたからといって、人新世を招く活動への批判までもが社会的にみて保守的な人間（過去の歴史学ならファシズムを発展させる人間としただろう）に託されたと考えるのは間違いである。

逆に、一九世紀末から二〇世紀初頭の期間は、人新世をもたらす活動に対する批判が確立し刷新されていった時代であったという仮定を立てることができる。その仮定を、三つの極から検討してみよう。

ひとつめの極の「保全主義［conservationisme］」は、効率性と科学を基礎にしている。これはボルタンスキーとテヴノが論じたような「工業都市［cité industrielle］」の原則のひとつとして構想されたものであり[39]、工業的な論理の増大を通じて工業による自然の支配を進めようとする。自然を文化に溶け込ませ、流動を最適化し、損失を制限し、採掘・採集を調整し、長期にわたりよりよい管理を行なうため、さまざまな物事の規格化を進めることを提唱する。セオドア・ルーズヴェルトの政策である「科学的な森林開発」や、都市の衛生学運動などもこの範疇に入れることができる。

だが、この極の内では採掘の論理が維持可能ではないと非難され、地球の有限性という問題がはっきりと提示されたのは、フレデリック・ジャクソン・ターナーがアメリカで『フロンティアの意義』を出版し（一八九三年）、四世紀にわたるヨーロッパの拡大プロセスが完成に近づいたことによる。一九〇九年、アムンゼンにより南極が征服される少し前、フランスの地理学者ジャン・ブリュンヌはすでに「我々の檻の限界」に達したと述べていた。同じ頃、マックス・ウェーバーがまた別の檻の比喩を用い、物質的財産に関して高まる不安は「鉄の檻」と化し、これが資源の枯渇と矛盾するだろうと指摘した。

非有機的・機械的生産の技術的・経済的条件に結びつけられた近代的経済秩序の、あの強力な秩序界［……］は現在、圧倒的な力をもって、その機構のなかに入りこんでくる一切の諸個人［……］の生活スタイルを決定しているし、恐らく将来も、化石化した燃料の最後の一片が燃えつきるまで決定しつづけるだろう(40)。

同じようにパリ鉱山学校の技師で科学アカデミーの会員であったルイ・ド・ロネーはジェヴォンズの概算を発展させ、フランスの主要な大衆向け科学雑誌であった『自然』のなかで、遥か未来に「世界の燃焼資源」が枯渇することを予測した。ド・ロネーはある別の危険を喚起している。

八兆［原註:トン］の鉱物燃料を生産するために、どれほどの植物が地質時代の時間のなかで堆積され、実に偶発的な燃焼を免れねばならなかったのだろうか。この炭酸物質が我々の煙突から大気の下層に放出される頃、果たしてどのような変化（巨大な工業都市にはその前触れがすでに見られる）が我々の気候のなかに少しずつ現実のものとして表れるだろうか。[41]

同じ時代、ドイツでは略奪経済［Raubwirtschaft］の概念が、地質学の領域ですでに顕著に確認されていた物質代謝の亀裂を表象するために、リービッヒによって導入されていた。地政学（そして非常に陰険な概念として記憶に新しい「生存圏［Lebensraum］」概念）の創設者のひとりであるフリードリヒ・ラッツェルはこの略奪経済を古典的なやり方で、すなわち「原始的」で「野蛮」な民族が自然を搾取する「西洋の」活動を形容するために用いていた。だが、彼の同僚であったエルンスト・フリードリヒは、継続される領土拡大、周辺地域における再生不可能資源の採取、そして汚染物質と廃棄物の投棄による西洋の発展の分析に応用することで、この概念を革新した。[42]だがブリュンヌもフリードリヒも、白人は自らの「檻」を修復するキャパシティを持つと信用していた。保全主義の科学に啓蒙されたなら、白人たちは必然的にその誤りに気づき、地球全体の合理的で維持可能かつ収益性のある管理手段を組織する必要性があると考えるだろうと信じられていたのである。

ふたつめの極は「予防主義［préservationisme］」と呼びうるもので、功利主義的な理由からではなく、道徳的かつ審美的な根拠をもって自然を守ろうという潮流である。彼らの問題の核心にあるのは、いかなる人間の介入も加えられていない本来の自然を保護することだった。このような潮流はアメリカではシエラ・クラブのようなグループが、ヨーロッパではフランスのエドモン・ペリエやスイスのポール・サラザンといった、「全面的な自然保護」の概念を一九三四年に国際的に承認させたナチュラリストたちが支持していた。[43]彼らは国定公園の設置をめぐり組織化され、二〇世紀の初頭に影響力を高めた。

一九一三年にはベルヌで第一回自然保護国際会議が開催された。同年、パリ国立自然史博物館の館長は、植民地における生物種と自然環境の破壊に反対する鮮烈な演説を行なった。「我々は自らのためだけに地球を独占し、我々の利益のために来たる次世代を犠牲にして、地球が五〇〇〇万年以上の年月をかけて入念に作り出した何よりも美しく何よりも力強いすべてのものを破壊する権利を持つのだろうか[44]」。

だがこうした予防主義の潮流は、地球を活用する西洋型プロジェクトに対する反功利主義的な批判をラディカルに行なう存在だったとしても、同時に、原住民の保護と世界的エリートの消費的な自然ツーリズムの名のもとに、原住民を彼らの土地から排除することにも加担していたのだ[45]。

三つめの極は、かつて歴史学者が「自然社会主義への回帰［back to nature socialism］」と呼んでいた、より包括的に資本主義と工業主義を批判する流れ、それも環境や健康に関する事実確認や社会的要求、文化的批判を織り込んだ潮流である。イングランドのセンチメンタルな社会主義者［sentimental socialistes］、ドイツの生活改革［Lebensreform］運動、そしていわゆる「ナチュリアン［naturiens］」やアナーキストの潮流がこれに含まれる。これらはすべて二〇世紀の間に彼らを忘却の中に消し去った左派の（そして歴史学の）近代主義的偏向の犠牲者であり、最近になってようやく再評価すべき対象とされるようになった。

イギリスでは一九世紀後半、「センチメンタルな社会主義」と呼ばれたユートピア派の潮流がジョン・ラスキン、ウィリアム・モリス、ロバート・ブラッチフォード、エドワード・カーペンターを中心として発展した。これはワーズワースとカーライルのロマン主義を引き継いだ運動である。個人主義に対して共同体的な社会関係を対置し、近代世界の侵害に対し農村風景を保護し、工業的な規格化に対し職工的で芸術的な手工技術を守ろうとする意思が引き継がれたのだ。保守的なロマンチズムに革命的な側面、つまり資本主義と議会的な改良主義の拒否、断固とした社会主義への賛意が加わっていた。モリスは一八八四年、エンゲルスとともにイングランド社会主義同盟の創始者のひとりとなった。[46]社会主義同盟の立役者たちは、社会主義を自然との調和を図る美と共生性（コンヴィヴィアリティ）の政治であるとして推進した。この潮流を象徴する小説であるサミュエル・バトラーの『エレホン』（一八七二年）は、大量生産にもとづく工業主義の擁護者と反対者の市民戦争を描いていた。小説の中では、反対者たちの勝利が社会的に公正で自然と距離の近い、新たな調和のとれた社会への道を切り開く。一八九〇年代に最も読まれた社会主義派雑誌である『ザ・クラリオン』の編集長であったロバート・ブラッチフォードは、一八九四年に刊行された著書『メリー・イングランド』の中で、「工業システム」に対する真っ向からの戦いを挑み、「それは醜く、不愉快で機械的」で、さらに「それは健康に有害」[47]だということを告発していた。自然の美の中での良い生活を万人に保証するため、ブラッチフォードは生産手段の自然化を称賛した。彼の弟であるモンタギュー・ブラッチフォードは「空を汚染し、河川を汚し大気を毒する」[48]システムに対する追及を続けた。『ザ・クラリオン』誌を中心にしてハイキングやサイクリングのクラブが組織され、社会主義者によるボーイスカウト運動に近い存在として、一九一三年には八〇〇〇人以上の会員を集めた。

いくつか類似点を持つ潮流は、ヴィルヘルム皇帝体制下のドイツでも広範な生活改善運動とともに発達していた。この運動はコルセットや都市汚染に対する闘争、教育に関する省察、都市部の衛生と田園都市の追求、自然保護、自然療法、日光浴そしてヌーディスト文化、菜食主義などを含むものだった。[49]ワンダーフォーゲルは一八九六年に開始された。この若者の運動は、自然の中でのハイキングや滞在による帝国主義的、権威主義的で工業主義的な社会からの解放、という発想のもと、保守主義者と社会主義者の両方をメンバーに含んでいた。この運動に接近していた保守的な哲学者ルートヴィヒ・クラーゲスは一九一三年に「進歩」に対する弾劾文書を作成し、進歩がまわりの動植物種を全滅させ、農村を「不気味なほどに静か」にし、人間の「暴徒の群れ」を都市の「煤を吐き出す煙突」のもとに集めていることを非難した。「爆発がその通り道にあるすべてのものを焼尽するように、《進歩》も地球を徹底的に引っ掻き回す[50]」。クラーゲスはファッション産業の需要のために世界中で数百万の鳥類が虐殺されていることだけでなく、非西洋文化が淘汰されていることも告発していたのである。

絶対自由主義を掲げる社会主義者のグスタフ・ランダウアーは、歴史学が進歩主義的で機械的なヴィジョンを持つことに重大な批判を呈した。マルクス主義が、社会主義は生産活動の発展がある段階に達したとき自動的に到来すると予言して「蒸気機関の息子」と呼ばれたことに対し、ランダウアーは集権化されていない社会主義を称揚し、それが歴史の進化主義的な法則によってではなく「十分な数の人間がそれを欲した時に[51]」到来すると考えた。

フランスでは、こうした工業主義と「進歩」へのラディカルな批判は、多くの作家の著述のなかだけでなく、職人や季節労働者によって「個人主義的」アナーキズムの文脈からも加えられた。

これらの少数派の人々のもと、菜食主義の実践や「ナチュリアン」の潮流が発達した。彼らは『新しき人類』、『自然状態』、『自然生活』といった様々な雑誌を刊行し、彼らの思想を『絶対自由主義者』といったより影響力を持つアナーキストの機関誌上で広めた[52]（図16、17）。二〇世紀夜明け、その立役者であった人物の声に耳を傾けてみよう。

我々は人工的な生活に深くくたびれ、士気を失い、疲れ、いらだっている［……］そして我々はすぐにでもよりよい、反文明的な体制に、自然状態に戻ることを望んでいる［……］。我々は何よりもまず革命家であり［……］人間の苦しみを作り出すあらゆるものに、人間が持つ一片の自由を奪うすべて

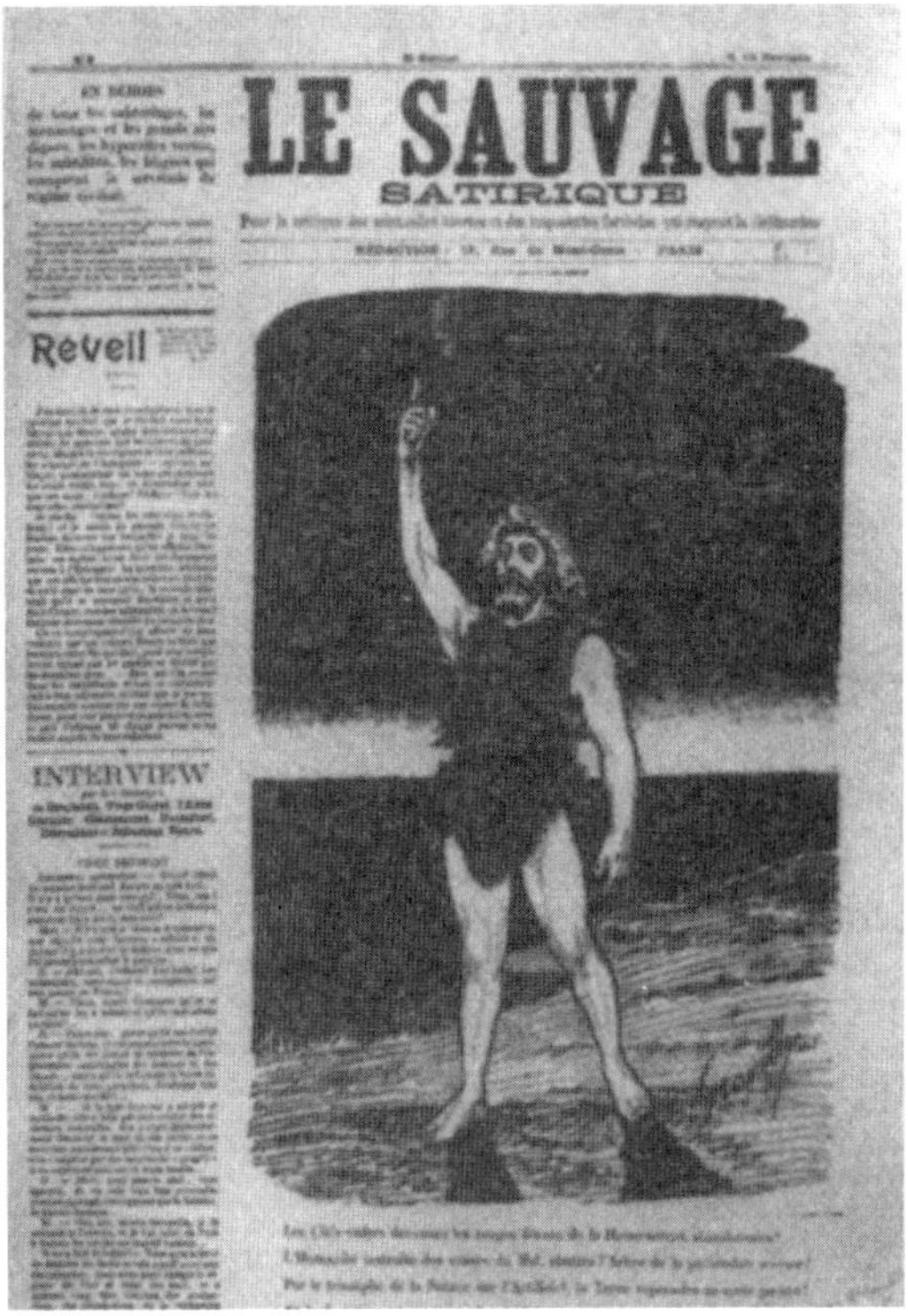
LE SAUVAGE
SATIRIQUE
Reveil
INTERVIEW

図 16 『風刺的野蛮人』(Le Sauvage satirique)、「自然派」アナキストの雑誌、一八九八年。

憎しみの真っ赤な火床と化した地獄都市は葬り去られるだろう！
悪の原因を学んだ人類は、自らを科学だと言い張るものの樹を切り倒すだろう！
人造に自然が勝利することで、地球は緑の装いを取り戻すだろう！
そして人間たちは生きる喜びを再び見いだすだろう！

のものに憎しみを捧げる。軍隊、警察、司法官、聖職者、家族、祖国、政府［……］ここに科学、進歩、新たな宗教も加えよう。(53)

工場の煙、式典や戦争で放たれる大砲の発射音、継続される森林伐採、工場から漂ってくる吐き気を催す悪臭で汚染され腐敗した空気、これらが大気を撹乱する原因だ。［……］電信、電話、航空、電気が何になろう？　そんなものは蒸気のような生活でしかない！　文明された人間は非常に急かされ、現に大慌てで生きている。［……］この哀れな恵みの地球は痛めつけられた［……］今、大地は大部分のものを化学肥料によってしか生み出さなくなった。［……］裸足で歩く人が変人として見られる時期も訪れるだろう［……］そして訓練がなされていない人々が必然的に萎縮するであろうことは分かっている［……］。自然状態への回帰は後退ではない。後退ではなく、自然な手段だけをもって幸福でありたいのだ。(54)

このようなサンダル履きの反工業主義の潮流は、その発言を実践に繋げた。オーウェン流のユートピア協同体（ニュー・ハーモニー、一八二六年／フルーツランド、一八四三年）や、フーリエ流のファランステールに基づく協同体の経験を継続し、平等主義的、社会主義的あるいはアナーキズム的な共同体のなかで大地に回帰する経験はイギリス（一八八三年エドワード・カーペンターが創設したミルソープ）、アメリカ、フランス（一九一四年以前に創設されたヴォー、バスコン、そして一五の「自由な空間［milieux libres］」）、スイス（マジュー湖のほとりに一九〇〇年から一九二五年のあいだ存在したモンテ・ヴェリタ。ヘルマン・ヘッ

図 17 『外で』(L'En dehors)(はがき)ルイ・モローにより彫られた版画板、1922 年。

セやイザドラ・ダンカンも滞在した[55])で多々見られるようになった。

このような痛烈にユートピア的で反工業的な社会主義やアナーキズムの影響下で、若き日のガンジーの思想が形成された。ロンドンで学業に励んでいた間にカーペンター、ラスキン、トルストイそしてソローの著作を読んだガンジーは、彼の最初の論文をロンドンの菜食主義協会が発行していたトルストイ系雑誌『ザ・ベジタリアン』に投稿した。一九〇九年の初の著書『真の独立への道』では、インド独立の選択肢としての工業化を拒否した。カーペンターを引き合いに出し、ガンジーは「文明」を告発した。

いまでは何千何万人の労働者たちが生活のために一緒になって、大工場や鉱山で労働しています。労働者たちの状態は動物以下になっています。労働者たちは鉛などの工場で生命の危険を冒して働かなければなりません。この利潤は金持ちの人たちに入ります(56)。

ガンジーの思想は西洋近代性への批判実践だったが、それは過去のヒンドゥー文明を讃える伝統主義的な潮流とも、ネルーのように西洋に追いつくことでの近代化を図るナショナリストとも一線を画していた。ガンジーにとって環境に関する問題提起は、植民地化された国が、ひとたび非暴力によって解放された後の未来にかかわるものなのだ。イギリス産の工業主義、地球の退廃、そして帝国主義を結びつけた分析の中で、ガンジーはイギリスの工業的発展モデルが根本的に不平等であり、地球上のすべての地域には一般化できない性質を持つと断言した。

たったひとつの小さな島王国［原註：イングランド］の経済的帝国主義が今日世界を鎖でつないでいる。もし三億人の人口［原註：当時のインド人口］をもつ国家全体がまったく同じ開発の道をとるならば、これが世界を破壊し尽くすのはイナゴの襲来と同じくらい確実だろう(57)。

だが、こうした工業主義への抵抗が慧眼のエリートや過激な知識人の独擅場ではなかったことも強調すべきである。それどころか、人新世の主要な技術は環境に深刻な影響を及ぼし生活様式を根本から変化させたために、グローバル・ローカル双方からの反対運動を招いた。歴史学者たちは出版物や司法・行政・市町村の公文書類を発掘し、さまざまな「進歩」の被害にまつわる数百におよぶ論争を明るみに出し始めている。批判、反対運動そして闘争は当時、日常的な次元でみられたものだったのだ。例えばイングランドでは市民社会が都市の工業汚染に対して勢力を集結させ、国民喫煙削減機構（一八八二年）、石炭煤煙防止協会（一八九八年）、大英喫煙削減連盟（一九〇九年）などがそこに加わり、法律の制定（一八六六年、一八九一年）を勝ち取ったが、これは実際に排出量を削減することには繋がらなかった。同じように河川の汚染とダムの建設がヨーロッパ中の漁師の組合を動員した。産業汚染に対する戦いのほどんどは裁判で調停されていたが、ときには一層過激な展開を見せることもあった。一八八八年、リオ・ティントのスペインの銅山は労働者、農民、著名人の反乱劇の舞台と化した。この銅山を採掘していたイギリスの炭鉱会社であるリオ・ティントはわずかな賃金によって、二〇〇トンの鉱石あるいはテレラ［スペイン語でパンの一種を指す。鉱石をパンにたとえこう呼ばれていた］の巨大なかたまりを焼成によって素堀させていた［素堀は労働者にとって危険な作業であり、焼成は燃焼の際に煤煙を排出する工程である］。二月四日、アナーキスト組合のリーダーと反煤煙連盟の地元の有力者たちの呼びかけにより一五〇〇人が村でデモを行い、テレラの焼成をやめ、一日の労働時間を一二時間から九時間に減らすよう訴えた。だが機動部隊は血しぶきをあげながらデモ隊を追い散らし、数十人の死者を出した。[58] 数年後、同じようなドラマが日本でも繰り広げられ、ここでも銅山がその抗議対象となった（当時の日本は電力が発展途上であった）。東京の北にある［栃木県の］足尾銅山を採掘していた日欧の企業連合が［渡良瀬川の］下流に位置する農耕地を大規模に汚染していたのだ。一九〇一年、地元の有力者である田中正造は、これらの汚染に対する議会の無関心に抗議するため国会議員を辞職した。命をかけた直訴によって、田中は「毒をまき散らす炭鉱会社に終止符を打つ」よう天皇に訴えかけた。[59]

自動車もまた、前の時代に登場した列車より人々から歓迎されることはなく、それどころか大いに物議を醸した。スイスは民衆主導の国民投票の伝統を持つため、反対運動が存在したという明瞭な例を提供している。一九〇〇年代初頭、一連の事故が続いたあと、グラウビュンデン州の自治体は自動車の通行を禁止する条例を通過させた。一九〇〇年から二五年の間、一〇回以上行なわれた国民投票は州の道路上において自家用車を禁止した（救急車と消防車の通行は認められた）。自家用車に反対する議論は主に経済秩序に関するものだった。すなわち、自動車は道路の維持費を著しく増加させる上に、競争相手になる公共鉄道網は遅かれ早かれ税金で補助しなければならなくなるとして批判された[60]。自動車運転による公共空間の独占はスイスの外でも至るところで非常に精力的な反対運動を引き起こした。自動車は誕生後数十年のあいだ、スピードなどの刺激を求める一部の限られたブルジョワの役にしか立たないもので、大部分の人口にとっては甚大な公害でしかなかった。自動車は新たな都市的規律を課し、他に数ある道路の利用法、とりわけ子供の遊び場としての利用を不可能にした。子供はモータリゼーションにより最も命を落とした存在だった。一九一〇年のニューヨークの三七六人の自動車による犠牲者のうち、一九五人が子供であった[61]。民主主義が真に実現した社会があれば、自家用車は受け入れられていなかったのではないだろうか。

人新世の大加速に抗議する

第一次世界大戦から原子爆弾の爆発に至る期間、未曾有の工業的な暴力が世界に押し寄せた。このことは西洋近代性とその人間的、社会的、生態学的、精神的困窮に対する批判活動にとっても、新たな時代の幕開けとなった。そして大恐慌や大量解雇を経て、一九三〇年代の社会的混乱を引き起こした機械による過剰生産を非難する情勢が生まれた。

一方で、工業に依拠した戦争は生産主義に極めて愛国主義的な次元を加えた。消費社会の飛躍的な発展、フォーディズム型社会モデルの実践、東西二大ブロックの対立、〈南〉の国々の「キャッチ・アップ」型成長への夢などが、「進歩の反逆者」を取り返しのつかない時代遅れのノスタルジーであるかのように扱い、資本主義、共産主義、ナチズムのような敵陣に与する内部の敵という地位に追いやった。進歩がもたらす人新世的な「副」作用を評価し統治するための支配的な手段として制度的な専門性が台頭してきたことで、産業活動の足かせは取り払われた。グローバルな生態学的異常を指摘する政治的批判や科学的警告は周縁化され、古い民話であるかのように扱われた。このような批判、論争、そしてその統治という弁証法をいくつかの例から説明しよう。

第二次大戦終了後、オズヴァルト・シュペングラー、マルティン・ハイデガー、ジョルジュ・デュアメル、ポール・ヴァレリーといった当時形成されつつあった人格主義運動の知識人たちの著作や、アメリカ人のルイス・マンフォードの著書である『技術と文明』(一九三四年) などは、知識人エリート層の両義性が高まっていることを証言していた。アンリ・ベルクソンはこのことを「人類自分がなしとげた進歩の重さで半ば押し潰されてうめき苦しんでいる」[62]という表現でまとめている。一九一六年以降フランス労働総同盟 (CGT) の事務局長であったレオン・ジュオーは、生産主義と「生産性の最大化」へ向けた労働の科学的組織化に賛同するようになり[63]、アメリカの労働組合も「より稼ぐためにより働け」

というスローガンに賛同するようになっていた(第七章)。しかし労働者と知識人は疑問を抱いていた。世界の技術的支配による人間解放という近代的な約束は讃えられうるのだろうか。あるいは、工業的で技術的な世界は人間や地球、そして自由を裏切ることはないのだろうか、と。

過去の歴史学はこのような「進歩」によって生じる被害への批判のなかに「大地への回帰」という欲望、それもファシズム、ナチズムそしてヴィシー政権のイデオロギーを文化的に生み出した欲望を見いだしてきた。だが、これらの政権が時に応じて過去や「大地」を呼び出していたのだとしても、実際に伝統主義的な意味での自然の尊重者であったことは決してない。彼らは「反動的近代主義者」だったのであり、根本から技術官僚主義的で、自然の支配という立場に立脚していたのだ。(64) 戦間期のヨーロッパとアメリカにおいて、技術への賛同は右派の指導的エリート層たちの間で一般的であった(例えば反ユダヤに傾倒していた時期のセリーヌの著作には、フォード社やエルンスト・ユンガー、ナチス親衛隊の技術官僚、ファシスト的な未来学者への共感といった要素が多く散見される)。その一方で技術の批判は平等と解放の思想(ゲデス、マンフォード、シュールレアリストたち、オーウェル、ガンジーなど)に結びついており、「非順応主義者」と呼ばれた若者たちによって多彩な政治的未来へと方向付けられていた。(65)

フランスではジャック・エリュールとベルナール・シャルボノーの発言が、学芸誌『エスプリ』を中心に集結した人格主義運動の中に工業的近代性の社会的、環境的、道徳的な批判が出現していたことを示している。一九三五年に人格主義宣言をして以来、エリュールとシャルボノーは世界で争い合う三つの政治体制(資本主義、ファシズム、共産主義)を描き出し、これらの体制が技術に優越を与え、政治的・精神的側面も含めた人生のあらゆる側面で人間を集中化しプロレタリア化することを優先していると告発した。[66] エリュールとシャルボノーは支配力［puissance］として理解されていた進歩を、自立の模索（労働時間の減少、芸術と文化の重要性、最低限の収入の保証）としての進歩に置き換え、そのためにある程度の節制を代償として受け入れるという、キリスト教的禁欲主義を引き継ぐ考えを提案した。「技術の全体主義」が共産主義体制、ファシスト体制、さらに自由民主主義にも浸透しているという考えは戦間期、ジョージ・オーウェル[67]、ジョルジュ・ベルナノス、オルダス・ハクスリー、そしてトロツキー主義者のコルネリュウス・カストリアディスやクロード・ルフォールに支持された。そしてこの考えはヘルベルト・マルクーゼの『一次的人間』（一九六八年）、そしてイヴァン・イリイチの『コンヴィヴィアリティのための道具』（一九七三年）といった著作の成功により大衆化された。

一九四五年以後、ジャック・エリュールとベルナール・シャルボノーはエマニュエル・ムニエと『エスプリ』の人格主義において支配的であった方向性、すなわちキリスト教民主主義にみられるような近代化主義的なスローガンを受け入れる方向性から決別した。[68] エリュールは一九五四年、『技術あるいは世紀の賭け』［邦題『技術的社会』］のなかで技術システムの自律性について考察した。このような技術の中立性への批判はハイデガーの元教え子（アンダースやアーレント）やフランクフルト学派の立役者（アドルノ、ホルクハイマー、マルクーゼ）たち、つまりナチズムを経験しアメリカへ亡命し、自己のアイデンティティの一部を喪失させるアメリカの技能的、工業的、消費主義的社会に対する怒りを表明した思想家たちの哲学や社会理論にも見いだすことができる。彼らにとってアウシュヴィッツ、ヒロシマ、そして戦後の消費主義は、全て自然、社会、道徳世界に君臨する技術的、道具的理性の卓越性に依拠しているものとされた。[69] ハンナ・アーレントは一九五八年の著作『人間の条件』のなかでこの思想を発展させた。「私たちの経済全体がかなりの浪費経済になっている［……］。この経済においては、過程そのものに急激な破局的終末をもたらさないようにするために、物が世界に現れた途端に、今度はそれを急いで貪り食い、投げ棄ててしまわなければならない」[70]。アーレントによると自然の動員によって脅かされているのは自然環境だけではなく、人間の自由の可能性であり、政治の空間、そして憂慮と言論の場としての世界が危機に陥っているのである。

人新世の大加速の時代において、制御不可能となった技術的な文明への哲学的、文化的批判は、当時著名な科学者たちが表明していた環境についての警告と共鳴するようになった。科学者たちは人間の再生産的、技術的、産業的活動をもって人間が「地質学的な力」になったと形容していた[71]。フェアフィールド・オズボーンはベルナノス、アンダースそしてハクスリーたちと同様に、東西イデオロギー対立が人類史上で最も本質的な緊張であるという考え方を、自身の著書『我々の奪われた地球』の中で拒否し、「別の世界大戦」が存在すると警告していた。「この別の巨大な世界大戦の最終的な被害は原子爆弾の濫用がもたらしうるよりもっと酷く惨澹たる結末をもたらすだろう。この別の戦争とは自然に対する人間の戦争である」[72]。「人間対自然」というスローガンは、一九五五年のパリ国立自然史博物館で開催された展示の表題でもあった。当時の館長であったロジェ・エイムはオズボーンとともに国際自然保護連合（IUCN）の創設者のひとりであり、戦後大量に使用されていた殺虫剤が環境や健康に及ぼす影響を告発したレイチェル・カーソンの有名な著作『沈黙の春』（一九六二年）のフランス語版に序文を寄せている。エイムはその中で、「盲目的な工業化」と「大気を曇らせる化学物質に満たされた放射性の汚染、そして水の酸性化の問題」が「大抵の場合、集団の利益ではなく財政的な関心のみによってもたらされている」

と批判していた。[73]

これらの知識人から発せられた批判とは別に、戦間期そして一九四五年以降、当時の様々な危険や公害に反対する論争や動員も数多くみられた。一九世紀初頭の工業化による公害の時と同じように、人新世の大加速も何の警告もなしに、あるいは民衆の抵抗、被害を受けた社会集団からの抗議なしに形成されたわけではない。一九四五年から六八年のあいだのフランスを例にとってみよう。この年代はイデオロギー的、社会的対立は盛んなものの、「必要な近代化」に賛同するという点では合意があった時代だと認識され、そのため一般的にエコロジスト運動の歴史が開始されるのは一九六八年から七四年の間と位置づけられてきた。この考えに沿うならば、フランス国民は一九四五年から六八年の間、「進歩」による被害が進行することに気づかず「三〇年の栄光期」の成長に賛同し、何もしていなかったということになるのだろうか。そうではない。月からみた地球のイメージが登場するずっと前に、原子爆弾は人間の生存の条件と地球のそれとを統合する出来事として人々の目に映っていた。「原子爆弾はアメリカ大陸の発見に比肩する出来事であり」、「世界を」開くのではなく「閉ざしてしまった」。なぜなら「終末の爆発という脅威のもと、地球は一体となる」からだとベルナール・シャルボノーは述べている。[74]「我々は地球を巨大な実験室に作り変えた」とジョルジュ・ベルナノスも一九四五年に述べていた。[75]作家や科学者が警告を発し続ける中、ロジェ・エイム、テオドール・モノやジャン・ロスタンといったフランスの科学者もまた、戦争終了直後から環境を世界的な問題であるとみなし議論を交わしていた。

現場では、さまざまな対抗者たちが、ロードローラーのようにすべてを踏みならし前進する近代化に対峙していた。ダムの建設が村落を消滅する運命にあると定め、農業の近代化が「進んだ」若い農民を当てにする一方、わずかな土地で農業をおこなう年老いた農民を遠ざけた。ローカルな職人仕事や零細な商売は工場と大規模流通の前に後退し、近代的な都市化が進んだ。だが、こうした対立が生じるたび、ジャック・タチの映画『僕の伯父さん』(一九五八年)が滑稽に描写したように、近代化推進者と住民のあいだには紛れもない文化的戦争が繰り広げられていたのだ。フランスのティニュでは一九五〇年代、ダム建設工事の妨害や破壊行為を食い止めるために村人と同数の共和国保安機動隊(CRS)が送り込まれていた。河川の汚染は数千人の漁民を動員した。村の住民たちは汚染に反対するいくつもの組織を創設し団結した。反工業主義小説『荒廃』の著者である作家のルネ・バルジャベルは一九六二年、ある出版物に痛烈な文章を寄せている。

もしあなたの世代が存在する危険に直ちに意識的にならなければ、すべては絶望的だ。[……]空気は腐っていく。緑で覆われた空間は急速に薄くなっていく。酸素は次第に更新されなくなり、二〇年もたてば二倍にも三倍にも増えていると思われるあらゆる類の燃焼物が次第に二酸化炭素や有害な廃棄で失われた酸素を補おうとするだろう。もしあなたが「それはうまくいく、必要なことは自然がやってくれるだろう」と言うことで満足しているのなら、あなたはいずれ自身の子供たちの肉塊のなかで長きにわたって血を流すことになるだろう。なぜなら「自然」は必要なことなどやってはくれず、「それ」はうまくいかないからだ。(76)

原子力エネルギーと核実験は一九五〇年代にはすでに反対運動に対峙していた。フランス共産党だけでなく、ランザ・デル・バストが一九四八年に創設したガンジー派カトリックコミュニティなど「非同盟」の側からの運動も起きていた。デル・バストはアルジェリアの反植民地運動において非暴力闘争を活性化させ、一九七二年に始まったラルザックの戦いでは中心的な役割を担った人物である。養蜂家たちは一九四〇年代末に初の化学合成による殺虫剤が登場すると、すぐにハチを脅かすこれらの化学物質に反対するため集結した（が無に帰した）。[77]

同様に、〈南〉でも同じように戦後の数十年間に重要な社会環境運動が展開していった。サラワクの共同体はマレーシアで進む森林破壊に反対する戦いを繰り広げていた。インドではチプコ運動が反植民地運動と同じ陣営に立ち、森林と共同権の保護を訴えていた。ブラジルでは森林経営者のチェーン・ソーや大土地所有者である牧畜業者の進出に反対し、ＡＧＡＰＡＮ結社やシコ・メンデス率いるアマゾンの採集民の反対運動が起きた。タイではユーカリのプランテーションに反対する市民の抵抗があった。中央インドではナルマダ運動が巨大なダム建設計画に反対していた。いずれの場合でも「貧しい者たちの環境主義」は成長主義的な政府、そしてこれに結びついた経済的利権に対峙していた。

科学者の界隈でもまた、大加速とともに姿を現した生態環境の異常は見過ごされるものではなかった。ウィリアム・ヴォークトの『生存への道のり』やフェアフィールド・オズボーンの『我々の奪われた地球』といった著作は共に一九四八年に刊行された後、世界中で数百万部の売り上げを記録し、ＦＡＯやユネスコのもとでは環境問題にまつわる国際会議が続々と開かれた。戦後のこの期間は、環境問題の存在が多国間の論争の場で明確化された時代であった。このような場で議論された、現在進行中の、あるいは来るべき地球の異常に警告を発する科学的言説の一部には、独立の途にある植民地諸国に自然公園を創設するといった予防主義的な計画案もあった。また別の言説が依拠していたのは、アメリカ主導の計画、すなわち西ヨーロッパ、北アメリカ、日本といった自由経済世界のフォーディズム・モデルを持続させ、またラテンアメリカやインド、フィリピンにおける緑の革命のような非共産圏の〈南〉の「開発」を支援するために、地球全体の活用法を科学的に組織化するような新たな保全主義的計画だった(第一〇章)。

しかし、アメリカのレイチェル・カーソンやバリー・コモナー、フランスのルネ・デュモンなどによる科学的警告は、アメリカで公民権運動やベトナム戦争反対の戦いに結びついた強力なエコロジスト運動の形成に貢献した。この潮流や、先進工業国における同様の動きは一九七二年のストックホルム・サミット、続いて数十にのぼる国際環境条約や〈北〉の汚染に対するより厳格な規制を通して、環境問題を世界的な議題にのせる動きを促進した。こうしたエコロジスト運動は一九六八年から一九七八年のあいだにその頂点を迎えたが、その後次第に制度化され(とりわけ環境保全が職業化され、NGOがこの分野に拡大したことによる)[78]、そのうちもっともラディカルであった批判(反資本主義、反帝国主義、反経済学的・生態学的不平等交易、反成長イデオロギー)も薄まっていった。WTOや経済の金融化が促進したネオリベラルなグローバル化が進む中、富裕国の環境規範はグローバルな改善をもたらすよりむしろ貧困国へと汚染活動を移転することを助長した[79]。

ローマクラブの報告書「成長の限界」や、脱成長を訴える初期の経済学者の研究に対し、世界の経済的、政治的指導者の一部は一九七〇年代、そうしたアイデアを退け、技術革新がこの問題に対する解決策をまもなく見つけるだろうと主張した(第九章)[80]。

二〇〇〇年代にはエコロジカルな警告や動員が再びラディカルになっていった。一方で、地球・生命科学のデータは、ＩＰＣＣの二〇〇七年度・二〇一三年度報告書においても、人新世概念の広範な適用という局面でも、地球規模の生態学的異常が未曾有の状態にあることを立証しつつあった。他方では、各国政府や国際的機関に所属する「グリーン」政治家たちの控えめな成果（二〇〇九年のコペンハーゲン気候変動会議、そして二〇一二年のリオプラス20における失敗）への批判から、この一〇年の間に新たな形態の運動が普及していった。〈北〉における空港、高速道路、高速鉄道の遮断、南アメリカにおける反採掘運動の戦い（「ブエン・ビビール」概念はここで主張された）、イングランドで始まった国際的な「シティーズ・イン・トランジション」運動、成長反対論者の運動（これは経済学者による成長なしの繁栄という思想とリンクしており、その具体例を示している）などである。

ここから明らかになるのは、環境についてのグローバルな規模での警告、社会‐生態学的な抗議、そして「進歩の被害」に対する批判は、学者によって人新世が確認され、二〇〇二年以降には科学雑誌で皮肉られるようになるのを待つまでもなかったということだ。歴史を通じて、反対運動は多様であると同時に広範であり、環境学的再帰性が多様な形態で存在してきたことを考えると、歴史にとって重要なのは「環境への意識化」の問題ではなく、いかにしてこれらの戦いや警告が工業主義的エリートや「進歩主義者」によって周縁に追いやられ、その後大いに忘れ去られていたのかを理解することである（人文社会学もこの反対運動の第二の死に加担しなかったわけではない）。こうした歴史への省察を通じて、我々は人新世に生きているのだということを今日ようやく理解したと主張できるだろう。過去二世紀にわたる絶え間ない科学的警告や社会的抵抗から垣間見えることは、新たな地質時代に名前を与えるだけでは、地球が二世紀のあいだ被ってきた方向性を逸らすことはできないということだ。我々は環境への意識化や「救い」が、地球に住む他のさまざまな人間たちのイニシアティブや戦いからではなく、科学者からのみもたらされると考えるような科学幻想には用心し続けなくてはならない。

結論　人新世を生き延び、生きること

人新世を思考することは、地球システム科学のデータやモデルが、地質学的な時間スケールで異常を示していることを受け止め、それが人間実存の条件を根本的に覆すものであることを深く認識し検討することである（第一章）。それは地球のあり方を完新世の安定したパラメータから逸脱させてきた要因である工業化と商業活動に潜む、地質学的な力はどのようなものであるかを特定することである。さらに現在持っている自由とは異なる価値の基盤を、我々が獲得する必要があると見定めることである。そして新たな環境学的人文学や政治的ラディカルさ（ブエン・ビビール運動、公共財運動、シティーズ・イン・トランジション運動、脱成長運動、生態社会主義運動など）を用いて、工業的近代性の袋小路から脱出することである（第二章と第二章）。

人新世を思考するとは、大きな語り（ビッグ・ナラティヴ）が、たったひとつの科学を通じて人類と贖罪を一緒くたにするのを警戒することである。（第三章と第四章）。我々がすべきことは、科学者を一同に会させて、その成果について議論を市民的に交わし、彼らの発見と研究成果を統合することであって、地球全体を「管理」する技術的、商業的「解決策」を掲げる地球官僚（ジオクラート）の手に地球を委ねることではない。人新世の科学が実在する世界に近づけば近づくほど、それは確実で実りの多いものとなるだろうし、この魅力的な概念が寡頭政治的な地－権力を正当化する哲学と成り果てる危険性を減少させるだろう（第三章と第四章）。

つまるところ、人新世を思考するとは、「環境危機」からの脱出というつかの間の希望を捨て去ることだ。取り返しのつかない亀裂は、過去二世紀間の産業発展が成し遂げた、短くも桁外れなこの瞬間のなかで我々の背後に迫っている。人新世はそこにある。これが我々の新たな条件なのだ。したがって我々は人新世を生き延びることを学ばなければならない。すなわち地球を少しでも居住が可能で回復力を持つ状態に維持し、人間の困窮の原因や大災害の頻度を制限することが必要なのだ。だが、それは同時に人新世に生きることでもある。文化の多様性や権利、条件の平等性、人間と非人間の排他性を取り払う紐帯、無限の希望、質素な消費、謙虚な干渉のなかに生きることを学ぶことだ。

詩人のジャニーヌ・サレスは、かつて「世界の庭という庭が再び肥沃になるためには、いかなる言葉を蒔かねばならないだろうか」と自問した。今、人新世に生きることを学ぶためには、いかなる歴史を書かねばならないだろうか。

それはまず、自らを非政治的だと言い張る唯一の覇権的な語り（ナラティヴ）ではなく、我々に起きたことに意味を与え、議論の余地があり論争を引き起こすような多数の語り（ナラティヴ）を生み出すことから始められるべきだろう。「人類」が「地球システム」に負担をかけているという普遍的な歴史に代えて、我々は歴史についての別の七つの見方、つまり考えられうる七つの語り（ナラティヴ）を提唱した[1]。第一に、我々の新たな地質年代が技術的に偶発的なものであり（他の選択肢も可能であったということだ）、多分に政治的な側面を持つことを示した。人新世への突入は資本主義や国家に内在的に結びついており、とりわけ一九世紀に世界を支配し、他の社会に奉仕あるいは追随するよう強制したイギリス帝国の成因に結びついている。大加速もまた、世界的な動員のなかで二つの陣営が対立した第二次世界大戦や冷戦、そしてその勝者となったアメリカ帝国主義を考慮に入れずに理解することは不可能である（第五章）。資本主義的世界経済はソ連と中国をもその中に含みつつ、地球の地質学的レジームの変容の歴史において中核をなしていた（第一〇章）。第二に、軍備、戦争、そしてパワー・ポリティクスのロジックが戦後の市民的世界において重きをなし続け、維持不可能な技術的選択を余儀なくさせたことが、局地的な環境と地球システム全体における異変の最大の原因となった（第六章）。第三に、人新世の歴史とは資本主義的な世界経済が拡大し、世界中が商品化されていった歴史、つまりグローバル化した需要と消費主義的な主体性が新たなシステムを生成していった歴史でもある（第七章と第一〇章）。最後に、環境への被害を無視した工業的発展のモデルの登場から、私たちがついに自らの方向性を変える知識を持つにいたった時代（第八章）、あるいは環境運動が初期の萌芽状態から斬新的に成熟へと向かっていった時代（第九章）として過去二五〇年間を想像することは、歴史それ自体を根本的に欺かずには不可能である。

現代とは、我々がよりよい人類となり、維持可能な地球の管理やガイアとの和解へ向けて覚醒、あるいは道徳的な飛躍を遂げた時代ではない。我々は突如として無意識的な状態から意識的な状態へと移行したのでもないし、最近になってようやく近代主義的な麻痺状態から解放され、用心が必要とされる時代へと足を踏み入れたのでもない。人新世の歴史において最も決定的な役割を果たしたのは、環境の異変や批判勢力を政治的に無力化したキャパシティである（第九章と第一一章）。人新世の歴史は耐久不可能なものを標準化してしまう「脱抑制」の歴史なのだ。すなわち、衛生学が一八世紀の環境医学を押し退け、技術的規範が抗議運動を覆し、挙げ句の果てには公害を管理する存在となり、物質的な氾濫がリベラルな人間学的主体をつくり上げ、ＧＮＰや経済概念が際限なき成長という考えを定着させた。そのうえそれぞれの時代における科学技術的な「解決策」が、維持可能な最大生産性を保ちながら自然をよりよく管理することは可能だと主張し、今日に至っては全ての環境についての批判的言説を、「緑の資本主義」が汚染権の受渡という一般化された金融ユートピア的発想に押し込めようとしているのだ。

我々は人新世を地質的・歴史的な出来事（イヴェント）として検討することで、近代に関するタブラ・ラサ的なふるまいと、壮大であっても無力な語り（ナラティヴ）を避けてきた。必要な抑制を無力化してきた「脱抑制」プロセスの狭量で矮小な考え方が想起させるのは、近代とは哲学者が我々に語りかけるような荘厳かつ峻厳な精神の運動ではないということだ。反対に、近代は幾度もの小さな打撃、強制された状況、標準化された例外の総和として考えられる。我々は、知性はホモ・サピエンスのみに与えられた生物学的な贈り物であるという誤った解釈と用法、人口学的な運命、自然を支配するというユダヤ・キリスト教的態度、分断と支配を謀る盲目的な「近代性」といった、あまりにも大きすぎる聖なる怪物たちを断罪しているのではない。そうではなく、過去二世紀半の間、絶え間なく存在してきた環境にまつわる知識と警告を無視して歩み続け、工業的・消費主義的活動に反対する抗議活動やオルタナティヴな選択を圧殺することを可能にした「脱抑制」のあらゆる戦略と装置から学ぶべきことは多いことを主張しているのだ。

我々が提唱した歴史は気の滅入るものかもしれない。我々の祖先が生態系と地球とを不安定にさせてきたのは、すべて承知のうえでのことだったのだから。無意識状態から意識状態への移行はなく、現在の金融化された資本主義すら新たな「脱抑制」の形式と共犯しているのだから、これからもあらゆるものが「脱抑制」の道をこれまで通り進んでいくだろうという懸念が頭をよぎるかもしれない。

だが、覚醒という語り（ナラティヴ）を断念することで、地球システム科学から警告を発する人々との間でより明晰で有益な対話が可能になり、贖罪よりも連帯を目指すことが促されるようになるだろう。同じように、我々が手にした人新世の複数の歴史は、特定の集団、制度、想像力（イマジナリー）が特有の条件下で発明し押し付けてきた生産、交易、消費の装置が制御する物質とエネルギーの物質代謝について、再び政治的に考えることへと我々を導くだろう。そして我々を人新世へと引き込んだ制度や支配集団、そして強力な象徴的・物質的システムから、我々の側が政治的主導権を取り返すことを可能にするだろう。軍備、消費の欲望を生み出すシステムとその下部構造、所得、財産の格差、エネルギーをめぐる大手資本やグローバル化が生む財政的利害関係、科学技術的な制度や装置などの要素が商業的な論理に基づき作用しているとき、そして批判やオルタナティヴな選択肢が沈黙を強いられているときにこそ、このことは想起されなくてはならない。

　したがって、人新世のなかに生きることは抑圧的な制度、支配、疎外的な想像力（イマジナリー）から自由になることであって、それは稀にみる解放的な経験を得ることに繋がるはずなのだ。

註

序言

（1） *Doctrine de Saint-Simon*, t. 2, Paris, Aux Bureaux de l'Organisateur, 1830, p. 219.
（2） Eugène Huzar, *L'Arbre de la science*, Paris, Dentu, 1857, p. 106.

第1章

（1） Paul J. Crutzen, «Geology of mankind», *Nature*, vol. 415, 3 jan. 2002, p. 23.
（2） W. Steffen, J. Grinevald, P. J. Crutzen et J. R. McNeill, «The Anthropocene : Conceptual and historical perspectives», *Philosophical Transactions of the Royal Society A*, vol. 369, no. 1938, 2011, p. 842-867.
（3） ジョルジュ＝ルイ・ルクレール・ド・ビュフォン『自然の諸時期』菅谷暁訳、法政大学出版局、一九九四年、一五五ページ。
（4） 同書、一六〇ページ。
（5） Will Steffen *et al.*, «The Anthropocene : Conceptual and historical perspectives», art. cit.
（6） Claude Lorius et Laurent Carpentier, *Voyage dans l'Anthropocène : cette nouvelle ère dont nous sommes les héros*, Arles, Actes Sud, 2010, p. 11.
（7） Anthony D. Barnosky *et al.*, «Approaching a state shift in Earth's Biosphere», *Nature*, vol. 486, 7 juin 2012, p. 52-58.

(8) 最新の研究については、http://www.wmo.int/pages/mediacentre/press_releases/pr_1002_fr.html. を見よ。

(9) Stuart L. Pimm et al., «The biodiversity of species and their rates of extinction, distribution, and protection», *Science*, vol. 344, no. 6187, 2014, doi : 10.1126/science.1246752.

(10) Vaclav Smil, *The Earth's Biosphere. Evolution, Dynamics, and Change*, Cambridge (MA), MIT Press, 2002, p. 284.

(11) Edward O. Wilson, *L'Avenir de la vie*, Seuil, 2003.

(12) Christer Nilsson *et al.*, «Fragmentation and flow regulation of the world's large river systems», Science, vol. 308, 15 avr. 2005, p.405-406.

(13) Johan Rockström *et al.*, «A safe operation space for humanity», *Nature*, vol. 461, 24 sept. 2009, p. 472-475 ; James N. Galloway et al., «Transformation of the nitrogen cycle : Recent trends, questions, and potential solutions», *Science*, vol. 320, no. 5878, 2008, p. 889-892.

(14) Johan Rockström *et al.*, «A safe operation space for humanity», art. cit.

(15) Helmut Harbel *et al.*, «Quantifing and mapping the human apprpriation of net primary production in Earth's terrestrial ecosystems», *Proceedings of the National Academy of Science, USA*, vol. 104, 2007, p.12942-12947 ; Johan Rockström et al., «A safe operating space for humanity», art. cit.

(16) http://www.footprintnetwork.org.

(17) Steffen *et al.*, «The Anthropocene : Conceptual and historical perspectives», art. cit., 2011, p. 848.

(18) Erle C. Ellis, «Anthropogenic transformation of the terrestrial biosphere», *Philosophical Transactions of the Royal Society A*, vol. 369, no. 1938, 2011, p. 1010-1035.

(19) Erle Ellis et Navin Ramankutty, «Anthropogenic biomes», in *The Encyclopedia of Earth*, http://www.eoearth.org/article/Anthropogenic_biomes, 二〇一六年二月一八日閲覧。

(20) Anthony D. Barnosky *et al.*, «Approaching a state shift in Earth's Biosphere», art. cit. ; Will Steffen *et al.*, «Planetary

boudaries : Guiding human development on a changing planet», *Science*, vol. 347, no. 6223, 2015, doi : 10.1126/science.1259855.

(21) Valcav Smil, *The Earth's Biosphere : Evolution, Dynamics, and Change*, Cambridge (MA), MIT Press, 2002, p. 186 and p. 283-284.

(22) *Ibid.*, p. 269.

(23) Bill McGuire, *Waking the Giant : How a Changing Climate Triggers Earthquakes, Tsunamis, and Volcanoes*, Oxford University Press, 2012.

(24) Patricial L. Korkoran, «An anthropogenic marker horizon in the future rock record», *GSA Today*, vol. 24, no. 6, June 2014, p. 4-8.

(25) ヤン・ザラシェヴィチからアドリアン・J・イヴァヒフへの返答。«Against the Anthropocene», http://blog.uvm.edu/aivakhiv/2014/07/07/against-the-anthropocene/, 二〇一六年二月一六日閲覧。

(26) Erle C. Ellis, «Anthropogenic transformation of the terrestrial biosphere», art. cit.

(27) Simon L. Lewis and Mark A. Maslin, «Defining the Anthropocene», *Nature*, vol. 519, 2015, p. 171-180.

(28) Jan Zalasiewicz *et al.*, «When did the Anthropocene begin? A mid-twentieth century boundary level is stratigraphically optimal», *Quaternary International*, 2015, doi : 10.1016/j.quaint.2014.11.045.

(29) Paul Crutzen and Will Steffen, «How long have we been in the Anthropocene era?», *Climatic Change*, vol. 61, 2003, p. 251-257, cit. p. 253.

第二章

(1) Bruno Latour, *Facing Gaia. Six lectures on the political theology of nature*, Gifford Lectures, 2013, p. 77, http://www.

bruno-latour.fr/sites/default/files/downloads/GIFFORD-SIX-LECTURES_1.pdf（二〇一三年七月二〇日閲覧）。これらの会議をもとにした著作が出版されている：Bruno, Latour, *Face à Gaïa. Huit conférences sur le nouveau régime climatique*, Paris, La Découverte, 2015.

（2） Isabelle Stengers, *Au Temps des catastrophes : Résister à la barbarie qui vient*, Paris, Les Empêcheurs de penser en rond / La Découverte, 2009.

（3） *Ibid.*, p. 53.

（4） Crawford S. Holling, « Resilience and stability of ecological systems », *Annual Review of Ecology and Systematics*, vol. 4, 1973, p. 1-23, cit. p. 2.

（5） *Ibid.*, p. 21.

（6） この表現はミシェル・ルプザン(Michel Lepesant)から拝借した。

（7） David B. Lobell *et al.*, « Climate trends and global crop production since 1800 », Science, no. 333, 2011, p. 616-620.

（8） François Gemenne, « The Anthropocene and its victims », in C. Hamilton, F. Gemenne and C. Bonneuil (dir.), *The Anthropocene and the Global Environmental Crisis : Rethinking Modernity in a new Epoch*, Routledge, 2015.

（9） Harald Welzer, *Les Guerres du climat. Pourquoi on tue au XXIe siècle*, Paris, Gallimard, 2009.

（10） Robert K. Kaufmann *et al.*, « Reconciling anthropogenic climate change with observed temperature, 1998-2008 », *PNAS*, vol. 108, no. 29, 19 Jul. 2011, p. 11790-11793 ; cf. also http://tamino.wordpress.com/2010/08/23/anthropogenic-global-cooling/.

（11） FAO, *Livestock's Long Shadow – Environmental Issues and Options*, Rome, 2006.

（12） ジュール・ミシュレ『世界史入門：ヴィーコからアナールへ』大野一道訳、藤原書店、一九九三年、一一〜一二ページ。強調は筆者による追加。

（13） Dipesh Chakrabarty, « The climate of history : Four theses », *Critical Inquiry*, vol. 35, no. 2, 2009, p. 197-222. に引

用されている。人新世は人類史と自然史の時間的分離を揺らがせるものだというチャクラバティの重要な主張については、この節のなかで後ほど取り上げる。

(14) チャールズ・ライエル『地質学原理（上）』河内洋佑訳、朝倉書店、二〇〇六年、一二九〜一三〇ページ〔文中の引用文は訳者が河内訳を参照し訳出した〕。

(15) ライエルと斉一説については、Martin Rudwick, *Worlds Before Adam. The Reconstruction of Geohistory in the Age of Reform*, Chicago, The University of Chicago Press, 2008, p. 297-315. を見よ。

(16) チャールズ・ライエル、前掲書、一二八ページ。

(17) E・H・カー『歴史とは何か』（清水幾太郎訳、岩波書店、一九六二年）に引用されているアクトン卿（一八九六年）の言葉。

(18) Jean-Baptiste Say, *Cours d'économie politique*, Paris, Garnier-Flammarion, 1996, p. 98.

(19) Jean-Baptiste Say, *Cours complet d'économie politique pratique*, vol. 1, Bruxelles, Meline, 1832, p. 83.

(20) Auguste Comte, *Cours de philosophie positive*, t. 4, Paris, Bachelier, 1839, p. 238 and 251.

(21) *Ibid.*, p. 249 et p. 250-251.

(22) Jean-Baptiste Fressoz and Fabien Locher, « Modernity's frail climate. A climate history of environmental reflexivity », *Critical Inquiry*, vol. 38, no. 3, Spring 2012, p. 579-598.

(23) Jean-Baptiste Fressoz, « Circonvenir les circumfusa : la chimie, l'hygiènisme et la libéralisation des choses environnantes (1750-1850) », *Revue d'histoire moderne et contemporaine*, no. 56-4, 2009, p. 39-76.

(24) Christophe Bonneuil, « Le siècle du gène », in C. Bonneuil and D. Pestre (dir), *Histoire des sciences et des savoirs. 3. Un siècle de technosciences* (*depuis 1914*), Paris Seuil, 2015, p. 297-317.

(25) エミール・デュルケーム『自殺論』宮島喬訳、中央公論社、一九八五年。第三章「自殺と宇宙的要因」を見よ。このような「ソーシャル・オンリー」パラダイムを初めて分析した研究のひとつが、セルジュ・モスコヴィッシの『自然の人間的歴史(上・下)』(大津真作訳、法政大学出版局、一九八八年)である。この問題ついて近年なされた研究については、Pierre Charbonnier, *La Fin d'un grand partage. Nature et société de Durkheim à Descola*, Paris, CNRS Éd., 2015. を見よ。

(26) Fressoz and Locher, « Modernity's frail climate. A climate history of environmental reflexivity », art. cit., 2012.

(27) ジークムント・フロイト「文化への不満(一九三〇年)」『幻想の未来/文化への不満』中山元訳、光文社、一三三ページ。

(28) 今日、この関係を修復するのは生態精神学の課題である。Andy Fisher, *Radical Ecopsychology*, 2nd ed., Albany, NY, SUNY Press, 2013. を見よ。

(29) カール・マルクス、セルゲイ・ポドリンスキー、パトリック・ゲデス、さらに他の学者が社会-生態の相互作用に着目していたにもかかわらず、このようにみなされてしまった。これに関しては本著の第八章を見よ。「非自然主義」の批判はフレデリック・ネイラ Frédéric Neyrat の執筆中の著作より着想を得た。

(30) 大いなる分断の批判については、Bruno Latour, *Politiques de la nature. Comment faire entrer les sciences en démocratie*, Paris, La Découverte, 1999 を見よ。

(31) Fikret Berkes and Carl Folke (dir.). *Linking Social and Ecological Systems : Mamagement Practices and Social Mechanisms for Building Resilience*, Cambridge University Press, New York, 1998.

(32) この概念には、地球を最適に管理するという、まるでデミウルゴスのように全体を統治するという、神学的な目的論が伴っている。本書の第四章、または Peter Baccini and Paul H. Brunner, *Metabolism of the Anthroposphere : Analysis, Evaluation, Design*, 2nd ed., Cambridge (MA), 2012. を見よ。

(33) R. Peet, P. Robbins and M. Watts, *Global Political Ecology*, London, Routledge, 2010.

(34) この観点は地球システム科学、ホワイトヘッドやドゥルーズの哲学、ブルーノ・ラトゥール、科学の「共-生産」研究、そして生態学に傾倒したマルクス主義者ジェイソン・ムーア(*Capitalism in the Web of Life*, London, Verso, 2015 の著者)に共通するものである。

(35) フェルナン・ブローデル『地中海』浜名優美訳、藤原書店、二〇〇四年。

（36）「環境」については、このテーマを扱った学術雑誌『アナール』の非常に重要な号、vol. 29, no. 3, mai-juin 1974 を見よ。フランス環境史の「遅れ」とその特徴については、Geneviève Massard-Guilbaud, « De la ‘part du milieu’ à l’histoire de l’environnement », *Le Mouvement social*, no. 200, juill.-sept. 2002, p. 64-72. を見よ。

（37）Dipesh Chakrabarty, « The climate of history : Four theses », art. cit.

（38）WilliamF. Ruddiman, *Plows, Plague and Petroleum*, Prinston University Press, 2005 ; R. J. Nevle, D. K. Bird, W. F. Ruddiman and R. A. Dull, « Neotropical human-landscape interactions, fire, and atmospheric CO2 during European conquest », *The Holocene*, 2011, 0959683611404578 ; R. A. Dull et al., « The Columbian encounter and the Little Ice Age : Abrupt land use change, fire and greenhouse forcing », *Annals of the Association of American Geographers*, vol. 100, no. 4, 2010, p. 755-771 ; Lewis and Maslin, 2015, op. cit.

（39）Wiliam Cronon, *Nature’s Metropolis. Chicago and the Great West*, New York, Norton, 1991 ; Edmund Russell, *Evolutionary History : Uniting History and Biology to Understand Life on Earth*, Cambridge University Press, 2011 ; Timothy Mitchell, *Carbon Democracy. Political Power in the Age of Oil*, London, New York, Verso, 2011.

（40）Riley E. Dunlap and William R. Catton, « Struggling with human exemptionalism : The rise, decline and revitalization of environmental sociology », *American Sociologist*, vol. 25, 1994, p. 5-30.

（41）ミシェル・セール『自然契約』及川馥・米山親能訳、法政大学出版局、一九九四年。; Gérart Mairet, *Nature et souveraineté*, Paris, Presses de Sciences Po, 2013.

（42）ジョン・スチュアート・ミル『代議制統治論』水田洋訳、岩波書店。

（43）Dominique Bourg and Kerry Whiteside, *Vers une démocratie écologique*, Paris, Seuil, 2010, p. 21-25.

（44）Luc Ferry, *Le Nouvel Ordre écologique*, Paris, Grasset, 1992, p. 25. クリストファー・ラシュに続き、ジャン＝クロード・ミシェアも、自然からの分離は「自由主義的人類学の別名」でしかないと反論し、一九世紀前半の社会主義者がこれにどれほど反対していたかを述べている。 Jean-Claude Michéa, *Les Mystères de la gauche*, Paris, Climat, 2013 を見よ。

(45) Dipesh Chakrabarty, « The climate of history : Four theses », art. cit., p. 208.

(46) ウルリッヒ・ベック、ブルーノ・ラトゥール、アンソニー・ギデンスの主張については第四章で検討する。

(47) Bruno Latour, *Politiques de la nature*, *op. cit.*, et *Enquêtes sur les modes d'existence. Une anthropologie des modernes*, Paris, La Découverte, 2012.

(48) A. Dobson, L. Semal, M. Szuba and O. Petit, « Andrew Dobson : Trajectories of green political theory », *Natures Sciences Sociétés*, 2014, doi : 10.1051/nss/2014021 ; Andrew Dobson, *Green Political Thought*, London-New York, Routledge, 2007 ; Andrew Dobson and Robyn Eckersley (dir.), *Political Theory and the Ecological Challenge*, Cambridge (MA), Cambridge University Press, 2006.

(49) Luc Semal, *Politiques catastrophistes. Pour une théorie politique environnementale*, Paris, PUF, 2015 ; Agnès Sinaï (dir.), *Penser la décroissance. Politiques de l'Anthropocène*, Paris, Presses de Sciences Po, 2013 も見よ。

(50) Rob Dixon, *Slow Violence and the Environmentalism of the Poor*, Cambridge, (MA), Harvard University Press, 2011.

第三章

(1) Peter Sloterdijk, Le Palais de cristal. À l'intérieur du capitalisme planétaire, Paris, Maren Sell, 2006, p. 243-253.

(2) Sebastian Grevsmühl, La Terre vue d'en haut. L'Invention de l'environnement global, Paris, Seuil, 2014.

(3) 主に挙げられるのは、学術雑誌ネイチャーに投稿されたパウル・クルッツェンの二〇〇二年の論文、気候学者ウィル・ステファンとパウル・クルッツェン、二人の歴史学者ジャック・グリンエヴァルドとジョン・マクニールがイギリスのロイヤル・ソサエティーに二〇一一年に投稿した論文、ヤン・ザラシェヴィチが支援しウィル・ステファンとパウル・クルッツェンの署名入りで学術雑誌アンビオに投稿された地球の操作に関する綱領的な論文、あの有名なストックホルムのレジリエンス・センターの所長であり「システム・アプローチ」の専門家であるヨハン・ロックストロームの論文もある。ここにさらに付け加えるなら、ロックストロームが三〇名ほどの研究者(ステファンとクルッツェンはもちろんのこと、アメリカの生態学者ジェームズ・ハンセンや、一九九七年に生物圏から与えられるサービスの貨幣価値計算をした生態学者ロバート・コスタンザも含まれる)とともに投稿した、「プラネタリー・バウンダリー」に関する論文もいくつか挙げられる。Will Steffen *et al.*, « The Anthropocene : Conceptual and historical perspectives », art. cit., ; Will Steffen et al., « The Anthropocene : From global change to planetary stewardship », *Ambio*, vol. 40, 2011, p. 739-761. ; Johan Rockström *et al.*, « Planetary boundaries : Exploring the safe operating space for humanity », *Ecology and Society*, vol. 14, no. 2, 2009, p. 1-33. ; Johan Rockström et al., « A safe operating space for humanity », *Nature*, vol. 461, 24 Sep. 2009, p. 472-475. を見よ。

(4) W. Steffen, P. J. Crutzen and J. R. McNeill, « The Anthropocene : Are humans now overwhelming the great forces of nature ? », *Ambio*, vol. 36, no. 8, 2007, p. 614-621, cit. p. 614.

(5) ミシェル・セール『自然契約』、前掲著、二七〜二八ページ。

(6) 同書、三二ページ。

(7) Paul J. Crutzen and Eugene F. Stoermer, « The 'Anthropocene' », Global Change Newsletter, vol. 41, 2000, p. 17-18. 蒸気機関はワットの一七八四年の発明以前にも存在しており、基本的に鉱山で水をポンプで汲み上げるために使用されていた。

(8) ジョルジュ・カンギレムの研究以来、先駆者探しは困難なものとなったが、本書ではこの問題について言及しない。

(9) Robert Costanza, Lisa J. Graumlich and Will Steffen (dir.), *Sustainability or Collapse ? An Integrated History and Future of People on Earth*, Cambridge (MA), MIT Press, 2007. http://www.aimes.ucar.edu/ihope/. も見よ。

(10) W. Steffen, P. J. Crutzen and J. R. McNeill, « The Anthropocene : Are humans now overwhelming the great forces of nature ? », art. cit. ; Libby Robin and Will Steffen, « History for the Anthropocene », *History Compass*, vol. 5, no. 5, 2007, p. 1694-1719 ; ジョン・ロバート・マクニール『二〇世紀環境史』海津正倫・溝口常俊監訳、名古屋大学出版会、

二〇一一年。；Will Steffen *et al.*, « The Anthropocene : Conceptual and historical perspectives », art. cit.

（11） Will, Steffen *et al.*, « The Anthropocene : Conceptual and historical perspectives », art. cit. p. 848.

（12） *Ibid.*, p. 849.

（13） *Ibid.*, p. 850.

（14） *Ibid.*, p. 850 and 853.

（15） *Ibid.*, p. 856.

（16） http://www.oecd-ilibrary.org/sites/factbook-2011-en/09/02/01/index.html?contentType=&itemId=/content/chapter/factbook-2011-78-en&&containerItemId=/content/serial/18147364&a&cessItemIds=&am&eType=text/h, 二〇一六年二月二二日閲覧。

（17） クロスビーの研究など、この概観の例外は複数存在する。

（18） ウォルト・W・ロストウ『経済成長の諸段階：一つの非共産主義宣言』木村健康・久保まち子・村上泰亮訳、ダイヤモンド社、一九六一年、五ページ。ダイヤモンド社の訳では、大量消費の時期は「大衆の基盤に立って耐久消費財とサービスとが普及する時期」と訳出されている。

（19） Will Steffen et al., « The trajectory of the Anthropocene : The Great Acceleration », *The Anthropocene Review*, 2015, doi : 10.1177/2053019614564785 2015.

（20） Jean-Baptiste Fressoz and François Jarrige, « Écrire la geste industrielle », in Céline Pessis, Sezin Topçu and Cristophe Bonneuil (dir.), *Une autre histoire des 'Trente Glorieuses'. Modernisation, contestations et pollutions dans la France d'après-guerre*, Paris, La Découverte, 2013, p. 61-79.

（21） Robert Costanza et al., « The value of the world's ecosystem services and natural capital », *Nature*, vol. 387, 1997, p. 254.

（22） IUCN, « Wildlife crisis worse than economic crisis », 2009, http://www.iucn.org/about/work/programmes/

species/?3460/Wildlifecrisisworsethaneconomiccrisis.

（23）ジョン・ロバート・マクニール『二〇世紀環境史』、前掲著。

（24）例えば、B. Glaser, G. Krause, B. M. W. Ratter and M. Welp (dir.), *Human-Nature Interactions in the Anthropocene*, London, Routledge, 2012. を見よ。

（25）James Hutton, « Theory of the Earth », *Transactions of the Royal Society of Edinburgh*, 1788, I, p. 209-304, cit, p. 215 and 216. 我々の注意をこの著者に向けてくれたピエール・ド・ジョバンクールに感謝する。Pierre de Jovancourt, « Tenir à Gaïa. Une anthropologie politique de l'Anthropocène », mémoire de master 2 de philosophie, juin 2013, université Paris 1 ; C. Bonneuil et P. de Jovancourt, « En finir avec l'épopée. Récit, géopouvoir et sujets de l'Anthropocène », in Émilie Hache (dir.), *De l'univers clos au monde infini*, Éd. Dehors, 2014, p. 57-105. を参照せよ。

（26）ジェームズ・ラブロック『地球生命圏：ガイアの科学』星川淳訳、工作舎、一九八四年。

（27）Amy Dahan and Domonique Pestre (dir.), *Les Sciences pour la guerre. 1940-1960*, Paris, Éd. de l'EHESS, 2004 ; Peter Galison, « The ontology of the enemy : Norbert Wiener and the cybernetic vision », *Critical Inquiry*, vol. 21, no. 1, 1994, p. 228-266 ; Robert Leonard, *Von Neumann, Morgenstern and the Creation of Game Theory : From Chess to Social Science 1900-1960*, Cambridge University Press, 2010 ; Geof Bowker, « How to be universal : Some cybernetic strategies, 1943-1970 », *Social Studies of Science*, vol. 23, no. 1, 1993, p. 107-127 ; Agatha C. Hughes and Thomas P. Hughes (dir.), *Systems, Experts, and Computers. The System Approach in Management and Engineering, World War II and After*, Cambridge (MA)/London, MIT Press, 2000.

（28）「閉じられた世界」という表現は歴史学者ポール・N・エドワーズにより論題化された。Paul N. Edwards, « Construire le monde clos : l'ordinateur, la bombe et le discours politique de la Guerre froide », in Amy Dahan and Domonique Pestre (dir.), *Les Sciences pour la guerre. 1940-1960*, op. cit., p. 223-249.

（29）一九四五年から一九九八年の間に行なわれた二〇五三発の原子力爆発の分かりやすい動画地図については、www.

youtube.com/watch?v=WAnqRQg-W0k を見よ。

(30) Geroges Bernanos, 15 Nov. 1945,

(31) この表現はケネス・ボールディングが一九六六年に用いたものである。

(32) この語は Geneviève Azam, *Le Temps du monde fini : vers l'après-capitalisme*, Paris, Les Liens qui libèrent, 2010. から拝借した。ハイデガーは一九六六年にすでに宇宙から見た地球のビジュアル化による「根を抜くこと」について語っている。

(33) Sebastian Grevsmühl, La Terre vue d'en haut, op. cit.

(34) Ronald Doel, « Quelle place pour les sciences de l'environnement physique dans l'histoire environnementale ? », *Revue d'histoire moderne et contemporaine*, no. 56-4, 2010, p. 137-163.

(35) Doel, *Ibid.*, p. 158 に引用されている。

(36) Marshall McLuhan, « At the moment of Sputnik the planet became a global theater in which there are no spectators but only actors », *Journal of Communication*, vol. 24, no. 1, 1974, p. 49.

(37) ハンナ・アーレント『人間の条件』志水速雄訳、筑摩書房、一九九四年、一一ページ。

(38) 同書、九〜一〇ページ。

(39) 同書、二四九ページ。

(40) Eduardo Galeano, *Les Veines ouvertes de l'Amérique latine* [1971], Paris, Terre Humaine, 1993, p. 186. に引用されている。

(41) Fernand Elichirigoity, *Planet Management*, Evanston, Northwestern University Press, 1999, p. 8. この鳥類はフロリダの固有種であったが、宇宙計画活動とＤＤＴ散布の犠牲になった。

(42) Sebastian Grevsmühl, La Terre vue d'en haut, op. cit.

(43) Philippe Descola, *Par-delà nature et culture*, Paris, Gallimard, 2005.

(44) トマス・ネーゲルにより提唱された「どこからでもない眺め view from nowhere」という概念と、その一九世紀における科学性の規範としての歴史については、Lorraine Daston, « Objectivity and the escape from perspective », *Social Studies of Science*, vol. 22, no. 4, 1992, p. 597-618. で分析されている。

(45) Déborah Danowski and Eduardo Viveiros de Castro, « L'arrêt de monde », in Émilie Hache (dir.), *De l'univers clos au monde infini*, *op. cit.*, p. 221-339.

第四章

(1) Will Steffen et al., « The Anthropocene : Are humans now overwhelming the great force of nature ? », art. cit.

(2) Carl Folke and Lance Gunderson, « Reconnecting to the biosphere : A social-ecological renaissance », *Ecology and Society*, vol. 17, no. 4, 2012, p. 55.

(3) W. Steffen, J. Grinevald, P. J. Crutzen and J. R. McNeill, « The Anthropocene : Conceptual and historical perspectives », art. cit., p. 843.

(4) *Ibid.*

(5) この皮肉的な表現は Andreas Malm and Alf Hornborg, « The geology of mankind ? A critique of the Anthropocene narrative », *The Anthropocene Review*, 7 Jan. 2014, doi : 10.1177/2053019613516291. から借用した。

(6) これは Dipesh Chakrabarty, « Postcolonial studies and the challenge of climate change », *New Literary History*, vol. 43, no. 1, 2012, p. 1-18. の意見である。

(7) Dipesh Chakrabarty, « The climate of history : Four theses », art. cit., p. 212.

(8) *Ibid.*, p. 209.

(9) Lynn White Jr., « The historical roots of our ecologic crisis », *Science*, vol. 155, 1967, p. 1203-1207 ; Carolyn

Merchant, *The Death of Nature : Women, Ecology and the Scientific Revolution*, San Francisco, Harper, 1980 ; Philippe Descola, *Par-delà nature et culture, op. cit.* ; ブルーノ・ラトゥール『虚構の近代：科学人類学は警告する』川村久美子訳、新評論、二〇〇八年。

(10) ミシェル・セール『自然契約』前掲著、二五〜二六ページ。強調部分は本書の筆者による追加。

(11) Richard Heede, « Tracing anthropogenic carbon dioxide and methane emissions to fossil fuel and cement producers, 1854-2010 », *Climatic Change*, vol. 122, 2014, p. 229-241.

(12) Alf Hornborg, John R. McNeil and Joan Martinez-Alier (dir.), *Rethinking Environmental History : World-System History and Global Environmental Change*, New York, Alta Mira Press, 2007 ; ケネス・ポメランツ、マイク・デイヴィスやティム・ミッチェルの研究もこの観点のうちに入るだろう。

(13) 特にRichard Peet, Paul Robbins and Michael Watts (dir.), *Global Political Ecology*, London, Routledge, 2010. を見よ。

(14) Libby Robin and Will Steffen, « History for the Anthropocene », art. cit.

(15) David Satterthwaite, « The implications of population growth and urbanization for climate change », *Environment & Urbanization*, vol. 21, 2009, p. 545-567. この研究はまた、一九八〇年から二〇〇五年の間に温室効果ガスの排出と世界諸国の人口増加がネガティヴに相関していることを示している。

(16) Jaques Lizot, « Économie primitive et subsistance. Essai sur le travail et l'alimentation chez les Yamanomi », revue *LIBRE*, no. 4, 1978, p. 69-113 ; また Geneviève Michon, « Cultiver la forêt : sylvia, ager ou hortus ? », in S. Bahuchet, D. Bley, H. Pagezy and N. Vernazza-Licht (dir.), *L'Homme et la Forêt tropical*, Châteauneuf-Grasse, Éd. De Bergier, 1999, p. 311-326. これらの文献情報に関してチエリ・サランタン(Thierry Sallantin)に感謝する。

(17) クレディ・スイスの二〇一四年の報告書 « Global Wealth Databook », http://publications.credit-suisse.com/tasks/render/file/?fileID=5521F296-D460-2B88-081889DB12817E02, 二〇一六年一月二二日閲覧。

(18) Hervé Kempf, *Comment les riches détruisent la planète*, Paris, Seuil, coll. « Points », 2009, p. 62.

(19) ソースティン・ヴェブレン（一八九九年）『有閑階級の理論：増補新訂版』高哲男訳、講談社、二〇一五年。
(20) Hervé Kempf, *Comment les riches détruisent la planète, op. cit.*
(21) Will Steffen *et al.*, « The Anthropocene : Conceptual and historical perspectives », art. cit., p. 856.
(22) Charles Fourier, « Détérioration matérielle de la planète », in René Schérer, *L'Écosophie de Charles Fourier. Deux textes inédits, Paris*, Anthropos, 2001, p. 31-125, cit. p. 81. これは一八二〇年から一八二一年の間に書かれた原稿であるが、フーリエの遺作『ラ・ファランジュ（La Phalange）』として一八四七年にようやく刊行された。
(23) Will Steffen *et al.*, « The Anthropocene : From global change to planetary stewardship », art. cit., p. 757.
(24) Will Steffen *et al.*, « The Anthropocene : Conceptual and historical perspectives », art. cit., p. 850 and 853.
(25) ジェームズ・ラブロック『ガイアの復讐』秋元勇巳監修、竹村健一訳、中央公論新社、二〇〇六年、四九ページ。強調部分は筆者による。引用文中の「地球システム」という箇所に関して、邦訳版では「ガイア」と訳出されている。
(26) Sylvestre Huet « Une ère conditionnée », 22 Jan. 2011, http://www.liberation.fr/science/0101231517-une-ere-conditionnee.
(27) « The geology of the planet. Welcome to the Anthropocene », *The Economist*, 26 May 2011.
(28) ミシェル・セール『自然契約』、前掲書、五ページ。
(29) 同書、一八ページ。
(30) Bruno Latour, Facing Gaia. *Six lectures on the political theology of nature, op. cit.*, p. 79.
(31) アンソニー・ギデンズ『近代とはいかなる時代か?：モダニティの帰結』松尾精文、小幡正敏訳、而立書房、一九九三年。ウルリッヒ・ベック『危険社会：新しい近代への道』東廉、伊藤美登里訳、法政大学出版局、一九九八年。ウルリッヒ・ベック、アンソニー・ギデンズ、スコット・ラッシュ『再帰的近代化：近現代における政治、伝統、美的原理』松尾精文、小幡正敏、叶堂隆三訳、而立書房、一九九七年。Michael Gibbons *et al.*, *The New Production of Knowledge : The Dynamics of Science and Research in Contemporary Societies*, London, Sage, 1994.

(32) Frederick H. Buttel, « Ecological modernization as social theory », *Geoforum*, vol. 31, no. 1, 2000, p. 57-65.

(33) Stéphane Harber and Arnaud Macé (dir.), *Anciens et modernes par-delà nature et société*, Besançon universitaires de Franche-Comté, 2012.

(34) Jean-Baptiste Fressoz, « Les leçons de la catastrophe : critique historique de l'optimisme postmoderne », www.laviedesidees.fr, 13 May 2011.

(35) Charles Fourier, « Détérioration matérielle de la planète », [1821], in René Schérer, *L'Écosophie de Chales Fourier, op. cit.*, p. 117.

(36) 「近代的脱抑制」の概念については、Jean-Baptiste Fressoz, *L'Apocalypse joyeuse : une histoire du risque technologique*, Paris, Seuil, 2012. を見よ。

(37) Fairfield Osborn, Our Plundered Planet, Boston, Little Brown, 1948 ; William Vogt, *Road to Survival*, New York, Sloane Associates, 1948.

(38) Fairfield Osborn, *Our Plundered Planet, op. cit.*, p. 32 and 45.

(39) William Vogt, *Road to Survival, op. cit.*, p. 285.

(40) Roger Revelle and Hans E. Suess, « Carbon Dioxide exchange between atmosphere and ocean and the question of an increase in atmospheric CO_2 during the past decades », *Tellus*, vol. 9, 1957, p. 18-27.

(41) Bruno Latour, *Enquête sur les modes d'existence. Une anthropologie des Modernes*, Paris, La Découverte, 2012, p. 34.

(42) François Hartog, *Régimes d'historicité. Présentisme et expériences du temps*, Paris, Seil, 2003.

(43) この表現はブルーノ・ラトゥールのものである。*Enquête sur les modes d'existence. Une anthropologie des Modernes, op. cit.*

(44) Ingolfur Blühdorn, « The politics of unsustainability : COP15, post-ecologism, and the ecological paradox », *Organization & Environment*, 24 Mar. 2011, p. 34-53 ; Stéphane Foucart, *La Fabrique du mensonge*, Paris, Denoël, 2013.

(45) Weronika Zarachowicz, Télérama, no. 3303, May 2013, http://www.telerama.fr/idees/gaia-la-terre-mere,96905.php より引用したインタビュー(筆者たちはこれがインタビュイーの主張に必ずしも一致しない対談であることを認識しているが、この引用文は未だにメディアに取り上げられるビッグ・ナラティヴの性格をよく示している)。

(46) Bruno Latour, *Enquête sur les modes d'existence. Une anthropologie des Modernes, op. cit.* p. 34-35.

(47) Carl Folke and Lance Gunderson, « Reconnecting to the biosphere : A social-ecological Renaissance », art. cit., p. 55.

(48) Paul J. Crutzen and Eugene F. Stoermer, « The 'Anthropocene' », art. cit., p. 18, 強調は筆者による。

(49) Paul J. Crutzen, « Geology of mankind », art. cit., p. 23, 強調は筆者による。

(50) 地球工学が抱える課題の議論については、Clive Hamilton, *Les Apprentis sorciers du climat*, Paris, Seuil, 2013. を見よ。

(51) Will Steffen *et al.*, 'The Anthropocene : Conceptual and historical perspectives », art. cit., p. 856.

(52) Bruno Latour, « En attendant Gaïa », Libération, 29 Jun. 2011, 強調は筆者による。

(53) Will Steffen *et al.*, 'The Anthropocene : Conceptual and historical perspectives », art. cit., p. 860-862.

(54) Bruno Latour, *Facing Gaia. Six lectures on the political theology of nature, op. cit.*, p. 55.

(55) Will Steffen *et al.*, 'The Anthropocene : Conceptual and historical perspectives », art. cit., p. 861-862.

(56) Carl Folke and Lance Gunderson, « Reconnecting to the biosphere : A social-ecological renaissance », art. cit., p. 55.

(57) M. Marvier, R. Lalasz and P. Kareiva, « Conservation in the Anthropocene », 2012, https://thebreakthrough.org/index.php/journal/past-issues/issue-2/conservation-in-the-anthropocene/ ; Emma Maris, *Rambunctious Garden. Saving Nature in a Post-wild World*, London, Bloomsbury, 2011.

(58) Catherine and Raphaël Larrière, *Du bon usage de la nature*, Paris, Aubier, 1997, p. 9.

(59) ミシェル・セール『自然契約』、前掲著、三二ページ。

(60) Erle Ellis, and Navin Ramankutty, « Anthropogenic biomes », art. cit.

（61） Mark Lynas, The God Species, London, Fourth Estate, 2011, p. 8.

（62） ギリシャ神話に登場する「豊穣の角」のような、人新世の技術順応的な通俗化の例については、Christian Schwägerl, L'Âge de l'homme, Paris, Manifesto, 2012 を見よ。

（63） Clive Hamilton, *Les Apprentis sorciers du climat, op. cit.*, p. 156 に引用されている。

（64） Erle C. Ellis, « Neither good nor bad », New York Times May 23, 2011, https://www.nytimes.com/roomfordebate/2011/05/19/the-age-of-anthropocene-should-we-worry/neither-good-nor-bad. ブレークスルー・インスチチュートの環境近代主義の批判的解釈については、Clive Hamilton, « The new environmentalism will lead us to disaster », https://www.scientificamerican.com/article/the-new-environmentalism-will-lead-us-to-disaster/, 二〇一六年二月二三日閲覧。

（65） Virginie Maris, « Back to the Holocene : A conceptual, and possibly practical, return to a nature not intended for humans », in C. Hamilton, F. Gemenne and C. Bonneuil (dir.), *The Anthropocene and the Global Environmental Crisis, op. cit.*, p. 123-133 ; Frédéric Neyrat, *La Part inconstructible de la Terre. Critique du géo-constructivisme*, Paris, Seuil, 2016.

（66） 人新世のビッグ・ナラティヴのうち初めの四つの比較分析については、Christoph Bonneuil, « The geological turn : Narratives of the Anthropocene », in C. Hamilton, F. Gemenne and C. Bonneuil (dir.), *The Anthropocene and the Global Environmental Crisis, op. cit.*

（67） ミシェル・フーコー『性の歴史Ⅰ：知への意志』渡辺守章訳、新潮社、一九八六年（一九七六年）、一七六ページ。Paul Rabinow and Nikolas Rose, « Biopower today », *BioSocieties*, vol. 1, 2006, p. 195-217.

（68） Paul N. Edwards, *A Vast Machine : Computer Models, Climate Data, and the Politics of Global Warming*, Cambridge, The MIT Press, 2010.

（69） Peder Anker, *Imperial Ecology : Environmental Order in the British Empire, 1895-1945*, Cambridge (MA), Harvard

University Press, 2001.

(70) Ronald E. Doel, « Quelle place pour les sciences de l'environnement physique dans l'histoire environnementale ? », *Revue d'histoire moderne et contemporaine*, vol. 4, no. 56-4, 2009, p. 137,164 ; Yannick Mahrane and Christoph Bonneuil, « Gouverner la biosphère. De l'environnement de la Guerre froide à l'environnement néolibéral, 1945-2013 », in D. Pestre (dir.), *Le Gouvernement des technosciences. Gouverner le progrès et ses dégâts depuis 1945*, Paris, La Découverte, 2014, p. 133-169.

(71) 国際連合教育科学文化機関編『生物圏資源の利用と保全』日本化学会訳編、丸善、一九七三年、三一ページ。

(72) Yannick Mahrane et al., « De la nature à la biosphère. L'invention politique de l'environnement global, 1945-1972 », *Vingtième siècle. Revue d'histoire*, no. 113, 2012, p. 127-141 ; Chunglin Kwa, « Representations of nature medialing between ecology and science policy : The case of the international biological programme », *Social Studies of Science*, vol. 17, no. 3, 1987, p. 413-442.

(73) Paul Edwards, « Construire le monde clos », op. cit., 2004, p. 225-226.

(74) Joseph Masco, « Bad weather. On planetary crisis », *Social Studies of Science*, vol. 40, no. 1, 2010, p. 7-40.

(75) « Managing the planet earth »は学術雑誌サイエンティフィック・アメリカンの一九八九年のある論文の題名である。

(76) UNCED, *Our Common Future*, 1987.

(77) Clark Miller, « Resisting empire : Globalism, relocalization, and the politics of knowledge », in S. Jasanoff and M. Long Martello (ed.), *Earthly Politics*, MIT Press, 2004, p. 81-102 ; Arturo Escobar, « Whose knowledge, whose nature ? Biodiversity conservation and the political ecology of social movements », *Journal of Political Ecology*, vol. 5, 1998, p. 53-82.

(78) ペーター・スローターダイク『「人間園」の規則：ハイデッガーの「ヒューマニズム書簡」に対する返書』仲正昌樹訳、御茶の水書房、二〇〇〇年。

(79) G. M. Batanov, I. A. Kossyi and V. P. Silakov, « Gas-discharge method for improving the environmental characteristics of the atmosphere », *Plasma Physics Reports*, vol. 28, no. 3, 2002, p. 204-228.

(80) James R. Fleming, *Fixing the Sky : The Checherd History of Weather and Climate Control*, New York, Columbia University Press, 2010, p. 236 ; Clive Hamilton, *Earthmasters : The Dawn of the Age of Climate Engineering*, Yale University Press, London, 2013 ; Sebastian Grevsmühl, *La Terre vu d'en haut, op. cit.*

(81) Michael Allaby and James Levelock, *The Greening of Mars*, London, André Deutsch, 1984.

(82) James R. Fleming, *Fixing the Sky, op. cit.*, p. 172.

(83) Sebastian Grevsmühl, *La Terre vu d'en haut, op. cit.*

(84) Paul J. Crutzen and John W. Birks, « The Atmosphere after a nuclear war : Twilight at noon », Ambio, vol. 11, no. 2/3, 1982, p. 114-125.

(85) « Kerry calls climate change a weapon of mass destruction, derides skeptics », The Washington Post, 16 Feb. 2014, https://www.washingtonpost.com/world/asia_pacific/kerry-calls-climate-change-a-weapon-of-mass-destruction-derides-skeptics/2014/02/16/1283b168-971a-11e3-ae45-458927ccedb6_story.html, 二〇一六年二月二二日閲覧。

(86) カール・シュミットの思想を引き継ぐ「例外状態」の概念については、ジョルジョ・アガンベン『例外状態』上村忠男・中村勝己訳、未来社、二〇〇七年ジョルジョ・アガンベン『ホモ・サケル：主権権力と剥き出しの生』高桑和巳訳、以文社、二〇〇七年を見よ。

(87) Grevsmühl, *op. cit.*, p. 300. ; Mick Smith, « Against ecological sovereignty : Agamben, politics and globalisation », *Environmental Politics*, vol. 18, no. 1, 2009, p. 99-116.

(88) Graziella, Chichilnisky and Geoffrey Heal (dir.), *Environmental Markets : Equity and Efficiency*, New York, Columbia University Press, 2000.

(89) Christophe Bonneuil, « Une nature liquide ? Les discours de la biodiversité dans le nouvel espris du capitalisme », in

F. Thomas and V. Boisvert (dir.), *Le Pouvoir de la biodiversité. Néolibéralisation de la nature dans les pays émergents*, Paris, IRD Éd.-Quae, 2015, p. 193-213.

（90）イヴァン・イリイチ『コンヴィヴィアリティのための道具』渡辺京二・渡辺梨佐訳、筑摩書房、二〇一五年、一三四〜一三五ページ。

（91）フェリックス・ガタリ『三つのエコロジー』杉村昌昭訳、平凡社、二〇〇八年。

（92）「発明家たち」（一九四九年）。ルネ・シャール『ルネ・シャール全詩集』吉本素子訳、青土社、二〇〇二年、二二四〜二二五ページ。

（93）Henri Michaux, 'La Ralentie'（1938）, in *L'Espace du dedans*, Paris: Gallimard, 1966, p. 216–18.

第五章

（1）「熱‐工業的な文明」という概念を提唱したのはジャック・グリンヴァルとアラン・グラである。Alain Gras, *Le Choix du feu*, Paris, Fayard, 2007.「熱新世（thermocène）」という造語に関しては、チエリ・サランタンに感謝する。

（2）学術雑誌エネルギー・ポリシーは近年このテーマで特集号を組んだことがある。Arnulf Grubler, « Energy transitions research : Insights and cautionary tales », *Energy Policy*, vol. 50, 2012, p. 8-16 ; Charlie Wilson and Arnulf Grubler, « Lessons from the history of technological change for clean energy scenarios and policies », *Natural Resources Forum*, vol. 35, 2011, p. 165-184 ; Vaclav Smil, *Energy Transitions, History, Requirements Prospects*, Santa Barbara, Praeger, 2010.

（3）Paul Warde, « Low carbon futures and high carbon pasts : Policy challenges in historical perspective », *History and Policy Working Paper*, vol. 109, Dec. 2010. ワットの蒸気機関は石炭内部のエネルギーを三〜六パーセント変換し、一九世紀末の最も優れた複合蒸気機関は二〇パーセント、ディーゼル動力は三〇〜五〇パーセント、現在のガスタービン・コンバインドサイクル発電機は六〇パーセントまで変換している。Vaclav Smil, *Energy Transitions, History,*

Requirements Prospects, op. cit., p. 9 を参照せよ。

(4) Roger Fouquet and Peter J. Pearson, « Seven centuries of energy services : The price and use of light in the United Kingdom (1300-2000) », *The Energy Journal*, vol. 27, 2006, p. 136-178.

(5) 例えば A. R. Gloyne *et al., Dynamic energy analysis of the EEC energy transition programme*, 1976. を見よ。

(6) John A. Belding, William M. Burnett, *From oil and gas to alternate fuels : The transition in conversion equipment*, Washington, Energy Research and Development Administration, 1977.

(7) John C. Sawhill, *Energy : Managing the transition*, The Trilateral Commission, 1978.

(8) http://www.eia.gov.

(9) « Digest of UK Energy Statistics », 2012 and « Électricité : l'Europe retourne au charbon », Le Monde, 28 Nov. 2012.

(10) ケネス・ポメランツ『大分岐：中国、ヨーロッパ、そして近代世界経済の形成』川北稔訳、名古屋大学出版会、二〇一五年、七七〜七八ページ。

(11) Jean-Claude Debeir, Jean-Paul Déléage and Daniel Hémery, *Une histoire de l'énergie. Les servitudes de la puissance* [1986], Paris, Flammarion, 2013, p. 244.

(12) 排出量に関するデータはすべて二酸化炭素分析センターのデータベースを参照した。http://cdiac.ornl.gov.

(13) Eliso Botella, « Cuba's inward-looking development policies : Towards sustainable agriculture (1990-2008) », *Historia Agraria*, vol. 55, 2011, p. 135-176.

(14) Manuel Franco *et al.*, « Population-wide weight loss and regain in relation to diabetes burden and cardiovascular mortality in Cuba 1980-2010 », *British Medical Journal*, vol. 346, 2013, p. 1515.

(15) Jean-Baptiste Fressoz, « The Gas-lighting controversy. Technological risk, expertise and regulation in nineteenth century Paris and London », *Journal of Urban History*, vol. 33, no. 5, 2007, p. 729-755.

(16) David and Marcia Pimentel, *Food, Energy and Society*, Boca Raton, CRC Press, 2008, p. 99-119.

(17) 二〇一二年から二〇五〇年の間、八八六ギガトン(Gt)以上の二酸化炭素を排出してはならないことになる。しかし現在確認されている石炭と石油の埋蔵量は二七九五ギガトンに相当する。Charbon trackers, Unburnable Carbon, 2012 ; Michael Jakob and Jérôme Hilaire, « Unburnable fossil fuel reserves », *Nature*, vol. 517, 2015, p. 150-152. を参照せよ。

(18) Jean-Claude Debeir, Jean-Paul Déléage and Daniel Hémery, *Une histoire de l'énergie. Les servitudes de la puissance*, *op. cit.*, p. 207.

(19) ある技術の利用が、輸送やエネルギーといった他の利用法に対し解放しうるキャパシティと定義される。Robert Fogel, *Railroads and American Economic Growth : Essays in Economic History*, Baltimore, Johns Hopkins University Press, 1964.

(20) Nick von Tunzelmann, *Steam Power and British Industrialization to 1860*, Oxford, Clarendon Press, 1978.

(21) Eric A. Wrigley, *Continuity, Chance and Change. The Character of the Industrial Revolution in England*, Cambridge University Press, 1988, p. 40.

(22) Andreas Malm, *Fossil Capital. The Rise of Steam-Power and the Roots of Global Warming*, London, Verso, 2015.

(23) Katherine Anderson, *Predicting the Weather*, University of Chicago Press, 2005, p. 3.

(24) Joel Tarr and Clay McShane, *The Horse in the City. Living Machines in the Nineteenth Century*, Baltimore, Johns Hopkins University Press, 2007.

(25) David E. Nye, *Consuming Power. A Social History of American Energies*, Cambridge (MA), MIT Press, 1998, p. 82.

(26) Alexis Madrigal, *Powering the Dream. The History and Promise of Green Technology*, Cambridge (MA), Da Capo Press, 2011.

(27) Robert Righter, *Wind Energy in America, a History*, Norman, University of Oklahoma Press, 1996.

(28) François Jarrige, « Mettre le soleil en bouteille : les appareils de Mouchot et l'imaginaire solaire au début de la Troisième République », *Romantisme*, no. 250, p. 85-96.

(29) Frank T. Kryza, *The Power of Light : The Epic Story of Man's Quest to Harness the Sun*, New York, McGraw-Hill, 2003, p. 229.

(30) *Ibid.*, p. 234-237.

(31) Daniel A. Barber, « Tomorrow's house : Solar housing in 1940's America », *Technology and Culture*, vol. 55, no. 1, Jan. 2014, p. 1-39.

(32) Adam Rome, *The Bulldozer in the Countryside : Suburban Sprawl and the Rise of American Environmentalism*, Cambridge University Press, 2001.

(33) Paul David, « Clio and the economics of QWERTY », *American Economic Review*, vol. 75, 1985, p. 332-337.

(34) H. W. Singer, « The coal question reconsidered », *The Review of Economic Studies*, vol. 8, no. 3, 1941, p. 166-177, グラフB。

(35) Adam Rome, *The Bulldozer in the Countryside : Suburban Sprawl and the Rise of American Environmentalism, op. cit.*, p. 45-85. フランスが一九七〇年代に電気暖房の発展を選んだ際の政治的選択を分析する、同様の研究例を筆者は有していない。

(36) Glenn Yago, « The sociology of transportation », *Annual Review of Sociology*, vol. 9, 1983, p. 171-190.

(37) David J. St. Clair, *The Motorization of American Cities*, New York, Praeger, 1986 ; Glenn Yago, *The Decline of Transit : Urban Transportation in German and U.S. Cities, 1900-1970*, Cambridge University Press, 1984. 他の視点については、Donald F. Davis, « North American urban mass transit, 1890-1950 », *History and Technology*, vol. 12, 1995, p. 309-326 ; Dominique Larroque, « Apogée, déclin et relance du tramway en France », *Culture technique*, vol. 19, 1989, p. 54-64.

(38) Zachary M. Schrag, « The bus is young and honest », *Technology and Culture*, vol. 41, no. 1, 2000, p. 51-79.

(39) Stephen Goddard, *Getting There : The Epic Struggle Between Road and Rail in the American Century*, University of

Chicago Press, 1996, p. 102-137.
(40) Frédéric Héran, *Le Retour de la bicyclette. Une histoire des déplacements urbains en Europe de 1817 à 2050*, Paris, La Découverte, 2014, p. 50-51.
(41) Glenn Yago, *The Decline of Transit : Urban Transportation in German and U.S. Cities, 1900-1970, op. cit.*, 1984.
(42) Patrick O'Brien and Calgar Keyder, *Economic Growth in Britain and France, 1780-1914*, London, Allen & Unwin, 1978.
(43) John Darwin, *The Empire Project : The Rise and Fall of the British World-System, 1830-1970*, Cambridge University Press, 2009, p. 140.
(44) Edmund Newell, « Copperopolis : The rise and fall of the copper industry in the Swansea district, 1826-1921 ». *Buisiness History*, vol. 32, no. 3, 1990, p. 75-97.
(45) Bruce Podobnick, *Global Energy Shifts. Fostering Sustainability in a Turbulent Age*, Philadelphie, Temple University Press, 2006, 図４の１。
(46) Timothy Mitchell, *Pétrocratia. La démocratie à l'âge du carbone*, Alfortville, Ère, 2011.
(47) Nick Cullather, *The Hungry World, America's Cold War Battle Against Poverty in Asia*, Cambridge (MA), Harvard University Press, 2010.

第六章

(1) Mark Harrisson and Nicolaus Wolf, « The frequency of wars », *Economic History Review*, vol. 65, no. 3, 2012, p. 2012, p. 1055-1076.
(2) Edmund Russell, *War and Nature, Fighting Humans and Insects with Chemicals from World War I to Silent Spring*,

Cambridge University Press, 2001, p. 8.

(3) Mark Harrison and Nicolaus Wolf, « The frequency of wars », art. cit.

(4) Michael enner, « Assessing the military's war on the environment », in Lester Breown (dir.), *State of the World 1991*, New York, Norton, 1991. John R. McNeill and David S. Painter, « The global environmental footprint of the U.S. military, 1789-2003 », in Charles Closmann (dir.), *War and the Environment, Austin, University of Texas Press*, 2009, chap. II.

(5) www.resilience.org/stories/2007-05-21/us-military-energy-consumption-facts.and-figures.

(6) Amy Dahan and Dominique Pestre (dir.), *Les Sciences pour la guerre. 1940-1960, op. cit.*

(7) 戦争と環境の関係について、より長い期間に歴史的視座をおいた研究については、John, R. Mcneill, « Woods and warfare in world history », *Environmental History*, vol. 9, no. 3, 2004, p. 388-410 ; Richard P. Tucker and Edmund Russell (dir.), *Natural Enemy, Natural Ally : Toward an Environmental History of War*, Corvallis, Oregon State University Press, 2004 ; Joseph P. Hupy, « The environmental footprint of war », Environment and History, 2008, p. 405-421. を見よ。

(8) Hans Erich Nossak, « Interview mit dem Tode », 1948. W. G. Sebald, *On the Natural History of Destruction* [1999], New York, Modern Library, 2004, p. 35. に引用。

(9) *Ibid.*, p. 32.

(10) Clyde Edward Wood, *Mud, a Military History*, Dulles, Potmac Book, 2007, p. 10-13.

(11) Rolf Peter Sieferle, *The Subterranean Forest : Energy Systems and the Industrial Revolution*, Isle of Harris (GB), The White Horse Press, 2001, p. 64.

(12) A. Joshua West, « Forests and national security : British and American forest policy in the wake of World War I », *Environmental History*, vol. 8, no. 2, 2003.

(13) William Tsutsui, « Landscapes in the dark valley : Toward an environmental history of wartime Japan », *Environmental History*, vol. 8, no. 2, 2003.

(14) Jean-Paul Amat, « Guerre et milieux naturels : les forêts meurtries dans l'est de la France 70 ans après Verdun », *Espace géographique*, vol. 16, no. 3, 1987, p. 217-233 ; Jean-Yves Puyo, « Les conséquences de la Première Guerre mondiale pour les forêts et les forestiers français », *Revue forestière française*, vol. 56, no. 6, 2004.

(15) 一九六〇年代、フランスの国立森林管理局(ＯＮＦ)は弾薬が打ち込まれ利用不可となった木を区別するためのシステムを設けねばならなかった。

(16) Paul Arnould, Micheline Hotyat and Laurant Simon, *Les Forêts d'Europe*, Paris, Nathan, 1997, p. 114.

(17) Barry Weinberg, *Ecocide in Indochina. The Ecology of War*, San Francisco, Canfielf Press, 1970.

(18) Greg, Bankoff, « A Curtain of silence Asia's fauna in the Cold War », in John McNeill and Corinna R. Unger (dir.), *Environmental Histories of the Cold War*, Cambridge University Press, 2010, p. 203.

(19) Yves, Lacoste, *La Géographie, ça sert, d'abord, à faire la guerre*, 1976, Paris, La Découverte, 2012, p. 60-63.

(20) Thao Tran, Jean-Paul Amat and Françoise Pirot, « Guerre et défoliation dans le Sud Viêt-Nam, 1961-1971 », *Histoire et mesure*, vol. 12, no. 7, 2007, p. 71-107.

(21) James R. Fleming, *Fixing the Sky, op. cit.*, p. 179-188.

(22) Bankoff, *op. cit.*, p. 226.

(23) Robert M. Neer, *Napalm an American Biography*, Cambridge, Belknap Press, 2013, p. 91-108.

(24) 「粗暴化(brutalisation)」という概念は、第1次世界大戦が生み出した暴力の普遍化という現象を描写するためにジョルジュ・L・モッスにより提唱された。George L. Mosse, *De la Grande Guerre aux totalitalismes. La brutalisation des sociétés*, Paris, Hachette, 1999.

(25) Jörg Friedrich, *The Fire : The Bombing of Germany 1940-1945*, New York, Columbia University Press, 2007, p. 61. に

引用。

(26) Philippe Cury and Yves Miserey, *Une mer sans poissons*, Paris, Calmann-Lévy, 2008, p. 112-113 ; Paul R. Josephson, *Industrialized Nature*, Washington, Island Press, 2002, p. 197-253.

(27) Philippe Cury and Yves Miserey, *Une mer sans poissons, op. cit.*, p. 83-85.

(28) Paul R. Josephson, *Industrialized Nature, op. cit.*, p. 88-91.

(29) *Bulletin of the Atomic Scientists*, vol. 6, no. 1, 1950, p. 19.

(30) Camille Rougeron, *Les Application de l'explosion thermonucléaire*, Paris, Berger-Levrault, 1956.

(31) Scott Kirsch, *Proving Grounds : Project Plowshare and the Unrealized Dream of Nuclear Earthmoving*, New Brunswick, Rutguers University Press, 2005.

(32) Sarah Jansen, « Histoire d'un transfert de technologie », *La Recherche*, no. 340, 2001.

(33) Benjamin Ross and Steven Amter, *The Polluters : The Making of Our Chemically Altered Environment*, Oxford University Press, 2010, p. 20.

(34) Brian Balmer, *Britain and Biological Warfare : Expert Advice and Science Policy 1930-65*, Basingstoke, Palgrave, 2001.

(35) E. Russell, *War and Nature, Fighting Humans and Insects with Chemicals from World War I to Silent Spring, op. cit.*, p. 23.

(36) Linda Nash, *Inescapable Ecologies : a History of Environment, Disease, and Knowledge*, Berkeley, University of California Press, 2006, p. 134-151.

(37) Thomas Le Roux, *Le Laboratoire des pollutions industrielles, Paris, 1770-1830, Paris*, Albin Michel, 2011 ; Jean-Baptiste Fressoz, *L'Apocalypse joyeuse, op. cit.*

(38) David Edgerton, *Quoi de neuf ? Du rôle des techniques dans l'histoire globale*, Paris, Seuil, 2013, p. 165-169.

(39) Arnaud Page, « Nitrogen in the British World », 発表予定の論文草稿。

(40) Alexander Gladstone, « Coal emerges as Cinderella at China's energy ball », *Financial Times*, May 1st 2013.

(41) James Belich, *Replenishing the Earth. The Settlers' Revolution and the Rise of the Anglo-World 1789-1939*, Oxford University Press, 2009, p. 106-114.

(42) Adam Tooze, *The Wages of Destruction. The Making and Breaking of Nazi Economy*, Penguin Books, 2008, p. 46 ; Thomas Zeller, *Driving Germany : The Landscape of the German Autobahn*, New York, Berghahn Books, 2007, p. 51-66.

(43) David Edgarton, *Britain's War Machine, Weapons, Resources, and Experts in the Second World War*, Oxford University Press, 2011, p. 181.

(44) Peter Galison, « War against the center », *Grey Room*, vol. 39, 2001, p. 5-33.

(45) Stephen B. *Goodard, Getting There. The Epic Struggle Between Road And Rail*, University of Chicago Press, 1996, p. 184.

(46) John R. McNeill and Corinna R. Unger (dir.), *Environmental Histories of the Cold War*, *op. cit.*, p. 7.

(47) Michael B. Miller, *Europe and the Maritime World. A Twentieth-Century History*, Cambridge University Press, 2012, p. 276-288.

(48) David Edgerton, *Britain's War Machine, Weapons, Resources, and Experts in the Second World War*, *op. cit.*, p. 82.

(49) Marc Levinson, *The Box, How the Shipping Container Made the World Smaller and the World Economy Bigger*, Princeton University Press, 2006, p. 175.

(50) Jean-Antoine Chaptal, De l'industrie française, Paris, Renouard, vol. 2, 1819, p. 113. ドニ・ウォロノフは、アンシャン・レジーム期の石炭生産量について、シャプタルのものより高い数字を示している。一七八九年には六〇万トン、帝国の末期には九〇万トンの生産量だったという。Denis Woronoff, *Histoire de l'industrie en France*, Paris, Seuil, 1994, p. 194.

(51) ダニエル・R・ヘッドリク『帝国の手先：ヨーロッパ膨張と技術』原田勝正・多田博一・老川慶喜訳、日本経済評論社、一九八九年、一七〜六八ページ。
(52) Robert A. Stafford, *Scientist of the Empire. Sir Roderick Murchison, Scientific Exploration and Victorian Imperialism*, Cambridge University Press, 1989.
(53) *Ibid.*, p. 156.
(54) J.-P. Bardou, J.-J. Chanaron, P. Fridenson and J. M. Laux, *La Révolution automobile*, Paris, Albin Michel, 1977, p. 114.
(55) Daniel Yergin, *The Prize* [1991], London, Simon & Schuster, 2008, p. 137-147.
(56) David *Britain's War Machine, Weapons, Resources, and Experts in the Second World War*, *op. cit.*, p. 185.
(57) Alan S. Milward, *War, Economy and Society, 1939-1945*. London, Allen Lane, 1977, Pelican, 1987, p. 65.
(58) Alan Gropman (dir.), *The Big L. American Logistics in World War II*, Washington, National Defense University Press, 1997, p. 150.
(59) Alan S. Milward, *War, Economy and Society, 1939-1945*, *op. cit.*, p. 69.
(60) Germaine Veyret-Verner, « Une industrie en pleine expansion : l'alminium », *Revue de géographie alpine*, vol. 44, no. 2, 1956, p. 311-342.
(61) Brian Finnimore, « The A.I.R.O.H. house : Industrial diversification and state building policy », *Construction History*, vol. 1, 1985, p. 60-71.
(62) Winfried Wolf, *Car Mania. A Critical History of Transport*, London, Pluto Press, 1996, p. 87-101.

第七章

(1) Daniel Horowitz, *The Morality of Spending. Attitudes Toward the Consumer Society in America, 1875-1940*, Baltimore,

Johns Hopkins University Press, 1985, and *The Anxiety of Affluence, Critiques of American Consumer Culture, 1939-1979,* Amherst, University of Massachusetts Press, 2004.

（2） André Cicolella, *Toxique planète. Le scandale invisible des maladies chroniques*, Paris, Seuil, 2013.

（3） Clive Hamilton, *Requiem for a Species*, Crows Nest, Allen & Unwin, 2010, p. 66-77.

（4） Neil McKendrick, John Brewer and John Plumb, *The Birth of a Consumer Society : The Commercialization of Eighteenth Century England*, London, Europa Publications, 1982.

（5） Hoh-Cheung Mui and Lorna Holbrook Mui, *Shops and Shpkeeping in Eighteenth Century England*, London, Routledge, 1989, p. 36-37.

（6） *Jan de Vries, The Industrious Revolution, Consumer Behavior and the Household Economy, 1650 to the Present*, Cambridge University Press, 2008, p. 3.

（7） Edward P. Thompson, « Time, work-discipline and industrial capitalism », *Past & Present*, vol. 38, no. 1, 1967, p. 56-97.

（8） Michael Sonenscher, *Work and Wages. Natural Law, Politics and the Eighteenth Century French Trades*, Cambridge University Press, 1989, p. 69-72.

（9） Gary Cross, *Time and Money. The Making of Consumer Culture*, London, Routledge, 1993, p. 16-20.

（10） Stuart Ewen, *Captains of Consciousness. Advertising and the Social Roots of the Consumer Culture*, New York, McGraw-Hill, 1976.

（11） Jon Soluri, *Banana Cultures. Agriculture, Consumption and Environmental Change in Honduras and the United States*, Austin, University of Texas Press, 2005, p. 219.

（12） Richard Tucker, *Insatiable Appetite : The United States and the Ecological Degradation of the Tropical World*, Berkeley, University of California Press, 2000. グアテマラについては、Beatriz Manz, *Paradise in Ashes*, Berkeley, University of

California Press, 2004.

(13) William Cronon, *Nature's Metropolis. Chicago and the Great West, op. cit.*, p. 97-147.

(14) Hoover (1923), Stuart Ewen, *Capitains of Consciousness. Advertising and the Social Roots of the Consumer Culture, op. cit.*, p. 28. に引用。

(15) スーザン・ストラッサー『欲望を生み出す社会：アメリカ大量消費社会の成立史』川邊信雄訳、東洋経済新報社、二〇一一年、二九～五九ページ。

(16) 同書、六一～九二ページ。

(17) Stuart Ewen, *Capitains of Consciousness. Advertising and the Social Roots of the Consumer Culture, op. cit.*, p. 32.

(18) 同書内 p. 39 に引用。

(19) Jackson Lears, *Fables of Abundance : A Cultural History of Advertising in America*, New York, Basic Books, 1994, p. 196-233.

(20) Gerorge Gunton, Principles of Social Economics [1893], G. Cross, *Time and Money. The Making of Consumer Culture, op. cit.*, p. 25. に引用。

(21) Matthew B. Crawford, *Éloge du carburateur, Essai sur le sens et la valeur du travail*, Paris, La Découverte, 2010, p. 52.

(22) Lendol Calder, *Financing the American Dream. A Cultural History of Consumer Credit*, Princeton University Press, 1999, p. 19.

(23) Victoria De Grazia, *Irresistible Empire. America's Advance through 20th Century Europe*, Cambridge (MA), Harvard University Press, 2005, p. 90.

(24) Sabine Barles, *L'Invention des déchets urbains, France 1790-1970*, Paris, Champ Vallon, 2007.

(25) Susan Strasser, *Waste and Want : A Social History of Trash*, New York, Metropolitan books, 2000, p. 70-80.

(26) *Ibid.*, p. 30.

(27) *Ibid.*, p. 181-187.

(28) Sue Bowden and Avner Offer, « Household appliances and the use of time », *The Economic History Review*, vol. 47, no. 4, 1994, p. 725-748.

(29) Susan Strasser, *Waste and Want : A Social History of Trash, op. cit.*, 2000, p. 169-181 ; Giles Slade, *Made to Break. Technology and Obsolescence in America*, Cambridge (MA), Harvard University Press, 2006, p. 9-27.

(30) Bernard London, « En finir avec la crise grâce à l'obsolescence planifiée » [1932], *Écologie & politique*, vol. 44, 2012, p. 167-179.

(31) Giles Slade, *Made to Break. Technology and Obsolescence in America, op. cit.*, p. 29-55.

(32) Gary Cross, *Time and Money. The Making of Consumer Culture, op. cit.*, p. 22-24.

(33) *Ibid.*, p. 37.

(34) *Ibid.*, p. 82-84.

(35) Timothy Mitchell, « Fixing the economy », *Cultural Studies*, vol. 12, no. 1, 1998, p. 82-101.

(36) Lizabeth Cohen, *A Consumer's Republic : The Politics of Mass Consumption in Postwar America*, London, Vintage Books, 2004, p. 63.

(37) Donald Albrecht, *World War II and the American Dream*, Cambridge (MA), MIT Press, 1995, p. 27.

(38) David Noble, *Forces of production. A Social History of Industrial Automation, 1984*, New Brunswick, Transaction publishers, 2011, p. 3. より引用。

(39) Lynn Spiegel, « Installing the television set : Popular discourses on television and dmestic space, 1948-1955 », *Camera Obscura*, vol. 16, no. 1, 1998.

(40) S. Jonathan Wiesen, *Creationg the Nazi Marketplace : Commerce and Consumption in the Third Reich*, Cambridge

University Press, 2010 ; Victoria De Grazia, *The Culture of Consent, Mass Organization of Leisure of Fascist Italy*, Cambridge University Press, 1981.

(41) ゲッツ・アリー『ヒトラーの国民国家：強奪・人種戦争・国民的社会主義』芝健介訳、岩波書店、二〇一二年。

(42) Marc Lazar, « Damné de la terre et homme de marbre. L'ouvrier dans l'imaginaire du PCF du milieu des années trente à la fin des années cinquante », *Annales. Économies, Sociétés, Civilisations*, vol. 45, no. 5, p. 1071-1096.

(43) Kristin Ross, *Rouler plus vite, laver plus blanc. Modernisation de la France et décolonisation au tournant des années soixante*, Paris, Flammarion, 2006, p. 53.

(44) Claire Leymonerie, « Le salon des arts ménagers dans les années 1950 : théâtre d'une conversion à la consommation de masse », *Vingtième siècle. Revue d'histoire*, no. 91, 2006, p. 43-56.

(45) Paul Bairoch, *Mythes et paradoxes de l'histoire économique*, Paris, La Découverte, 1999, p. 161.

(46) Sarah Walpole et al., « The weight of nations : An estimation of adult human biomass », *BMC Public Health*, vol. 12, no. 439, 2012, http://www.biomedcentral.com/1471-2458/12/439. 一日当たりのカロリー消費量に関していえば、一八〇〇年の二〇〇〇カロリー以下から二〇一一年の約三八〇〇カロリーに変化した。また世界平均が二七〇〇カロリーであるのに比べ、コンゴ民主共和国のそれは一五〇〇カロリーでしかない。

(47) Kenneth F. Kiple, *A Movable Feast*, Cambridge University Press, 2007, p. 255.

(48) Martin Bruegel, « Alimentary identities, nutritional advice and the uses of history », *Food & History*, vol. 2, no. 2, 2004, p. 105-116.

(49) Roger Horowitz, Putting Meat on the American Table. Taste, Technology, Transformation, Baltimore, Johns Hopkins University Press, 2006 ; William Boyd, « Making meat : Science, technology, and American poulty production », *Technology and Culture*, vol. 42, no. 4, 2001, p. 631-664.

(50) André Cicolella, *Toxique planète. Le scandale invisible des maladies chroniques, op. cit.* Julie Guthman, *Obesity, Food*

Justice, and the Limits of Capitalism, Berkeley, University of California Press, 2011.

（51） Marie Ng *et al.*, « Global, regional, and national prevalence of overweight and obesity in children and adults during 1980-2013 : A systematic analysis for the Global Curden of Disease Study 2013 », *The Lancet*, 384(9945), 2014, p. 766-781.

（52） Soraya Boudia and Nathalie Jas (dir.), *Toxicants, Health and Regulation since 1945*, London, Pickering and Chatto, 2013.

（53） Laura E. Jackson, « The relationship of urban design to human health and condition », *Landscape and Urban Planning*, vo. 64, no. 4, 2003, p. 191-200.

第八章

（1） Jean-Baptiste Fressoz and François Jarrige, « Écrire la geste industrielle », in C. Pessis, S. Topçu et C. Bonneuil (dir), Une autre histoire des « Trente Glorieuses ». Modernisations, contestations et pollutions dans la France d'après-guerre, op. cit., p. 61-79.

（2） 例えば、William Cronon, Nature's Metropolis. Chicago and the Great West, op. cit. ; William McNeill, Plagues and Peoples, New York, Anchor Books/Doubleday, 1976 ; John R. McNeill, Mosquito Empires. Ecology and War in the Greater Carribean, 1620-1914, Cambridge University Press, 2010. これらの大著は環境変化の一般的な傾向を記述している。その例外ももちろん存在する。例えば Clarence Glacken, Histoire de la pensée géographique, Paris, CTHS, 2002 ; Samuel P. Hays, Conser Conservation and the Gospel of Efficiency : The progressive Conservation Movement 1890-1920, University of Pittaburgh Press, 1999 ; Raphaël Larrère, L'Utopie forestière de F. –A. Rauch, Paris, INRA, 1985. を見よ。

（3） この表現は親愛なるジョージ・オーウェルの「コモン・ディセンシー（common decency）」概念から着想を得た。

（4） ミリュー milieu 概念の歴史については Ferhat Taylan, « La rationalité mésologique. Connaissance et gouvernement des milieux de vie (1750-1900), thèse de l'université de Bordeaux, 2014. を見よ。

（5） Jean-Baptiste Dubos, *Réflexions critiques sur la poésie et sur la peinture*, Utrecht, Étienne Neaulme, 1732 [1714] vol. 2, p. 152-157.

（6） アラン・コルバン『においの歴史：嗅覚と社会的想像力』山田登世子、鹿島茂訳、藤原書店、一九九〇年。Sabine Barles, *La Ville délétère. Médecins et ingénieurs dans l'espace urbain*, Paris, Champ Vallon, 1999.

（7） Jean-Baptiste Fressoz, *L'Apocalypse joyeuse, op. cit.*, p. 111-114.

（8） Thomas Le Roux, *Le Laboratoire des pollutions industrielles*, Paris, Albin Michel, 2011.

（9） Louis Leclerc, Les Vignes malades, Rapport adressé à M. le comte de Persigny, ministre de l'Intérieur, Paris, Hachette, 1853, p. 15.

（10） Léon Peeters, Guérison radical de la maladie des pommes de terre et d'autres végétaux, Namur, 1855.

（11） C.-J. Koene, Conférences publiques sur la création à partir de la formation de la terre jusqu'à l'extinction de l'espèce humaine ou aperçu de l'histoire naturelle de l'air et des miasmes à propos des fabriques d'acide et des plaintes dont leurs travaux font l'objet, Bruxelles, Larcier, 1856.

（12） Eugène Huzar, *L'Arbre de la scienc*e, Paris, Dentu, 1857, p. 113.

（13） Jean-Baptiste Fressoz and Fabien Locher, « Modernity's frail climate », art. cit., p. 579-598.

（14） ジョルジュ＝ルイ・ルクレール・ド・ビュフォン、前掲著（『自然の諸時期』菅谷暁訳、法政大学出版局、一九九四年）、一五五〜一五六ページ。文章の順序が入れ替えてあるのは、筆者たちの意向によるものである。

（15） 同書、一六〇ページ。

（16） Richard Grove, Green Imperialism : Colonial Expansion, Tropical Island Edens and the Origins of Environmentalism,

1600-1860, Cambridge University Press, 1995.

(17) Jean-Baptiste Fressoz and Fabien Locher, *Le Climat fragile de la modernité*, Paris, Seuil, 2017.

(18) Donald Worster, Nature's Economy. A History of Ecological Ideas, Cambridge University Press, 1977 ; Jean-Paul Déléage, Histoire de l'écologie. Une science de l'homme et de la nature, Paris, La Découverte, 1991 ; Jean-Marc Drouin, L'Écologie et son histoire, Paris, Flammarion, 1997.

(19) リンネ、一七六〇年、J.-M. Drouin, *L'Écologie et son histoire, op. cit*, p. 40. に引用。

(20) D. Worster, Nature's Economy. A History of Ecological Ideas, op. cit., p. 7. に引用。

(21) ジャック＝アンリ・ベルナルダン・ド・サン＝ピエール『フランス島への旅』小井戸光彦訳、岩波書店、二〇〇二年（一七七三年）。

(22) Jean-Baptiste Robinet, De la nature, vol. 4, Amsterdam, Van Harrevelt, 1766, p. 250.

(23) John Fleming, « Remarks illustrative of the influence of society on the distribution of British animals », *Edinburgh Philosophical Journal*, vol. 11, 1824, p. 288 ; 生物種の絶滅に関する研究の登場に関しては、Mark V. Barrow Jr., *Nature's Ghosts : Confronting Extinction from the Age of Jefferson to the Age of Ecology*, Chicago, University of Chicago Press, 2009. を見よ。

(24) Antonio Stoppani, *Corso di Geologia, vol. 2, Geologia stratigrafica*, Milano, G. Bernardoni and G. Brigola, 1873 (Anthropozoic era に関する部分の英訳文は http://www.scapegoatjournal.org/docs/05/SG_Excess_346-353_P_STOPPANI.pdf を見よ。)

(25) Jean-Baptiste Fressoz, *L'Apocalypse joyeuse, op. cit.*, p. 132-140.

(26) Alain Corbin, Le Territoire du vide, l'Occident et le désir du rivage (1750-1840), Paris, Aubier, 1988, p. 226-229.

(27) Tiphaigne de la Roche, *Essai œconomique sur les mers occidentales*, Paris, Bauche, 1760, p. 117.

(28) *Ibid.*, p. 142.

(29) Duhamel du Monceau, Les trois premières sections du traité général des pêches et l'histoire des poissons. Description des arts et métiers, Neuchâtel, De l'imprimerie de la Soiété typographique, 1776, p. 683, note 169.

(30) François-Antoine Rauch, *Harmonie hydrovégétale et météorologique*, Paris, Levrault, 1801, p. I.

(31) François Quesnay, Physiocratie, ou constitution naturelle du gouvernement, Yverdon, vol. 2, 1768, p. 25.

(32) Carolyn Merchant, *The Death of Nature*, New York, Harper & Row, 1983, p. 2-41.

(33) Félix Nogaret, La Terre est un animal, Versailles, Colson, 1795.

(34) Eugène Patrin, « Remarques sur la diminution de la mer », *Journal de physique*, vol. 60, 1806, p. 316.

(35) これは『農業的国内連帯概論：普遍的団結の理論(Traité de l'association domestique agricole : théorie de l'unité universelle)』の草稿であり、一八四七年の著書『ラ・ファランジュ(La Phalange)』の一部として発表され、René Schérer, L'Écosophie de Charles Fourier, op. cit., cit, p. 37-44. に再度掲載された。

(36) Eugène Huzar, L'arbre de la science, op. cit., p. 103.

(37) チャールズ・ダーウィン『種の起源』(上)渡辺政隆訳、光文社、二〇〇九年、一二九ページ。

(38) Sharon E. Kingsland, *Modeling Nature, Episodes in the History of Population Ecology* [1985], University of Chicago Press, 1995, p. 10. に引用。

(39) Donald Worster, Nature's Economy. A History of Ecological Ideas, op. cit., p. 191-195.

(40) ラヴォアジエ(一七八九年)、Jean-Paul Deléage, *Histoire de l'écologie*, Paris, La Découverte, 1991, p. 51. に引用。

(41) John Bellamy Foster, *Marx's Ecology, Materialism and Nature*, New York, Monthly Review Press, 2000.

(42) アーサー・ヤング『田園経済』(一七七〇年)、Paul Warde, « The invention of sustainability », *Modern Intellectual History*, vo. 8, 2011, p. 166. に引用。

(43) Justus von Liebig, *Les Lois naturelles de l'agriculture*, Bruxelles, Decq, 1862, p. 150.

(44) Claude Harmel, « Pierre Leroux et le circulus. L'engrais humain, solution de la question sociale », *Cahiers d'histoire*

sociale, vol. 14, 2000, p. 117-128.

(45) Dana Simmons, « Waste not, want not : Excrement and economy in nineteenth-century France », *Representations*, vol. 96, no. 1, 2006, p. 73-98.

(46) Nicholas Goddard, « A mine of wealth ? The Victorians and the agricultural value of sewage », *Journal of Historical Geography*, vol. 22, no. 33, 1996, p. 274-290.

(47) Henry Moule, National Health and Wealth Instead of the Disease, Nuisance, Expense and Waste Caused by Water Drainage, 1861.

(48) Christopher Hamlin, « Providence and putrefaction : Victorian sanitarians and the natural theology of health and disease », *Victorian Studies*, vol. 28, no. 3, 1985, p. 381-411.

(49) Fanny Lopez, Le Rêve d'une déconnexion : de la maison autonome à la cité auto-énergétique, Paris, Éd. de la Villette, 2014, p. 94. に引用。ミッゲについては David H. Haney, When Modern Was Green : Life and Work of Landscape Architect Leberecht Migge, New York and London, Routledge, 2010. を見よ。

(50) Albert Howard, *Farming and Gardening for Health or Disease*, Faber and Faber, London, 1945, chap. II（*The Soil and Health* というタイトルで一九四七年に再編）。

(51) ヴァンダナ・シヴァ『緑の革命とその暴力』浜谷喜美子訳、日本経済評論社、一九九七年、二〇〜二一ページ。

(52) Ebelman, « Recherche sur les produits de la décomposition des espèces minérales de la famille des silicates », *Annales des mines*, vol. 7, 1845, p. 66.

(53) Jean-Paul Deléage, *Histoire de l'écologie*. Paris, La Découverte, 1991, p. 202-244.

(54) Norton Wise, « Work and waste. Political economy and natural philosophy in nineteenth century Britain, III », *History of Science*, vol. 27, 1990, p. 221-260, and Crosbie Smith, *The Science of Energy. A Cultural History of Energy Politics in Victorian Britain*, University of Chicago Press, 1998.

（55） Joan Martinez-Alier, *Ecological Economics. Energy, Environment and Society,* Oxford, Blackwell, 1987, p. 45-53.

（56） Ibid., p. 127-144.

（57） Bernard Burnhes, *La Dégradation de l'énergie* [1909], Paris, Flammarion, 1991, p. 401.

（58） R. P. Sieferle, *The Subterranean Forest, op. cit.*, p. 181-200 ; Carolyn Merchant, *Reinventing Eden : The Fate of Nature in Western Culture,* London, Routledge, 2004, p. 71-77.

（59） Edward Moore, *The World,* vol. 3, London, Dodsley, 1755, p. 262.

（60） Tony Wrigley, « Two kinds of capitalism, two kinds of growth », *Poverty, Progress and Population,* Cambridge University Press, 2004.

（61） Jean-Baptiste Fressoz, *L'Apocalypse joyeuse, op. cit.*, p. 209.

（62） Pierre-Simon Girard, « Mémoire sur les grandes routes, les chemins de fer et les canaux de navigation », Paris, Bachelier, 1827, p. CXXV.

（63） William Stanley Jevons, The Coal Question. An Inquiry Concerning the Progress of the Nation, and the Probable Exhaustion of Our Coal-Mines, London, Macmillan and Co., 1866, p. 155.

（64） Valcav Smil, *Enriching the Earth,* Cambridge (MA), MIT Press, 2001, p. 58.

（65） Jevons, The Coal Question, op. cit.

（66） Aaron Dennis, « Drilling for dollars : The making of US petroleum reserve estimates, 1921-1925 », *Social Studies of Science,* vol. 15, no. 2, 1985, p. 241-265 ; Jérôme Bourdieu, *Anticipations et ressources finies,* Paris, EHESS, 1998, p. 170.

（67） Barber, art. cit., p. 15. に引用。

第九章

（1） Robert N. Proctor and Londa Schiebinger, *Agnotology. The Making and Unmaking of Ignorance*, Stanford University Press, 2008 ; Robert N. Proctor, *Golden Holocaust. Origins of the Cigarette Catastrophe and the Case for Abolition*, University of California Press, 2012.

（2） Jean-Baptiste Fressoz, *L'Apocalypse joyeuse, op. cit.*, 2012, p. 285-302 and « Mundus Oeconomicus. Révolutionner l'industrie et refaire le monde vers 1800 », in K. Raj and O. Sibum (dir), *Histoire des sciences et des savoirs*, t. 2, Paris, Seuil, 2015.

（3） E. A. Wrigley, « Two kinds of growth, two kinds of capitalism », in *Poverty, Progress and Population*, Cambridge University Press, 2004, p. 68-86.

（4） Labrousse, *Esquisse du mouvement des prix et des revenues au XVIIIe siècle*, vol. 2, Paris, Dalloz, 1933, p. 343 ; Jérôme Buridant, « Le premier choc énergétique. La crise forestière dans le nord du Bassin parisien, début XVIIIe-début XIXe siècles », thèse HDR, Université Paris 4, 2008.

（5） H. Sée, « Les forêts et la question du déboisement en Bretagne à la fin de l'Ancien Régime », *Annales de Bretagne*, vol. 36, no. 2, 1924, p. 355-379. に引用。

（6） Henry E. Lowood, « The calculating forester », in *The Quantifying Spirit in the Eighteen Century*, Berkeley, University of California Press, 1990, p. 315-343 ; Gregory Barton, *Empire Forestry and the Origins of Environmentalism*, Cambridge, Cambridge University Press, 2004.

（7） James C. Scott, *Seeing Like a State*, Yale University Press, 1998, p. 11-22.

（8） François-Antoine Rauch, *Harmonie hydrovégétale et météorologique, ou recherches sur les moyens de recréer avec nos forêts la force de températures et la régularité des saisons, par des plantations raisonnées*, Paris, Frères Levrault, 1801, p. 51-52.

（9） *Archives parlementaires de 1787 à 1860*, Paris, Paul Dupont, vol. 39, 1892, p. 292.

（10） R. P. Sieferle, *The Subterranean Forest*, *op. cit.*, p. 187.

（11） Hugh Torrens, *The Practice of British Geology, 1750-1850*, Aldershot, Ashgate, 2002.

（12） Martin Rudwick, *Bursting the Limits of Time*, Chicago, Chicago University Press, 2005, p. 431-445.

（13） Robert A. Stafford, *Scientist of Empire : Sir Roderick Murchison, Scientific Exploration, and Victorian Imperialism*, Cambridge, Cambridge University Press, 1989.

（14） Nuno Luis Madureira, « The anxiety of abundance. William Stanley Jevons and coal scarcity in the nineteenth century », *Environment and History*, vol. 18, 2002, p. 395-421.

（15） Sadi Carnot, *Réflexions sur la puissance motrice du feu*, Paris, Bachelier, 1824, p. 2.

（16） 例えばジェームズ・ハットンによると、石炭の形成の過渡的段階に一致する異なる質のもと石炭を発見出来るという事実が、プロセスは常に作用していると述べる漸進主義の主張を強固にしているという。James Hutton, *Theory of the Earth from the Transactions of the Royal Society of Edinburg*, 1788, p. 33. を参照せよ。

（17） Sadi Carnot, *op. cit.*, p. 1.

（18） Jean-Baptiste Say, *Cours complet d'économie politique pratique*, vol. 1 [1828], Paris, Guillaumin, 1840, p. 262.

（19） Willian Buckland, *Geology and Mineralogy Considered with Reference to Natural Theology*, vol. 1, Philadelphia, Carey, 1837, p. 403.

（20） Elaine Freedgood, *Victorian Writing about Risk*, Cambridge, Cambridge University Press, 2000, p. 18-28.

（21） Charles Babbage, *On the Economy of Machinery and Manufactures*, London, Ch. Knight, 1832, p. 17.

（22） Jean-Baptiste Dumas and Jean-Baptiste Boussingault, « Recherches sur la véritable constitution de l'air atmosphérique », *Annales de chimie et de physique*, 3-3, 1841, p. 257-304.

（23） *L'Ami des sciences*, vol. 1, 1855, p. 174.

(24) Alexis Zimmer, « Brouillards mortels. Une histoire de la production de météores industriels, XIXe/XXe siècles. Le cas de la vallée de la Meuse », thèse de doctorat, Université de Strasbourg, 2013. を見よ。

(25) カール・ポラニー『大転換』吉沢英成他訳、東洋経済新報社、一九七五年、五五ページ。

(26) これらの通俗化した政治経済学に反し、リカードは懐疑的な意見を持ち、機械の登場により失業した職人たちの苦情の正当性を認識していた。Maxine Berg, *The Machinery Question and the Making of Political Economy, 1815-1848*, Cambridge, Cambridge University Press, 1980, p. 43-111. を参照せよ。

(27) Boyd Hilton, *Bad Dangerous People. England 1783-1846*, Oxford, Oxford University Press, 2006, p. 326. に引用。

(28) M. Berg, *op. cit.*, p. 163 に引用。

(29) 過剰な商売競争を避け、製品の質や職人の評判を維持するため、職人組合の定款には超えてはならない生産ノルマがしばしば規定されていた。例えば、パリやマルセイユの帽子職人は一日に三つ以上の帽子を作ることができなかった。Michael Sonenscher, *The Hatters of Eighteenth-Century, France*, Berkeley, University of California Press, 1987. を参照せよ。

(30) Erwin Ackerknecht, « Anticontagionism between 1821 and 1867 », *Bulletin of the history of medicine*, vol. 22, 1948, p. 562-593.

(31) Christopher Hamlin, *Public Health and Social Justice in the Age of Chadwick, 1800-1854*, Cambridge University Press, 1998.

(32) Boyd Hilton, *The Age of Atonement. The Influence of Evangelicalism on Social and Economic Thought, 1785-1865*, Oxford University Press, 1997.

(33) Daniel Breslau, « Economics invents the economy : Mathematics, statistics, and models in the work of Irving Fischer and Wesley Mitchell », *Theory and Society*, vol. 32, no. 3, 2003, p. 379-411.

(34) Philip Mirowsky, *More Heat than Light : Economics as Social Physics, Physics as Nature's Economics*, Cambridge,

Cambridge University Press, 1991.

(35) Antonin Potter, « L'économie dans l'impasse climatique. Développement materiel, théorie immatérielle et utopie auto-astabilisatrice », thèse CIRED, 2014, p. 112-122 ; Guido Erreygers, « Hotteling, Rawls, Solow : How exhaustible resources came to be integrated into the neoclassical growth », *History of Political Eonomy*, vol. 41, 2009, p. 263-285.

(36) Alex Preda, « Socio-technical agency in financial markets », *Social Studies of Science*, vol. 36, no. 5, 2006, p. 753-782.

(37) Robert Solow, « The economics of resources or the resources of economics », *American Economics Review*, vol. 64, no. 2, 1974, p. 11.

(38) Georgescu-Roegen, « energy and economic myths », *Southern Economic Journal*, vol. 41, no. 3, 1975, p. 347-381 ; Martinez-Alier, *Ecological Economics, op. cit.*

(39) Timothy Mitchell, *Carbon Democracy, Political Power in the Age of Oil*, London, Verso, 2011, p. 123-124.

(40) Timothy Mitchell, « Fixing the Economy », *Cultural Studies*, vol. 12, no. 1, 1998, p. 82-101.

(41) Adam Tooze, *Statistics and the German State, 1900-1945*, Cambridge, Cambridge University Press, 2001, p. 8.

(42) « The measurement of national wealth : Discussion », *Econometrica*, vol. 17, supplement, 1949, p. 255-272. を参照せよ。

(43) Joan Martinez-Alier, *Ecological Economics, op. cit.*, p. 275.

(44) Mark Anielski and Johnathan Rowe, *The Genuine Progress Indocator-1998 Update*, San-Francisco, Rdefining Progress, 1999. が提示するアメリカの「真の進歩指標(genuine progress indicator)」計算を見よ。この著書は例えば汚染、車道における事故、湿地帯の損失などのコストを考慮している。

(45) Carmel Finley, *All the Fish in the Sea. Maximum Soutenable Yield and the Failure of Fisheries Management*, Chicago, Chicago University Press, 2011.

(46) Donella H. Meadows, Dennis L. Meadows, Jørgen Randers, William W. III Behrens, *The limits to Growth*, New York,

Universe Books, 1 972. 日本語版は、ドネラ・H・メドウズ『成長の限界：ローマ・クラブ人類の危機レポート』ダイヤモンド社、一九七二年。

（47） Élodie Vielle Blanchard, « Les limites à la croissance dans un modèle global. Modèles mathématiques, prospectives, réfutations », thèse de doctorat, EHESS, 2011.

（48） Simon Nora and Alain Minc, *L'information de la société*, Paris, La Documentation française, 1978.

（49） Herman Kahn *et al.*, *The Next 200 Years : A Scenario for America and the World*, New York, Morrow, 1976 ; Alvin Toffler, *The Third Wave*, New York, Bantam Books, 1980.

（50） N. Heynen, J. McCarthy, P. Scott and P. Robbins (dir.), *Neoliberal Environments. False Promises and Unnatural Consequences*, London and New York, Routledge, 2007 ; Yannik Mahrane and Christophe Bonneuil, « Gouverner la biosphère. De l'environnement de la Guerre froide à l'environnement néolibéral », in D. Pestre (dir.), *Le Gouvernement des technosciences*, La Découverte, 2014, p. 133-169. 学術雑誌 Conservation & Society の特別号 neoliberal conservation : *Conservation & Society*, vol. 5, no. 4 も見よ。

（51） Stefan Aykut, Amy Dahan, *Gouverner le climat ? 20 ans de négociations internationales*, Paris, Presses de Sciences Po, 2014, p. 399-401.

（52） Benjamin Stephan and Richard Lane (dir.), *The Politics of Carbon Trading*, London, Routledge, 2015.

（53） G. Chichilinsky and G. Heal, « Securitizing the biosphere », in G. Chichilinsky and G. Heal (dir.), *Environmental Markets. Equity and Efficiency*, New York, Columbia University Press, 2000, p. 169-179.

（54） Christophe Bonneuil, « Une nature liquide ? Les discours de la biodiversité dans le nouvel esprit du capitalisme », in F. Thomas and V. Boisvert (dir.), *Le Pouvoir de la biodiversité. Néolibéralisation de la nature dans les pays émergents*, *op. cit.*, p. 193-213.

（55） http://www.advancedconservation.org(二〇一三年三月一五日閲覧。引用文が掲載されていたページはその後削除されている)。

(56) D. Danowski and E. Viveiros de Castro, « L'arrêt de monde », in Émilie Hache (dir.), De l'univers clos au monde infini, op. cit., p. 221-339 ; Frédéric Neyrat, *La Part inconstructible de la Terre. Critique du géo-constructivisme, op. cit.*, 2016.

(57) Jean-Baptiste Fressoz, « Payer pour polluer. L'industrie chimique et la compensation des dommages environnementaux, 1800-1850 », *Histoire et mesure*, vol. 28, no. 1, 2013, p. 145-186.

第一〇章

(1) Frederic Jameson, « Future City », *New left review*, no. 21, 2003, p. 76.

(2) この計算は一九九〇年時点でのインフレーション会計による。計算のもとになったデータについては、トマ・ピケティ『21世紀の資本』山形浩生・守岡桜・森本正史訳、みすず書房、二〇一四年、http://piketty.pse.ens.fr/files/capital21c/pdf/supp/TS12.4.pdf、またピケティとの個人的なやり取りに依った。マルクス主義的な視点からみれば、富こそが収支計算されているのであり、資本それ自体はその一部でしかない。

(3) John Bellamy Foster, Brett Clark and Richard York, *The Ecological Rift. Capitalism War on the Earth*, Monthly Review Press, 2010.

(4) James O'Connor, « Capitalism, nature, socialism : A theoretical introduction », *Capitalism, Nature, Socialism*, vol. 1, no. 1, 1988, p. 11-38.

(5) イマニュエル・ウォーラーステイン『史的システムとしての資本主義』川北稔訳、岩波書店、新版、一九九七年。；イマニュエル・ウォーラーステイン『入門・世界システム分析』山下範久訳、藤原書店、二〇〇六年。

(6) それぞれの世界システム、時代、そして史的資本主義において、覇権的権威が世界の経済秩序の采配を振りそこから利潤を引き出す傍ら、いくらか少数の受益国が存在し(大英帝国が覇権を握っていた頃はフランスやドイツ、二〇世紀後半のアメリカ版世界システムにおいては西ヨーロッパや日本というように)、そして準-周縁国、さらに政治的にかつ経済的に支配される周縁国が存在する。 Giovanni Arrighi, *The Long Twentieth Century. Money, Power, and the Origins of Our Time*, London, Verso, 2nd ed., 2010.

(7) Alf Hornborg and Carole L. Crumley (ed.), *The World System and the Earth System*. Walnut Creek, California, Left Coast Press, 2006.

(8) Alf Hornborg, « Ecological economics, marxism, and technological progress : Some explorations of the conceptual foundations of theories of ecologically unequal exchange », *Ecological Economics*, vol. 105, 2014, p. 11-18 ; John Bellamy Foster and Hannah Holleman, « The theory of unequal ecological exchange : a Marx-Odum dialectic », *The Journal of Peasant Studies*, vol. 41, no. 2, 2014, p. 199-223.

(9) この用語は Jason W. Moore, *Capitalism in the Web of Life*, London, Verso, 2015 から借用した。

(10) カール・マルクス『資本論(三)』向坂逸郎訳、岩波書店、一九六九年、三二三ページ。

(11) デヴィッド・ハーヴェイ『ニュー・インペリアリズム』本橋哲也訳、青木書店、二〇〇五年。

(12) R・プレビシュ、A・エマニュエル、S・アミンらの研究以降、不平等交易とは世界システム内の周辺国への交易が次第に悪化していったことにより特徴付けられる。すなわち周辺国はより多くの財(基本的に原料)を輸出し、輸入された財(基本的に工業製品)を同じだけ得なければならなくなり、交換された労働時間の量はますます不平等になっていったのだ。

(13) スウェーデン人の生物学者ゲオルグ・ボーグストロームは一九六〇年代に「ゴースト・ヘクタール(架空の領土)」という概念を提唱した。これは特定の国が世界の他の地域から商品を輸入することで、自国のバイオキャパシティ(biocapacity：生態学的な許容量)以上の消費を行なう際に使用したヘクタール数のことを指す。このアプローチこそが産業革命史学者であるケネス・ポメランツ、ウィリアム・リース、マティス・ワッカーナーゲルたちに影響を与え、彼らは「生態学的痕跡」を新たな維持可能性の指標として提唱した。William Rees and Mathis Wackernagel, *Our Ecological Footprint : Reducing Human Impact on the Earth*, Gabriola Island, BC, New Society Publishers. を参照せよ。また最新の方法論と研究結果については、http://www.footprintwork.org を見よ。

(14)「エメルギー」とは偉大な生態学者H・T・オデュムにより提唱された用語である。これはある生産物(商品)に併合された生態系の働きを推定するものであり、この生産物を成り立たせた生態学的プロセスが動員したエネルギー量により計算される。

(15)「物質・エネルギー流動分析」の専門家たちはグローバル貿易をその質量(トン数)やエネルギーの内訳により計量する。これに関してはウィーン社会生態学研究所の研究者たちが発表した、先駆的な論文を見よ:Marina Fischer-Kowalski and Helmut Haberl, « Tons, joules and money. Modes of production and their sustainability problems », *Society & Natural Resources*, vol. 10, 1997, p. 61-85.

(16)エントロピーの法則に従えば、あらゆる経済活動はエントロピーの低い状態にある自然資源をエントロピーの高い生産物と廃棄物に変化させる。したがってその生産物よりも常に高価なエントロピーのコストが生じる。地球システムは開かれたシステムであるため、このように生じたエントロピーの一部は植物などの有機界により削減される。有機界は光合成により太陽光エネルギーを使用することで、物質を秩序だった状態(ネゲントロピー)に再構成するからだ。だが我々は化石エネルギーを基盤とする経済へと移行した。化石経済は地下に貯蓄されていたエネルギーを生物圏内で年間に再構成されるよりも急速に放散したことから、このようなエネルギーの移行は人新世のエントロピーの指標としてみなすことができる。このことから考えられるように、世界システムはエネルギーを散逸する構造であると言えるだろう。Nicholas Georgescu-Roegen, *The Entropy Law and the Economic Process*, Harvard University Press, 1971. を参照せよ。

(17) Immanuel Wallerstein, « Crises : The world-economy, the movements, and the ideologies », in Albert Bergesen (ed.), *Crises in the World-System*, Beverly Hills, Sage, 1983, p. 21-36 ; André G. Frank, « Entropy generation and

displacement », in A. Hornborg and C. Crumley (ed.), *The World System and the Earth System*, Walnut Creek, California, Left Coast Press, 2006, p. 303-316, cf. p. 304.

(18) François Bourguignon and Christian Morrisson, « Inequality among world citizens : 1820-1992 », *The American Economic Review*, vol. 92, no. 4, 2002, p. 727-744.

(19) Anil Agarwal and Sunita Narain, *Global Warming in an Unequal World : A Case of environmental colonialism*, Delhi, Centre for Science and Environment, 1991.

(20) Sha Zukang, « Foreword », in *Promoting Development and Saving the Planet*, UN, 2009, p. VII. 沙祖康(Sha Zukang)は当時、国連の経済部門を担当していた。

(21) Dipesh Chakrabarty, « Quelques failles dans la pensée du changement climatique », in Émilie Hache (dir.), *De l'univers clos au monde infini*, *op. cit.*, 2014, p. 107-146, cf, p. 123-124.

(22) Chakrabarty, *op. cit.*, 2009.

(23) Chakrabarty, *op. cit.*, 2014, p. 124.

(24) この造語を我々が思いついたのは本書の英語版を準備している際であり、ジェイソン・ムーアや他のエコ・マルクス主義者たちも提案してくれた。詳しくは Jason W. Moore, *Capitalism in the Web of Life*, *op. cit.*, 2015. を見よ。

(25) P. J. Cain and A. G. Hopkins, « Gentlemanly capitalism and British expansion overseas I. The old colonial system, 1688-1850 », *The Economic History Review*, vol. 39, no. 4, 1986, p. 501-525 and John Darwin, *The Empire Project, The Rise and Fall of the British World-System, 1830-1970*, *op. cit.*, 112.

(26) エリック・J・ホブズボーム『産業と帝国』浜林正夫・神武庸四郎・和田一夫訳、未来社、一九九六年、四六ページ。

(27) C・L・R・ジェームズ『ブラックジャコバン：トゥサン＝ルヴェルチュールとハイチ革命』青木芳夫訳、大村書店、二〇〇二年、一三ページ。

(28) P. Deane, P and W. A. Cole, *British Economic Growth 1688-1959 : Trends and Structure*, Cambridge, 1967, p. 87.

(29) この点に関して、ポール・ワルドに感謝をしたい。

(30) フランソワ・クルゼによるとブラジルの金塊はイギリスの公式な国際貿易と同じ量の莫大な富を同国にもたらした。François Crouzet, « Angleterre-Brésil, 1697-1850 : un siècle et demi d'échanges commerciaux », *Histoire, Economie et Société*, vol. 9, no. 2, 1990, p. 288-317.

(31) Joseph Inikori, *Africans and Industrial Revolution in England. A Study in International Trade and Economic Development*, Cambridge University Press, 2002, p. 265-314.

(32) *Ibid.*, p. 315-361.

(33) François Crouzet, « Toward an export economy : British exports during the industrial revolution », *Explorations in Economic History*, vol. 17, no. 1, 1980, p. 48-93.

(34) Nicholas Crafts, *British Economic Growth During the Industrial Revolution*, Oxford University Press, 1985, p. 143.

(35) Eric Williams, *Capitalism and Slavery*, Chapel Hill, University of North Carolina Press, 1944, p. 52に引用。

(36) Kenneth Morgan, *Atlantic Trade and the British Economy*, 1660-1800, Cambridge University Press, 2000, p. 36-60.

(37) Barbara Solow, « Caribbian slavery and British growth : The Eric Williams hypothesis », *Journal of Development Economics*, vol. 17, 1985, p. 99-115.

(38) John Richards, *The Unending Frontier. An Environmental History of the Early Modern World*, University of California Press, p. 455.

(39) ケネス・ポメランツ『大分岐』、前掲著。

(40) Andreas Malm, *Fossil Capital. The Rise of Steam-Power and the Roots of Global Warming*, London, Verso, 2016.

(41) Alf Hornborg, *Global Ecology and Unequal Exchange. Fetishism in a Zero-Sum World*, London, Routledge, 2013, p. 85-91.

(42) Werner Sombart, *Der moderne Kapitalismus*, vol. 3, München and Leipzig, Duncker & Humblot, 1928, p. 1137-1155,

cf. p. 1137 and 1153.

(43) ケネス・ポメランツ、前掲著、二三九ページ。

(44) Carolyn Merchant, *The Columbia Guide to American Environmental History*, Columbia University Press, 2002, p. 49.

(45) Richards, *op. cit.*, p. 459 ; Beinart and Hughes, *Environment and Empire*, Oxford University Press, 2007, p. 36-39.

(46) Mc Neill, « Ecology, epidemics and empires : Environmental change and the geopolitics of tropical America, 1600-1825 », *Environment and History*, vol. 5, no. 2, 1999, p. 175-184.

(47) Jerome O. Nriagu, « Mercury pollution from the past mining of gold and silver in the Americas », *The Science of the Total Environment*, vol. 149, 1994, p. 167-181.

(48) Richards, op. cit., p. 612 ; ジョン・ロバート・マクニール『二〇世紀環境史』、前掲著。

(49) http://news.bbc.co.uk/2/hi/africa/424984.stm.

(50) この用語は James Moore, *Capitalism in the Web of Life*, *op. cit.* から拝借した。

(51) Paul Bairoch, *Mythes et paradoxes de l'histoire économique*, *op. cit.*

(52) John Tully, « A Vitorian ecological disaster : Imperialism, the telegraph, and Gutta-Percha », *Journal of World History*, vol. 20, no. 4, 2009, p. 559-579.

(53) John Bellamy Foster and Brett Clark, « Ecological imperialism and the global metabolic rift : Unequal exchange and the guano/nitrates trade », *International Journal of Comparative Sociology*, vol. 50, 2009, p. 311-334.

(54) Paul Bairoch, *op. cit.*, p. 99.

(55) Heinz Schandl and Fridolin Krausmann, « The great transformation : A socio-metabolic reading of the industrialization of the United Kingdom », in M. Fischer-Kowalski and H. Haberl, *Socioecological Transformations and Global Change : Trajectories of Social Metabolism and Land Use*, Edward Elgar Publishing, 2007, p. 83-115, cf. p. 110.

(56) *Ibid.*, p. 91 and p. 110-111.

（57）Heinz Schandl and Niels Schulz, « Changes in the United Kingdom's natual relations in terms of society's metabolism and land-use from 1850 to the present day », *Ecological Economics*, vol. 41, 2002, p. 203-221.

（58）Timothy W. Guinnane, Ron Harris, Naomi R. Lamoreaux and Jean-Laurant Rosenthal, « Pourvoir et propriété dans l'entreprise. Pour une histoire internationale des sociétés à responsabilité limitée », *Annales. Histoire, Sciences Sociales*, vol. 63, no. 1, 2008, p. 73-110.

（59）Suzanne Berger, *Notre première mondialisation*, Paris, Seuil, 2003.

（60）A. K. Cairnross, *Home and Foreign Investiment 1870-1913*, CUP, 1953, p. 104.

（61）この資本のうちたった六パーセントがヨーロッパに投下され、アングロサクソン諸国へ四五パーセント、ラテンアメリカへ二〇パーセント、アジアへ一六パーセント、アフリカへ一三パーセント投下された。

（62）John Darwin, *op. cit.*, p. 112-120.

（63）Niall Ferguson, *How Britain Made the Modern World*, Penguin, p. 245.

（64）金本位制の時代は同時に地下開発にも立脚しており、カリフォルニアやアフリカ南部におけるゴールド・ラッシュを経て列強国の中央銀行はその金庫を補充することができたが、イギリスのスターリング・ポンドは維持され続けた。

（65）ダニエル・ヘッドリク『進歩の触手：帝国主義時代の技術移転』原田勝正・多田博一・老川慶喜・濱文章訳、日本経済評論社、二〇〇五年、一五～四四ページ。

（66）Suzanne Berger, *op. cit.*, p. 18.

（67）Darwin, *op. cit.*, p. 115.

（68）Marc Linder, *Projecting Capitalism. A History of the Internationalization of the Construction Industry*, Westport, Greenwood Press, 1994, p. 35-42.

（69）Linder, op. cit. ; Arnold J. Meagher, *The Coolie Trade : The Traffic in Chinese Laborers to Latin America 1847-1874*, Xlibris, Philadelphia, 2008.

（70） Mike Davis, *Génocides tropicaux. Catastrophes naturelles et famines coloniales. Aux origines du sous-développement*, Paris, La Découverte, 2003.

（71） Palgrave historical statistics, tableau C17.

（72） John Tully, « A Victorian ecological disaster », art. cit.

（73） Richard Tucker, *Insatiable Appetite. The United States and the Ecological Degradation of the Tropical World*, University of California Press, 2000.

（74） N. R. Faria et al., « The hidden history of HIV-1 : Establishment and early spread of the AIDS pandemic », *Science*, vol. 346, 2014, p. 56-61.

（75） Paul Bairoch, « The main trends in national economic disparities since the industrial revolution », in Bairoch and Maurice Levy-Leboyer（dir.）, *Disparities in Economic Development since the Industrial Revolution*, London, Macmillan, 1985, p. 7-14.

（76） Arrighi, *The Long Twentieth Century*, *op. cit.*, p. 54.

（77） Arrighi, op. cit., p. 271 ; Mike Davis, *op. cit.*, 2003, p. 324-326.

（78） ＧＤＰと人口に関してはマディソン・プロジェクト（http://www.ggdc.net/maddison/maddison-project/home.htm［原著に記載されているページ（www.ggcc.net/maddison）は存在しないので、適切なページと思われるものに変更した］）、物質・エネルギーの消費量に関しては社会生態学研究所のデータ（https://www.uni-klu.ac.at/socec/downloads/Online_data_global_flows_update_2011.xls［二〇一七年一二月一一日現在、存在しないページ］）を見よ。

（79） Marina Fischer-Kowalski, Fridolin Krausmann and Irena Pallua, « A sociometabolic reading of the Anthropocene : Modes of subsistence, population size and human impact on Earth », *The Anthropocene Review*, vol. 1, no. 1, 2014, p. 8-33.

（80） C. Chase-Dunn, A. K. Jorgenson, T. E. Reifer and S. Lio, « The trajectory of the United States in the world-system :

A quantitative reflection », *Sociological Perspectives*, vol. 48, no. 2, 2005, p. 233-254.

（81） Björn-Ola Linnér, *The Return of Malthus : Environmentalism and Post-war Population-Resource Crises*, Isle of Harris (GB), The White Horse Press, 2003.

（82） David Painter, « Oil and the Marshall Plan », *Business History Review*, vol. 58, no. 3, 1984, p. 359-383, and p. 362-363.

（83） Gilles Allaire and Benoit Daviron, « Industrialisation et socialisation de l'agriculture », in G. Allaire and B. Daviron, *Transformations agricoles et agroalimentaires: Entre écologie et capitalisme*, Versailles, Quae, 2017. に引用されている Bayly-Smith, 1982, Schulman, 1978, Heller and Keoleian, 2000 and Markusen and Ostegard のデータによる。

（84） 一八七〇年以来世界に続いて登場した三つの「フード・レジーム」に関しては、Hariet Friedmann, « From colonialism to green capitalism : Social movements and the emergence of food regimes », in F. H. Buttel and P. McMichael (ed.), *New directions in the sociology of global development*, Oxford, Elsevier, 2005, p. 229-267. を見よ。

（85） この指標は、一定の人口により消費された資源を生産し、廃棄物（特に温室効果ガス）を吸収するのに必要な陸地や海洋の面積推算に基づいている。この面積は地球上の異なる環境条件の諸機能を考慮して計算される、「バイオプロダクティヴ・ヘクタール（bioproductive hectares）」に基づいて計測される。http://www.footprintnetwork.org. を参照せよ。

（86） http://www.footprintwork.org/images/uploads/NFA_2010_Results.xls.

（87） Anke Schaffartzik, A. Mayer, S. Gingrich, N. Eisenmenger, C. Loy, F. Krausmann, « The global metabolic transition : Regional patterns and trends of global material flows, 1950-2010 », *Global Environmental Change*, vol. 26, 2014, p. 87-97.

（88） Paul Bairoch, *Mythes et paradoxes de l'histoire économique*, *op. cit.*, p. 97 and p. 102-103.

（89） Anke Schaffartzik *et al.*, « The global metabolic transition… », art. cit., 2014.

（90） Björn-Ola Linnér, *The Return of Malthus*, *op. cit.*, p. 29 に引用。

（91） Thomas Robertson, « This is the American Earth : American empire, the Cold War, and American environmentalism »,

Diplomatic History, vol. 32, no. 4, 2008, p. 561-584 ; Yannick Mahrane and Christophe Bonneuil, « Gouverner la biosphère… », in D. Pestre (dir.), *Le Gouvernement des technosciences, op. cit.*, p. 133-169.

(92) Linder, *op. cit.*, p. 126.

(93) Geoffrey Jones, « Multinationals from the 1930s to the 1980s », in Alfred D Chandler Jr. and Bruce Mazlich, *Leviathans : Multinational Corporations and the New Global History*, Cambridge University Press, 2005, p. 81-103, cf. p. 88.

(94) Bairoch, *op. cit.*, 1999, p. 161.

(95) Gaël Giraud and Zeynep Kahraman, « How dependant is growth from primary energy ? Output energy elasticity in 50 countries (1970-2011) », https://www.parisschoolofeconomics.eu/IMG/pdf/article-pse-medde-juin2014-giraud-kahraman.pdf（二〇一六年二月二八日閲覧）。

(96) これらの国のフットプリントに関する統計系列はGlobal Footprint Network, *National Footprint Accounts 1961-2010*, 2012 Editions, 2014から引用した。オンラインでも閲覧可能である。http://www.footprintnetwork.org(このグローバル・フットプリント・ネットワークのデータは訂正されているため、以下に挙げるソースのものといささか異なるので注意が必要である。http://storymaps.esri.com//globalfootprint/)

(97) この地図はバイオプロダクティヴ・ヘクタール上の生態環境的な収支を表しているが、この生態学的に不平等な交易をドルに換算し推定することも可能だ。一九七三年時点のデータはまだ作成されていないが、二〇〇〇年時点の生態学的未払いの差額を示した地図は存在する。Paul C. Sutton *et al.*, « The real wealth of nations : Mapping and monetizing the human ecological footprint », *Ecological Indicators*, vol. 16, 2012, p. 11-22.

(98) U. T. Srinivasan *et al.*, « The debt of nations and the distribution of ecological impacts from human activities », *Proceedings of the National Academy of Sciences of the USA*, vol. 105, no. 5, 5 Feb. 2008, p. 1768-1773.

(99) http://www.materialflows.net/materialflowsnet/visualisation-tools/mfa-map/

(100) ジョン・マクニール『二〇世紀環境史』、前掲著。312

(101) R. P. Tucker, Instiable Appetite, *op. cit.*, ; Michael Williams, *Deforesting the Earth : From Prehistory to Global Crisis*, Chicago and London, University of Chicago Press, 2002 ; Michael Williams, « A new look at global forest histories of land clearing », *Annual Review of Environment and Resources*, vol. 33, 2008, p. 345-367.

(102) (一九七〇年代の石油危機以後の廉価石油の時代、資本主義の金融化の時代、またアメリカ覇権を維持する企てとしてのネオリベラル・ネオコンサバティヴな革命、西洋工業経済の「分裂」問題、新たな世界システムの潜在的な中核としてアメリカの競争相手になる中国の台頭、貧窮国へ大量に送られる有毒廃棄物と電化製品廃棄物、資源と大気に関する理性学的な緊張の高まりといった)多数の問題が存在する時代における世界システムの変容を分析するためにも、このような歴史研究は継続されるべきである。同じ問題意識を共有する研究をいくつか以下に挙げる。デヴィッド・ハーヴェイ『ニュー・インペリアリズム』前掲著、Moore, *Capitalism in the Web of Life, op cit.*, ; Andrew K. Jorgenson and Brett Clark, « Are the economy and the environment decoupling ? A comparative international study, 1960-2005 », *American Journal of Sociology*, vol. 118, no. 1, 2012, p. 1-44 ; A. K. Jorgenson , « The sociology of ecologically unequal exchange and carbon dioxide emissions, 1960-2005 », *Social Science Research*, vol. 41, 2012, p. 242-252.

第一一章

(1) Ramachandra Guha, *Environmentalism. A Global History*, New York, Longman, 2000 ; Joachim Radkau, *Die Ära der Ökologie. Eine Weltgeschichte*, Munich, Beck, 2011.

(2) Ramachandra Guha, *Environmentalism. A Global History*, *op. cit.*, p. 3 ; Joan Martinez-Alier, *L'Écologisme des pauvres*, Paris, Les petits matins/Veblen, 2014.

(3) François Jarrige, *Face au monstre mécanique. Une histoire des résistances à la technique*, Paris, IHMO, 2009 ; *Techno-*

critiques. Contester les techniques à l'ère industrielle, Paris, La Découverte, 2014.

（4） Martine Chalvet, *Une histoire de la forêt*, Paris, Seuil, 2011.

（5） François Vion-Delphin, « La révolte des demoiselles en forêt de Chaux – 1765 », in Andrée Corvol（dir.）, *Violences et environnement. XVIIe-XXe siècles*, Cahier d'études, CNRS, 1991, p. 44-48.

（6） Arlette Brosselin, Andrée Corvol and François Vion-Delphin, « Les doléances contre l'industrie », in Denis Woronoff（dir.）, *Forges et forêts. Recherches sur la consommation proto-industrielle de bois*, Paris, EHESS, 1990, p. 11-28.

（7） Martine Chalvet, *Une histoire de la forêt, op. cit.*, p. 167.

（8） Peter Sahlins, *Forest Rites, The War of the Demoiselles in the Ninettenth Century*, Cambridge（MA）, Harvard University Press, 1994, p. 11.

（9） R. Holzl, « Historicizing sustainability : German scientific forestry in the eighteenth centuries », *Science as Culture*, vol. 19, no. 4, 2010, p. 431-460.

（10） John Bellamy Foster, *Marx's Ecology : Materalism and Nature, op. cit.*, p. 67.

（11） Charles Fourier, « Détérioration matérielle de la planète », in René Schérer, *L'Écosophie de Charles Fourier, op. cit.*, p. 31-125, cf. p. 79. これは一八二二年に書かれた『国内農業結社契約論：普遍的統一の理論』の一八二〇〜一八二一年に準備された草稿の下書きに書かれたもので、一八四七年の『ラ・ファランジュ』La Phalange に収録されたことでようやく刊行された。

（12） Charles Fourier, *Pièges et charlantanisme des deux sectes Saint-Simon et Owen*, Paris, Bossange, 1831, p. 10.

（13） Charles Fourier, « Détérioration matérielle de la planète », in René Schérer, *L'Écosophie de Charles Fourier, op. cit.*, p. 67.

（14） *Ibid.*, p. 117.

（15） Joachim Radkau, *Die Ära der Ökologie. Eine Weltgeschichte, op. cit.*, p. 45.

(16) François Jarrige, *Face au monstre mécanique. Une histoire des résistances à la technique, op. cit.*

(17) François Jarrige, *Au temps des tueuses de bras. Les bris de machines à l'aube de l'ère industrielle*, Rennes, Presses universitaires de Rennes, 2009, p. 23-51.

(18) Edward P. Thompson, *The making of the English Working Class*, London, Victor Gollancz, 1963 ; Adrian Randall, *Before the Luddites : Custom, Community and Machinery in the English Woolen Industry, 1776-1809*, Cambridge University Press, 1991, chap. VII.

(19) Michael Löwy and Robert Sayre, *Esprits de feu. Figures du romantisme anti-capitaliste*, Paris, Éd. du Sandre, 1999, p. 60-102. 他方、ジョン・トレーシュは一定のロマン主義派の人々は機械に魅了されていたことを示唆している。John Tresch, *The Romantic Machine*, University of Chicago Press, 2012.

(20) Edward P. Thompson, *The making of the English Working Class, op. cit.*, p. 480 に引用。

(21) François Jarrige, *Techno-critiques, op. cit.*

(22) Ernest Jones, « The better hope », *The Northern Star*, 5 Sept. 1846.

(23) Charles Sabel and Jonathan Zetlin, « Historical alternatives to mass production : Politics, markets and technology in nineteenth century industrialization », *Past & Present*, vol. 108, 1985, p. 133-176.

(24) Jean-Baptiste Fressoz, *L'Apocalypse joyeuse*, op. cit.

(25) François Jarrige, *Techno-critiques. Contester les techniques à l'ère industrielle, op. cit.*

(26) Fressoz, *L'Apocalypse joyeuse, op. cit.*, p.149-194.

(27) Stephen Mosley, *The Chimney of the World : A History of Smoke Pollution in Victorian and Edwardian Manchester*, London, Routledge, 2001.

(28) Stephen Mosley, *The Environment in World History*, New York, Routledge, 2010, p. 104.

(29) Alexis de Tocqueville, *Œuvres complètes : Voyages en Angleterre, Irlande, Suisse et Algérie*, Éd. J.-P. Mayer, t. 5, fasc.

2, Paris, Gallimard, 1958, p. 82.

(30) Stephen Mosley, *The Environment in World History, op. cit.*, p. 106-107.

(31) ジョン・スチュアート・ミル『経済学原理』末永茂喜訳、岩波書店、一九六〇年、一〇七〜一〇九ページ［末永訳では stationary state はすべて「停止状態」と訳出されているが、ここでは「定常状態」という用語も用い、訳し分けた。鈴木安次「J・S・ミルの自然観と定常状態の経済思想」『情報と社会』第一九号、二〇〇九年、六九〜七七ページを参照せよ］。

(32) John R. McNeill and Erin Stewart Mauldin (dir.), *A Companion to Global Environmental History*, London, Wiley-Blackwell, 2012, p. 274.

(33) Gregory A. Barton, *Empire Forestry and the Origin of Environmentalism*, Cambridge University Press, 2002.

(34) Madhav Gadgil and Ramachandra Guha, *This fissured Land : An Ecological History of India*, Berkeley, University of California Press, 1993, p. 156.

(35) Ramachandra Guha, *The Unquiet Woods : Ecological Change and Peasant Resistance in the Himalaya*, Berkeley, University of California Press, 1990.

(36) Ramachandra Guha, *Environmentalism. A Global History, op. cit.*, p. 41.

(37) Guillaume Carnino, *L'Invention de la science. La nouvelle religion de l'âge industriel*, Paris, Seuil, 2015.

(38) Alastair Bonnett, *Left in the Past : Radicalism and the Politics of Nostalgia*, New York and London, Continuum, 2010.

(39) Luc Boltanski and Laurent Thévenot, *De la justification. Les économies de la grandeur*, Paris, Gallimard, 1991.

(40) マックス・ヴェーバー『プロテスタンティズムの倫理と資本主義の精神』大塚久雄訳、岩波書店、改訳版、一九八九年、二六七〜二六八ページ。

(41) Louis de Launay, « Les ressources en combustibles du monde », La Nature, no. 2127, 28 fév. 1914, p. 238. Jarrige, *Techno-critiques, op. cit.*, p. 175 に引用。

(42) Ernst Friedrich, « Wesen und Geographische Verbreitung der Raubwirtschaft », Petermanns Geographische

Mitteilungen, vol. 50, 1904, p. 68-79 and p. 92-95.

(43) Yannick Mahrane, Frédéric Thomas and Christophe Bonneuil, « Mettre en valeur, préserver ou conserver ? Genèse et déclin du préservationnisme dans l'empire colonial français (1870-1960) », in C.-F. Mathis and J.-F. Mouhot (dir.), *Une protection de la nature et de l'environnement à la française ? (19e–20e siècles)*, Paris, Champ Vallon, 2013, p. 62-80.

(44) Edmond Perrier, « Discours du président de la Société nationale d'acclimatation de France », *Bull. Soc. nat. d'acclim.*, vol. 60, 1913, p. 210.

(45) John MacKenzie, *The Empire of Nature : Hunting, Conservation and British Imperialism*, Manchester University Press, 1997 ; Mahrane, Thomas and Bonneuil, « Mettre en valeur, préserver ou conserver ? », op. cit., 2013.

(46) Peter C. Gould, *Early Green Politics : Back to Nature, Back to the Land, and Socialism in Britain*, Brighton, The Harverster Press, 1988.

(47) Charles-François Mathis, *In Nature We Trust. Les paysages anglais à l'ère industrielle*, Paris, Presses de l'Université Paris-Sorbonne, 2010, p. 484.

(48) Montagu Blatchford, 1896, C.-F. Mathis, *ibid.*, p. 488 に引用。

(49) Ulrich Linse, *Ökopax und Anarchie*, Munich, Deutsche Taschenbuch Verlag, 1986 ; Frank Uekötter, *The Greenest Nation ? A New History of German Environmentalism*, Cambridge (MA), MIT Press, 2014.

(50) Ludwig Klages, *Mensch und Erde* [1913], Berlin, Matthes & Seitz, 2013.

(51) Gustav Landauer, *Aufruf zum Sozialismus*, Francfort/Main, EVA, 1967, p. 97-98 and 108.

(52) Jean Maitron, *Le Mouvement anarchiste en France*, t. 1, Paris, Gallimard, coll. « Tel », 1992, p. 379-408. ナチュリズムに関しては Arnaud Baubérot, *Histoire du naturisme, Le mythe du retour à la nature*, Presses universitaire de Rennes, 2004.

(53) Henri Beylie, *La Conception libertaire naturienne*, brochure, 1901. これは Invariance, suppl. au no. 9, série IV, 1993,

p. 75-83, cit., p. 76 に再掲。

（54） Henri Zisly, « Réflexions sur le naturel et l'artificiel », août 1901, *ibid.*, p. 91-92 に再掲。

（55） Kaj Noschis, *Monte Verità. Ascona et le génie du lieu*, Genève, PPUR, 2011.

（56） M・K・ガーンディー『真の独立への道：ヒンド・スワラージ』田中敏雄訳、岩波書店、二〇〇一年、三九～四〇ページ。

（57） Gandhi (1928), *The Oxford India Gandhi : Essential Writings*, New Delhi, Oxford University Press, 2008, p. 276 に引用。

（58） Martinez-Alier, *L'Écologisme des pauvres, op. cit.*, p. 155-157.

（59） Dominique Bourg and Augustin Fragnière, *La Pensée écologique. Une anthologie*, Paris, PUF, 2014, p. 111.

（60） Wolfgang Bourg, *For Love of the Automobile : Looking Back Into the History of Our Desires*, Berkeley, University of California Press, 1992, p. 18-27.

（61） Clay McShane, *Down the Asphalt Path*, New York, Columbia University Press, 1995, p. 176.

（62） アンリ・ベルクソン『道徳と宗教の二つの源泉』合田正人・小野浩太郎訳、筑摩書房、二〇一五年、四三六ページ。

（63） François Jarrige, *Techno-critiques. Contester les techniques à l'ère industrielle*, op. cit.

（64） Jeffrey Herf, *Reactionary Modernism : Technology, Culture and Politics in Weimar and the Third Reich*, Cambridge University Press, 1984 ; Johann Chapoutot, « Les nazis et la 'nature' : protection ou prédation », *Vingtième siècle*, no. 113, 2012, p. 29-39 ; Eric Dorn Brose, « Generic fascism revisited : Attitudes toward technology in Germany and Italy, 1919-1945 », German Studies Review, vol. 10, 1987, p. 273-297 ; Eric Hobsbawm, *L'Âge des extrêmes. Histoire du court XXe siècle, 1914-1991*, Bruxelles, Complexe, 1994, p. 165 ; Chris Pearson, « La politique environnementale de Vichy », *Vingtième siècle*, no. 113, 2012, p. 41-50.

（65） Jean-Louis Loubet des Bayle, *Les Non-conformistes des années 30. Une tentative de renouvellement de la pensée politique française*, Paris, Seuil, coll. « Points Histoire », 2001.

(66) Jacques Ellul and Bernard Charbonneau, « Directives pour un manifeste personnaliste » [1935], republished in B. Charbonneau and J. Ellul, *Nous sommes des révolutionnaires malgré nous. Textes pionniers de l'écologie politique*, Paris, Seuil, 2014, p. 47-62.

(67) ジョージ・オーウェル『ヴィガンの波止場への道』土屋宏之・上野勇訳、筑摩書房、一九九六年。

(68) Christian Roy, « Charbonneau et Ellul, dissidents du 'progrès'. Critiquer la technique face à un milieu chrétien gagné à la modernité », in C. Pessis, S. Topçu and C. Bonneuil (dir.), *Une autre histoire des « Trente Glorieuses ». Modernisation, contestations et pollutions dans la France d'après-guerre*, *op. cit*, p. 283-301.

(69) ホルクハイマー、アドルノ『啓蒙の弁証法』徳永恂訳、岩波書店、二〇〇七年。ハンナ・アーレント『人間の条件』志水速雄訳、筑摩書房、一九九四年。ギュンター・アンダース『時代遅れの人間：第二次産業革命時代における人間の魂』（上・下）青木隆嘉訳、法政大学出版局、二〇一六年。ヘルベルト・マルクーゼ『一次的人間：先進産業社会におけるイデオロギーの研究』生松敬三・三沢謙一訳、河出書房新社、一九八〇年。

(70) ハンナ・アーレント『人間の条件』前掲書、一九六ページ。

(71) Fairfield Osborn, *La Planète au pillage* (*Our Plundered Planet [1948]*), Paris, Payot, 1949, p. 45.

(72) *Ibid.*, p. 13.

(73) Roger Heim, préface de Rachel Carson, *Printemps silencieux*, Paris, Plon, 1963, p. 12.

(74) Bernard Charbonneau, « An deux mille » [1945], in B. Charbonneau and J. Ellul, *Nous sommes des révolutionnaires malgré nous*, *op. cit.*, cit. p. 198.

(75) Georges Bernanos, « L'homme menacé de faillite » (15 novembre 1945), in M. Estève (dir.), *Essais et écrits de combat II*, Paris, Gallimard, coll. « Bibliothèque de la Pléiade », p. 1103-1110, cit., p. 1104.

(76) René Barjavel, « Vénus et les enfants des hommes », *Les Nouvelles littéraires*, 13 déc. 1962.

(77) ここで取り上げたすべての反対運動やそれ以外の例も、近年刊行された共著の執筆者たちが論じている。C. Pessis,

S. Topçu and C. Bonneuil (dir.), *Une autre histoire des « Trente Glorieuses »*, *op. cit.* をみよ。

(78) Kenneth I. MacDonald, « The devil is in the (bio)diversity : Private sector 'engagement' and the restructuring of biodiversity conservation », *Antipode*, vol. 42, 2010, p. 513-550.

(79) Rob Dixon, *Slow Violence and the Environmentalism of the Poor*, *op. cit.*

(80) 例えば窒素を固定できる穀物の開発を予告した、ギリシャの豊穣の神コルヌコピアイを彷彿とさせるようなハーマン・カーンの未来学や、イノベーションの「第三の波」は過去の二度の産業革命よりもより革命的なものだろうと予言したアルヴィン・トフラーなどが挙げられる。Herman Kahn *et al.*, *The Next 200 years : A Scenario for America and the World*, New York, Morrow, 1976 ; Alvin Toffler, The Third Wave, New York, Bantam Books, 1980.

結論

(1) 書かれるべき歴史的な語り(ナラティヴ)は他にも多く存在する。とくに人新世の登場により再考が促されている非目的論的なグローバル技術史、あるいはサバルタンや被害者を起点とする人新世の語り(ナラティヴ)などが挙げられる。

訳者あとがき

本書は二〇一六年にスイユ社より刊行されたクリストフ・ボヌイユとジャン゠バティスト・フレソズの共著、*L'Evénement Anthropocène : La Terre, l'histoire et nous* の全訳である。本書は二〇一三年に初版が刊行された後、文庫版と英語版の刊行に際し、書き下ろしの二章が新たに加えられ、改訂されたものである。日本語版である本書はこの改訂版をもとに翻訳した。

本書の著者であるクリストフ・ボヌイユとジャン゠バティスト・フレソズは、ともに科学技術史、環境史を専門とするフランス国立科学研究センター（CNRS）の研究員である。さらにフランスの科学技術史研究を牽引するアレクサンドル・コイレ・センター（CAK）に所属する傍ら、パリの社会科学高等研究院（EHESS）で教鞭を執っている。

クリストフ・ボヌイユはこれまでに『遺伝子・権力・利権：メンデルから遺伝子組み換え技術に至る公的研究と知識生産の機構』、『もうひとつの「三〇年の栄光」の歴史：戦後フランスにおける近代化・抗議・汚染』、『科学と知識の歴史　第三巻：テクノサイエンスの世紀（一九一四年〜）』（二〇一五年）などの編共著を刊行しており、二〇一三年からはスイユ社の「人新世」コレクションの刊行を主宰している。

ジャン＝バティスト・フレソズの主著は『喜びの黙示録：技術にまつわるリスクの歴史』であり、そのなかで本書『人新世とは何か』の重要な伏線となる、科学技術に対する論争の歴史をそのテーゼとして示していた。その他には、フランス語で書かれ英語にも翻訳された『環境史入門』などの共著がある。彼らの著作が日本語で刊行されるのはこれが初めてである。

ボヌイユとフレソズは本書を通じて人新世の概念、存在論、そしてその争点の解体作業を行う。人間活動により深刻なまでに掻き乱された地球システムはすでに完新世の通常状態から逸脱しており、以前の状態に戻ることは我々の努力をもってしても不可能であるという不可逆性こそが、人新世という概念を従来の環境危機という考え方から峻別する要素であると筆者たちは述べる。このような現状に対し我々は「どのようにしてここに辿り着いてしまったのだろうか」という疑問を自らに課すわけであるが、筆者たちはエリート主義的でアナクロニズムに陥った答えを提示する科学者たち、さらには人文社会科学の思想家たちを強く批判する。まず、地球工学テクノロジーを身につけた地球システム科学者が地球とその環境に関する科学知を動員し、新たなタイプの統治様式をもつ「地－権力」を握ろうとしていると訴える。他方でポストモダンの潮流に属する思想家たちは、産業活動に伴うリスクについて社会が再帰的・省察的になったのは一九七〇年代以降のことだと主張することで、それ以前に存在した議論や抗議、オルタナティヴな実践を覆い隠してしまっていると批判する。このような見方の問題点としてボヌイユとフレソズが指摘するのは、人類が環境問題について近年ようやく目を醒ましたという主張である。すなわち人間たちが無意識のうちに地球環境を破壊してきたということに一部の人間がやっと気がついたという認識が、人新世概念には内包されているという。科学者や哲学者たちは単一的な共同体としての「人類」の地質学的な力を理解させることで我々の覚醒を導くために大量のデータや哲学的な語りを提示するが、このような語りは結果的に人新世の重要な争点を脱政治化させてしまうという筆者たちの主張は非常に痛烈なものである。つまりこのままでは人新世の問題点を把握したことに満足し、科学者集団が提示する解決策、すなわち技術的なマネジメントによる地球の統治にすべてを委ねることになりかねないと警告しているのだ。

本書の貢献のなかでも最も重要なもののひとつは紛れもなく、このような統治の哲学を批判するのに十分なだけの、人新世を政治的なものとして扱うだけの蓄積を歴史学が有しているということを明確に示したことだろう。筆者たちは過去二五〇年間の歴史を複数の道筋から辿り描くことで、人間たちが地球の環境を破壊していることを十分に認識しながらも自身の活動を止めることなく、さらに進行させてきたということを本書のなかで証明した。第三部では、工業化を押し進め、大量消費を賞讃する論理が多数採択され、特定の技術が実用化されてきたプロセスが具体例のなかで示されるとともに、汚染・破壊活動に対する憂慮や批判、抗議活動が近代の初期から存在していたことも描かれている。さらに、第三部に記された歴史は、工業化と経済成長のために自然を活用することを可能にした知の形態を明らかにするだけでなく、あらゆる技術的・科学的選択の各々が根本的に政治的なものであり、他の多くの（大抵の場合において害の少ない）選択肢が提示されたにもかかわらず、それらはベンヤミンが言うように進歩という強風に吹かれて歴史の廃墟のなかに葬り去られてしまったことを示しているという点で非常に興味深いものである。このような観点から考えれば、人新世の歴史とは紛れもなく「耐久不可能なものを標準化してしまう『脱抑制』の歴史」（三四五頁）なのであり、このことを理解するには科学的データを計算したり「人類」の歴史を単一的に語ろうと試みたりするだけでは不十分だという主張にも大いに頷けるだろう。

改訂版のために新たに書き下ろされた二つの章は、人新世が資本主義的な世界経済のうえに成り立っていることを示すことで、人新世の政治的・物質的に結びついた一面を真剣に考慮する必要があることを一層強く訴えている。

第九章は、自然の限界という制約を課されることなく産業活動を推進するために、経済学がいかにして世界を脱物質化するための論理的な根拠を与えるようになったのかを明示している。第一〇章は、一部の国の先進的な発展を可能にした植民地貿易が経済的に不平等なものであっただけでなく、とりわけ生態学的に不平等なものであったということを知らせている。環境問題を脱物質化し他者の地域へと移動させてきた過程を示すこれらの分析は、人新世を考える上で非常に重要な知見を与えてくれるものであり、それが際限なき収益性の希求が数世紀にわたって耐久不可能な経済モデルを工業・商業活動に押し付けた結果、搾取される人々に深刻な社会的・環境的被害をもたらしてきた歴史と不可分であることを認識させるものであるだろう。

「人新世」が本書の重要なキーワードであることは疑う余地もないが、この語は日本の読者にとって違和感のあるものかもしれない。人新世に関する議論はこれまでに日本の研究者のあいだでもなされてきたが、まだその数は多いとはいえず、ましてやその訳し方にばらつきがある状態である。ここではこれまでに出版された著作や本書の主張を踏まえ、Anthropocène の語を「アントロポセーン（英語読みではアンスロポセンという発音に近い）」のようにカタカナ書きではなく、「人新世」と漢字で示すことにした。

これは鮮新世や完新世といった他の地質年代と語調を一致させるためだけでなく、本書で見たように一見地質学的な用語のこの概念が人間の活動や影響に関する議論を多義的に受け入れるものであるというニュアンスを表すためでもある。ただ、今回はこのように訳出したが、訳者はこの用語が呼び名や概念を固定されて限定的に用いられるのではなく、様々な場面で日本社会に広く議論を巻き起こすものとなることを望んでいる。人新世の語がまだあまり浸透していなくとも、本書の問題意識が広く共有される素地が今の日本にあることは明らかだろう。二〇一一年三月一一日の東日本大震災とそれに続く福島原発事故が大きな衝撃であったことは間違いなく、これが無意識的に進められてきた近代的な進歩の歪みに対する反省を促したという見方も可能である。しかし本書の第一一章で言及されている足尾銅山の鉱毒問題や、先日息を引き取られた石牟礼道子氏が『苦海浄土』に描いたような水俣病の影響がかねてから抗議運動へと結びつき、技術的・工業的進歩という主張に疑問を投げかけていたこともまた事実である。このような蓄積があったにもかかわらず、福島原発事故のような悲劇がまたしても起きてしまったのだ。現在展開されている人々の闘争を適切に評価し、現状を政治的に思考するためには何が必要だろうか。現場に目を向け歴史に立ち返り、科学技術や社会、そして地球の問題を考えることを我々に促す本書は、力強く貴重なメッセージを日本の読者に与えてくれるだろう。

本書は多岐に渡る分野をカバーしながら長期の歴史を緻密に組み上げる著作であるだけに、その翻訳作業は簡単なものではなかった。本書の翻訳を支えてくれた方にこの場を借りて感謝を述べたい。まず、神戸大学教授の塚原東吾さんには翻訳の企画当初から翻訳作業全般と化学的な専門知識に関して幾度となく的確な助言を頂いたばかりでなく、すべての章の原稿の下読みも引き受けて頂いた。彼の協力なくしては本書の日本語版は日の目を見なかったであろう。成蹊大学准教授の財城真寿美さんは、地理学・気候学・気象学分野の専門用語の訳出や概念の確認を快く引き受けて下さった。彼女から多くの助言を頂いたおかげで、訳者の知識が十分でない事柄に関しても適切な語彙を当てることができた。また神戸大学国際文化学部・塚原研究室の山品晟互さん、小野萌海さん、ストット・ジェニファー彩さん、藤井裕輝さん、太田美咲さんには下訳に目を通して頂き、訳文の内容や説明が不明瞭な箇所に関して多くの指摘をして頂いた。最後に、青土社の押川淳さんには本書の訳出を進行するうえで訳者のモチベーションを保って頂き、原稿の校正などに関しても多くの援助を頂いた。重ねてお礼を申し述べたい。

訳者

二〇一八年二月二四日

ヤ行

ラ行

ワ行

マ行

サ行

タ行

人名索引

ア行

カ行

[著者]
クリストフ・ボヌイユ（Christophe Bonneuil）
フランス国立科学研究センターの研究員。専門は科学技術史・環境史。フランスの科学技術史研究を牽引するアレクサンドル・コイレ・センターに所属。パリの社会科学高等研究院で教鞭をとる。編著に『もうひとつの「三〇年の栄光」の歴史』『科学と知識の歴史第三巻：テクノサイエンスの世紀（一九一四年〜）』などがある。2013年からフランスの出版社・スイユの「人新世」コレクションを主宰している。

ジャン＝バティスト・フレソズ（Jean-Baptiste Fressoz）
インペリアル・カレッジ・ロンドン研究員を経て、現在はフランス国立科学研究センターの研究員。専門は科学技術史・環境史。アレクサンドル・コイレ・センターに所属。パリの社会科学高等研究院で教鞭をとる。主著は科学技術が持つリスクにまつわる論争を歴史学的観点から論じた『喜びの黙示録』。編著に『環境史入門』などがある。

[訳者]
野坂しおり
神戸大学国際文化学部卒。パリの社会科学高等研究院・修士課程修了。現在は同博士課程に在籍。専門は科学技術史・生物学史。発表論文に「消費される乳酸菌、想像／創造される健康：大日本帝国における乳酸菌療法の導入と形成について」（『帝国日本の知識ネットワークに関する科学史研究』収録）がある。

人新世とは何か
〈地球と人類の時代〉の思想史

2018年4月10日　第一刷発行
2022年4月28日　第四刷発行

著　者　クリストフ・ボヌイユ
　　　　ジャン゠バティスト・フレソズ
訳　者　野坂しおり

発行者　清水一人
発行所　青土社
東京都千代田区神田神保町1－29　市瀬ビル　〒101-0051
電話　03-3291-9831（編集）　03-3294-7829（営業）
振替　00190-7-192955

印刷・製本　双文社印刷
装　幀　竹中尚史

ISBN978-4-7917-7046-5 Printed in Japan